WURSTER · DEUTSCHE MOTORFLUGZEUGE

Rolf Wurster

DEUTSCHE MOTORFLUGZEUGE

Alle Serienmodelle seit 1945

Motorbuch Verlag Stuttgart

Einbandgestaltung: Johann Walentek,
unter Verwendung von vier Fotos aus dem Archiv des Autors.

Alle Abbildungen aus dem Archiv des Autors.

ISBN 3-613-01554-4

1. Auflage 1994

Ein Unternehmen der Paul Pietsch-Verlage GmbH & Co.

Satz: Vaihinger Satz und Druck, 71665 Vaihingen.
Bindung: E. Riethmüller, 70176 Stuttgart.
Printed in Germany.

Inhalt

Vorwort

Die deutsche Luftfahrtindustrie hatte einst ein sehr hohes Ansehen auf dem Weltmarkt. Zahlreiche Veröffentlichungen sind bereits über ihre Produkte erschienen. Diese technischen Dokumentationen beschränkten sich jedoch auf Flugzeuge, die während der 30er Jahre und während der beiden Kriege gefertigt wurden.

Nach dem Zweiten Weltkrieg wurde Deutschen und Österreichern vom alliierten Kontrollgesetz jeglicher Besitz von Flugzeugen bei Strafe verboten. Erst 1951 war der Segelflug und 1955 auch der Motorflug wieder völlig freigegeben.

Daraufhin erblühte eine technisch grenzenlose Luftfahrtindustrie, die zum Teil recht sonderbare Produkte entstehen ließ. Jeder Konstrukteur hatte während der 10jährigen Verbotszeit seine Ideen reifen lassen, die nun in einer wahren Explosion realisiert wurden.

Kaum ein Projekt konnte sich allerdings lange halten, noch hatten die Alliierten das Sagen. Die Amerikaner überschwemmten mit einer neuartigen Verkaufspolitik die Bedürfnisse der Sportflieger. Die deutschen Verkehrsflugzeugbauer konnten sich auch mit noch so genialen Modellen nicht am Weltmarkt durchsetzen. Lediglich eine Kooperation mit den einstigen Gegnern brachte eine Wende. Die daraufhin realisierten Militärprojekte und der Gedanke eines gemeinsamen europäischen Verkehrsflugzeugs ließen einen neuen Flugzeugbau auch wirtschaftlich gedeihen.

In diesem Buch wurden nur motorgetriebene Flugzeuge ab der Zulassungsklasse E aufgenommen. Motorsegler der Klasse K werden in einem späteren Band erscheinen.

Battenberg, im Januar 1994

Die ersten Enthusiasten

30 Jahre Deutscher Flugzeugbau: Sperling-SC01

Nach dem Zweiten Weltkrieg wurde allen Deutschen und Österreichern durch den Alliierten Kontrollrat jegliches Betätigen mit Luftfahrzeugen untersagt. Die noch vorhandenen Flugzeuge mußten zerstört werden, ein Neubau sowie das Fliegen mit Motor- und Segelflugzeugen und Ballonen war für deutsche und österreichische Staatsbürger verboten.

Diese Regelung wurde bereits 1949 durch Gründung des Deutschen Aero-Clubs hintergangen. Schon 1950 flogen die ersten, noch unerlaubten Segelflugzeuge. Als die Bestimmungen 1951 den Segelflug freigaben, fanden sich bereits mehrere Enthusiasten, die während der Verbotszeit ihr eigenes Segelflugzeug gebaut hatten. Daß man damals nur solche Flugzeugtypen baute, die bereits erprobt waren, versteht sich von selbst. Sehr beliebt waren die Schulgleiter SG 38 und das Grunau Baby.

Eines der ersten neuen Flugzeuge entwickelte der Weltrekordflieger von 1937, Heini Dittmar, seine HD 53 Möwe. Als dann der Motorflug 1955 wieder völlig von den Alliierten freigegeben wurde, hatte Dittmar seine Motor-Möwe schon so weit vorbereitet, daß er sofort mit dem Bau beginnen konnte.

Dieser Typ, jetzt HD 153 genannt, gilt als das erste nach dem Zweiten Weltkrieg, durch die Firma Carlson Aero GmbH, Rothenburg, in Serie hergestellte Motorflugzeug.

Mit einem 65 PS starken Continental-Motor ausgerüstet, bot man diesen Typ den Aero-Clubs an, die damit sogar Segelflugzeuge schleppen konnten. Um ein Grunau-Baby auf 500 Meter zu bekommen, benötigte die Motor-Möwe nur 5 Minuten, das waren schlagkräftige Verkaufsargumente. Aber auch Forstüberwachung, Polizeidienst und Schädlingsbekämpfung konnte man mit dem Flugzeug durchführen. Dittmar mußte sein Leben bei einem Strukturbruch an dieser Konstruktion lassen.

Damals wurde aus Ermangelung an Geld, aber auch an geeigneten Flugzeugen vieles selbst von den Fliegern gebaut. Die gefragtesten Typen waren in den ersten Jahren die einsitzige Jodel D 9, deren Doppelsitzervariante D 11 und die Piel Emeraude.

Alle drei Typen wurden hauptsächlich in Eigenarbeit gebaut. Solche Flugzeuge hatten dann einen Sonderstatus, der des Amateurbaus, den man an den Seriennummern AB erkannte. Später wurde diese Flugzeuggruppe von den OUV-Typen übernommen.

Der bayerische Luftfahrtpublizist Hubert Zuerl beabsichtigte, die Jodel-Typen in einer eigenen Werkstätte industriell zu fertigen. Auch die Emeraude wurde von dem Zündmagnethersteller Binder in einer kleinen Serie aufgelegt und als verbesserte Smaragd angeboten.

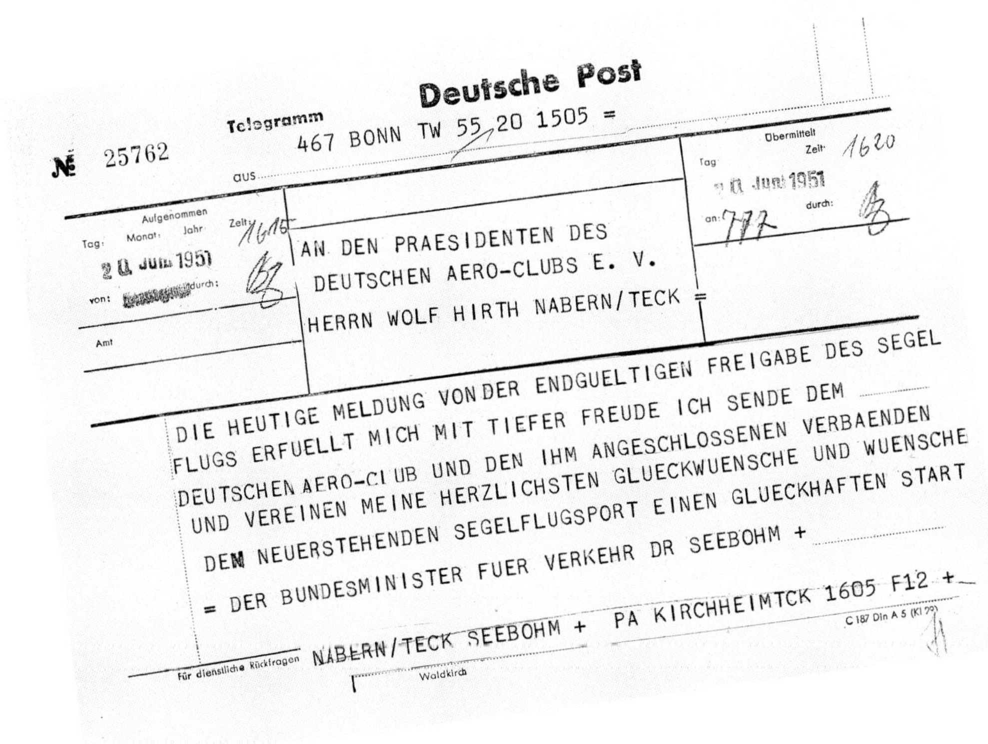
Deutsche Post

Telegramm

№ 25762 aus 467 BONN TW 55 20 1505 =

Aufgenommen Tag: Monat: Jahr: 20. Juni 1951 Zeit: 1615

Übermittelt Tag: 20. Juni 1951 Zeit: 1620 an: 777

AN DEN PRAESIDENTEN DES DEUTSCHEN AERO-CLUBS E. V. HERRN WOLF HIRTH NABERN/TECK =

DIE HEUTIGE MELDUNG VON DER ENDGUELTIGEN FREIGABE DES SEGEL FLUGS ERFUELLT MICH MIT TIEFER FREUDE ICH SENDE DEM DEUTSCHEN AERO-CLUB UND DEN IHM ANGESCHLOSSENEN VERBAENDEN UND VEREINEN MEINE HERZLICHSTEN GLUECKWUENSCHE UND WUENSCHE DEM NEUERSTEHENDEN SEGELFLUGSPORT EINEN GLUECKHAFTEN START

= DER BUNDESMINISTER FUER VERKEHR DR SEEBOHM +

NABERN/TECK SEEBOHM + PA KIRCHHEIMTCK 1605 F12 +

Für dienstliche Rückfragen

Original-Telegramm der Deutschen Post über die Freigabe des Segelfluges vom 20.6.1951

Viele alte Vorkriegstypen, von den Ausländern als unmodern angesehen, konnten in den ersten Jahren noch einen Abnehmerkreis in Deutschland finden. Die Schweden bekamen hier noch Geldgeber für ihre alten KL 35, FW 44 Stieglitze, östliche Nachbarn, die Tschechen, noch Abnehmer für ihre von ihnen aufgemöbelten Bücker 181, 131-Typen, die man dort einfach nach dem Krieg als Zlin 381, 331-Typen weiterbaute. Doch sehr schnell fanden in der Hauptsache amerikanische Cessna-Typen bei Aero-Clubs und Privatpersonen Einzug.

Doch deutsche Konstrukteure wollten sich anfänglich nicht so leicht an die Wand drücken lassen. Hatten sie doch vor dem Krieg auch auf dem Zivilsektor Erstaunliches geleistet. Professor Blume, einst Chefkonstrukteur bei den Arado-Flugzeugwerken, versprach sich mit der Weiterentwicklung des früher sehr beliebten Sportflugzeugs Arado AR 79 einen guten Markt. In die Neuauflage des Typs sollten natürlich alle modernen Erkenntnisse des Flugzeugbaus einfließen. Die neue Arado-Blume-Maschine sollte also eine echte Konkurrenz zu den amerikanischen Typen werden.

2 Prototypen der Blume 500 wurden gebaut, doch die Konstruktion wurde als viel zu teuer nicht realisiert. Blumes Bremer Verkaufsbüro brachte es dann doch noch zu Ehren, es wurde mit der Überarbeitung des Standard-Trainingsflugzeugs für die Bundeswehr bedacht. Daraus entstand dann die FW P 149, ein Lizenzbau des Piaggio-Flugzeugs, das in großen Stückzahlen hergestellt wurde.

Professor Hermann Winter, ein Aerodynamikspezialist, war maßgeblich bei der Entwicklung des Fieseler Storches der Gerhard Fieseler Werke in Kassel beteiligt. Durch seine große Erfahrung mit Langsamflugzeugen zog man Professor Winter auch bei dem Institut für Flugzeugbau an der TH Braunschweig zur Entwicklung des Langsamflugzeugs Zaunkönig maßgeblich bei. Eine zweisitzige Neukonstruktion, der Kiebitz, sollte einmal die Nachfolge des Storches antreten. Nur 1 Prototyp wurde davon bei den Merkle- Flugzeugwerken in Ödheim bei Heilbronn gebaut. Doch dabei blieb es dann.

Der Dachauer Segelflieger Egon Scheibe konnte einige seiner als besonders robust und qualitativ hervorragend geltenden Sperling-SF-23-Motorflugzeuge verkaufen. Doch danach wandte er sich wieder dem reinen Segelflugzeugbau zu, der eine bessere Rendite versprach.

Ein weiteres Segelflugzeugbau-Team war das Spezialistentrio Hanno Fischer, Alfons Pützer und Fritz Raab. Mit ausgefallenen Konstruktionsdetails, wie Ringflügelantrieb und Schubpropeller, beschäftigt man sich noch heute bei den Nachfolgemustern. Das erfolgreichste Projekt, das dieses Konstruktionsbüro verließ, war die RW 3, ein doppelsitziges Flugzeug, das den Motor hinter den Insassen hatte und über eine Fernwelle den Propeller im Leitwerk antrieb.

Eine kleine Serie Einsitzer-Turbulent des Franzosen Druine wurde vom Stark-Flugzeugbau hergestellt. Dieser Hersteller entwickelte bereits in den ersten Jahren einen solch hervorragenden Weitblick, daß er unabhängig alle Hauptteile an dem Flugzeug selbst herstellte. Vor allem baute er seine eigenen Triebwerke in die Flugzeuge ein. Diese waren Ableitungen aus dem Volkswagenmotor, der von ihm für Luftfahrtzwecke umgerüstet wurde. Eine Studie über ein zweisitziges Flugzeug, das von zwei solchen Triebwerken angetrieben werden sollte, blieb im Projektstadium stecken.

Die ersten Flugzeuge, die man seit 1964 unter der Motorsegler-Kategorie zuließ, wurden aus Ermangelung eines einheitlichen Zulassungssystems in der Klasse der Motormaschinen zugelassen. Man erkennt sie an der Buchstabengruppe des Flugzeugkennzeichens, das aus einem D - E besteht. Heute werden Motorsegler mit D - K gekennzeichnet. K-Flugzeuge unterliegen weit weniger scharfen Bauvorschriften als die Flugzeuge der E-Klasse.

Der Vorkriegs-Nurflügler-Spezialist Horten entwickelte wie Dittmar ein Segelflugzeug, das man sofort und ohne Probleme in ein Motorflugzeug umbauen konnte. Diese HO 33 wurde bei Alfons Pützer Flugzeugbau fertiggestellt. Der aufwendige Typ war jedoch viel zu teuer. Ebenfalls bei Pützer entstand der Moraa und die Weiterentwicklung Motorraab. Beide Typen entstammen der Konstruktionsabteilung des Herrn Raab und waren umgebaute Segelflugzeuge. Auch Egon Scheibe stellte einen Segler auf ein Motorflugzeug um und erprobte diesen Motor-Spatz erfolgreich.

Von all diesen ersten Enthusiasten sind nicht viele Exemplare übriggeblieben, da die Flugzeuge ja auch nur in geringen Stückzahlen gebaut wurden.

Heini Dittmar HD-153/156 Motor-Möwe

Vor dem Krieg machte Heini Dittmar als Segelflieger auf sich aufmerksam. Er flog 1937 einen Weltrekord und war auch an der Erprobung des Raketenjägers Messerschmitt ME 163 Komet beteiligt. Als erster Mensch der Welt durchflog er die 1000-km/h-Marke.

Auch für ihn war bei Kriegsende erst einmal Schluß mit dem Fliegen. Nach Freigabe des Segelflugs konstruierte Dittmar den Typ Condor IV und eine Eigenarbeit, die Möwe HD-53. Dieses Flugzeug legte er bei Konstruktionsbeginn bereits so aus, daß es mühelos auch in ein Motorflugzeug umgebaut werden konnte. Die »Motor-Möwe« erhielt nach der Freigabe des Motorflugs im Jahre 1955 die Bezeichnung HD-153.

Diese HD-153 ist eine bemerkenswerte Konstruktion aus den Anfangsjahren des deutschen Nachkriegs-Flugzeugbaus. Sie war so ausgelegt, daß sie in Eigenarbeit von Jugendgruppen hergestellt werden konnte. Die nicht einfach herzustellenden Bauteile, wie Tragflügelrippen, Holme und Rumpfspanten, wurden industriell angefertigt und als Baukasten verkauft.

Dieser Baukasten mit Zeichnungen, Beschlägen und den Einzelteilen kostete DM 2150,–. Eine dreisitzige Version, die HD-156 kostete mit DM 2250,– nur geringfügig mehr. Zu diesen Preisen kamen noch die Kosten für das Triebwerk (DM 5400,–), das Fahrwerk, die Tanks, die Luftschraube und die Instrumente, so daß eine Möwe im Selbstbau etwa DM 18 000,– bis 20 000,– kostete.

12 dieser zweisitzigen Maschinen waren bereits verkauft, als der Konstrukteur mit diesem Typ tödlich verunglückte. Trotz sorgfältiger Berechnungen war der

HD 153 Heini Dittmar Möwe

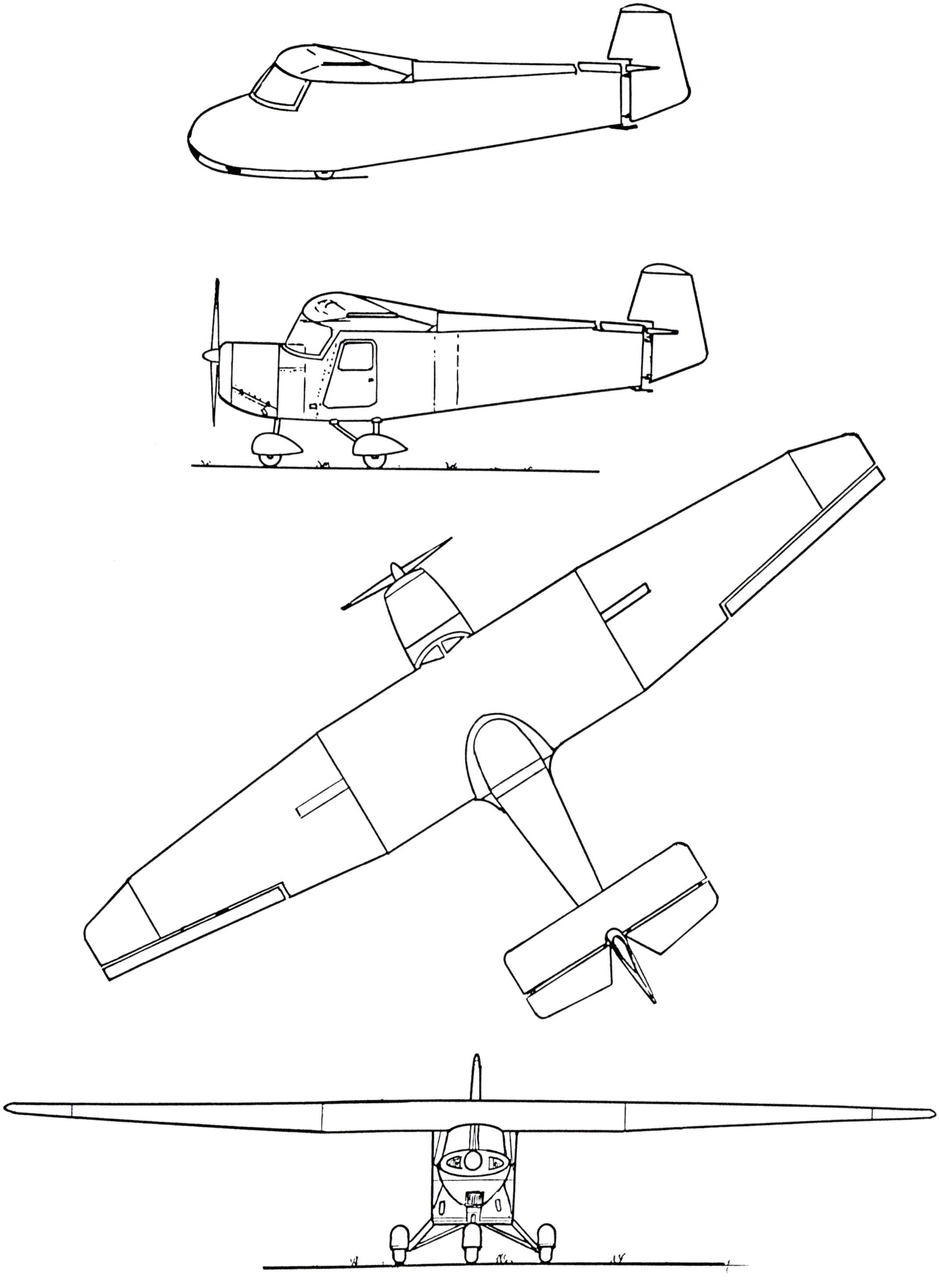

Heini Dittmar erklärt das Cockpit der Möwe

Tragflügel ein Schwachpunkt. Schon vorher war ein anderes Exemplar der Möwe bei einem doppelten Tragflügelbruch verlorengegangen. Die Zulassungsbehörde setzte daraufhin eine geringere Höchstgeschwindigkeit fest.

Technische Daten der HD-153

Spannweite	12,00 m
Länge	6,30 m
Höhe	2,20 m
Flügelfläche	17,30 m²
Triebwerk	Continental O 90-12 F
Leistung	95/70 PS/kW
Leergewicht	465 kg
max.Fluggewicht	760 kg
Zuladung	295 kg
Flächenbelastung	43,9 kg/m²
Leistungsbelastung	8,4 PS/kg
Höchstgeschwindigkeit	170 km/h
Reisegeschwindigkeit	150 km/h
Steiggeschwindigkeit	4 m/s
Dienstgipfelhöhe	4800 m
Reichweite	1000 km
Startstrecke	160 m
Landestrecke	130 m

Zaunkönig

Das erste im Nachkriegsdeutschland hergestellte Flugzeug war der Typ Zaunkönig, den man mit dem Kennzeichen D-EBAR versah. Für dieses Flugzeug wurden Zeichnungen eines Vorkriegsmodells benutzt, die von einer Studiengruppe des Professors Winter der Technischen Hochschule Braunschweig entwickelt worden waren.

Prof. Winter war bereits an der Entwicklung des extrem langsam fliegenden weltbekannten Fieseler Storches beteiligt gewesen und entwickelte mit dem Zaunkönig die Studienversion einer noch leistungsfähigeren Maschine. In Kriegszeiten wurden 3 Exemplare dieser Spezialmaschine gebaut. Eine davon wurde von den Engländern erbeutet und unter dem Kennzeichen VX 190 geflogen. Später wurde sie mit dem zivilen G-ALUA-Kennzeichen sehr bekannt. Noch heute fliegt sie als D-EBCG in Deutschland.

Obwohl dieser Typ hervorragende Langsamflugeigenschaften hat, stürzte der ehemalige Jagdflieger Heinz Bär mit der D-EBAR ab und wurde dabei tödlich verletzt. Die Untersuchung ergab, daß er die geringe Mindestgeschwindigkeit noch erheblich unterschritten hatte.

Zielsetzung für das Studienflugzeug war die Erfor-

Zaunkönig

schung des extremen Langsamflugs. Dafür hatte man in dem Zaunkönig alle aerodynamischen Hilfsmittel eingebaut, die damals bekannt waren. Für die Konstruktion des Zaunkönig benutzte man eine niedrige Flächenbelastung, Hochauftriebs-Landeklappen sowie einen feststehenden Vorflügel, der über die gesamte Spannweite reicht. Zudem konnten die Tragflügel während des Flugs mit einem veränderlichen Anstellwinkel um 16 Grad verstellt werden.

Um das Höhenleitwerk nicht mit dem Luftschraubenstrahl zu beeinflussen, wurde es als hochgelegtes T-Leitwerk ausgelegt. Für den Antrieb verwendete man den Zündapp-Vierzylinder-Z-9-92-Motor. Bei 2350 UpM erreicht er 51 PS Startleistung.

Technische Daten des Zaunkönigs

Spannweite	8,02 m
Länge	6,08 m
Höhe	2,38 m
Flügelfläche	8,50 m^2
Triebwerk	Zündapp Z 9-92
Leistung	51/38 PS/kW
Leergewicht	251 kg
max.Fluggewicht	355 kg
Zuladung	104 kg
Flächenbelastung	41,8 kg/m2
Leistungsbelastung	6,9 PS/kg
Höchstgeschwindigkeit	165 km/h
Reisegeschwindigkeit	155 km/h
Steiggeschwindigkeit	3,4 m/s
Dienstgipfelhöhe	4180 m
Reichweite	450 km
Startstrecke	64 m
Landestrecke	30 m

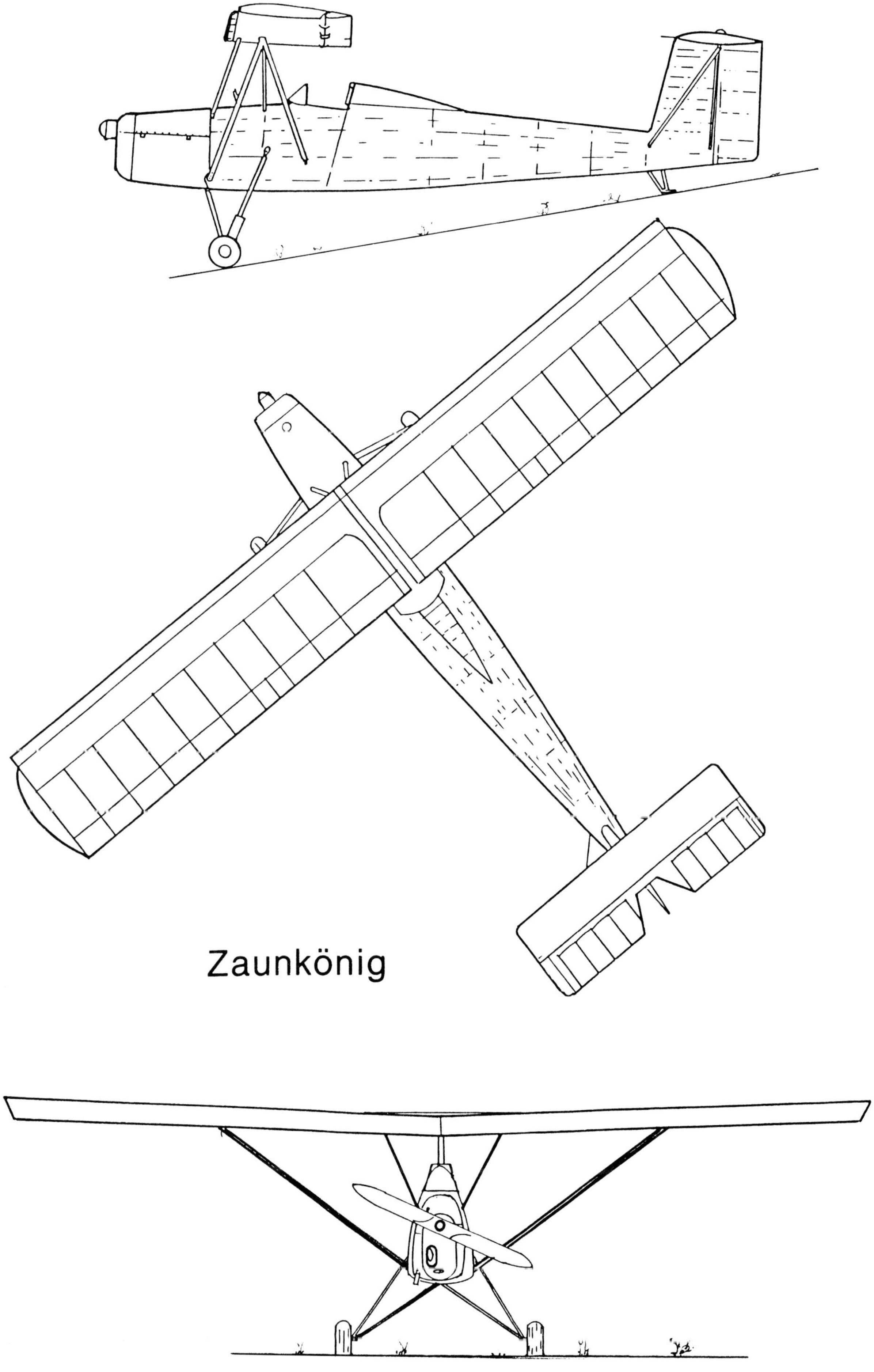

Zaunkönig

Scheibe SF 24 B Motorspatz

Der agile Segelflugzeugbauer Egon Scheibe dachte bereits sehr früh an eine Verbilligung des reinen Sportflugs. Während sein Sperling ein reines Motorflugzeug war, begab er sich mit dem »Motorspatz« in den Motorseglerbereich. Diese Flugzeugkategorie war in den Jahren vor 1960 noch relativ unbekannt. Die Flugzeuge wurden noch in der E-Klasse für Motorflugzeuge zugelassen.

Mit dem SF 24 B, dessen Prototyp bereits 1957 zum Erstflug startete, wurde 1960 die Serienproduktion aufgenommen. Im Prototyp sorgte ein Kleinflugmotor der Firma Hirth für den nötigen Antrieb. Dieser Vierzylinder-Zweitakt-Motor leistete 30 PS bei 5000 UpM. Das Triebwerk verfügte bereits über eine Magnetzündung und ein Untersetzungsgetriebe. Dadurch konnte die Propellerdrehzahl enorm gesenkt werden. Über einen Seilzug wurde vom Cockpit aus das Triebwerk – auch während des Flugs – gestartet.

In der späteren Serienversion verwendete der Hersteller ein 300-ccm-Brändl-Triebwerk, das einwandfreier lief. Mit beiden Triebwerktypen war der Motorspatz eigenstartfähig, eine nicht selbstverständliche Eigenschaft zu jener Zeit.

Hauptsächlich verwendete man damals einen Motorsegler nur, um sich selbständig und unabhängig vom Wetter frei in der Luft bewegen zu können. Die Grundeigenschaft als reines Segelflugzeug verlangte man von solchen Flugzeugen noch immer. Der Hersteller stellte daher die Segelflugeigenschaften seines Produkts in den Vordergrund. Bei diesem Typ entsprachen sie etwa dem eines älteren Grunau-Baby II, bei 1 m Sinken hatten sie einen Gleitwinkel von 1:20.

Als Besonderheit bot Scheibe diesen Flugzeugtyp als Selbstbausatz an, verschiedene Bauteile, wie Hauptholm und Rippen, konnte man von ihm beziehen, den Rest erbaute dann der Interessent selbst.

Technische Daten des Motorspatz

Spannweite	14,06 m
Länge	6,30 m
Flügelfläche	11,80 m^2
Leergewicht	225 kg
max. Startgewicht	345 kg
Zuladung Flächenbelastung	29 kg/m^2
Höchstgeschwindigkeit	150 km/h
geringste Geschwindigkeit	60 km/h
Reichweite	200 km
Dienstgipfelhöhe	4000 m
Startrollstrecke	150 m

Scheibe Motorspatz

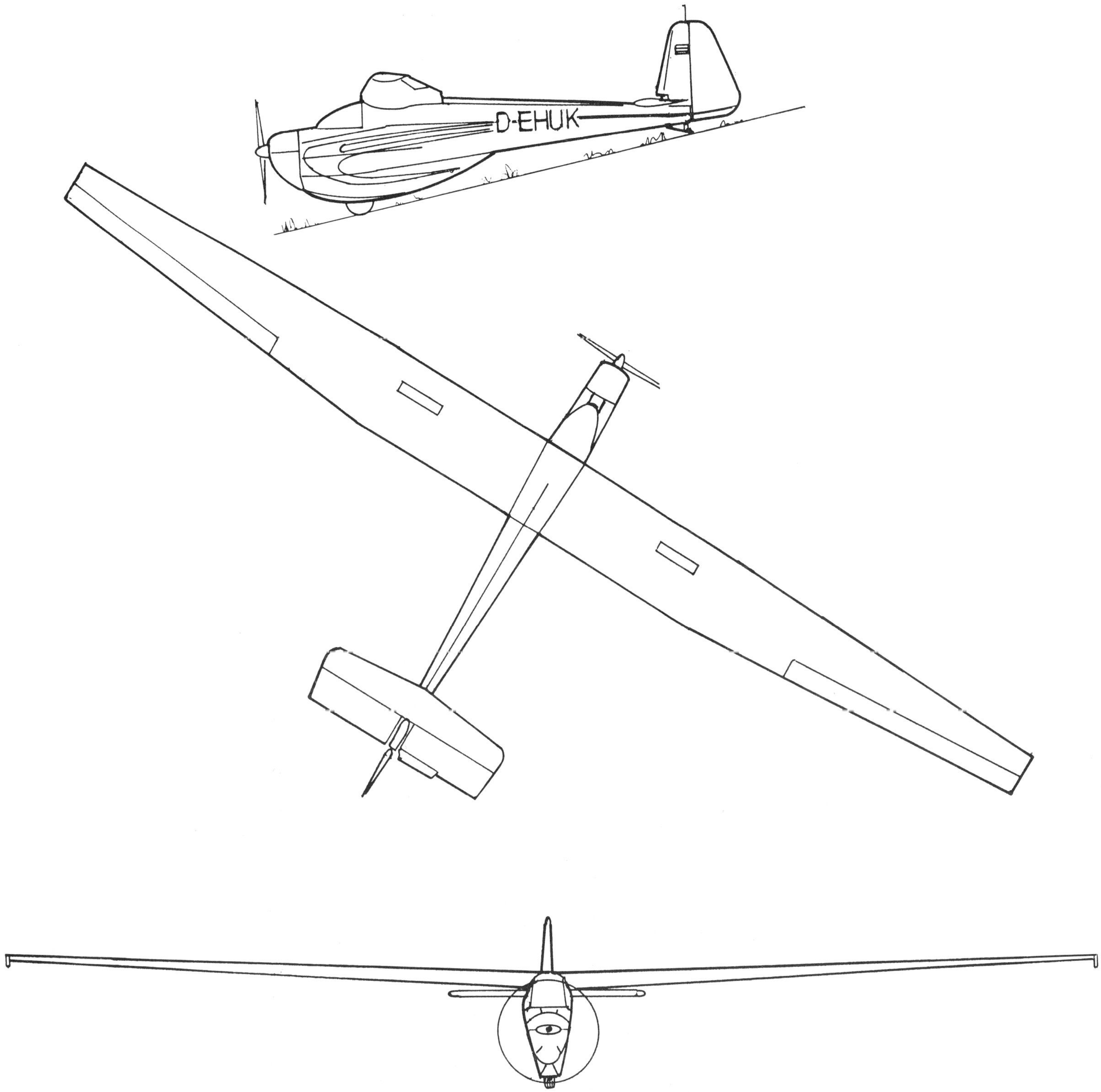
D-EHUK

Scheibe SF 23 Sperling

Schon vor dem Krieg baute Egon Scheibe ein paar Motor-, hauptsächlich aber Segelflugzeuge. Seine Konstruktionen waren früher relativ unbekannt. Einen Grundsatz hatte Scheibe bei all seinen Konstruktionen: Alle waren in Gemischtbauweise hergestellt.

In der frühen Nachkriegszeit entwickelte Scheibe einen doppelsitzigen Motorhochdecker, der bei den Sportfliegern noch heute recht beliebt ist.

Diese SF 23 Sperling genannte Maschine startete bereits im Sommer 1957 zu ihrem Erstflug, also recht kurz nach Wiedererlangen der Lufthoheit. Dem Prototypen hatte man ursprünglich einen unverkleideten Continental-C-85-12-Motor eingebaut, der auf 65 PS gedrosselt war. Die späteren Serienmaschinen wurden mit dem stärkeren Continental C 90-12 F ausgerüstet. Dieser brachte bereits 90 PS Startleistung.

Von der ersten Serie, mit SF 23 A bezeichnet, konnte das Verkaufsteam Scheibes 20 Exemplare absetzen. In einer zweiten Serie, der SF 23 B, baute der Konstrukteur noch Spreizlandeklappen ein, so daß dadurch die Landeeigenschaften des Typs erheblich verbessert werden konnten.

Eine weitere Verbesserung an dem Typ war der wahlweise Einbau eines Continental O 200, der 100 PS, oder eines Lycoming O 235 C 1, der 115 PS abgab. Diese stärkeren Ausführungen waren besonders bei Vereinen beliebt, die Segelflugschlepp betrieben. Von dieser 2. Serie konnten nochmals 10 Exemplare abgesetzt werden.

Technische Daten der SF 23 A

Spannweite	9,87 m
Länge	6,20 m
Höhe	2,18 m
Flügelfläche	12,16 m^2
Triebwerk	Continental C 90-12 F
Leistung	95/70 PS/kW
Leergewicht	460 kg
max.Fluggewicht	730 kg
Zuladung	270 kg
Flächenbelastung	57,93 kg/m^2
Leistungsbelastung	7,68 PS/kg
Höchstgeschwindigkeit	200 km/h
Reisegeschwindigkeit	160 km/h
Steiggeschwindigkeit	210 m/s
Dienstgipfelhöhe	5000 m
Startstrecke	230 m
Landestrecke	120 m

SF 23 Scheibe Sperling

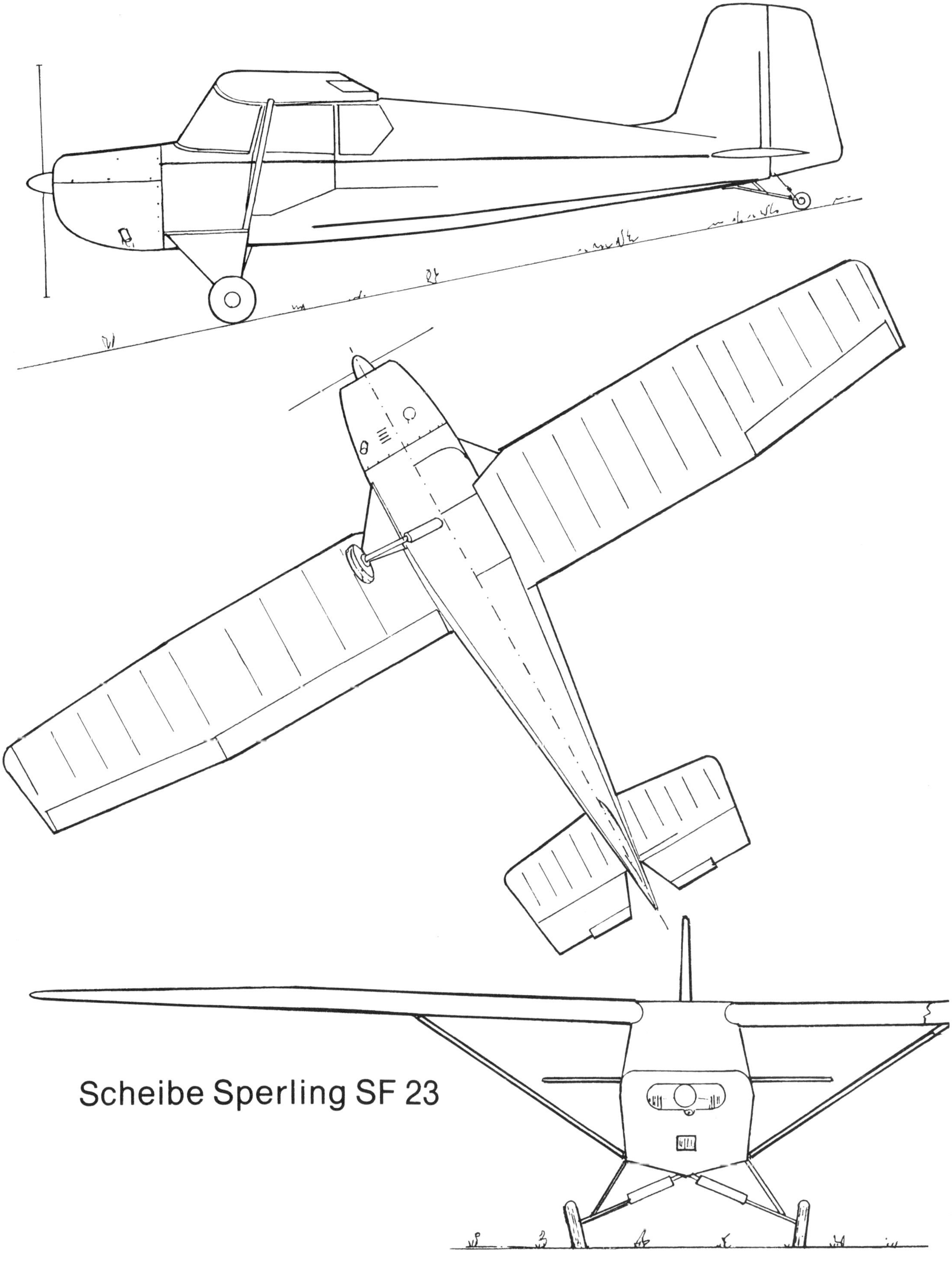

Scheibe Sperling SF 23

Pützer Moraa/Motorraab

Das beliebte Schulsegelflugzeug Doppelraab benutzten die Alfons Pützer Flugzeug-Werkstätten als den Prototypen für einen Motorsegler. Bei dem Flugzeugtyp saßen Schüler und Lehrer hintereinander. Beide hatten jedoch nur einen Steuerknüppel zur Verfügung. Der Lehrer griff bei einem Fehler dem Schüler über die Schulter.

Zunächst wurde ein Volkswagenmotor in dem Flugzeug benutzt, der 30 PS abgab. Der Prototyp erhielt damals noch wie alle frühen Motorsegler das Eintragungszeichen der Motorflugzeugklasse D-E. Um eine sichere Starteigenschaft mit dem Muster zu bekommen, mußte man die Motorleistung erhöhen. Dafür benutzte man dann den Porsche-Kleinflugmotor PFM 678/3, der bereits 52 PS Startleistung und 50 PS Dauerleistung abgab.

Mit diesem Triebwerk wurde die Musterzulassung des Flugzeugtyps durchgeführt. Es blieb jedoch bei dem einen Exemplar der Motorraab-Maschine.

Alfons Pützer entschloß sich recht schnell zur Weiterentwicklung seiner »Elster«, bei der er wesentlich bessere Verkaufsaussichten sah. Der Prototyp der Motorraab wurde später in der Motorseglerklasse auf das Kennzeichen D-K umgestellt.

Technische Daten des Pützer Motorraab

Spannweite	13,70 m
Länge	7,20 m
Höhe	2,80 m
Flügelfläche	18,50 m^2
Triebwerk	Porsche PFM 678/3
Leistung	52 PS
Leergewicht	320 kg
max.Fluggewicht	625 kg
Zuladung	305 kg
Flächenbelastung	33,8 kg/m^2
Leistungsbelastung	12,0 PS/kg
Höchstgeschwindigkeit	180 km/h
Reisegeschwindigkeit	100 km/h
Steiggeschwindigkeit	96 m/s
Startstrecke	220 m

Pützer Motorraab

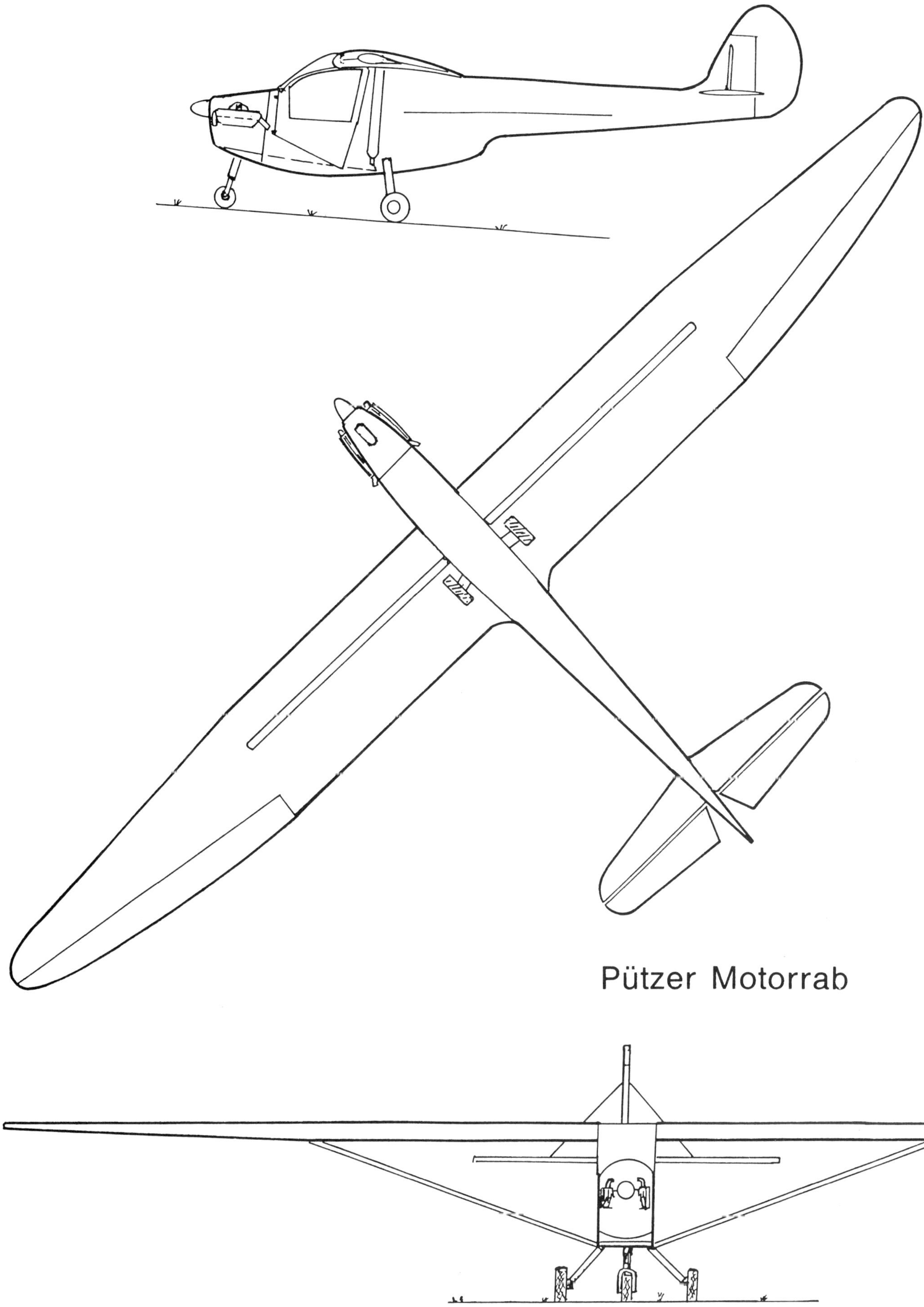

Pützer Motorrab

Luftfahrt-Bundesamt	Nachrichten für Prüfer	NfP-Art: Kennblatt
	Flugzeug Motorraab Geräte-Nr.: L-504	Register-Nr.: 05.130-504 Register-Gruppe: Flugzeuge Blattzahl: 1 Blatt: 1

Kennblatt L-504

Ausgabe 2
15. Juli 1963

Flugzeug Motorraab

Baureihe:
V3

Hersteller: Firma Alfons Pützer K.G., Flugzeugbau Bonn

Baureihe: V3 — zugelassen am 8. Oktober 1958 gemäß LBA-Bekanntmachung

Baumerkmale: Einmotoriger, abgestrebter Hochdecker in Gemischtbauweise, nichteinziehbares Bugradfahrwerk

Hauptabmessungen (Informationswerte):

Spannweite	13,7 m
Länge	7,2 m
Höhe	2,8 m
Flügelfläche	18,5 m^2

Motor: Porsche Flugmotor 678/3

Propeller: Hoffmann 66 H 150 Ø

Betriebsgrenzen:

Motor: Kraftstoff : Flugbenzin 80 Oktan

Schmierstoff wahlweise:

Shell Rotella	SAE 30
Esso Extra	HD 30
BP Energol	HD 30

Höchste Dauerleistung:	3150 U/min	50 PS
Startleistung (5 min):	3200 U/min	52 PS
Höchstzul. Drehzahl :	3800 U/min	

Geschwindigkeiten:

Zulässige Höchstgeschwindigkeit V_{ne}	180 km/h
Höchstzul. Geschwindigkeit beim Betätigen der Störklappen	130 km/h
Reisegeschwindigkeit	110 km/h
Beste Steigfluggeschwindigkeit	80 km/h

Gewichte: Höchstzulässiges Fluggewicht: 625 kg

Schwerpunktsbereich hinter Bezugsebene:

Bezugsebene	Flügelvorderkante in Rumpfmitte
Flugzeuglage	waagerecht
größte Vorlage	420 mm
größte Rücklage	550 mm

Bearbeiter:	Ausgabedatum:	Ersatz für:	Bestell-Nr.
LBA	15.7.1963	--	NfP-Nr. 1625

Büro Nachrichten für Prüfer, 43 Essen, Viehofer Straße 38-52 Fernsprecher Essen 39347/39348 Telegrammanschrift: Flugprüfung

Insassen:	2 Mindestbesatzung: 1

Kraft- und Schmierstoffvorrat:

Kraftstoff	:	insgesamt 58 l (ausfliegbar)
Schmierstoff	:	3,5 l

Verwendung:	Lufttüchtigkeitsgruppe: Normalflugzeug
Bauvorschriften:	BVF 1936 Heft 1 und 4
Ausrüstung:	Mindestausrüstung:

1	Geschwindigkeitsmesser	0 bis 250 km/h
1	Höhenmesser	0 bis 5000 m
1	Magnetkompaß	
1	Drehzahlmesser	0 bis 4000 U/min
1	Öldruckmesser	1 bis 4 atü
1	Öltemperaturmesser	0 bis 140 °C
1	Kraftstoffvorratsmesser	
2	Bauchgurte	
2	Schultergurte	

Zugehörige Betriebsanweisungen:

1. Betriebshandbuch Motorraab der Firma Pützer K.G., Bonn

2. Betriebsgrenzen einschließlich Angaben über Beladung und Lufttüchtigkeitsgruppe müssen im Flugzeug durch Hinweisschilder angegeben sein.

Sonstige technische Unterlagen bzw. Handbücher des Herstellers:

Motor-Betriebshandbuch Porsche 678/3
der Firma Porsche

Bemerkungen: Die Zulassung ist beschränkt auf die Werk-Nr. 03.

__________ . __________

Pützer Bussard

Wie alle Konstrukteure experimentierte auch Alfons Pützer in den ersten Nachkriegsjahren eifrig mit neuen Ideen. Angesporn von dem »Konkurrenten« Hanno Fischer, der stets das Prinzip des Heckantriebs verfocht, baute auch er eine Maschine mit dieser ungewöhnlichen Antriebsart: die Pützer Bussard. Bei Pützers Antriebsverfahren wurde der Motor in die Rumpfspitze eingebaut und der Propeller über eine Fernwelle, die durch den gesamten Rumpf verlief, angetrieben.

Eine weitere Besonderheit wies die 1. Version des Bussards noch auf: Er hatte zwar ein dreiteiliges Leitwerk, das nach oben hin V-förmig ausgelegt war, der dritte Teil, nach unten zeigend, diente lediglich als Stütze des Rumpfes, um den dort liegenden Propeller zu schützen. Durch diese Bauweise sollte ein besonders wirtschaftliches Fliegen ermöglicht werden. Das Triebwerk war gut gekühlt und wartungsfreundlich sehr leicht zugänglich. Ferner war mit der Anordnung ein gut ausgeglichenes Lastenverhältnis erreicht.

Später wurde der Bussard noch mit einem Ringflügel um den Propeller versehen und damit auch testgeflogen. Das brachte keine nennenswerten Verbesserungen mehr. Diese Idee, die auch von Studenten der TH Aachen und Walter Horten gefördert wurde, kam bei den Sportfliegern überhaupt nicht an. Somit blieb auch der Bussard ein Einzelstück.

Walter Horten rüstete den Bussard auf ein konventionelles Flugzeug um. Er versetzte das Triebwerk und konstruierte das Leitwerk in konventioneller Bauweise. Noch heute fliegt die Maschine mit dieser endgültigen Anordnung. Bedingt durch den hintenliegenden Propeller ist ein Bugradfahrwerk eingebaut.

Technische Daten des Pützer Bussard

Spannweite	12,00 m
Flügelfläche	18,00 m^2
Triebwerk	Continental C 90-12 F
Leistung	95/70 PS/kW
Leergewicht	840 kg
Reisegeschwindigkeit	180 km/h

Pützer Bussard

Pützer Elster

Die ersten Elster-Flugzeuge flogen mit dem deutschen Kleinflugmotor, den die Automobilfirma Porsche auf den Markt bringen wollte. Doch der Porsche-Flugmotor PFM 678/3 brachte nur 52 PS Start- und 50 PS Reiseleistung. Dieses Triebwerk hatte man aus dem Volkswagenmotor abgeleitet. Die Serienmaschinen der Pützer Elster erhielten dann den Continental C 90-12 F, den man als den Einheitsmotor der frühen Nachkriegsjahre ansehen kann.

Bei dem Typ Pützer Elster handelt es sich um ein doppelsitziges Sportflugzeug, das sehr einfach und wie ein Segelflugzeug aufgebaut ist. Seine Verwandtschaft mit Segelflugzeugen ersieht man bereits an den Tragflügeln, in die man nach oben ausschlagende Störklappen einbaute. Diese Luftbremsen sind für Motorflugzeuge sehr ungewöhnlich.

Der Rumpf der Elster ist völlig aus Sperrholz hergestellt, eine aus dem Segelflugzeugbau abgeleitete Konstruktion. Kein Wunder, seine Konstrukteure Pützer, Raab und Siegel hatten bislang nichts anderes als Segelflugzeuge gebaut.

Als Tragflügel benutzte man bei der Pützer Elster die Tragfläche des Doppelraab-Segelflugzeugs. Erstmals legte man bei dieser Konstruktion den Kräfteverlauf des Rumpfes mitten durch die Kabine. Dadurch entstand ein in der Längsachse durchgehender Träger, der beide Insassen voneinander trennt. Diese Bauweise erlaubt, daß extrem leichte Sperrholztüren auf beiden Seiten des Rumpfes eingebaut werden konnten, die sich nach oben öffnen.

Das einfache Cockpit ist für moderne Verhältnisse lediglich mit dem Nötigsten ausgerüstet, es wirkt sehr spartanisch. Ein Attribut an die Zukunft: Die Maschine hat bereits ein Bugradfahrwerk, das über einen großen Schwenkhebel im Cockpit gesteuert wird. Die auf beide Haupträder wirkenden Trommelbremsen werden mit einem Handhebel über Seilzüge betätigt.

Eine spätere, als Pützer Elster C geführte Serie rüstete man mit dem 150 PS starken Lycoming-Motor aus. Einige der 25 gebauten Maschinen konnten an die Flugsportgruppen der Luftwaffe verkauft werden, die sie an Luftsportvereine abgaben.

Pützer Elster Flug

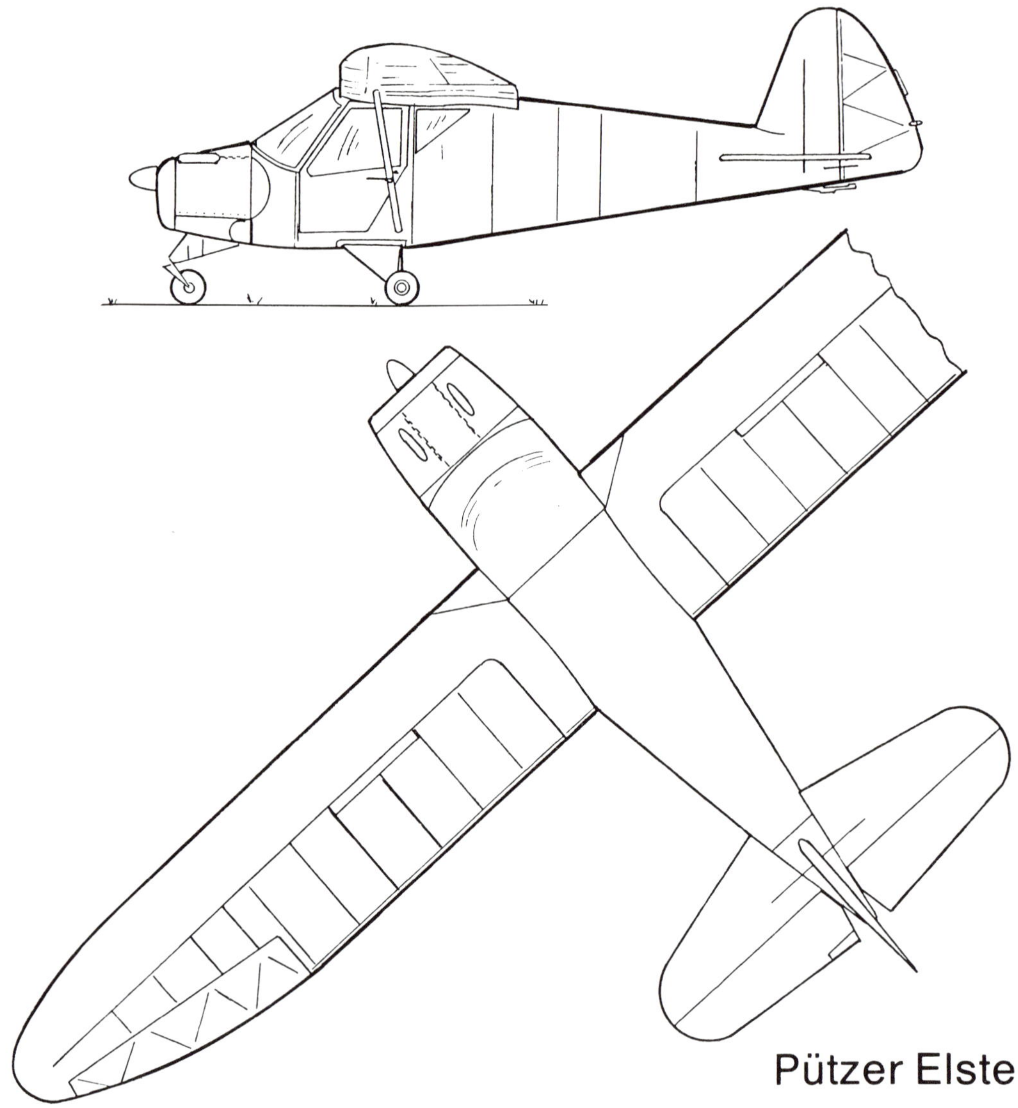

Pützer Elster

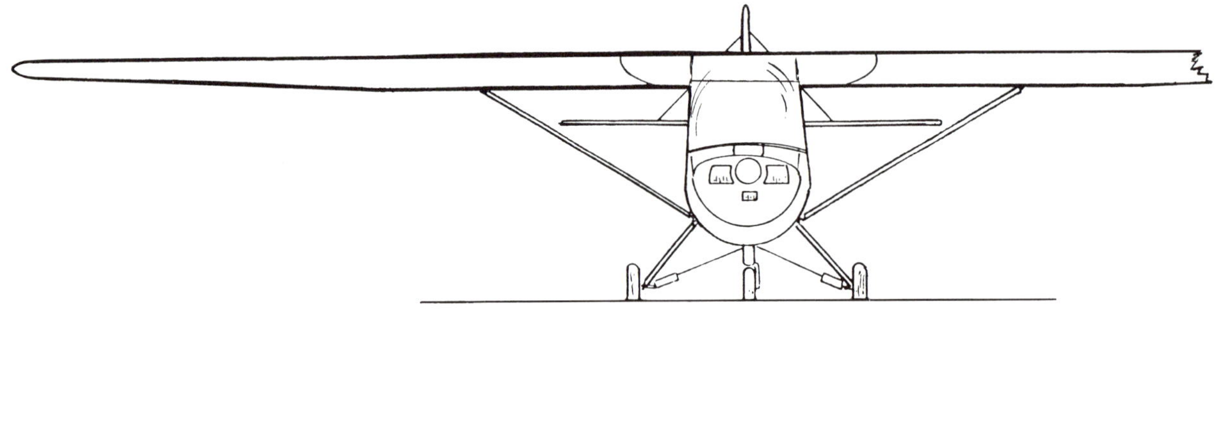

Technische Daten der Elster

Spannweite	13,21 m
Länge	7,10 m
Höhe	2,50 m
Flügelfläche	17,5 m^2
Triebwerk	Continental C 90-12 F
Leistung	95/70 PS/kW
Leergewicht	460 kg
max.Fluggewicht	700 kg
Zuladung	240 kg
Flächenbelastung	43,0 kg/m^2
Höchstgeschwindigkeit	170 km/h
Reisegeschwindigkeit	150 km/h
Steiggeschwindigkeit	220 m/s
Dienstgipfelhöhe	5000 m
Startstrecke	240 m
Landestrecke	190 m

AV 36 M Nurflügler

Das Nurflügler-Segelflugzeug des Franzosen Charles Fauvel erregte bereits in den Verbotsjahren das Interesse der deutschen Flieger. Einige Exemplare des kompliziert aufgebauten Flugzeugs wurden bei den Wolf Hirth Flugzeug-Werkstätten in Nabern/Teck gebaut. Das Muster hatte hervorragende Segelflugeigenschaften.

Naheliegend war deshalb auch, daß sich dafür Interessenten fanden, die gerade dieses Flugzeug motorisieren wollten. Eines der ersten Exemplare wurde von der jungen Firma Bölkow Apparatebau, die sich in Nabern/Teck etablierte, hergestellt.

Für die Ersterprobung benutzte man in dem Muster einen Zweizylinder-Solo-Zweitaktmotor, der bei 5800 UpM 11,5 PS Startleistung brachte. Damit war dieser Typ jedoch nicht eigenstartfähig. Der Motor konnte

AV 36 als Segelflugzeug

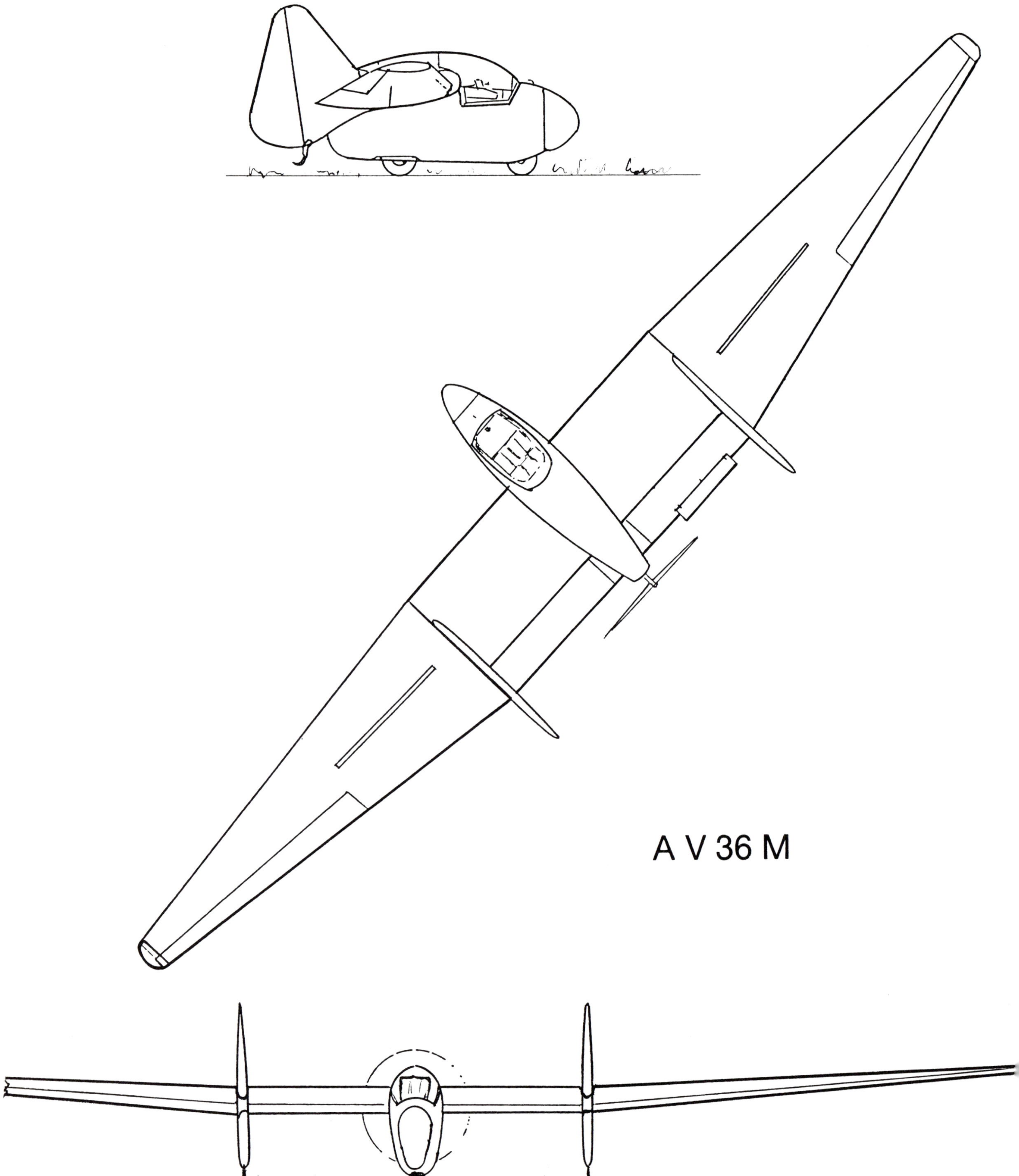

A V 36 M

lediglich als Flautenschieber benutzt werden. Flog man motorlos, so waren die beiden Propellerblätter widerstandsarm nach hinten gefaltet.

Für eine spätere Serienfertigung hatte man das stärkere Zink-Brändel-Triebwerk, das 18 PS Leistung brachte, oder einen 23 PS starken Solo-Motor vorgesehen.

Die Flugerprobung des Typs AV 36 M wurde nicht zu Ende geführt.

Technische Daten der AV 36 M

Spannweite	13,75 m
Länge	3,59 m
Höhe	1,82 m
Flügelfläche	15,95 m^2
Triebwerk	Solo
Leistung	11,5 PS
Leergewicht	216 kg
max.Fluggewicht	350 kg
Zuladung	134 kg
Flächenbelastung	24,85 kg/m^2
Leistungsbelastung	8,6 PS/kg
Höchstgeschwindigkeit	142 km/h
Reisegeschwindigkeit	110 km/h
Steiggeschwindigkeit	4,3 km/h
Dienstgipfelhöhe	3500 m
Startstrecke	125 m
Landestrecke	80 m

Horten HO 33 M

Die Jahresbenutzungsdauer eines Segelflugzeugs liegt in Deutschland bei etwa 100 Flugstunden. In der Anfangszeit der Fliegerei war diese Zahl noch erheblich niedriger. Man machte sich schon sehr früh Gedanken darüber, wie man die teuren Maschinen noch länger in der Luft halten konnte.

Der Motorsegler, eine heute als selbstverständlich angesehene Flugzeugart, wurde bereits vor dem Krieg von Wolf Hirth aufgegriffen. Deshalb wird Hirth heute auch als der Vater des Motorseglers angesehen. Aber Hirth hatte auch mehrere Nachahmer für seine Idee, z. B. die Gebrüder Horten.

Diese genialen Konstrukteure, die sich schon vor dem Krieg dem Nurflüglerprinzip verschrieben, hatten allerdings völlig andere Absichten mit dem Motorsegelflugzeug. Hirth sah darin das billige Wanderflugzeug. Horten wollte den Segelflieger damit länger in der Luft halten. Er benötigt den Motor, um ihn als Flautenschieber bei fehlender Thermik einzusetzen. Seine Erklärung dafür war, das Flugzeug käme von einem Thermikfeld zum anderen. Noch 1957 verfocht Horten seine Idee damit, daß mit dem Motorsegler die Flugstundenzahlen dreimal so hoch sein könnten als mit einem reinen Segelflugzeug.

Die neu entwickelten Nachkriegs-Nurflügelsegler Horten HO III und HO 33 gestaltete man von Anfang an so, daß man sie ohne Probleme auch mit einem Motor ausrüsten konnte, wenn der Motorflug wieder zugelassen werden würde. Für diese Arbeiten hatten die Gebrüder Horten sogar die Unterstützung des Verkehrsministers.

Eine Horten 33 rüstete man mit einem Motor bei den Pützer Flugzeug-Werkstätten gleich so geschickt um, daß diese Maschine auch schon mit Ballast flog und sofort nach der Freigabe des Motorflugs zugelassen werden konnte. Sie wurde dem interessierten Publikum auf einer Fachmesse in Essen-Mühlheim vorgestellt.

Als Triebwerk benutzte man in der HO 33 M den Porsche PFM 678/3, der in der Anfangszeit das Einheitstriebwerk für Kleinflugzeuge werden sollte. Die Konstrukteure hoben besonders hervor, daß die HO 33 M

Horten 33 M

auch noch wesentlich stärkere Antriebe vertragen würde. Zur Auswahl bot man den 51-PS-Zündapp, einen 65, 75 oder 85 PS starken Continental, einen 45-PS-Salmson, den 75-PS-Cirrus-Minor und den Oldtimermotor Hirth H M 504 an.

Walter Horten liebäugelte für seine HO 33 M vor allem mit einer Gasturbine vom Typ Turbomeca Pallas, mit der die französischen Fouga-Segelflugzeugtypen ausgerüstet wurden. Solch ein Antrieb würde sich besonders für Forschungszwecke eignen, weil die Maschine damit sehr schnell in bislang unerreichbare Höhen vorstoßen könnte. Für Luftstportgruppen war dieser teure Antrieb jedoch nicht vertretbar.

Das Horten-HO-33-M-Flugzeug war gegenüber herkömmlichen Flugzeugen völlig ungewöhnlich aufgebaut. Durch seine Nurflügelanordnung lag die doppelsitzige Pilotenkabine direkt auf dem kleinen Rumpf. Der Motor mit Druckpropeller war hinter diesem angebracht. Zwei im Rumpf untergebrachte Haupträder wurden von 2 Stützrädern in der Tragfläche unterstützt. Diese gaben der Maschine dann den nötigen Halt am Boden.

Trotz guter Flugeigenschaften – mit der Maschine war man sogar in der Lage, Segelflugzeuge zu schleppen – konnte damit kein Serienbau begonnen werden. Als Handicap erwies sich der verhältnismäßig hohe Anschaffungspreis, der 1957 bereits bei DM 18 000,– lag. Als Flugstundenpreise rechnete der Konstrukteur jedoch großzügig, inklusive Amortisation, eine Summe von DM 6,07/h aus.

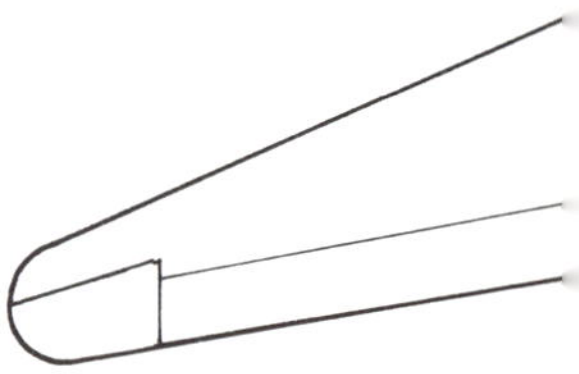

Technische Daten der Horten HO 33 M

Spannweite	19,20 m
Länge	4,85 m
Höhe	2,00 m
Flügelfläche	33,60 m²
Triebwerk	Porsche PFM 678/3
Leistung	52 PS
max.Fluggewicht	650 kg
Flächenbelastung	18,2 kg/m²
Leistungsbelastung	12,5 PS/kg
Höchstgeschwindigkeit	172 km/h
Reisegeschwindigkeit	150 km/h
Startstrecke	50 m
Gleitzahl	1:24

HORTEN 33 V2

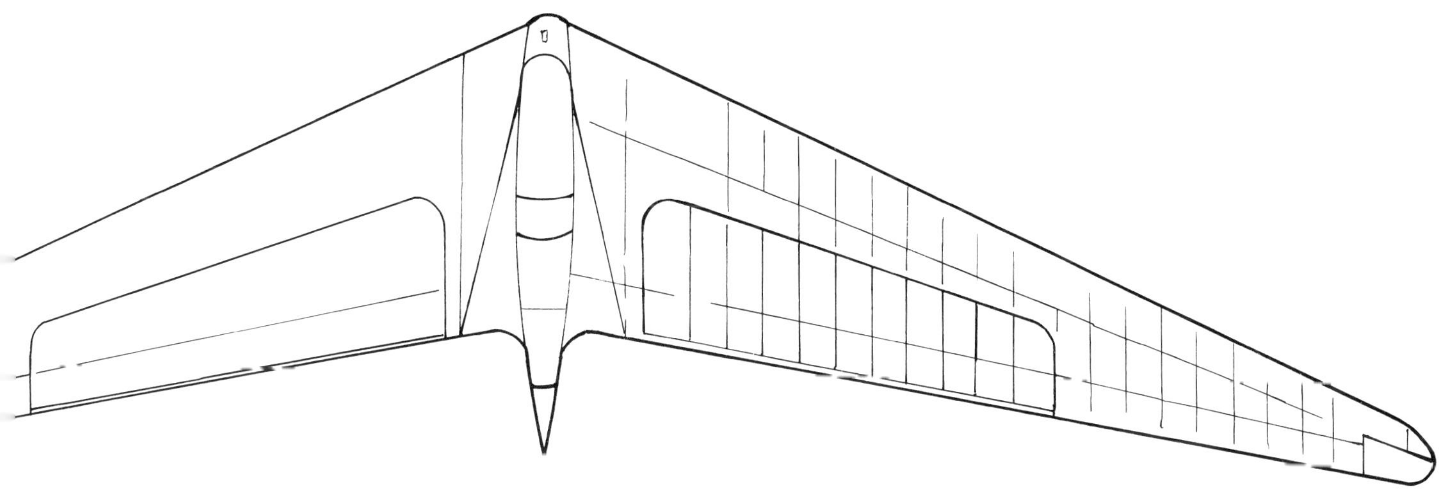

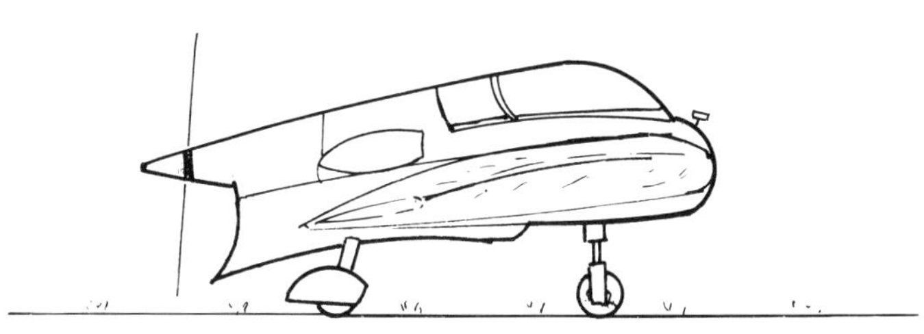

Meindl M 150 Schulmeister

Dieses zweisitzige Flugzeug wurde bereits vor dem Krieg entwickelt und auch gebaut. Die ursprüngliche Bezeichnung Meindl M 15 wurde nach dem Anschluß Österreichs vom Reichsluftfahrt-Ministerium in Wn 16 umbenannt (Wn stand für Wiener-Neustadt-Flugzeugbau).. Der österreichische Konstrukteur versprach sich von dem altertümlichen Typ einen erneuten Erfolg und ließ sich bereits 1956 einen Prototyp bei Burgfalke-Segelflugzeugbau Burglengenfeld/Bayern als M 150 mit einigen neuen Erkenntnissen bauen.

Das Flugzeug war für eine moderne Entwicklung ungewöhnlich aufgebaut. Die hintereinandersitzenden Insassen waren in einer geschlossenen Kabine untergebracht. Der Antrieb war hinter dem Passagierraum mit einem Schubpropeller installiert. Zwei Leitwerksträger hielten das doppelte Seitenleitwerk.

Meindl versprach sich vor allem eine gute Reaktion bei den Sportfliegern, hoffte aber auch auf eine Zustimmung durch die Militärs. Durch die hintere Propelleranordnung und das bei der Planung bereits eingebaute Bugradfahrwerk eignete sich dieser Typ besonders zur Schulung von angehenden Jet-Piloten. Besonderen Wert legte er auch auf ein einfaches und stabiles Flugverhalten der Maschine.

Als Antrieb verwendete man zunächst einen Vierzylinder-Continental-Motor C 65, der auf 65 PS Startleistung ausgelegt war. Die Vorkriegsversion war mit einem Salmson-Stern-, aber auch mit dem Walter-Mikron-Reihenmotor ausgerüstet. Zu einem Serienbau dieser Maschine kam es jedoch nicht.

Technische Daten der Meindl M 150

Spannweite	9,84 m
Länge	7,27 m
Höhe	1,80 m
Flügelfläche	13,50 m^2
Triebwerk	Continental C 65
Leistung	65/42 PS/kW
Leergewicht	350 kg
max.Fluggewicht	590 kg
Zuladung	240 kg
Flächenbelastung	40,7 kg/m^2
Leistungsbelastung	9.0 PS/kg
Höchstgeschwindigkeit	165 km/h
Reisegeschwindigkeit	145 km/h
Dienstgipfelhöhe	4200 m
Reichweite	500/850 km

Meindl 150 Schulmeister

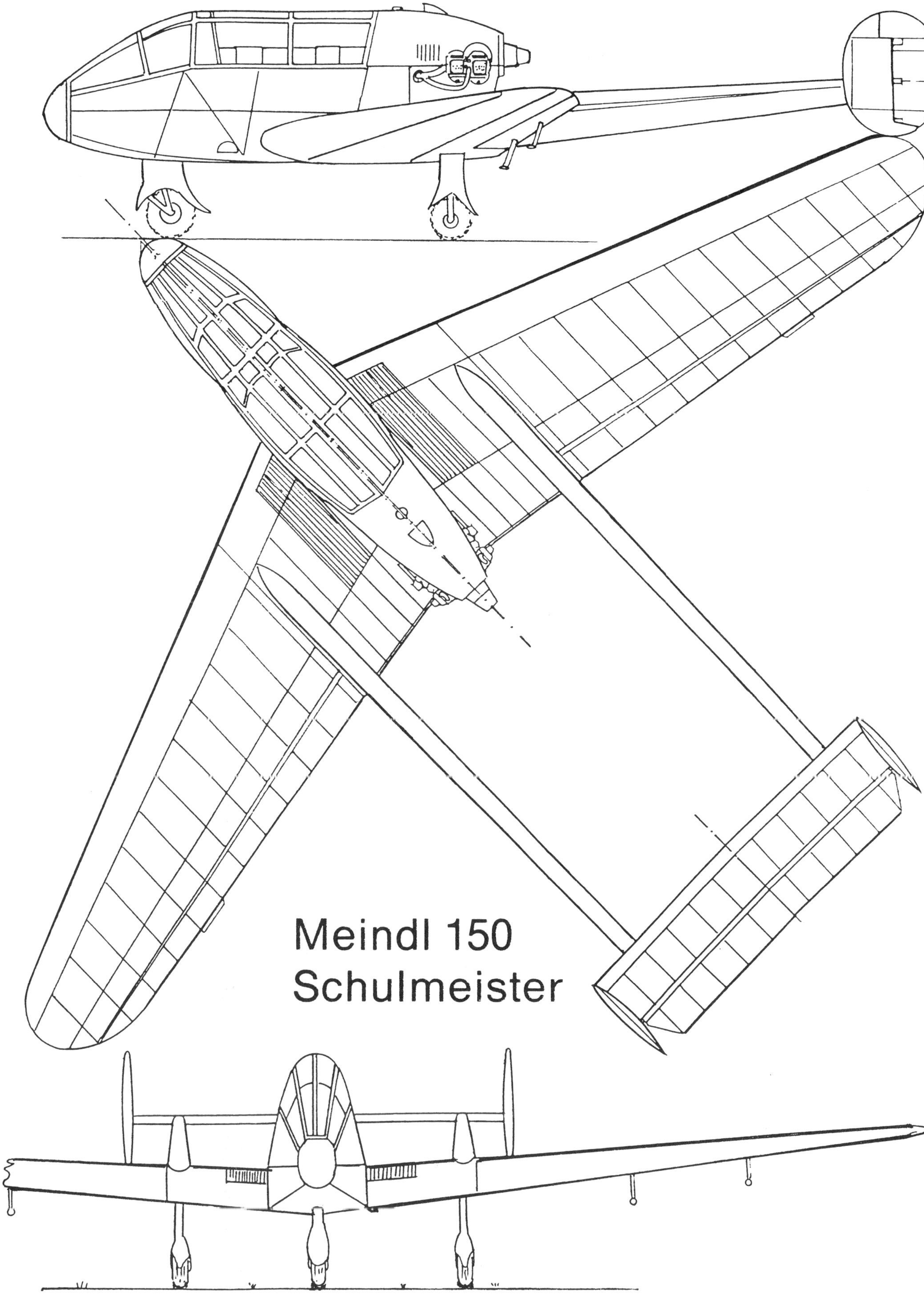

Meindl 150
Schulmeister

Meindl M 211/Wimmer R 110

Die beiden Flugzeugkonstrukteure, der Österreicher Oberingenieur Erich Meindl und Ingenieur Wilhelm van Nes, entwickelten bereits in der Verbotszeit, die damals auch für Österreich galt, ab 1953 ein Motorflugzeug. Die Arbeiten waren schon recht weit fortgeschritten, als sie von einer englischen Kontrollkommission entdeckt wurden. Die beiden mußten die Arbeiten daraufhin einstellen.

Nach umfangreichen Verhandlungen mit dem italienischen Caproni-Flugzeugwerk sollte die Konstruktion dort weitergebaut werden. Doch die Gespräche mit den Italienern scheiterten, und so blieb es bei dem Baustopp für die Maschine.

Jahre später, 1958, fand sich in Deutschland die Motorenfabrik Otto Wimmer in Sulzbach/Inn, die mit diesem Typ in den Flugzeugbau einsteigen wollte. Als Muster Wimmer R 110 erteilte man diesem Prototyp das deutsche Zulassungskennzeichen D-EMIS. Die Firma wollte sich dann jedoch nur noch dem Projekt K 10 widmen, einem zweimotorigen Flugzeug, das nie zustande kam. Die R 110 flog noch mehrere Jahre.

Bei der Meindl/Wimmer R 110 handelt es sich um ein für die frühe Entwicklungszeit schon recht fortschrittliches Design. Noch heute muß man es als revolutionär bezeichnen. Die Tiefdeckerbauweise war bereits mit einem einziehbaren Bugradfahrwerk ausgestattet. Der Rumpf war aus Stabilitätsgründen noch aus Stahlrohr gefertigt. Im vorderen Bereich hatte man noch eine Blechverkleidung, der rückwärtige Teil war bereits mit Kunststoff beplankt. Die Tragflächen waren allerdings aus Holz gefertigt und noch konventionell mit Stoff bespannt.

Als Antrieb baute man zuerst als Folge des österreichischen Staatsvertrags, der jegliches Benutzen von deutschem Material und Personen verbot, einen tschechischen Walter-Minor-Motor ein. Wimmer benutzte in dieser Prototypmaschine dann einen Hirth-HM-504-Motor, der 105 PS Startleistung brachte. Für den nicht erfolgten Serienbau war dann ein handelsüblicher Motor von 100-150 PS Stärke vorgesehen.

Technische Daten der Meindl/Wimmer R 110

Spannweite	11,50 m
Länge	7,85 m
Höhe	2,80 m
Flügelfläche	15,00 m²
Triebwerk	Walter Minor 4/III, Hirth HM 504
Leistung	105/77 PS/kW
Leergewicht	460 kg
max.Fluggewicht	860 kg
Zuladung	400 kg
Flächenbelastung	57,5 kg/m²
Leistungsbelastung	8,19 PS/kg
Höchstgeschwindigkeit	252 km/h
Reisegeschwindigkeit	228 km/h
Steiggeschwindigkeit	3,9 m/s
Dienstgipfelhöhe	4500 m
Reichweite	1450 km

Meindl 211/ Wimmer

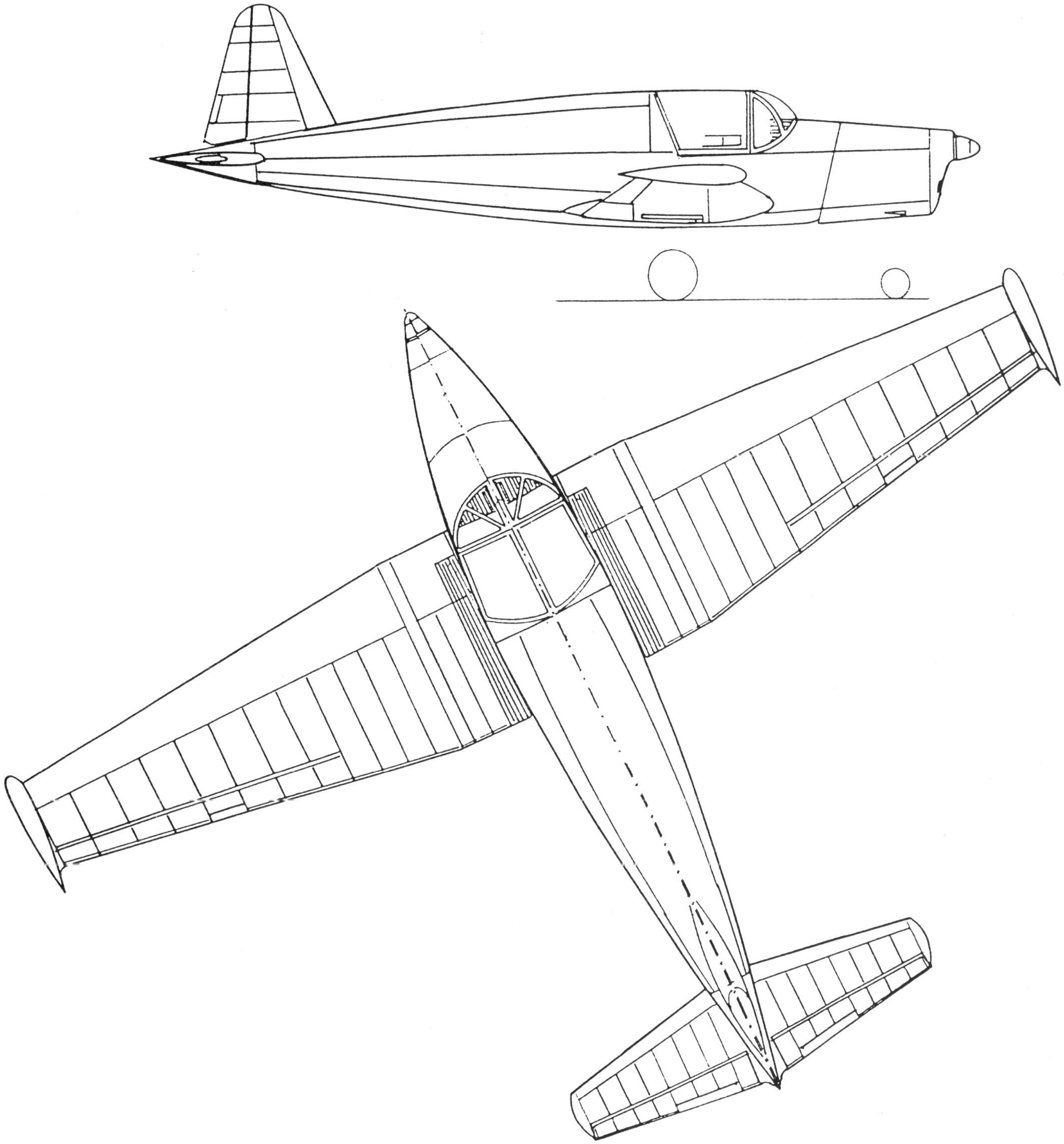

Meindl 211

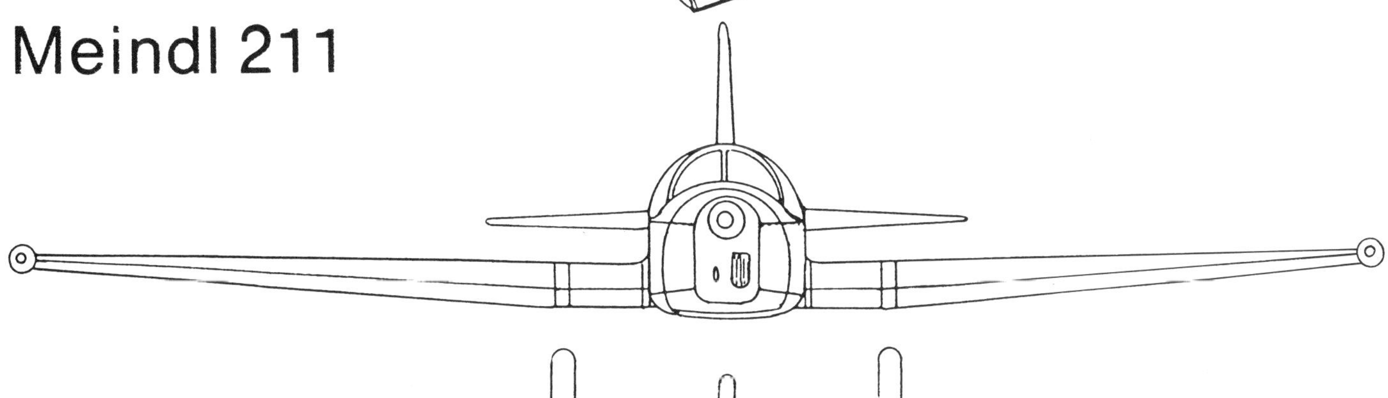

Blume 502

Neben der Messerschmitt Bf 108 Taifun galt die Arado 79 in der Vorkriegszeit als das fortschrittlichste Sport- und Reiseflugzeug. Dem Doppelsitzer AR 79 mit nur 105 PS Motorleistung gelangen Flüge, die auch in der Weltrekordliste aufgeführt wurden. Einer davon war eine Rekordleistung in der Reichweite. Dafür benutzte man eine Meßstrecke von Bengasi (Libyen) nach Goya (Indien) mit einer Entfernung von 6303 Kilometern.

Der Flugzeugtyp AR 79 wurde ebenfalls in der Geschwindigkeits-Weltrekordliste für Sportflugzeuge geführt. Von der Originalausführung blieb lediglich 1 Exemplar erhalten, das auf abenteuerlichen Wegen über das damals noch französische Saarland zu Fritz Ulmer, der in Göppingen lebt, gelangte.

Nahezu selbstverständlich war, daß die Kriegssieger solch ein hervorragendes Flugzeug auch noch weiterbauten und fortentwickelten. Die tschechischen Sokol-Flugzeugwerke wandelten diesen Typ geringfügig ab und machten daraus eine Sokol M 1 D, später noch eine Superversion, die Meta Sokol.

Als das Ende des Bauverbots in Deutschland abzusehen war, versuchte der ehemalige Arado-Konstrukteur Blume diesen Typ neu aufzulegen. Ihm schwebte eine grundsätzlich modernisierte Version vor, die sich nur an die alte Konstruktion anlehnen sollte. Natürlich sollte die neue Maschine noch bessere Leistungen aufweisen als die alte Version.

Die als Blume-500-Serie begonnenen Konstruktionsarbeiten sahen einen viersitzigen Tiefdecker vor, der eine neuartige Außenhaut erhalten sollte. Das Superglattflächen-Flugzeug sollte nicht, wie die Konkurrenztypen, genietet werden, man versuchte an dem Typ ein neuentwickeltes Metallklebeverfahren. Dem Konstrukteur Blume schwebte eine Bauweise vor, die auch keine überstehenden Blechstöße aufwies. Vor der Verarbeitung mußte man die zu klebenden Blechteile vorspannen, um Ausbeulungen daran zu verhindern. Mit dieser glatten Tragfläche konnte man auch eine sehr hohe Flächenbelastung in Kauf nehmen.

Blume 502

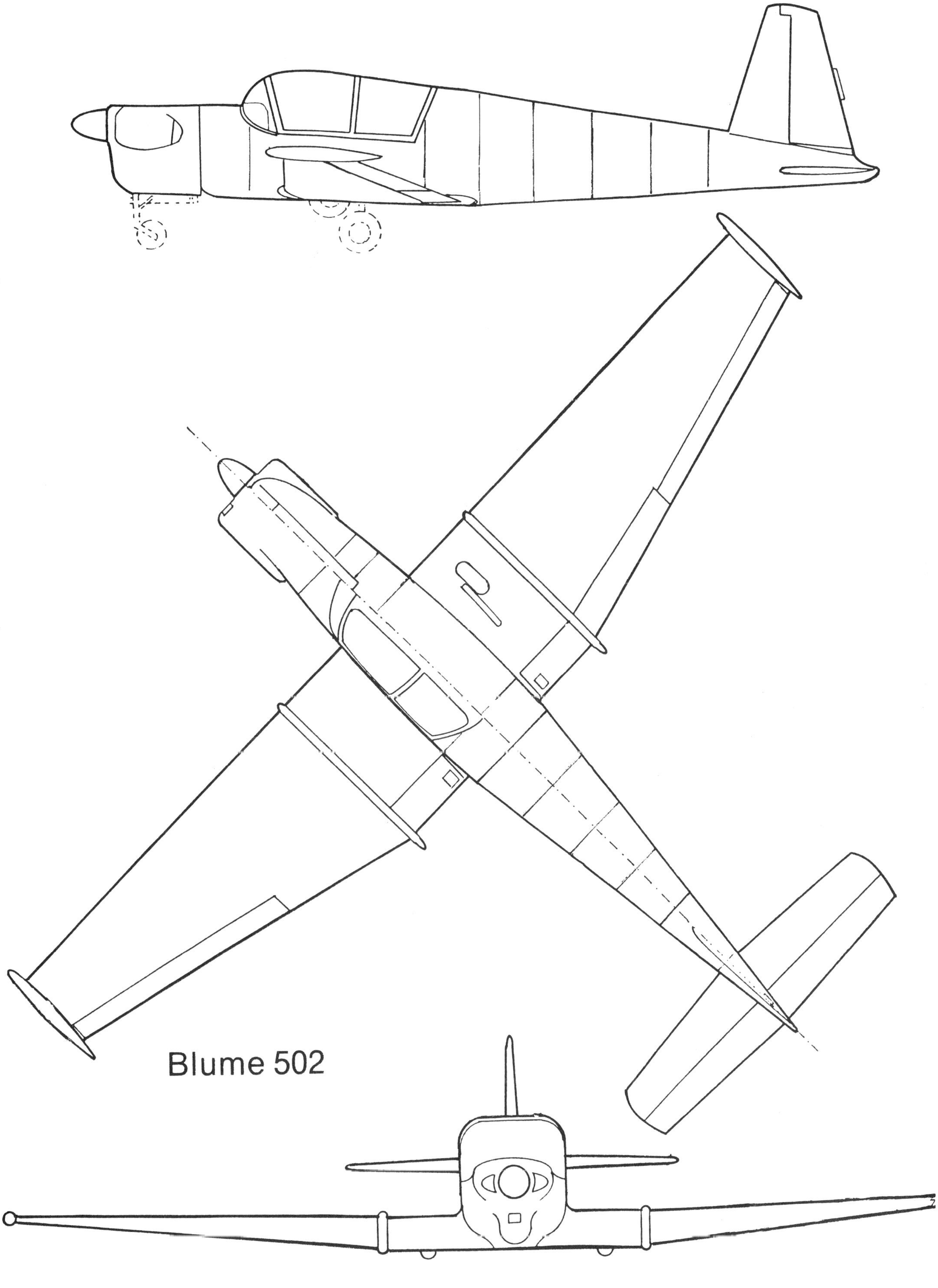

Blume 502

Hauptmerkmale an der neuen Version waren eine Ganzmetallausführung, laminares Tragflügelprofil und das halb einziehbare Bugradfahrwerk. Zusätzlich sollte das Leergewicht noch so niedrig wie möglich gehalten werden. Als Antrieb sah man zunächst einen nur 150 PS starken Lycoming-Motor vor.

Dieser sehr hohe Bauaufwand hatte natürlich auch seinen Preis. Die Maschine konnte dann schon preislich nicht gegen die mit wesentlich einfacheren Mitteln arbeitenden amerikanischen Konkurrenten antreten. Von der Maschine wurden 2 Prototypen bei den Focke-Wulf-Werken in Bremen gebaut, die auch geflogen sind. Eine stärkere Version mit 180-PS-Motor sollte dann die Blume 503 werden.

Technische Daten der Blume 502

Spannweite	10,50 m
Länge	8,15 m
Höhe	2,40 m
Flügelfläche	15,00 m^2
Triebwerk	Lycoming O 360 A1A
Leistung	150/133 PS/kW
Leergewicht	670 kg
max.Fluggewicht	1120 kg
Zuladung	450 kg
Flächenbelastung	74,50 kg/m^2
Leistungsbelastung	7,46 PS/kg
Höchstgeschwindigkeit	250 km/h
Reisegeschwindigkeit	220 km/h
Steiggeschwindigkeit	5,02 m/s
Dienstgipfelhöhe	4800 m
Startstrecke	375 m

Milan GS 6

In aller Stille entwickelte in den Jahren 1957/58 die Gemeinschaft »Laboratorium Dipl.-Ing. Max Himmelheber« in Baiersbronn in Zusammenarbeit mit dem Schempp-Hirth-Flugzeugbau ein viersitziges Flugzeug, das sie Milan GS 6 nannten. Als besondere Initiatoren traten Graf Saurma-Jeltsch und Ing. Alfred Vogt in Erscheinung.

Bei der Musterprüfung konnte Testpilot Karl Voy die Erwartungen der Konstrukteure voll bestätigen. Die Milan GS 6 wurde 1959 fertiggestellt und flog danach noch einige Jahre lang. Für einen Serienbau dieser interessanten Maschine reichten die bescheidenen Mittel der Erbauer allerdings nicht aus. Die Milan sprach besonders bei den deutschen Sportfliegern in Aufmachung und Anschaffungspreis an.

Schon der Aufbau der Milan ist bermerkenswert. Das Flugzeug ist eine neuzeitlich konstruierte Maschine, sie hat ein einziehbares Bugradfahrwerk, lediglich die beiden Haupträder sind noch fest. Das Besondere daran ist, daß der Rumpf dieses Flugzeugs in relativ frühen Jahren schon mit glasfaserverstärktem Kunststoff beplankt wurde. Zur statischen Festigkeit verwendete man jedoch nach innen verlegte Stahlrohre.

Die Tragflügel sind konventionell aus Holz hergestellt, wobei die Sperrholznase und die freien Stücke mit Leinwand bespannt sind. Als »Beulstützen« verwendete man Schaumstoffe in der Tragflügelnase. Das Bugfahrwerk wird mechanisch in den Rumpfbug eingefahren. Als viel zu schwach wurde noch während der Erprobung der nur 105 PS leistende tschechische Walter-Minor-4/III-Motor angesehen. Bei einer Serienversion hätte dieser gegen ein stärkeres Triebwerk ausgetauscht werden müssen.

Bei der Entwicklung des Flugzeugs legte man besonderen Wert auf Flugsicherheit des Typs. Der Startlauf sah dabei eine Landeklappenstellung von 30 Grad vor. Dadurch konnte das Bugradfahrwerk schneller entlastet werden, und das Flugzeug hob relativ schnell und unkompliziert von der Piste ab. Beim Landen sah man die Vorteile eines Bugrads darin, daß sofort nach dem Aufsetzen voll gebremst werden konnte, ohne daß sich die Maschine überschlug.

Schempp Hirth SH 6 Milan

Die Festigkeitsberechnungen der Milan GS 6 wurden nach deutschen und amerikanischen FAR-Bauvorschriften durchgeführt. Aufgrund des relativ einfach gehaltenen Grundaufbaus der Maschine konnte man einen kalkulatorischen Preis von etwa DM 40 000,– für das Flugzeug festlegen. Dennoch blieb der Prototyp der Milan ein Einzelstück.

Technische Daten der Milan GS 6

Spannweite	10,52 m
Länge	7,10 m
Höhe	2,90 m
Flügelfläche	15,68 m^2
Triebwerk	Walter Minor 4/III
Leistung	105/77 PS/kW
Leergewicht	600 kg
max. Fluggewicht	900 kg
Zuladung	300 kg
Flächenbelastung	57,58 kg/m^2
Leistungsbelastung	5,57 PS/kg
Höchstgeschwindigkeit	230 km/h
Reisegeschwindigkeit	204 km/h
Steiggeschwindigkeit	2,25 m/s
Dienstgipfelhöhe	4000 m
Startstrecke	580 m
Landestrecke	350 m

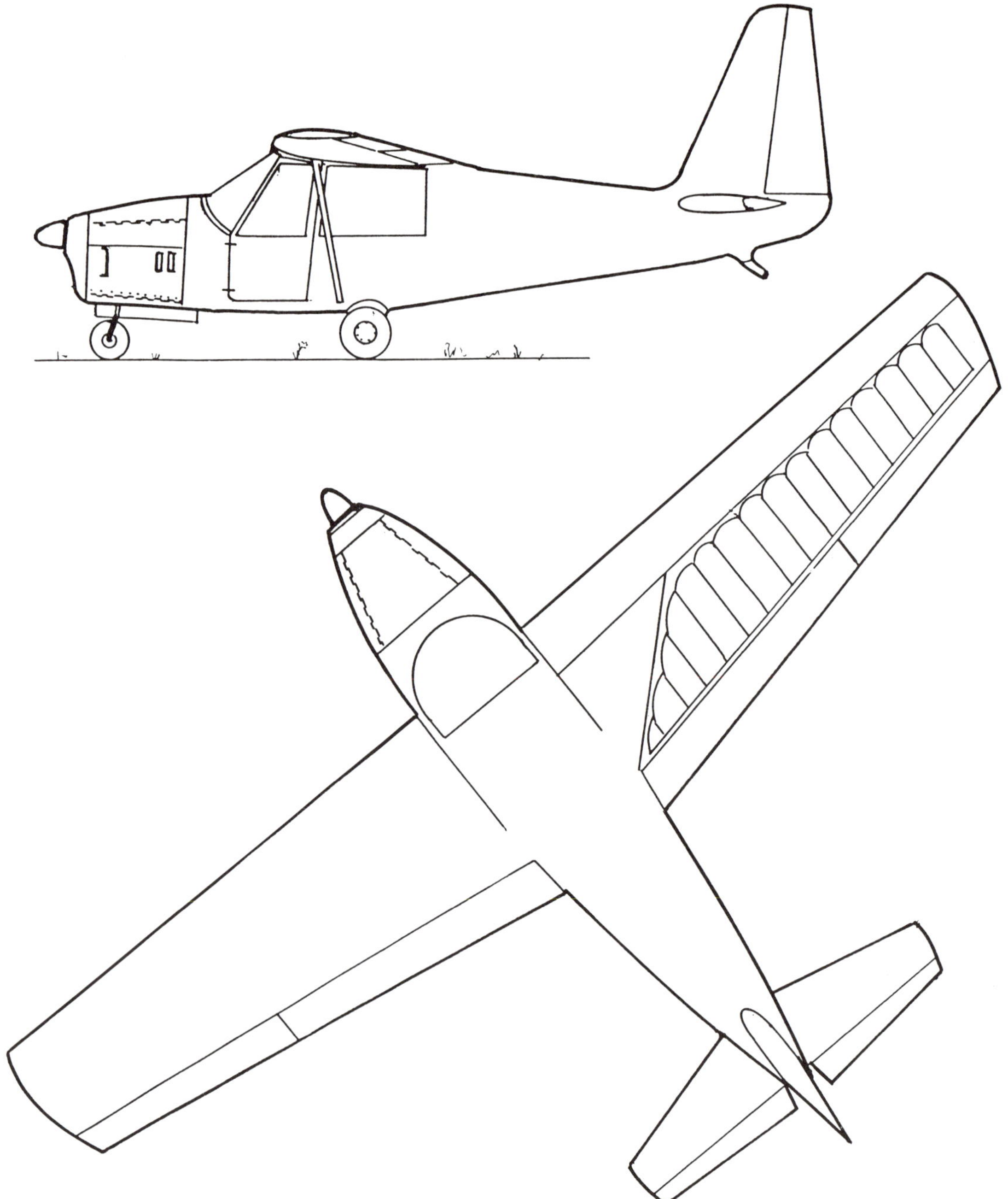

Schempp Hirth GS 6 Milan

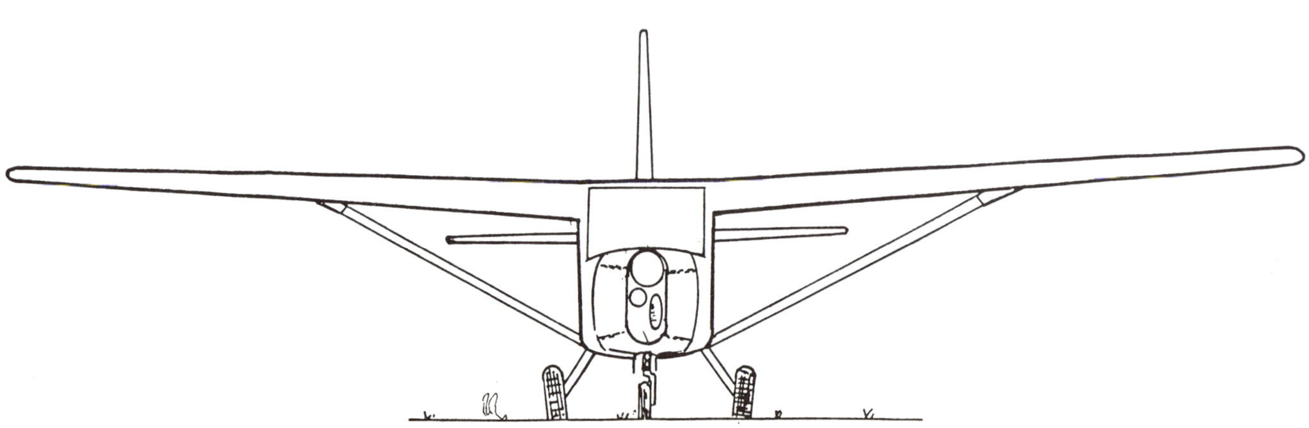

Luftfahrt-Bundesamt	**Nachrichten für Prüfer** Milan GS 6 Geräte-Nr.: L - 561	NfP-Art: Kennblatt Register-Nr.: 05.130 - 561 Register-Gruppe: Flugzeuge Blattzahl: 1 / Blatt: 1

Ausgabe 1

Hersteller: Schempp-Hirth oHG., Kirchheim/Teck, Krebenstr. 25

Baureihe GS 6a (nur Werk-Nr. V 1) zugelassen am 5. Mai 1961

Baumerkmale: Einmotoriger, abgestrebter Hochdecker, einziehbares Bugrad, 2 Sitze nebeneinander

Hauptabmessungen und Gewichte (Richtwerte):

Spannweite	10,5 m
Länge	7,1 m
Höhe	2,9 m
Flügelfläche	15,6 m^2

Motor: Walter Minor 4-III

Propeller: Hoffmann 180/118/7,3 H/40 LZ

Betriebsgrenzen:

Motor:

Kraftstoff: Flugbenzin 72 Oktan

Schmierstoff: siehe Betriebs- und Wartungsanweisungen Milan GS 6a

Höchstzul. Dauerleistung: 2300 U/min (80 PS)

Startleistung (5 Min): 2500 U/min (105 PS)

Höchstzul. Drehzahl: 2750 U/min

Geschwindigkeiten:

Zulässige Höchstgeschwindigkeit	V_{ne}	= 230 km/h
Höchstzulässige Reisegeschwindigkeit	V_{no}	= 204 km/h
Manövergeschwindigkeit	V_a	= 180 km/h
Höchstzul.Geschw. Flügelklappen voll ausgefahren	V_{fe}	= 110 km/h
Höchstzul.Geschw. bei Ausfahren des Bugrades		= 150 km/h

Gewichte: Höchstzulässiges Fluggewicht: 900 kg

Schwerpunktsbereich:
1770 mm bei 780 kg geradlinig bis
1830 mm bei 900 kg geradlinig bis
1930 mm bei 900 kg hinter Bezugsebene
(Bezugsebene 2 m vor Türrahmenhinterkante rechts)
(Flugzeuglage: Fensterrahmen Unterseite waagerecht)

Insassen: 2 Sitze (gesamt); Mindestbesatzung 1

Gepäck: 18 kg bei voller Besetzung (36 kg einsitzig)

Kraft- und Schmierstoff: Kraftstoff 2 x 72 ltr. im Flügelbehälter
Schmierstoff 10 ltr. im Behälter

Verwendung: Normalflugzeug

Bauvorschriften: CAR Part 3 in der Fassung vom 15. Mai 1956

Ausrüstung: gemäß Bauvorschrift

Betriebsanweisung:

An Bord des Flugzeugs mitzuführende Anweisungen:

1. Schilder im Blickfeld des Flugzeugführers gemäß Flughandbuch Seite 6
2. Flughandbuch Milan GS 6a

Technische Handbücher:

1. Betriebs- und Wartungsanweisung Milan GS 6a
2. Technischer Beschreibung, Bedienungsanweisung und Wartung des Motors Walter Minor 4-III (Technical Description, Service Instructions, Control and Maintenance)

———— • ————

Dieses Kennblatt gehört zum Musterzulassungsschein L - 561, erteilt an Firma Dipl.-Ing. Himmelheber, Baiersbronn, am 5. Mai 1961.

Bearbeiter:	Ausgabedatum:	Ersatz für:	Bestell-Nr.
L B A	5. 5. 1961	---	NfP-Nr. 1090

Stark Turbulent

Dieses kleine einsitzige Flugzeug wurde von dem Franzosen Roger Druine entwickelt. Die Grundkonzeption sah einen einfachen Amateurbau vor, der auch für weniger geübte Flugzeugbauer geeignet sein sollte. Bereits 1951 begann Druine mit der Erprobung seiner Maschine und sah dafür auch verschiedene Motoren vor. In dem D-3-Prototyp benutzte er einen französischen Ava-Motor.

Die Produktionsversion, die D 31 »Turbulent«, wurde 1953 fertiggestellt. Antriebsfavorit war damals ein modifizierter Volkswagenmotor, der 25 PS leistete. Als Alternative standen damals noch das 30-PS-Porsche-, das 45-PS-Ardem-Mk-4- und das 55-PS-Ardem-Mk-5-Triebwerk für den Einbau zur Verfügung.

Die Rechte für den Typ wurden von Druine auch für einen gewerblichen Lizenzbau abgegeben. Für die Bauvorschriften der einzelnen Länder mußte der Typ jedoch auf deren Bedürfnisse abgeändert werden.

In England verstärkte die Firma Rollason den Flügelholm des Flugzeugs und fertigte nun die Lizenzversion D 31-A. In Deutschland baute die kleine Firma Stark-Flugzeugbau in Minden die Turbulent in einer kleinen Serie. Dafür wurde der Typ auf deutsche Bauvorschriften umgeändert und bekam die Bezeichnung Stark Turbulent D 31 D.

Das Hauptmerkmal dieser Maschine war wieder ein geänderter Motor, diesmal kam ein von Stark modifizierter Volkswagenmotor, den man als STAMO 1400 bezeichnete, zum Einbau. Außerdem besaß diese deutsche Version eine verstärkte Rumpfstruktur, ein geschlossenes Cockpit und ein lenkbares Spornradfahrwerk.

Nach 15 gebauten Turbulent-Exemplaren mußte die Produktion jedoch eingestellt werden. Eine geplante zweimotorige Ausführung blieb eine Projektstudie.

Technische Daten der Stark Turbulent

Spannweite	7,15 m
Länge	5,33 m
Höhe	1,80 m
Flügelfläche	8,2 m^2
Triebwerk	Stark STAMO 1400
Leistung	45/33 PS/kW
Leergewicht	220 kg
max.Fluggewicht	340 kg
Zuladung	120 kg
Flächenbelastung	38,0 kg/m^2
Leistungsbelastung	7,55 PS/kg
Höchstgeschwindigkeit	165 km/h
Reisegeschwindigkeit	150 km/h
Steiggeschwindigkeit	4,5 m/s
Reichweite	600 km
Startstrecke	200 m
Landestrecke	250 m

Stark Turbulent

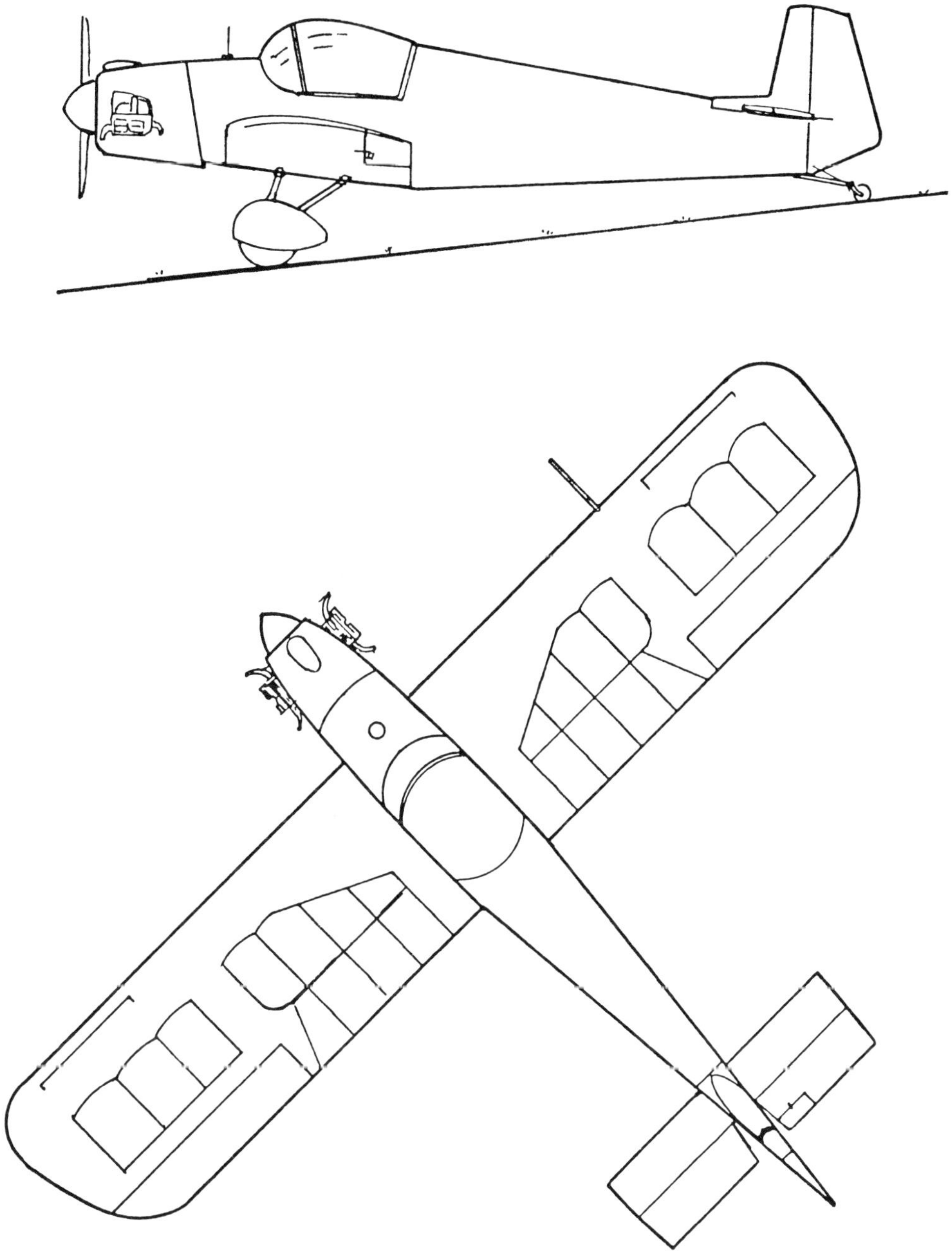

Stark Turbulent

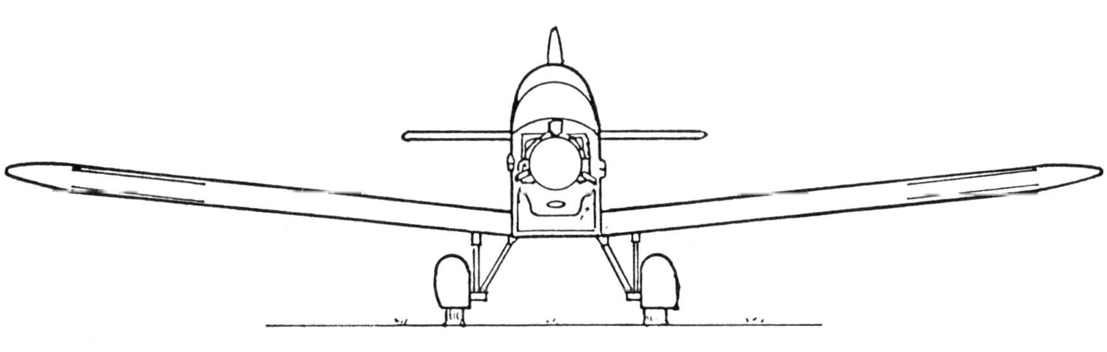

Rhein West RW 3

Die RW 3 wurde in den fünfziger Jahren als Meilenstein der Flugzeugentwicklung angesehen. Den ausgefallenen Beinamen Multoplane bekam der Typ wegen seiner verschiedenen Verwendungszwecke, für die er vorgesehen war.

Die Normalausführung sah einen Tragflügel von 10 Metern Spannweite vor, der in Sonderausführung auch 15 Meter haben konnte. Die Spannweitenvergrößerung bewirkte, daß das Flugzeug auch als doppelsitziger Motorsegler geflogen werden konnte.

Ein weiterer Variantenkatalog bot den Typ als Schulversion an. Durch die hintereinander angeordnete Sitzweise konnte dieses Flugzeug für die verschiedenartigsten Schulzwecke verwendet werden. Dieser Katalog wies dafür eine Segel-, Motor-, Kunstflug- und Militär-Anfangs-Jettrainer-Version aus.

Zu der Bezeichnung eines anspruchsvollen militärischen Jettrainers kam dieser Typ durch seine ungewöhnlich angeordnete Antriebsanlage. Das Kolbentriebwerk ist bei der RW 3 hinter den beiden Insassen eingebaut und treibt über eine Fernwelle den im Leitwerk rotierenden Propeller an.

Diese ungewöhnliche Anordnung hat verschiedene Vorteile, der Propeller stört auf keinen Fall irgendein Bauteil des Flugzeugs durch Vibration. Außerdem erhält die Maschine dadurch schubartige Antriebskräfte, wie sie bei Jetflugzeugen üblich sind.

Rhein Westflug 3/150

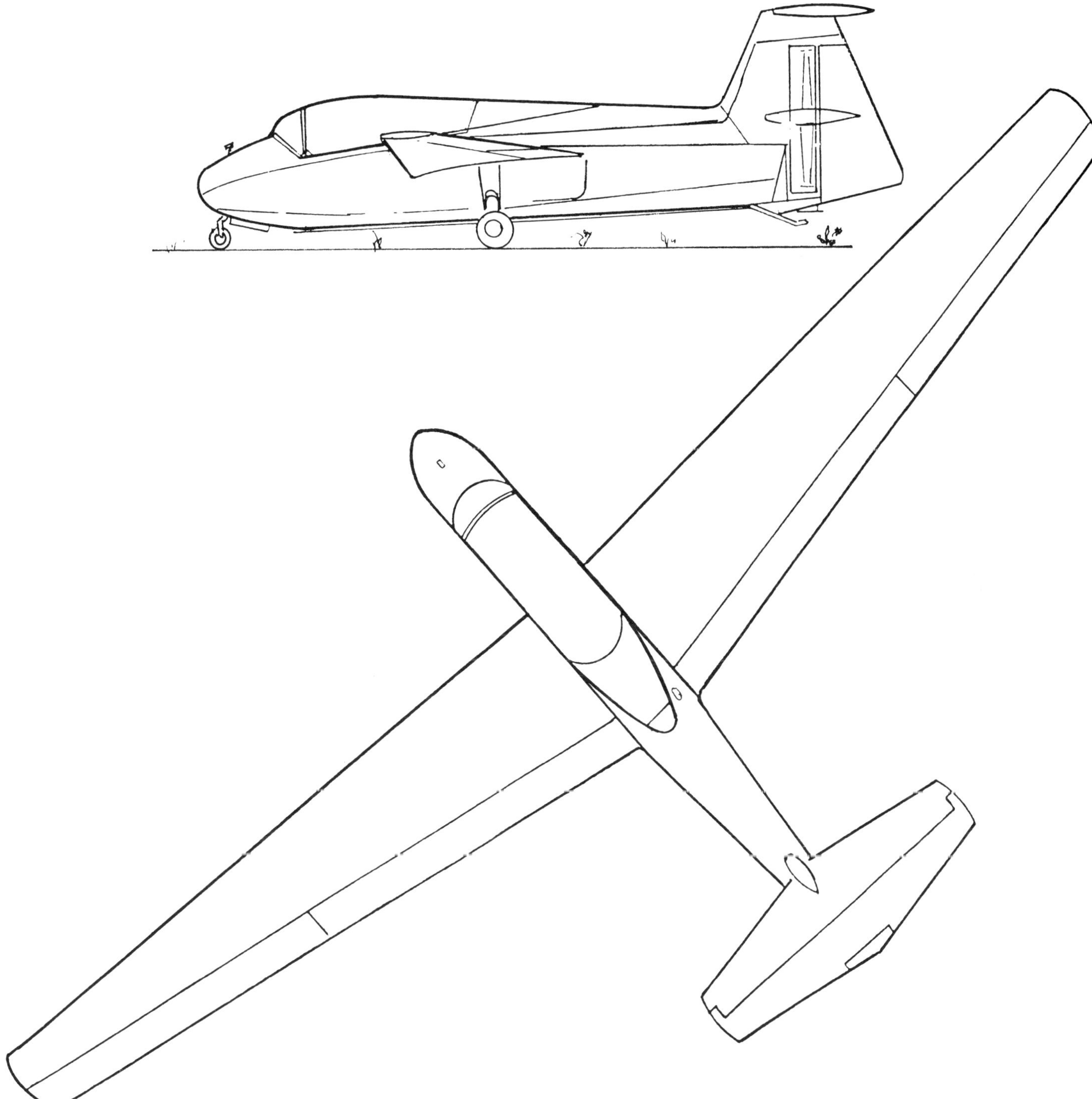

Rhein West RW 3

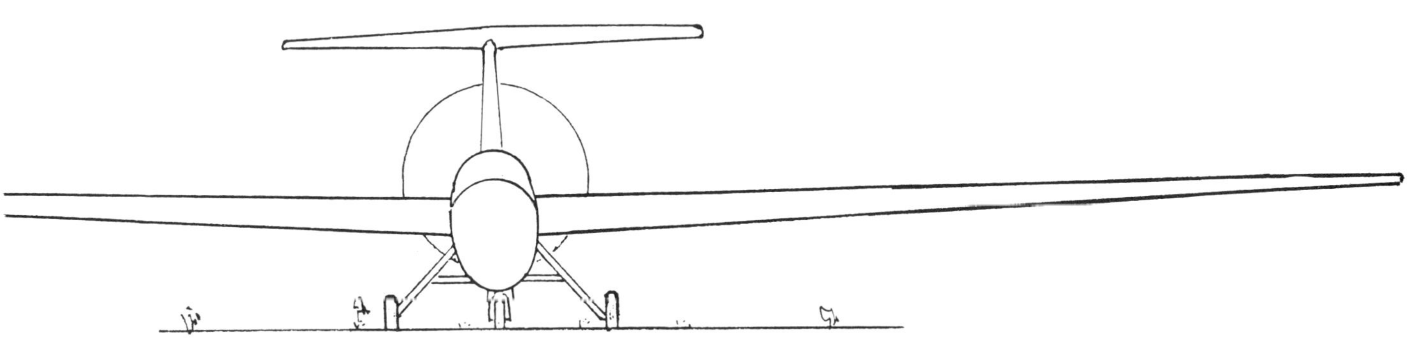

Technische Daten der RW-3-Versionen

Spannweite	15,40 m	10,40 m	15,00 m
Länge	7,90 m	7,90 m	7,40 m
Höhe	2,60 m	2,60 m	2,10 m
Flügelfläche	18,00 m²	14,00 m²	18,00 m²
Triebwerk	Lycoming O 320	Porsche PFM 679/3	
Leistung	150/ 110	65/48 PS/kW	
Leergewicht	720 kg	694 kg	445 kg
max. Fluggewicht	1000 kg	1000 kg	650 kg
Zuladung	280 kg	306 kg	205 kg
Flächenbelastung	55,2 kg/m²	69,8 kg/m2	36,1 kg/m²
Leistungsbelastung	6,66 PS/kg	6,66 PS/kg	10,0 PS/kg
Höchstgeschwindigkeit	240 km/h	270 km/h	209 km/h
Reisegeschwindigkeit	210 km/h	250 km/h	198 km/h
Steiggeschwindigkeit	5,8 m/s	5,3 m/s	4,2 m/s
Dienstgipfelhöhe	7000 m	5500 m	4000 m
Startstrecke	105 m	160 m	205 m

Als Triebwerke waren für diesen Typ der Porschemotor mit 65 PS sowie ein in Erprobung stehender 100 PS starker Porschemotor vorgesehen. Für den weiteren Ausbau des Programms sah man auch einen 150 PS starken Lycoming-0-320-Antrieb vor.

Der entscheidende Grund des späteren Mißerfolgs der RW 3 war wahrscheinlich, daß dieses Flugzeug zuerst mit der schwachen Antriebsleistung ausgeliefert wurde. Dadurch waren die Flugleistungen so mager, daß sich potentielle Kunden abwandten.

An dem Typ bestand zwar ein großes Interesse, eine Lizenzproduktion sollte in Brasilien aufgenommen werden, doch es blieb bei einer sehr bescheidenen Stückzahl. Auch die inzwischen verbesserte Version, die man Passat nannte, konnte nicht mehr die erforderlichen Aufträge einbringen.

Die RW 3 hat ein Stahlrohrrumpfgerüst, das mit Aluminiumblechen beplankt ist. Die lange, völlig verglaste Kabinenabdeckung bietet durch ihre weit vor den Tragflügeln liegende Bauweise einen hervorragenden Ausblick, der besonders für den Schüler von großem Vorteil sein kann. Das in den Rumpf einziehbare Bugrad wird über ein Hebelgestell mechanisch betätigt.

Merkle 501 LF 2 Kiebitz

Professor Hermann Winter, einst Mitarbeiter Gerhard Fieselers und mitverantwortlich bei der Konstruktion des Fieseler Storchs sowie des einsitzigen Zaunkönigs, machte noch einmal mit einem ähnlichen Flugzeug auf sich aufmerksam. Es war der doppelsitzige LF 2 Kiebitz, der im Institut für Flugzeug- und Leichtbau der Technischen Hochschule Braunschweig entwickelt wurde. Diese Maschine sollte dieselben Vorzüge wie ihre Vorgänger haben, nur eben etwas größer als der einsitzige Zaunkönig sein. Der Prototyp wurde in zweijähriger Arbeit von Studenten in den Industriewerkstätten der TH Braunschweig gebaut.

Aufgrund der extremen Langsamflugeigenschaften sowie der kurzen Start- und Landeflächen war dieses Flugzeug vom technischen Stand her schon recht interessant. Bei dem neu aufgebauten Merkle Flugzeugbau in Ödheim bei Heilbronn sah man in dem Flugzeug neben dem soeben angelaufenen aufwendigen Hubschrauberprogramm einen guten Start für die Zukunft des Flugzeugbaus.

Merkle Kibitz

Die Flugerprobung begann am 1. 10. 1959 und erfüllte bereits die Erwartungen der Erbauer. Die hervorragenden Kurzstarteigenschaften kamen damals recht gut an, denn die Luftwaffe interessierte sich für langsam fliegende Flugzeuge.

Das zweisitzig nebeneinander angeordnete Flugzeug wurde von einem 95 PS starken Continental-Triebwerk angetrieben. Der LF 2 Kiebitz, bei Merkle nannte man das Modell Merkle 501, eignete sich in der Grundauslegung für unterschiedliche Aufgaben. Die Hersteller sahen bereits ein ideales Schul-, Reise-, Schlepp-, Foto- und Schädlingsbekämpfungsflugzeug in dem Typ.

Der Hochdecker, der in Gemischtbauweise hergestellt ist, hat einen stoffbespannten Stahlrohrrumpf und Holztragflügel. An dem über die gesamte Spannweite verlaufenden Vorflügel aus Aluminiumblech hat man Metallkleber erprobt.

Nachdem das aufwendige Hubschrauberprogramm bei Merkle nicht den gewünschten Erfolg zeigte, mußte auch die hoffnungsvolle Konstruktion des Kiebitzes aufgegeben werden.

Technische Daten des LF 2 Kiebitz

Spannweite	10,70 m
Länge	6,85 m
Höhe	2,06 m
Flügelfläche	14,77 m^2
Triebwerk	Continental C 90-12 F
Leistung	95/70 PS/kW
Leergewicht	450 kg
max.Fluggewicht	684 kg
Zuladung	234 kg
Flächenbelastung	46,4 kg/m^2
Leistungsbelastung	7,6 PS/kg
Höchstgeschwindigkeit	165 km/h
Mindestgeschwindigkeit	50 km/h
Dienstgipfelhöhe	4800 m
Reichweite	560 km
mit Zusatztanks	900 km
Startstrecke	65 m
Landestrecke	65 m

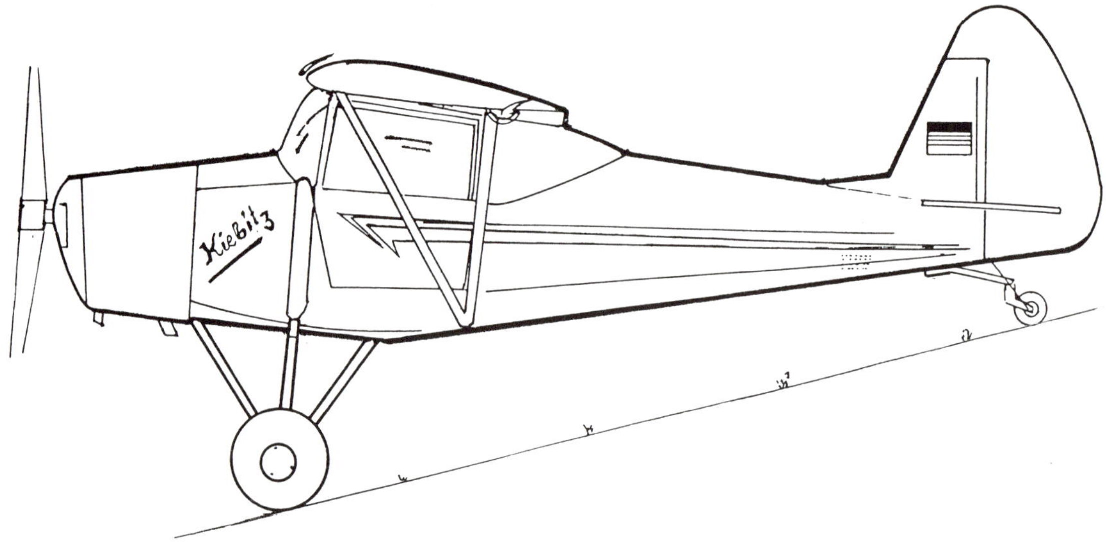

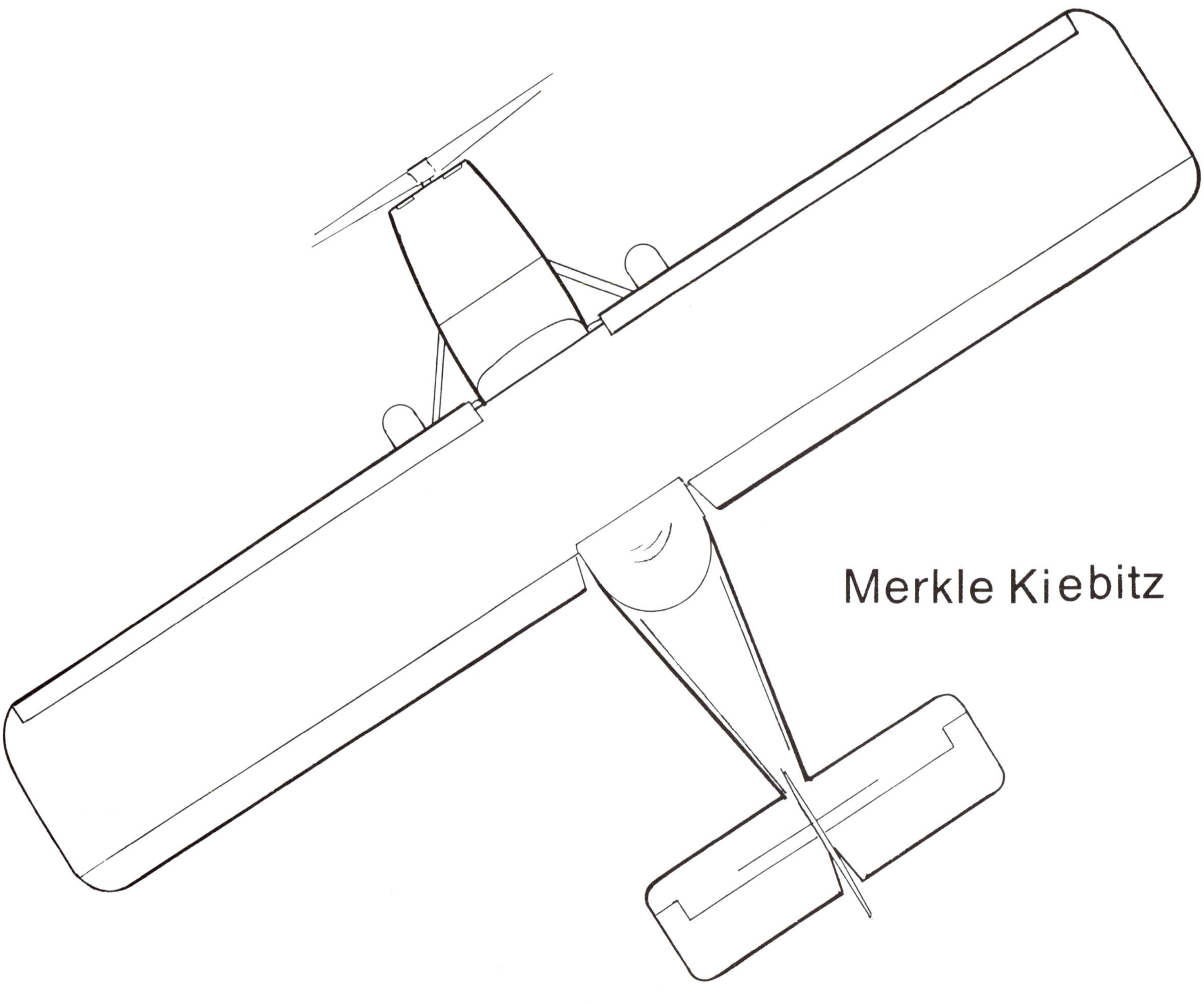

Merkle Kiebitz

Jodel D 9/D 11

Bereits 1949 flog das einsitzige Modell der beiden Franzosen Edouard Joly und Jean Delemontez. Diesen Amateurflugzeugbauern schwebte eine sehr einfach gehaltene Maschine vor, die von jedem handwerklich Begabten in Heimarbeit hergestellt werden konnte. Offiziell nannten sie ihr Erstlingswerk Jodel D 9 Be Be. Die Bezeichnung Jodel setzt sich aus den Initialen der beiden Konstrukteure zusammen.

Die Jodel-Flugzeuge wurden noch um eine doppelsitzige Version erweitert, die D 11 Club. Die D 11 war ebenfalls eine Amateurversion. Spätere Versionen der Jodel-Flugzeuge wurden dann als Industriebauten in verschiedenen Mustern angeboten.

Hauptmerkmale der Jodel-Flugzeuge sind der kastenförmige Holzrumpf und der sehr einfach gehaltene Tragflügel. Man erkennt sie an den nach oben angewinkelten Querrudern.

Die Industrieversionen sind bei den Sportfliegern sehr beliebt. Frühe Exemplare wurden bei der Firma Wassmer, dann bei Société Aeronautique Normande (S.A.N.) gebaut. Heute noch werden die charakteristischen Jodel-Merkmale unter dem Namen »Robin Jodel«, auch mit Bugradfahrwerk, in den unterschiedlichsten Größen und mit verschiedenen Antriebsstärken gefertigt.

Sofort nach der Freigabe des Bauverbots waren die D-9- und D-11-Typen besonders beliebte Objekte bei den Amateurflugzeugbauern. Von der D 9 wurden anfangs 18 Bauvorhaben bewilligt, die auch fertiggestellt wurden. Selbst eine Berliner Fluggruppe baute sich ein D-9-Muster, das jedoch nur auf westlichen Flugplätzen geflogen werden durfte.

Die D 9 benötigt durch ihr geringes Gewicht relativ

Jodel D9

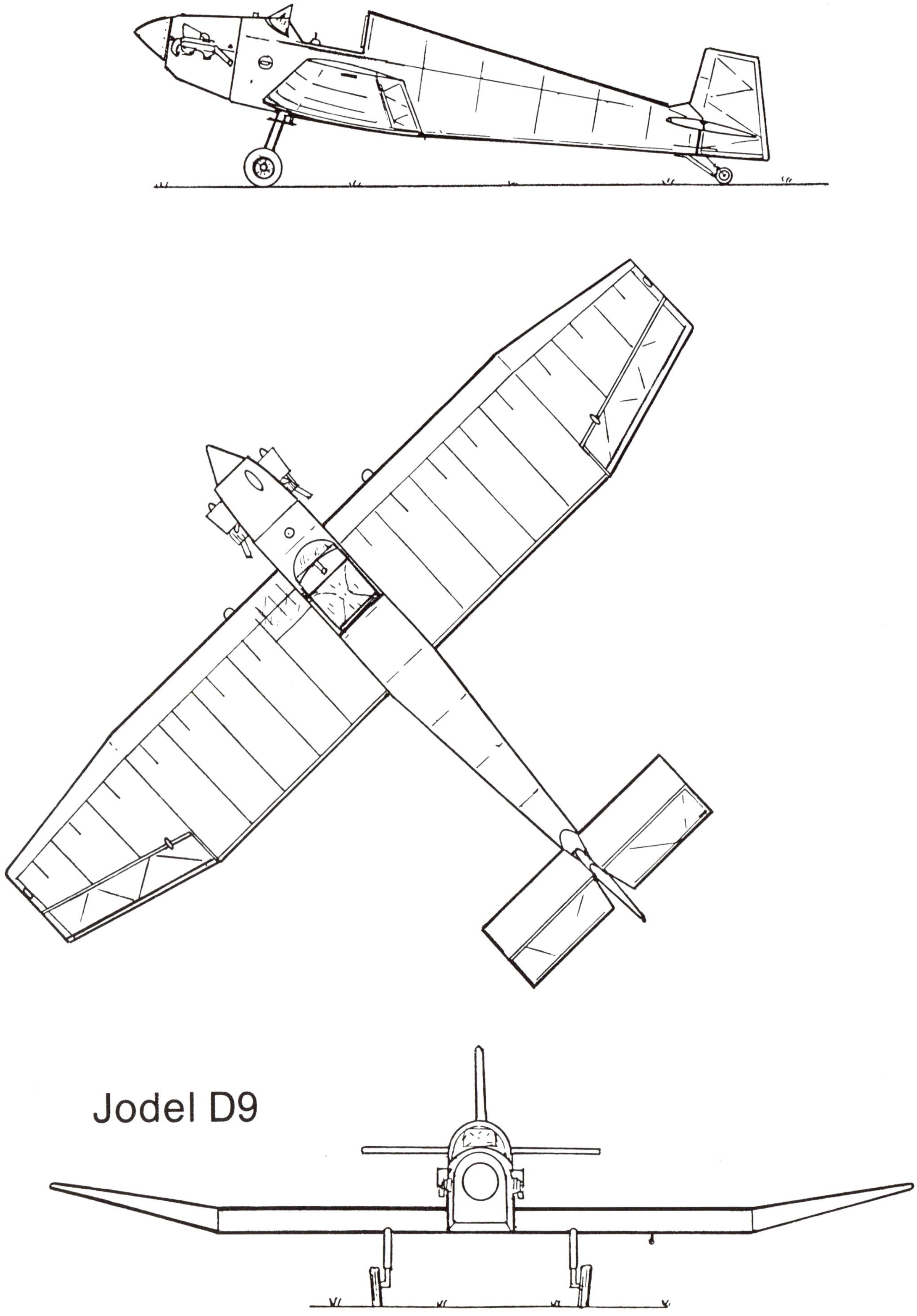

Jodel D9

Technische Daten der Jodel D 9 / D 11

	D 9	D 11
Spannweite	7,00 m	8,20 m
Länge	5,35 m	6,20 m
Flügelfläche	9,00 m^2	12,70 m^2
Triebwerk	Volkswagen	Continental C 65
Leistung	26 PS	65 PS
Leergewicht	162 kg	270 kg
max. Fluggewicht	272 kg	485 kg
Zuladung	110 kg	215 kg
Flächenbelastung	30,22 kg/m^2	38,19 kg/m^2
Leistungsbelastung	10,46 PS/kg	7,46 PS/kg
Höchstgeschwindigkeit	150 km/h	180 km/h
Reisegeschwindigkeit	130 km/h	170 km/h
Steiggeschwindigkeit	126 m/min	175 m/min
Reichweite	460 km	600 km
Startstrecke	110 m	120 m
Landestrecke	60 m	80 m

schwache Triebwerke. Prädestiniert waren deshalb für Deutschland der Porsche- und Volkswagenmotor. Auch der von Ing. Pollmann für Flugzwecke auf 40 PS umgerüstete Volkswagenmotor, fand in der D 9 Verwendung.

Durch den im Amateurbau hergestellten Typ war dieses Flugzeug nicht ganz ungefährlich. Die Flugeigenschaften sind, auch wenn die Vorschriften genau eingehalten wurden, nicht harmlos. Besonders die Bauten durch Amateure sind ein Schwachpunkt des Typs. Obwohl immer eine strenge Bauüberwachung an jedem Stück stattfand, bleibt die Maschine ein Amateurbau. Die Statistik zeigt, daß die meisten Maschinen dieses Typs nach technischen Störungen zu Bruch gingen. Deshalb wurden nach Bekanntwerden des kritischen Flugverhaltens keine neuen Baugenehmigungen mehr für diesen sehr einfachen Typ erteilt.

Die D 11 ist eine doppelsitzige Variante des Typs. Sie wurde in Deutschland mit einem 65 PS starken Continental-Motor ausgerüstet. Der Prototyp flog bereits 1950 in Frankreich, dort jedoch mit einem 45 PS starken Salmson-9-AD-b-Sternmotor.

Die D 11 wurde von der Firma Flugzeugbau Hubert Zuerl in Dachau zu einer Industrieversion weiterentwickelt. Dabei wurde der Tragflügelhauptholm mit laminierten Hauptstegen verstärkt. Die so gebauten Maschinen bekamen dann den Zusatz D 11 A.

Piel Emeraude CP 301

Auch der Franzose Claude Piel entwickelte 1954 ein Amateurbauflugzeug, das er CP 30 Emeraude nannte. Die etwas anspruchsvollere Konstruktion fand schnell in verschiedenen Ländern Freunde. Zusammen mit den beiden Jodel-Typen war dieses Flugzeug lange Zeit der Standardtyp der Amateurflugzeugbauer Deutschlands. Die Mustererprobung zu der deutschen Amateurversion CP 301 führte der Berliner Dipl.-Ing. P. Slawik durch.

Von der Emeraude konnte auch noch eine kleine Serie hergestellt werden. Zuerst lief sie bei den Schempp-Hirth-Flugzeugwerken in Kirchheim/Teck, etwas später verfeinerte die Firma Binder-Aviatik in Donaueschingen diesen Typ zu einer Smaragd CP 301 S.

Alle Ausführungen der CP 301 wurden völlig aus Holz hergestellt. Die freien Flächen an Rumpf und Tragflügel sind mit Stoff bespannt. Der elliptische Grundriß des durchgehenden Tragflügels (NACA 23012 Profil) ist mit weit ausfahrbaren Landeklappen versehen. Damit konnten die recht gutmütigen Flugeigenschaften des Flugzeugtyps im Schnell- wie auch im Langsamflug erreicht werden.

Als Antrieb kam in den deutschen Versionen der »Einheitsmotor« der Zeit, der Vierzylinder-Continental-C-90-12-F zum Einbau, der 95 PS Startleistung lieferte. Piel benutzte in dem Prototypen lediglich 65-PS-Motore.

Seine gutmütigen Flugeigenschaften machten diesen Typ bei Fliegerclubs, aber auch bei Flugschulen recht beliebt. Für den fortgeschrittenen Flugzeugführer bereitete auch das Schleppen von Segelflugzeugen und Reklametransparenten keine Schwierigkeiten.

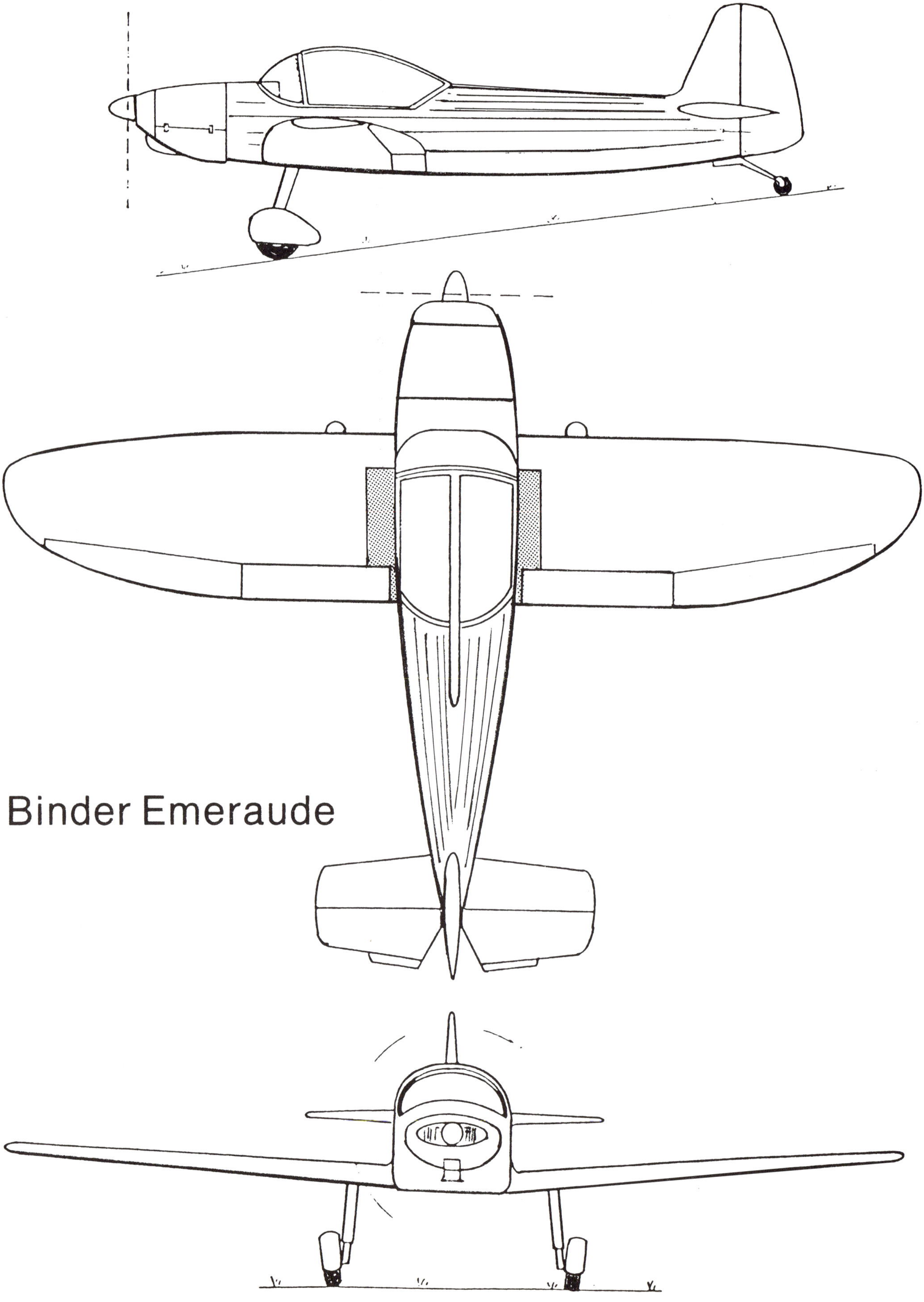

Binder Emeraude

Piel Emeraude CP 301

Technische Daten der Emeraude CP 301

Spannweite	8,32 m
Länge	6,33 m
Höhe	1,80 m
Flügelfläche	11,00 m²
Triebwerk	Continental C 90-12 F
Leistung	95/70 PS/kW
Leergewicht	390 kg
max. Fluggewicht	650 kg
Zuladung	260 kg
Flächenbelastung	59,00 kg/m²
Leistungsbelastung	7,2 PS/kg
Höchstgeschwindigkeit	210 km/h
Reisegeschwindigkeit	180 km/h
Steiggeschwindigkeit	3,5 m/s
Dienstgipfelhöhe	4000 m
Startstrecke	210 m
Landestrecke	125 m

Pöschel Equator P 300

Ein fanatischer Flugzeugkonstrukteur, Günter Pöschel (Jahrgang 1937), startete 1971 in seiner Heimatstadt Ulm mit einer wahren Entwicklungsexplosion. Er nannte sie die Equator-Serie. Diese Maschine sollte gleich drei Verwendungszwecke in einem Typ verwirklichen: eine Kurzstart-, Amphibien- und bequeme Reiseflugzeugreihe.

Die P 300 war bereits bei Beginn der Arbeiten mit einem starken Triebwerk ausgerüstet. Man sah für den Typ einen 310 PS starken Turbolader-Kolbenmotor vor. Allerdings war der Einbauort dieses Triebwerks in der ersten Version sehr ungewöhnlich. Er sollte hinter der Passagierkabine installiert werden und in zweifacher Umlenkung über eine Fernwelle den Propeller im Leitwerk antreiben. Dieser sollte dann als Zugpropeller arbeiten.

Die Equator hatte noch weitere technische Raffinessen. Das Kühlgebläse des Triebwerks saugte seine Luft aus der Grenzschicht des Tragflügels. Durch diese Grenzschichtabsaugung konnte man die Landegeschwindigkeit aerodynamisch verringern. Über den Turbolader wurde die Passagierkabine auch noch druckbelüftet.

Die amphibischen Werte konnte der Konstrukteur aus dem absolut wasserdichten Rumpf holen. Dieser war völlig aus modernen GFK-verstärkten Kunststoffen gefertigt. Mit eingezogenem Fahrwerk konnte die Maschine somit ohne weiteres auf Wasser landen. Die superglatten Tragflügel der Equator waren mit über die

Pöschel Equator P 300

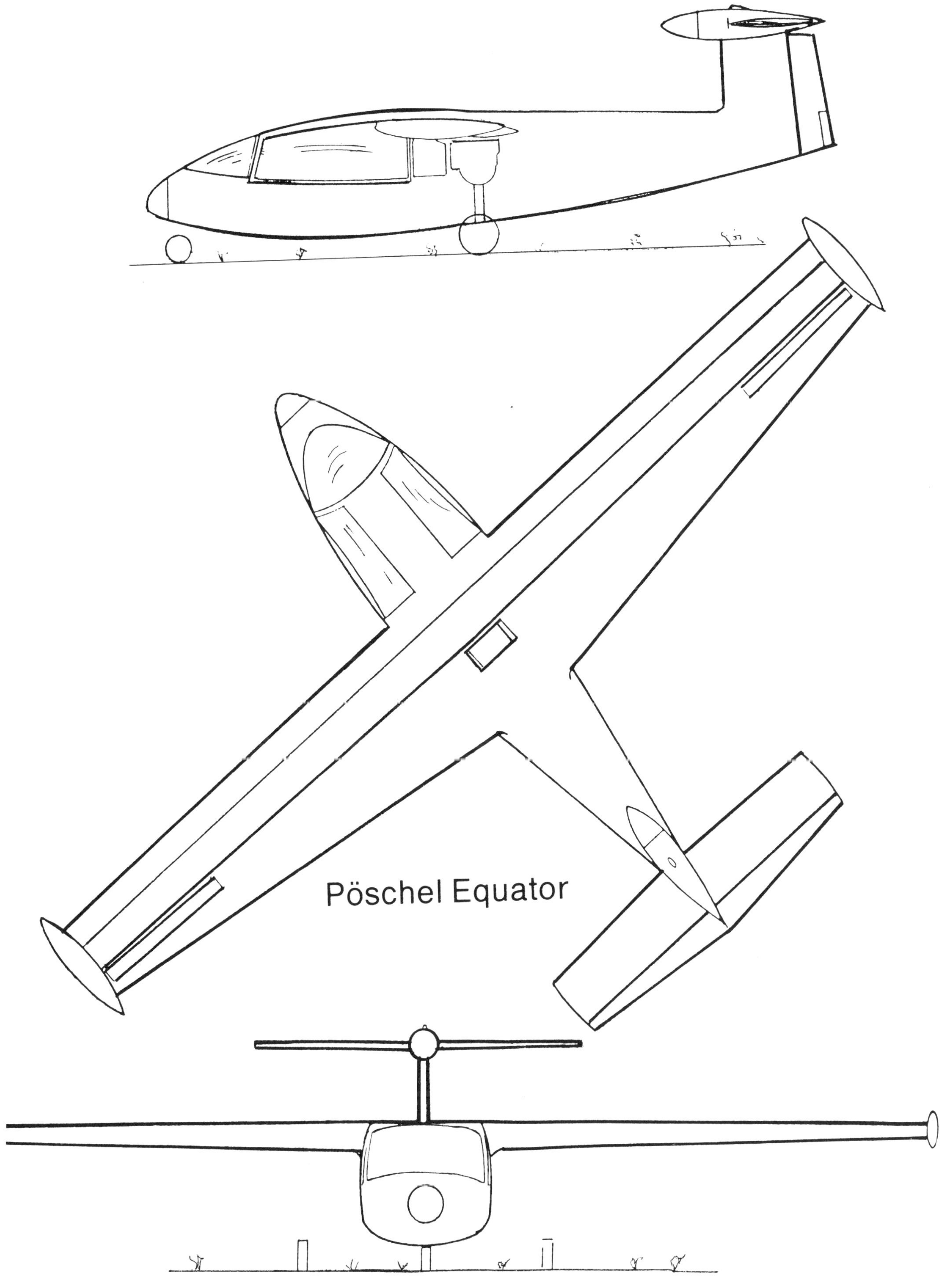

Pöschel Equator

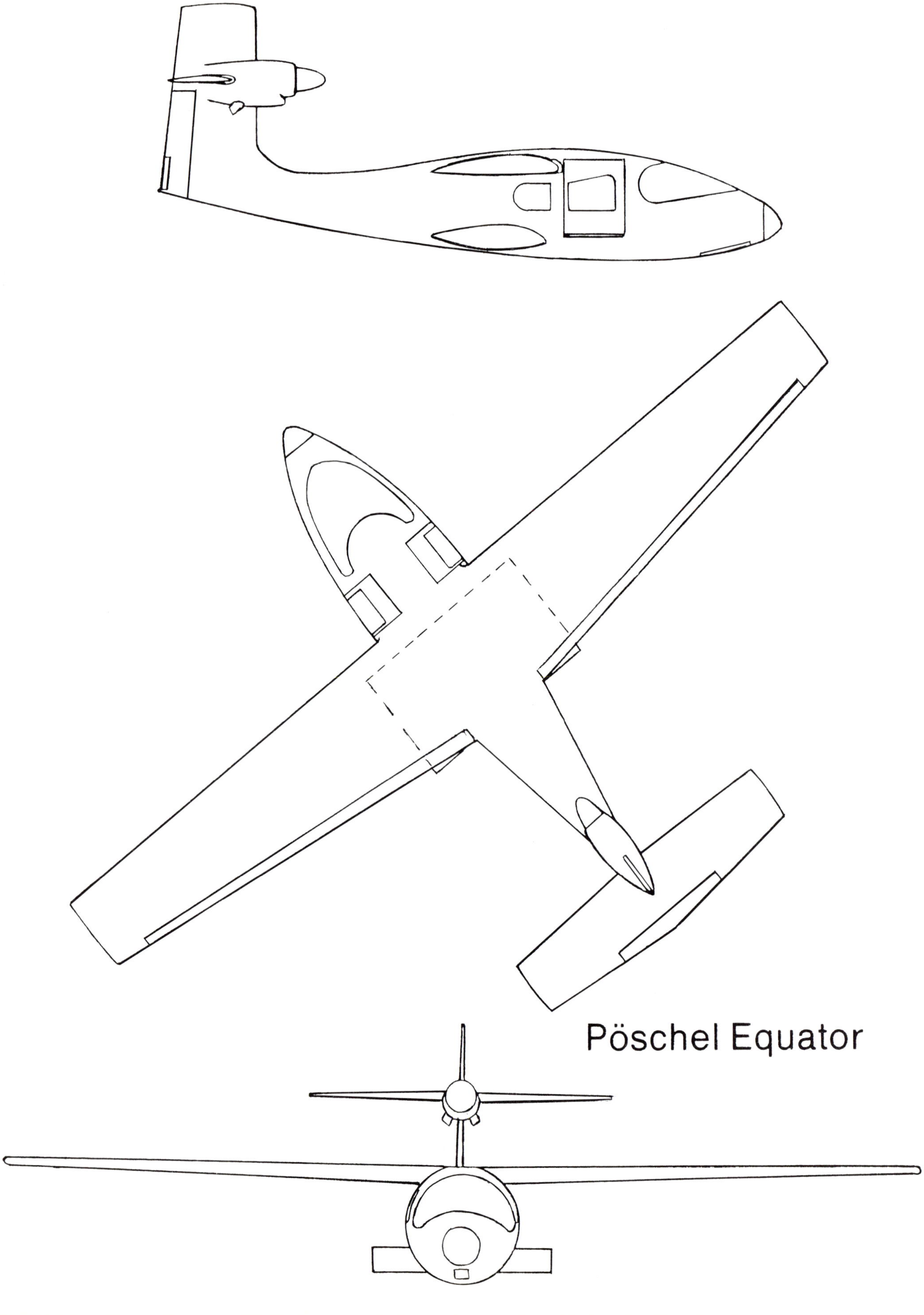

Pöschel Equator

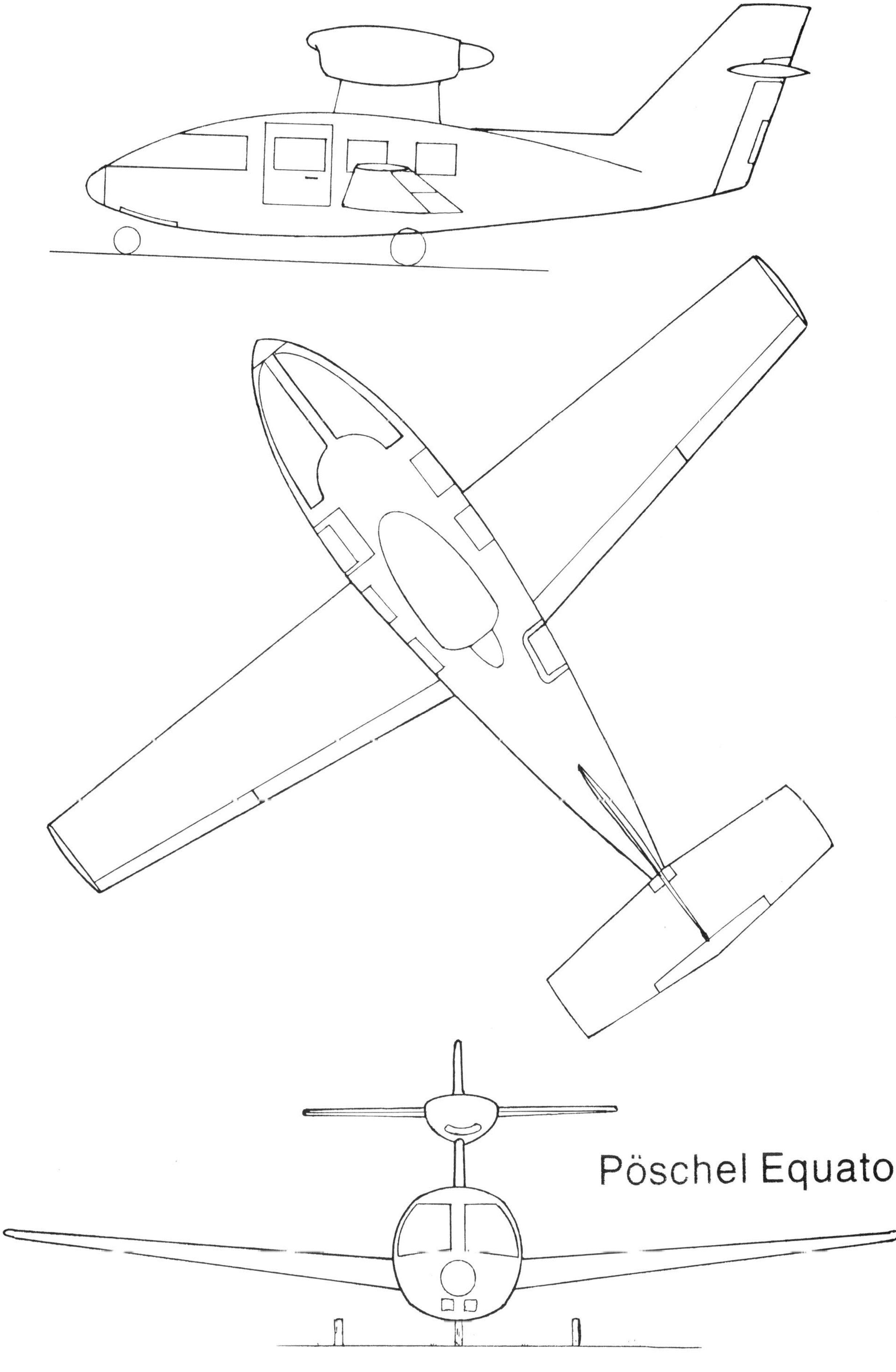

Pöschel Equator

Technische Daten der Pöschel Equator P 300

Spannweite	11,60 m
Länge	8,20 m
Höhe	3,10 m
Flügelfläche	16,00 m^2
Triebwerk	Lycoming TIO 540
Leistung	310 PS
Leergewicht	850 kg
max.Fluggewicht	1800 kg
Zuladung	950 kg
Flächenbelastung	112,5 kg/m^2
Leistungsbelastung	6,0 PS/kg
Höchstgeschwindigkeit	490 km/h
Reisegeschwindigkeit	460 km/h
Steiggeschwindigkeit	8,65 m/s
Dienstgipfelhöhe	9000 m
Startstrecke	116 m
Landestrecke	51 m

gesamte Spannweite ausfahrbaren Spaltlandeklappen versehen, die auch als aerodynamische Hochauftriebshilfen gestaltet waren. Als Wasserstützen hatte Pöschel eine geniale Idee: Er benutzte Flügelstummel im unteren Rumpfbereich.

Die Umlenkgetriebe zeigten sich bei der Erprobung des ersten Prototyps als sehr anfällig. Nach dem Verlegen des Triebwerks in das Leitwerk glaubte man, dieses Problem beseitigen zu können. Auch der neue Einbauort, jetzt als Zugpropeller im Leitwerk, erbrachte nicht die gewünschten Werte. Eine weitere Verlegung des Motors in einen separaten Pylon auf dem Rumpf versprach dann die beste Aussicht auf Erfolg. Er wurde als Schuberzeuger umgekehrt eingebaut.

Die unterschiedlichsten Antriebe wurden in der Equator erprobt und angeboten. Vom 310-PS-Kolbenmotor bis zum 550 shp starken PT-6A-27-Turboprop-Triebwerk konnte gewählt werden. Eine zweimotorige Ausführung sieht zwei 210 PS starke Lycoming-TO-360-C1-A6-D-Turbolader-Kolbenmotore als Zug- und Druckanlage vor.

In insgesamt 51 Ausführungen wurde die P 300 ausgelegt und konnte so bestellt werden. Die Bestellisten gehen von den verschiedenen Triebwerkseinbauten mit und ohne Druckkabine, festem oder einziehbarem Fahrwerk aus. Natürlich war auch die Liste der möglichen Radioausrüstung recht groß. Zu einem Serienbau der Equator kam es jedoch nicht.

Mylius My 102 Tornado

Der bei dem MBB-Leichtflugzeubau beschäftigte Konstrukteur Dipl.-Ing. Hermann Mylius entwickelte in privater Initiative eine einsitzige Amaterbaumaschine für den Kunstflug. Zuvor hatte Mylius den ähnlichen, jedoch zweisitzigen MHK 101 konstruiert. Dieses Flugzeugmuster gewann dann die Ausschreibung seiner Firma, die sie als Nachfolger des BÖ 208 Junior bis zur industriellen Serienreife weiterentwickelte. Die MHK 101 sollte dann als BÖ 209 Monsun Karriere machen.

Für die private Entwicklung der als Amateurbau geführten MY 102 benutzte Mylius einige erprobte Teile aus der gerade laufenden Serie des BÖ 208 Junior.

Die Kunstflugversion MY 102 Tornado erfreute sich besonderer Beliebtheit bei den Luftakrobatikprofis, so daß er noch ein 2. Exemplar bauen mußte. Weitere Typen stehen derzeit bei Mylius noch in der Planung. Vorgesehen sind die MY 103 und 104, eine drei- und viersitzige Version.

Die Ganzmetall-MY-102-Tornado hat die von der BÖ 209 bekannt gewordenen Mylius-Konstruktionsmerkmale. Die spezielle Handschrift des Konstrukteurs zeigt sich dabei beim einziehbaren Bugrad, das diese Maschine besonders schnell macht. Eine geblasene Cockpitverglasung gibt dem Typ ein gewisses Design.

Mylius Tornado MY 102

Technische Daten der Mylius MY 102 Tornado

Spannweite	8,10 m
Länge	6,40 m
Höhe	2,31 m
Flügelfläche	9,80 m²
Triebwerk	Lycoming AIO 360 B1B
Leistung	200/148 PS/kW
Leergewicht	530 kg
max.Fluggewicht	820 kg
Zuladung	290 kg
Flächenbelastung	83,67 kg/m²
Leistungsbelastung	4,1 PS/kg
Höchstgeschwindigkeit	322 km/h
Reisegeschwindigkeit	296 km/h
Steiggeschwindigkeit	732 m/min
Dienstgipfelhöhe	9145 m
Startstrecke	100 m
Landestrecke	180 m

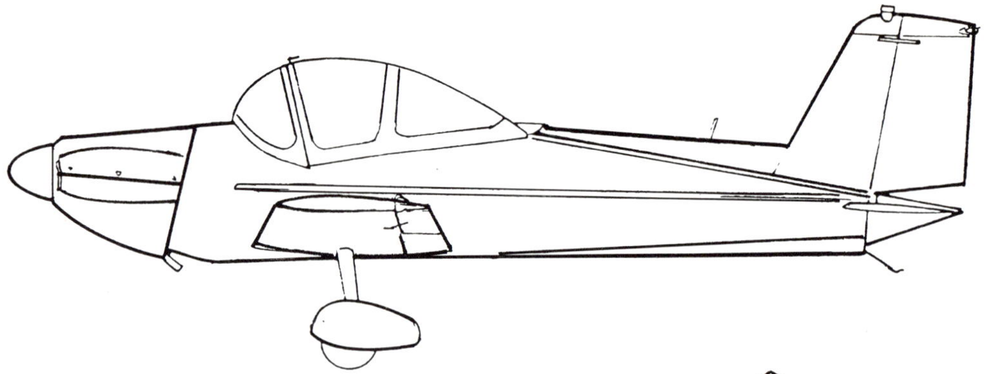

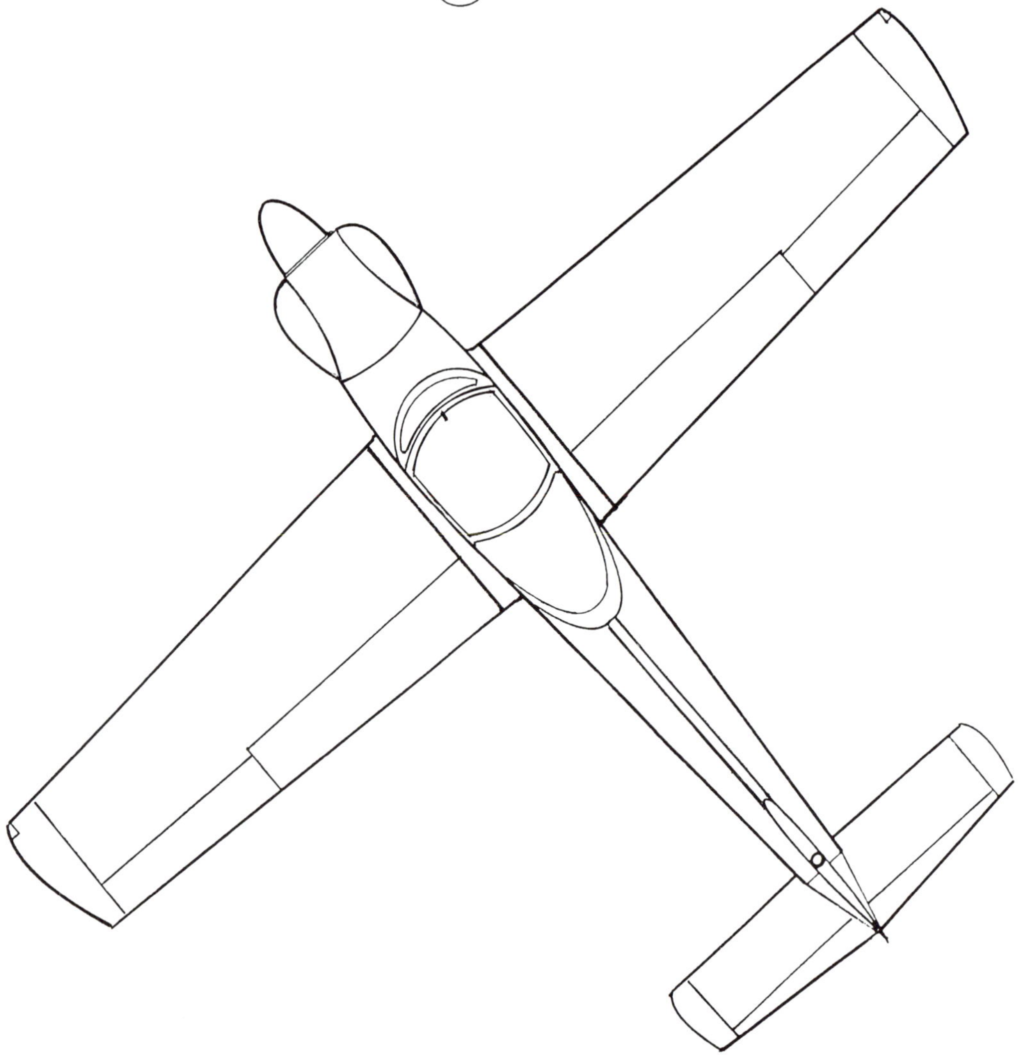

Mylius Tornado

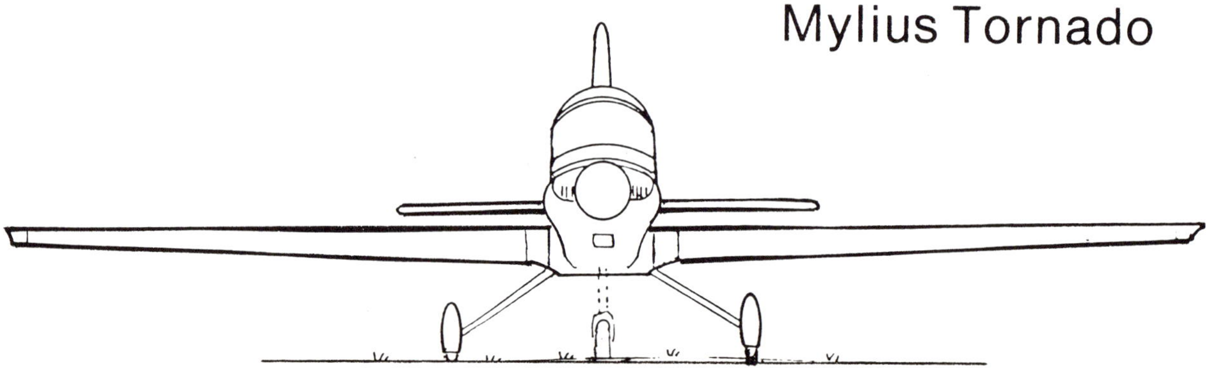

Canary Aero Technik BÜ 133 D-1

Das Vorkriegsmuster Bücker 133 gilt heute noch als die beste Kunstflugmaschine überhaupt. Leider gibt es nur noch sehr wenige dieser antiken Doppeldecker, die durchweg in festen Händen und unverkäuflich sind.

Um die schwierige Lage bei den Kunstfliegern zu beheben, entschloß man sich bei der in Augsburg-Haunstetten ansässigen Firma Flugzeugbau Josef Bitz zu einer Neuauflage des angegrauten Flugzeugtyps. In dem Amerikaner Jack D. Canary fand Bitz den nötigen Geldgeber für seine Idee. Dieser wollte die Maschine dann auch auf dem amerikanischen Kontinent vertreiben.

Einige Original-Siemens-Halske-SH-14-Sternmotoren, die für den Antrieb der Bücker-Maschine sorgen sollten, wurden von dem Flugmotorenspezialist Kula in seiner Flugmotorenwerkstätte in Esslingen grundüberholt. Somit waren vorerst genügend Exemplare für die Neu-BÜ 133 vorhanden.

Nach der 4. Serienmaschine wurde die Produktion an die Firma Wolf Hirth in Nabern übergeben, die eine größere Fertigungskapazität hatte.

Auch um die schnell schwindenden Vorräte des alten Siemens-SH-14-Triebwerks machte man sich Gedanken. Dieser zuverlässige Motor sollte recht bald gegen einen modernen ausgetauscht werden. In dem kunstflugtauglichen Sechszylinder-Boxermotor Franklin 6 A-350-C 1 fand man ein passendes Stück. Die mit diesem Motor ausgerüsteten Flugzeuge wurden mit der Bezeichnung BÜ 133 F ausgeliefert.

Der tödliche Unfall Jack D. Canarys brachte der Neuauflage des beliebten Vorkriegsbestsellers jedoch ein schnelles Ende.

Technische Daten der BÜ 133 D-1

Spannweite	6,60 m
Länge	6,02 m
Höhe	2,20 m
Flügelfläche	12,00 m^2
Triebwerk	Siemens-Halske SH 14
Leistung	160 PS
Leergewicht	425 kg
max. Fluggewicht	585 kg
Zuladung	160 kg
Flächenbelastung	49,15 kg/m^2
Leistungsbelastung	3,6 PS/kg
Höchstgeschwindigkeit	220 km/h
Reisegeschwindigkeit	200 km/h
Steiggeschwindigkeit	6,6 m/s
Dienstgipfelhöhe	4500 m
Startstrecke	115 m
Landestrecke	140 m

Bitz Aero Canary BU 133

Industriebauten

Speed Canard SC 01

Den geflügelten Ausspruch »Klappern gehört zum Handwerk« findet man vor allem in der Luftfahrt. Einige Firmen, die aus Vorkriegsunternehmen hervorgingen, verstanden es nach dem Kriege frühzeitig, mit einigem politischem Druck schnell wieder eine leistungsfähige Luftfahrtindustrie aufzubauen.

Zunächst versuchte man es bei verschiedenen Firmen noch mit dem Bau von Sportmaschinen, doch hierbei scheiterten alle Unternehmen. Die wesentlich billiger anbietende amerikanische Flugzeugindustrie hatte sich bereits sehr gut etabliert.

An den Produkten der Firma Dornier sieht man noch heute, daß deutsche Flugzeuge, die in hervorragender Bauausführung hergestellt waren und über Jahrzehnte ihre Lufttüchtigkeit hielten, nicht allzu sehr gefragt waren.

Prof. Claudius Dornier fertigte bereits die Prototypen seiner ersten Nachkriegsmaschine, der DO 27, in spanischen Werkstätten. Als der Motorflugzeugbau dann 1955 wieder freigegeben wurde, konnte man mit diesem Typ, der bereits fertig und erprobt war, sofort mit dem Großserienbau beginnen. Dieses Flugzeug war zwar frei von gröberen Kinderkrankheiten, es war aber so aufwendig gebaut, daß es für einen Privatmann nahezu unbezahlbar war.

Um dennoch eine zivile Brauchbarkeit mit der einmotorigen Maschine nachzuweisen, wurden einige an die neu aufgestellten Regionalluftverkehrsgesellschaften »Deutsche Taxiflug« und »Deutsche Nahluft« abgegeben. Dank der hervorragenden Flugeigenschaften erschlossen diese Dornier-Maschinen, zwar recht teuer, dann doch einige Pionierstrecken.

Doch die beiden Firmen konnten ohne Subventionen nicht lange ihren Streckendienst aufrechterhalten. Auch der Zusammenschluß zu einer Einheitsfirma, jetzt »Air Lloyd« genannt, konnte das Ende des Pionier-Regional

Dornier DO 27 Serienbau

flugs nicht aufhalten. Einige DO 27 der Air Lloyd mußten danach sogar verschrottet werden, weil sich keine Interessenten mehr dafür fanden.

Wirtschaftlich denkende Unternehmen, die sich auf den dafür anbietenden Regionalstrecken zu den Nordseeinseln bewegten, benutzten wesentlich kleinere, aber auch billiger zu betreibende Cessna-Sportflugzeuge. Noch heute sind diese Firmen recht erfolgreich mit diesen Typen.

Die Dornier DO 27 ist ein völlig auf militärische Verhältnisse ausgelegter Flugzeugtyp. Nachdem die Bundeswehr, der Hauptabnehmer der Maschine, diesen Typ ausmusterte, fanden noch einige Exemplare eine zivile Tätigkeit bei Aero-Clubs. Doch diese Maschinen kommen den Sportfliegern sehr teuer im Unterhalt, lediglich bei Fallschirmspringereinsätzen kann man sie noch vereinzelt sehen.

Ähnlich erging es der ebenfalls sehr aufwendig hergestellten Militärschulmaschine Focke-Wulf Piaggio FW P 149. Auch hier war es wieder qualitativ hervorragender deutscher Flugzeugbau, der diese Maschinen sehr teuer in der Anschaffung machte. Durch das hohe Gewicht des Viersitzers ist dieser auch recht langsam, was den teuren Bauaufwand nicht rechtfertigt.

Wie die DO 27 mußte auch dieser Typ nach 15 Jahren Flugbetrieb bei der Luftwaffe ausgemustert werden. Einige Exemplare sind noch länger im Einsatz geblieben, weil bis heute noch kein Ersatz dafür gefunden wurde.

Nach ihrem Militäreinsatz wurden einige FW-P-149-Maschinen an Privatpersonen und Aero-Clubs abgegeben. Trotz der hervorragenden Bauausführung und der sehr geräumigen und bequemen Passagierkabine sind diese Flugzeuge nicht lange betrieben worden. Ihre aufwendigen Betriebskosten rechtfertigten nicht die geringen Flugleistungen. Ein sehr großes Handicap war auch die Orginal-Militärzulassung des Typs. Die Lebensdauer der Flugzeugzelle wurde von Beginn an auf nur 4500 Flugstunden ausgelegt, die bei der Ausmusterung fast erreicht waren.

Die Klemm-Flugzeugwerke in Böblingen beschäftigten sich vor dem Krieg ausschließlich mit dem Bau von hochwertigen Sport- und kleinen Reiseflugzeugen. Der letzte Entwurf der Vorkriegs-Klemm-Reihe war ein Zweisitzer-Kabinentiefdecker, der schon sehr ausgereift war. Er wurde als eine Vereinfachung aus dem Kabinentyp Klemm KL 36 zuerst als KL 105, dann nochmals zur KL 107 verfeinert.

Diesen ausgereiften Flugzeugtyp Klemm KL 107 wählten die Nachfolger des Klemm-Flugzeugbau aus, um wieder einen Einstieg in den sportlichen Flugzeugbau zu bekommen. Der einst in sehr großen Stückzahlen gefertigte KL 35 Doppelsitzer wurde als zu veraltet angesehen und nicht mehr in Erwägung gezogen.

Enthusiastische, jedoch sofort professionell vorgehende Flugzeugbauer, darunter Ludwig Bölkow, überarbeiteten die alte Klemm-KL-107-Konstruktion nach modernen Richtlinien. Zunächst tauschte man den alten Hirth-HM-504-Motor (105 PS) gegen einen amerikanischen Vierzylinder-Continental-C-90-Motor, den Einheitsmotor der Zeit, aus. Der 1. Prototyp der KL 107 A wurde in den Werkstätten des Segelfliegers und Flugzeugkonstrukteurs Wolf Hirth in Nabern/Teck hergestellt.

In Hirths Flugzeugwerkstätte fanden sich noch sehr viele Fachleute des Holzflugzeugbaus. Hier beschäftigte man sich nahezu ununterbrochen mit dem Bau von Holzsegelflugzeugen. Selbst Hochleistungs-Flugzeugteile, wie der Holzholm des ME-109-K-Höhenleitwerks, aber auch der Raketenjäger Bachem »Natter« wurden in den letzten Kriegstagen noch in Nabern/Teck gefertigt. Nach dem Fliegertod Wolf Hirths 1959 gingen die 4 Flugzeughallen nach und nach in den Besitz der neugegründeten Firma Bölkow-Apparatebau, die heute als MBB firmiert, über.

Die KL 107 erwies sich mit dem nur 90 PS leistenden Motor als viel zu schwach. Sofort begab man sich daran, sie mit einem stärkeren Triebwerk (150 PS) zur KL 107 B umzubauen. Ein weiterer Schwachpunkt der Maschine war noch das sehr eng stehende Fahrwerk, das man dann an der Weiterentwicklung KL 107 C wesentlich weiter außen anbrachte.

Eine völlige Umarbeitung des Typs mit einem nochmals verstärkten Antrieb, neuen Tragflügeln, einem weiteren Sitz und Umgestaltung der Kabine führte dann zur KL 107 D. Ludwig Bölkow setzte nun seinen Namen vor die Typenbezeichnung, die jetzt BÖ 207 genannt wurde.

Noch immer war dieser Flugzeugtyp aus den Grundmaterialien der alten Klemm völlig aus Holz gefertigt.

Doch wo immer möglich wurde bereits Epoxidharz (glasfaserverstärkter Kunststoff) verwendet. So sind die in den Tragflügeln integrierten Tanks, stark verformte Teile, wie Randbogen und Fahrwerksabdeckungen, aus dem Material hergestellt. 20 Jahre später sollte sich dieser erste Schritt in den neuen Werkstoff noch negativ bemerkbar machen, das Benzin löst die Kunststofftanks langsam auf.

Einen weiteren Prototypen baute man mit der BÖ 207 B, um ihn gegenüber der sich ausbreitenden amerikanischen Metallkonkurrenz nochmals zu attraktivieren. Die BÖ 207 B hatte bereits ein Bugradfahrwerk, kam aber nicht mehr zum Verkauf, die Holzflugzeugserie Bölkows war jetzt veraltet.

Doch für den Flugzeugbaustab Bölkow war der Sportflugzeugbau noch lange nicht beendet, jetzt ging es erst richtig mit Metallmaschinen los. Bölkow bewarb sich um die Lizenzrechte eines kleinen, im Amateurbau konstruierten Flugzeugs des Schweden Andreasson. Seine Konstrukteure entwickelten diesen Typ zur Serienreife weiter. Dieses Flugzeug wurde dann als BÖ 208 Junior zu einem Verkaufserfolg. Verschiedene Änderungen machten aus dem Amateurbau einen attraktiven kleinen Sport-Doppelsitzer.

Eine Ausschreibung des Bundesverteidigungsministeriums und der Länder Nordrhein-Westfalen und Baden-Württemberg sah einen völlig in glasfaserverstärktem Kunststoff hergestellten Viersitzer vor. Diese als LFU 205 bezeichnete Maschine wurde ebenfalls im Hause Bölkow hergestellt und eingeflogen.

Doch dieser Flugzeugtyp konnte nicht als Fortsetzung des Bölkow-Sportflugzeugs verwendet werden. Hier entschied man sich, eine im Amateurbau erstellte Maschine des Bölkow-Konstrukteurs Mylius zu benutzen. Die ehemalige MHK 101 mußte nur noch geringfügig verändert werden, um sie dann zur BÖ 209 Monsun serienreif zu machen.

1972 fiel bei Bölkow die Entscheidung, den Sportflugzeugbau völlig einzustellen. Eine Abteilung beschäftigte sich schon seit langer Zeit mit der Entwicklung eines Hubschraubers, der wesentlich mehr Verkaufsaussichten, vor allem im militärischen Bereich, hatte.

Eine weitere kleine Serie von Sportflugzeugen war nochmals interessant. Die Nachfolger der Firma Wolf Hirth, die noch einen Reparaturbetrieb unterhielten, bauten eine kleine Serie für den Kunstflug. Doch diese Maschine, die als Hirth HI 27 Acrostar verkauft wurde, konnte sich nur in wenigen Exemplaren durchsetzen. Für den Normalflieger war der spezielle Einsitzer nicht zu verwenden.

Kleine Verkaufserfolge eines Sportreiseflugzeugs erreichten die Vertriebsfachleute der Nachfolgewerkstätten Alfons Pützers, die sich in der Eifel niederließen. Pützer, ein Mann der ersten Stunde, entwickelte mehrere Flugzeugtypen, von denen seine Elster der bekannteste war. Seine Nachfolger (Sportavia Pützer) beschäftigten sich noch länger mit dem Lizenzbau eines französischen Motorseglers von Fournier, der beachtliche Erfolge aufwies. Eine verstärkte Version davon, die RF6, entwickelten die Techniker von Sportavia Pützer zur RS 180 weiter. Bei diesem Typ sah man 4 Sitze und einen 180 PS starken Antrieb vor. Doch auch diese attraktive Holzmaschine fiel dem Rotstift zum Opfer.

Ein weiteres erfolgversprechendes, aber völlig neuartiges Flugzeug entwickelten die beiden Entenflugpioniere Krauss und Elzenbeck. Die beiden Amateurbauer beschäftigten sich zunächst mit einem eigenen Tragschrauber. Ihr nächstes Gerät sollte eine im Baukastenprinzip erbaute amerikanische Vary Eazy sein. Die nach Lizenzrechten erbaute Maschine wurde von den Nachfolgern des tödlich verunglückten Krauss zur Serienreife weiterentwickelt. Die dann »Speed Canard« genannte Serienmaschine gilt als das erste voll zugelassene Flugzeug der neuen Enten- und Kunststoffbauweise im Motorflugzeugbau. Bei dieser Bauweise befindet sich das Tragwerk hinten und das Leitwerk vorne. Diesen technischen Vorsprung zu halten, gilt jetzt als das oberste Gebot des erfolgversprechenden Projekts.

Ein weiterer Segelflugzeughersteller kämpft neuerdings am Markt für Motorflugzeuge mit: Burkard Grob. Mit seiner reichen Erfahrung im Kunststoff-Segelflugzeugbau entwickelte Grob bereits einen sehr erfolgreichen Motorsegler. Eine doppelsitzige Variante in der Motorflugzeugklasse, diesmal mit Bugradfahrwerk, führte 1985 erste Flüge durch. Ob sie zu einem Markterfolg wird, muß man noch abwarten. Die Grob-Modelle G 110, G 112, G 115 und G 116 sind die weiteren Meilensteine des Grob-Projekts. Die letzte Version G 116 soll ein Viersitzer werden.

Dornier DO 27

Als unmittelbare Folge des Flugzeugbauverbots im Nachkriegsdeutschland entschloß sich der Flugzeugbaupionier Professor Claude Dornier zur Errichtung eines Konstruktionsbüros in Madrid (Ofizinas Technicas Dornier OTEDO). Hier beschäftigte sich ab 1951 ein kleiner Fachbetrieb mit der Entwicklung von Flugzeugen.

Zu jener Zeit schrieb das spanische Luftfahrtministerium ein Projekt aus, das ein einmotoriges Flugzeug mit guten Kurzstart- und extremen Langsamflugeigenschaften vorsah. Die Ausschreibung verlangte ferner, daß der aus spanischer Produktion stammende Vierzylinder-Elizalde-Tigre-G-IV-Motor eingebaut werden sollte. Dieser Reihenmotor leistet 150 PS.

Damals beteiligten sich zwei Firman an der Ausschreibung: die OTEDO und der Franzose Dewotine. Der Zuschlag ging an OTEDO, das war der Beginn der später so erfolgreichen Dornier-Kurzstart-Flugzeugserie.

Der 1. Prototyp, der noch die Bezeichnung XL 9 trug, flog seinen Erstflug am 25. 6. 1954. Bei OTEDO nannte man dieses Flugzeug jedoch bald DO 25 P 1. Den 2. Prototyp, die DO 25 P 2 C, brachte man am 8. 4. 1954 zum ersten Male in die Luft.

Dieses Flugzeug wurde bereits von einem 225 PS starken amerikanischen Lycoming 0 470 J in Boxerausführung angetrieben. Bei der Maschine änderte man das aus zwei abwerfbaren Unterflügelbehältern bestehende Kraftstoffsystem. Die beiden Prototypen wurden bei der Firma C.A.S.A. in Cadiz und Sevilla hergestellt.

Noch zu jener Zeit beschäftigte man sich bei OTEDO in Spanien mit der Weiterentwicklung der Typenreihe, die man als Dornier DO 27 abschloß. Die 1. DO 27 flog am 27. 6. 1955 und wurde damals mehreren, hauptsächlich Militärinteressenten vorgeführt.

Die neu aufgestellte Bundeswehr war von dem Typ

Dornier DO 27 im Fluge

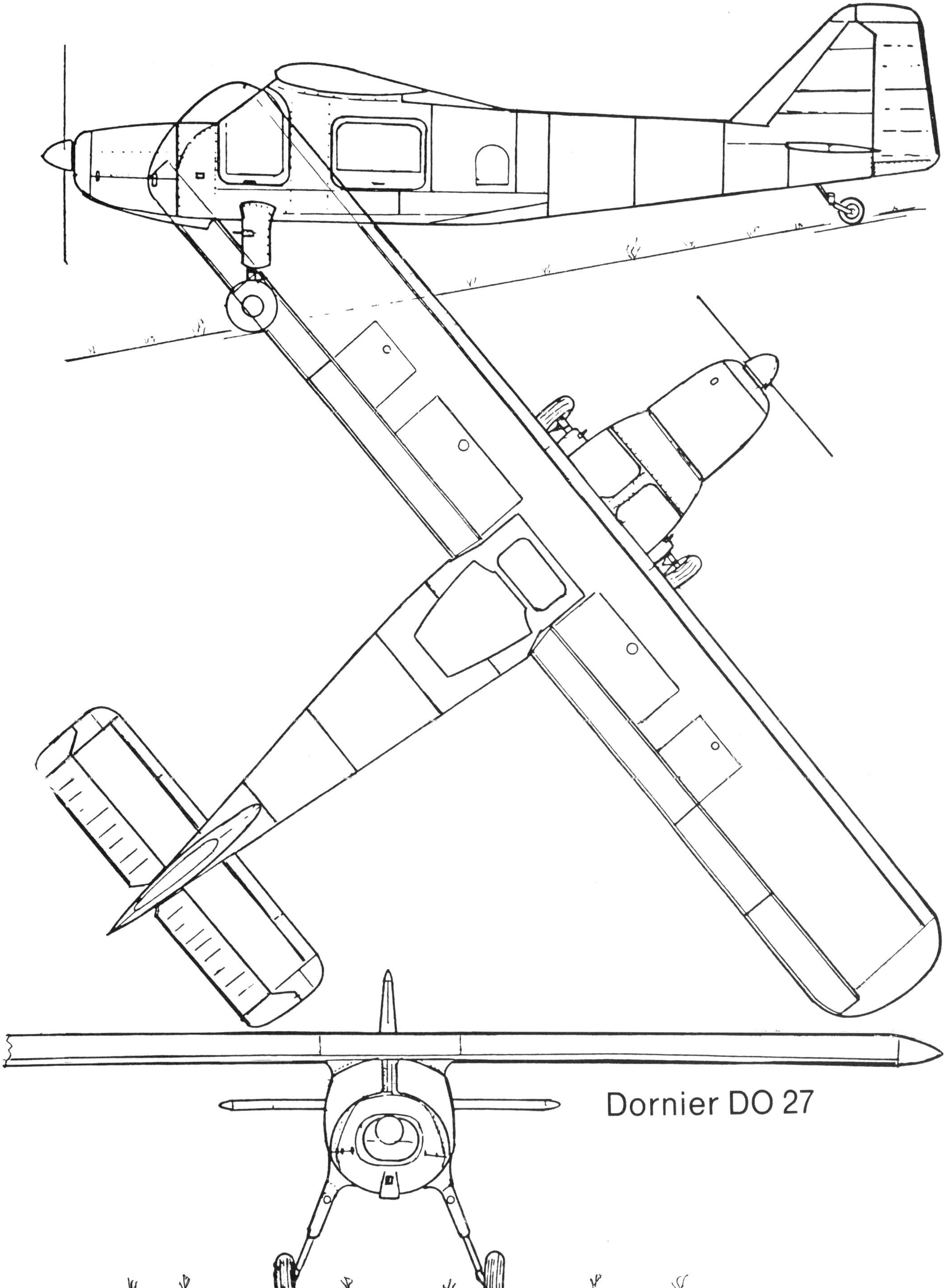

Dornier DO 27

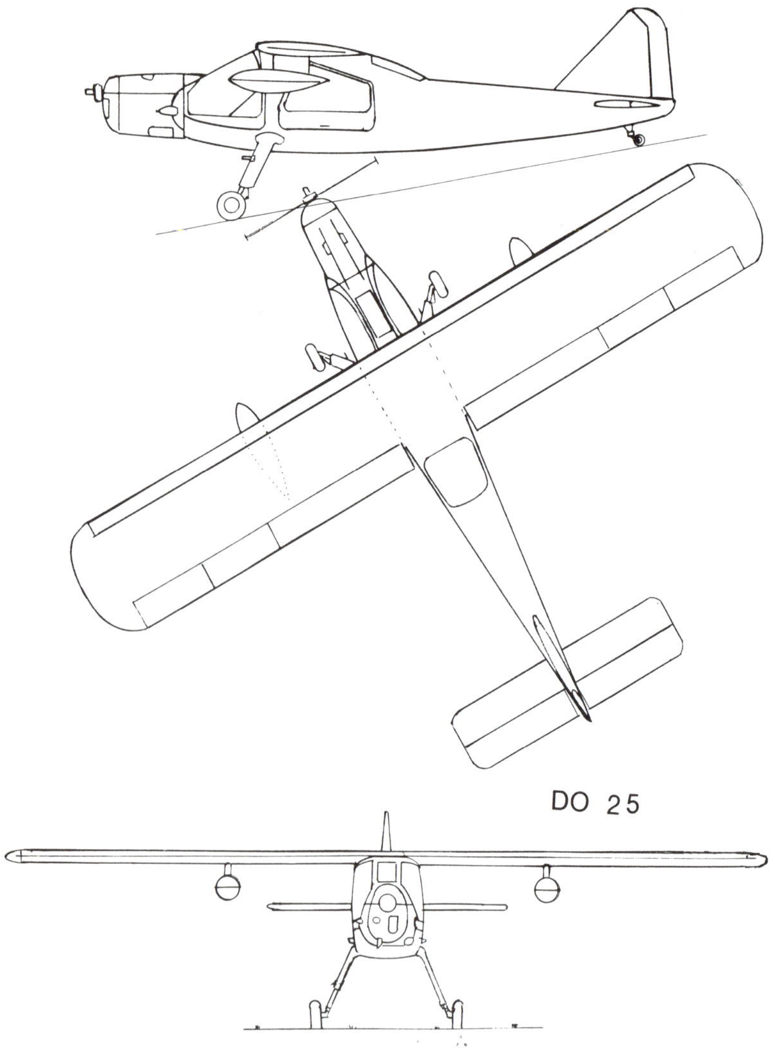

DO 25

DO 27 so begeistert, daß man sofort 428 Exemplare orderte. Dadurch konnte man bei Dornier in Deutschland sofort nach Aufhebung des Bauverbots mit einem Flugzeugprogramm beginnen.

Gegenüber der DO 25 hatte die verbesserte Version bereits einen in der Mitte geteilten Tragflügel, der hier verschraubt wurde. (Die DO 25 hatte noch ein durchgehendes Tragwerk.) Weiter vergrößerte man die Leitwerksflächen und die Türen und baute nun das Bundeswehr-Einheitstriebwerk, den Lycoming GO 480 B 1 A6, ein, das auch für die FW P 149 vorgesehen war. Dieser Motor wurde von BMW in Lizenzbau hergestellt.

Die erste in der Bundesrepublik gebaute DO 27 konnte am 19. 1. 1957 an die Bundeswehr ausgeliefert werden. Neben den deutschen Streitkräften fanden noch Belgien, Portugal, Schweden, die Schweiz und Südafrika Gefallen an dem robusten Kurzstartflugzeug. Die spanischen C.A.S.A.-Werke bauten weitere 50 Exemplare der DO 27 unter der Bezeichnung C.A.S.A. C 127 nach.

Besondere Anstrengungen machte die Dornier-Verkaufsmanschaft bei den zu jener Zeit auflebenden Bedarfs- und Taxi-Fluggesellschaften in der Bundesrepublik Deutschland. Die DO 27 eignete sich besonders zum Erschließen neuer Flugstrecken. Sie ist, trotz nur eines Motors, repräsentativ genug, um auch hochgestellte Persönlichkeiten zu ausgewählten Zielen zu befördern. Damals erschloß man das total zerbombte Helgoland, wo man von einem nur 270 m langen Zurollweg des alten Militärflugplatzes aus startete. Ähnlich baute man eine Messeflugverbindung auf, die einen Grasstreifen von nur 300 m Länge hinter dem Hannoveraner Messegelände zu einem belebten Flugfeld werden ließ. Nur die Kurzstarteigenschaften der DO 27 ermöglichten hier einen sicheren Betrieb.

Bis 1966 wurden insgesamt 630 Stück der DO 27 im Münchener Dornier-Werk gebaut. Nachdem die Bundeswehr den Typ ausmusterte, wurden einige Exemplare auch an zivile Luftsportvereine abgegeben.

Von der DO 27 gibt es einige Untertypen. Die bekannteste Version ist die DO 27 Q 4, die über ein sehr breites Fahrwerk verfügt. Ein Exemplar des Typs, die DO 27 S 1, diente als Erprobungsträger für eine Schwimmerversion, ein weiteres, die DO 27 T 1, als Turbopropversuchsträger. Diese Maschine war mit dem französischen Turbomeca-Astazou-Gasturbinen-Triebwerk ausgerüstet.

Dornier DO 27 mit Turbomeca Astazou Turbinenantrieb

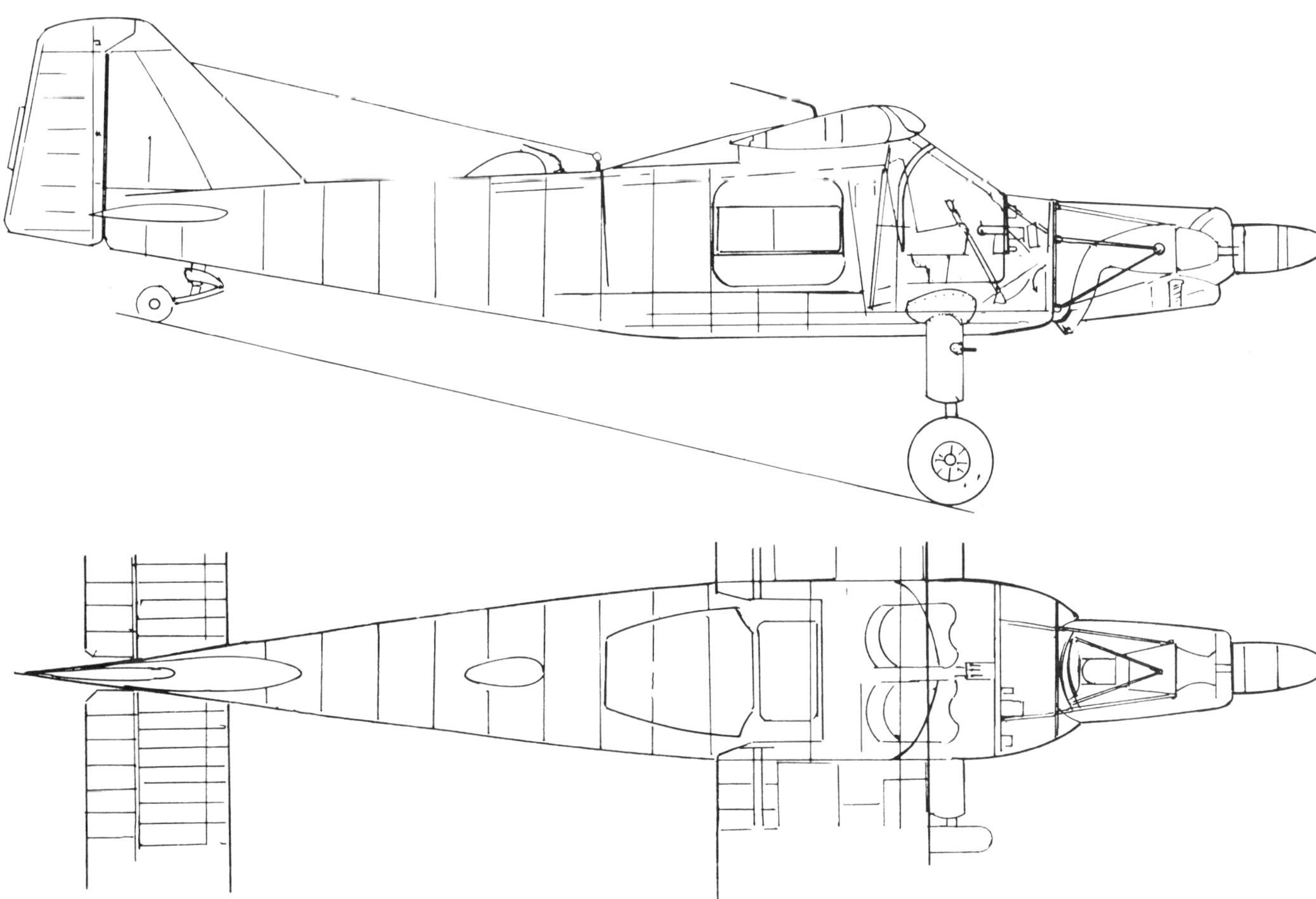

Technische Daten der	DO 25	DO 27 A1	DO 27 Q4	DO 27 T
Spannweite	12,00	12,00	12,00	12,00 m
Länge	9,55	9,60	9,60	10,35 m
Höhe	3,22	3,50	2,70	3,60 m
Triebwerk	Tigre	Lycoming	GO 480 B1	Astazou II
Leistung	150	274	274	530 PS
Flügelfläche	19,40	19,40	19,40	19,40 m^2
Leergewicht	7,86	10,47	11,00	11,00 kg
max. Fluggewicht	1100	1570	1850	1850 kg
Zuladung	340	523	750	750 kg
Flächenbelastung	56,7	81,0	95,5	95,5 kg/m^2
Leistungsbelastung	7,33	5,7	6,73	6,75 kg/PS
Höchstgeschwindigkeit	205	250	250	296 km/h
Reisegeschwindigkeit	180	215	215	250 km/h
Dienstgipfelhöhe	4800	3600	3600	5600 m
Reichweite	700	1100	850	km
Startstrecke	200	260	380	138 m
Landestrecke	120	165	290	290 m

Focke Wulf FW P 149 D

Nach Erlangung der Lufthoheit 1955 mußten Luftfahrtindustrie und Luftwaffe schnellstens zu geeignetem Material kommen. Die Luftwaffe benötigte Flugzeugführer, die Industrie Flugzeuge, die sie selbst herstellen konnte, um daran den Anschluß an einen modernen Flugzeugbau zu lernen. Deshalb war gerade ein Anfangsschulflugzeug das richtige für beide Luftfahrtträger.

Aus dem zweisitzigen Übungsflugzeug Piaggio 148 entwickelte die italienische Firma den Viersitzer Piaggio 149, den sie der deutschen Luftfahrtindustrie als Lizenz anbot. Die Focke-Wulf-Werke in Bremen wurden damit beauftragt, diesen Typ serienreif auf deutsche Wünsche umzustellen und zu produzieren.

Als Triebwerk konnte der auch in der Dornier-DO-27-

Focke Wulf Piaggio 149

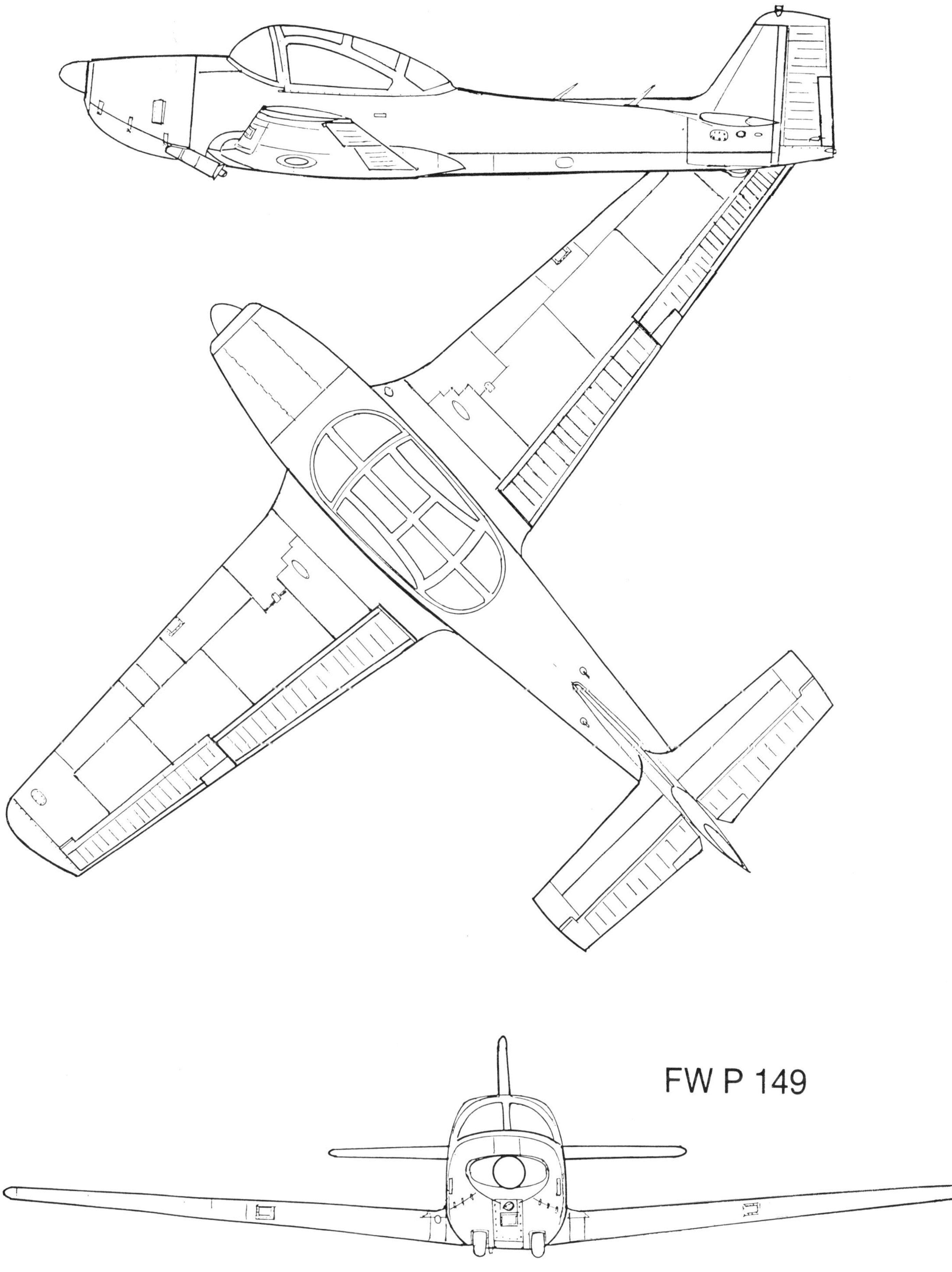

FW P 149

Einsatzmaschine installierte Lycoming-BMW-Lizenz-GO-480-B-Motor von 270 PS Leistung verwendet werden. Somit hatte man fürs erste ein brauchbares und erprobtes Einheitstriebwerk für den Trainer und den Kurzstarter.

Dieser Typ, der jetzt Focke Wulf Piaggio FW P 149 genannt wurde, war ein aufwendig gebautes Trainingsflugzeug, das für militärische Schulung und Verbindungseinsätze benutzt werden konnte. Fahrwerk und Landeklappen werden elektrisch betätigt, die Kabine bietet bequem Platz für 4 Personen. Mit 270 PS ist die Maschine jedoch recht langsam, die Reisegeschwindigkeit liegt bei etwa 230 km/h.

Einige der gelb lackierten Focke-Wulf-Piaggio-Trainer dienen auch an der Verkehrsfliegerschule der Lufthansa in Bremen, die sie zur Ausbildung von Militärpiloten einsetzte.

Nach 15 Jahren Einsatz bei der Luftwaffe wurden einige der FW-P-149-Flugzeuge an private Halter abgegeben. Die Maschine war damals zwar sehr billig zu haben, doch der Unterhalt der schweren Maschine ist wesentlich teurer als der eines leichten viersitzigen Cessna-Flugzeugs.

Das größte Handicap dieser Maschine ist, daß sie bei der militärischen Zulassung nur auf eine Laufzeit von 4500 Flugstunden zugelassen wurde. Die sehr solide Bauweise ließe bestimmt eine längere Lebenszeit zu.

Technische Daten der Focke Wulf FW P 149

Spannweite	11,20 m
Länge	8,80 m
Höhe	2,90 m
Triebwerk	Lycoming/BMW GO 480 B1 A6
Leistung	270/175 PS/kW
Flügelfläche	18,81 m²
Leergewicht	1160 kg
max. Fluggewicht	1680 kg
Zuladung	520 kg
Flächenbelastung	89,31 kg/m²
Leistungsbelastung	6,22 PS/kg
Höchstgeschwindigkeit	304 km/h
Reisegeschwindigkeit	234 km/h
Steiggeschwindigkeit	3,7 m/min
Dienstgipfelhöhe	6000 km
Reichweite	1090 km
Startstrecke	400 m
Landestrecke	310 m

Klemm-KL-107-Serie

Der weltbekannte Flugzeugkonstrukteur Dr. Hanns Klemm gehört mit C. C. Bücker zu den bedeutendsten deutschen Vorkriegsherstellern von leichten Sportflugzeugen. Während C. C. Bücker mehr das Kunstflugzeug sah, versteifte sich Dr. Hanns Klemm auf das leichte Reiseflugzeug. Später verfeinerte er seine Konstruktionen noch zu sehr brauchbaren Reisemaschinen.

Mehr als 2000 Exemplare der verschiedensten Klemm-Typen verließen seine Böblinger Werkstätten. Der bekannteste Klemm-Typ, die Klemm KL 35, diente als Standardtrainer in den Luftwaffen Deutschlands und Schwedens. Bereits 1922 flog das erste »Leichtflugzeug«, die Klemm L 15, mit nur 12,5 PS Motorleistung und 2 Personen an Bord über 120 Kilometer weit von Böblingen nach Bensheim.

Einer der letzten Typen der alten Klemm-Werke war die Klemm KL 107. Dieser zweisitziger Tiefdecker war eine direkte Weiterentwicklung der als Kabinen-Klemm bekannten KL 36 und KL 105 und wie diese ganz in Holzschalenbauweise hergestellt. Den Antrieb besorgte ein 105 PS starker Hirth-HM-504-Motor.

Nach Wiedererlangung der Lufthoheit bildeten Ludwig Bölkow und Dr. Hanns Klemm eine Arbeitsgemeinschaft zur Entwicklung eines neuen Sportflugzeugs. Die bereits ausgereifte Konstruktion Klemm KL 107 war das erste Objekt dieser Gemeinschaft. Man legte allerdings sehr großen Wert darauf, die alte Konstruktion auf moderne Verhältnisse umzubauen.

Der Prototyp der jetzt KL 107 A genannten Maschine wurde noch bei dem Segelflugzeugbauer Wolf Hirth in Nabern/Teck hergestellt. Hirth hatte hervorragend geeignetes Fachpersonal, das besonders für einen

Klemm KL 107 B

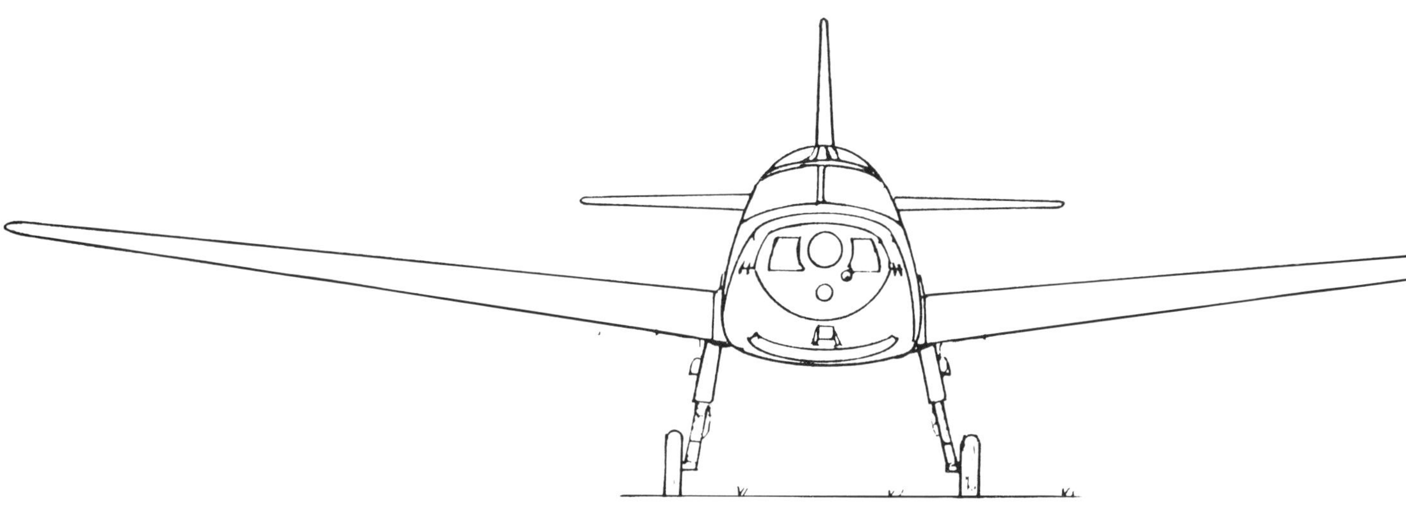

KL107 B

Holzflugzeugbau geschult war. In seinen Werkstätten entwickelte und baute man bereits seit Jahrzehnten Holzflugzeuge. Hauptsächlich waren das zwar Segelflugzeuge, doch bei Kriegsende verließen auch Holzholme für ME-109-K-Höhenleitwerke und der Raketenjäger Bachem BA 349 Natter die Produktionsstätten in Nabern/Teck.

Mit dem zunächst in die KL 107 A eingebauten Continental-Triebwerk von nur 90 PS war die Maschine stark untermotorisiert. Deshalb änderte man kurz nach der Erprobung im Sommer 1957 den Antrieb. Der Continental-Motor wurde jetzt gegen ein 150 PS starkes Vierzylinder-Lycomimg-O-320-A2A-Triebwerk ausgetauscht. In das Flugzeug baute man auch einen 3. Sitz ein. Somit eignete sich die inzwischen KL 107 B genannte Maschine hervorragend zum Reise-, Schul-, Segel- und Bannerschleppflugzeug, aber auch als Kunstflugmaschine.

Obwohl die Holzbauweise schon als recht veraltet angesehen wurde, war die inzwischen »Bölkow Apparatebau GmbH Nabern/Teck« genannte Arbeitsgruppe ziemlich zuversichtlich mit dieser Maschine. Verkaufsargumente, wie Hinweise auf moderne Konservierungsmöglichkeiten und hochwertigen Kunstharzleim, stellten die Lebensdauer eines Holzflugzeugs überhaupt nicht in Frage. Besonders wurde die einfache Reparaturmöglichkeit durch Vereine und Fachfirmen hervorgehoben. Eine Metallkonstruktion wäre zudem noch um ein Vielfaches teurer geworden.

Damals wurde noch das Spornradfahrwerk für die Schulung verteidigt. Damit kann noch heute unumstritten eine gründliche Flugschulung, vor allem auf Rasenplätzen, durchgeführt werden. Als Besonderheit besitzt die KL 107 B eine Zentralverriegelung, mit der man alle Ruder und die beiden Türen feststellen kann.

Klemm KL 107 C

Das Fahrwerk der KL 107 B hatte noch einen sehr engen Radstand, der bei Seitenwind zu erheblichen Schwierigkeiten führen konnte. Auf Betreiben der Verkehrsfliegerschule Bremen versah man einen Prototypen mit einem völlig neuen Fahrwerk, das eine wesentlich weitere Spur ergab.

Nach der Erprobung wurde diese neue Fahrwerksanordnung auch in die laufende Serie übernommen. Von

Klemm KL 107 C

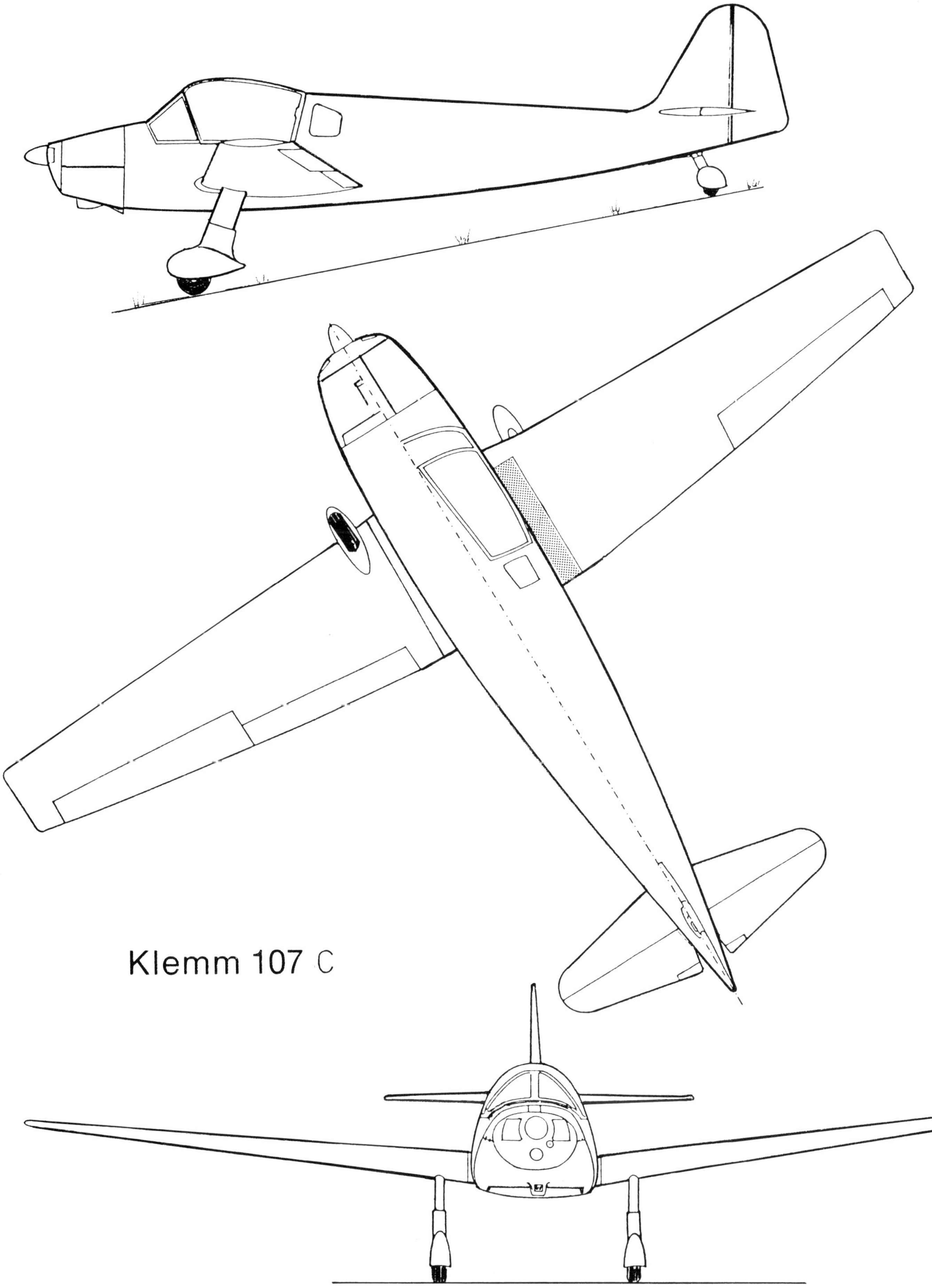

Klemm 107 C

Technische Daten der Klemm-107-Serie

	KL 107	*KL 107 B*	*KL 107 C*
Spannweite	10,87	10,84	10,84 m
Länge	8,16	8,10	8,30 m
Höhe	2,06	2,15	2,25 m
Triebwerk	Hirth HM 500 A1	Lycoming O 320 A2A	
Leistung	105	150/110 PS/kW	
Flügelfläche	15,70	14,60	14,60 m^2
Leergewicht	475	570	625 kg
max. Fluggewicht	860	940	970 kg
Zuladung	385	370	345 kg
Flächenbelastung	64,5	64,4	66,5 kg/m^2
Leistungsbelastung	6,2	6,2	6,4 PS/kg
Höchstgeschwindigkeit	190	220	235 km/h
Reisegeschwindigkeit	175	190	195 km/h
Steiggeschwindigkeit	3,06	3,2	4,0 m/s
Dienstgipfelhöhe	5550	4400	4150 m
Reichweite	670	760	820 km
Startstrecke	350	210	290 m
Landestrecke	100	230	235 m

nun an hieß der Typ KL 107 C und konnte sehr gut verkauft werden. Die Abmessungen zur B-Serie sind bei dieser C geringfügig größer, auch das Abfluggewicht wurde etwas heraufgesetzt. Diese KL-107-C-Version hatte zudem noch einen weiteren Kraftstofftank im Rumpf, so daß dadurch die Reichweite enorm gesteigert werden konnte. Mit verringertem Fluggewicht (870 kg) ist die C-Version auch für Kunstflug zugelassen.

Eine weitere Version der Serie wurde noch 1960 auf der Luftfahrtschau Hannover gezeigt, die KL-107-C-Agrar-Maschine. Hier hatte man zwei große Chemikalienbehälter vor die Tragflügel gesetzt.

Die Serienfertigung der KL 107 endete 1961 mit der 150. Maschine des Typs.

Bölkow BO 207

Als Weiterentwicklung baute man die Klemm 107 C in eine Klemm 107 D um. Der Prototyp dieser stark veränderten D-Serie flog am 10. 10. 1960. Die 1. Serienmaschine konnte bereits am 29. 8. 1961 fertiggestellt werden.

Ab diesem Typ, der hauptsächlich vom Entwicklungsteam Ludwig Bölkows fertiggestellt wurde, nannte man diese Serie Bölkow BO 207. Die Bölkow 207 ist, genau wie ihre Vorgängerin KL 107, in Sperrholz-Schalenbauweise hergestellt. Die wesentlichen Veränderungen an dieser neuen Serie sind eine verbesserte Tragfläche, ein verbessertes Leitwerk und ein auf moderne Verhältnisse völlig umgestaltetes Cockpit.

Als Triebwerksanlage benutzte man nun den 180 PS starken Lycoming 0-360 A1A mit verstellbarer Hartzell-HC-92-ZK-SD-Luftschraube. Eine später angebotene Billigausführung benutzte einen gleich starken Lycoming 0-360 A2A, der jedoch mit einer nichtverstellbaren Sensenich-Luftschraube versehen war.

Die Treibstofftanks verlegte man bei dieser Version völlig in die Tragflächennase. Sie sind jetzt als Integraltanks mit glasfaserverstärktem Kunststoff ausgeführt. Dadurch ist die Maschine leider unfallträchtig, denn die Fahrwerksbeine gehen mitten durch die Kraftstoffbehälter. Bei einer Fahrwerksbeschädigung besteht sofort Brandgefahr.

Als Sonderausrüstung hat man an dem Typ noch Flügelendtanks angeboten, die jedoch nie angebaut wurden. Besonderer Wert wurde bei der modifizierten Klemm-Type auf eine geräumige Fluggastkabine gelegt. Das stärkere Triebwerk gestattete auch den Einbau eines weiteren Sitzes, so daß die BO 207 als bequeme viersitzige Reisemaschine auf dem Weltmarkt angeboten werden konnte.

Schon 1960 wurde bei der Entwicklung der Maschine sehr viel glasfaserverstärkter Kunststoff (GFK) verwendet. Stark verformte Verkleidungen und nicht tragende Teile konnten somit sehr kostengünstig hergestellt werden. Aufgrund der hohen Festigkeit der Zelle wurde die

Bölkow 207

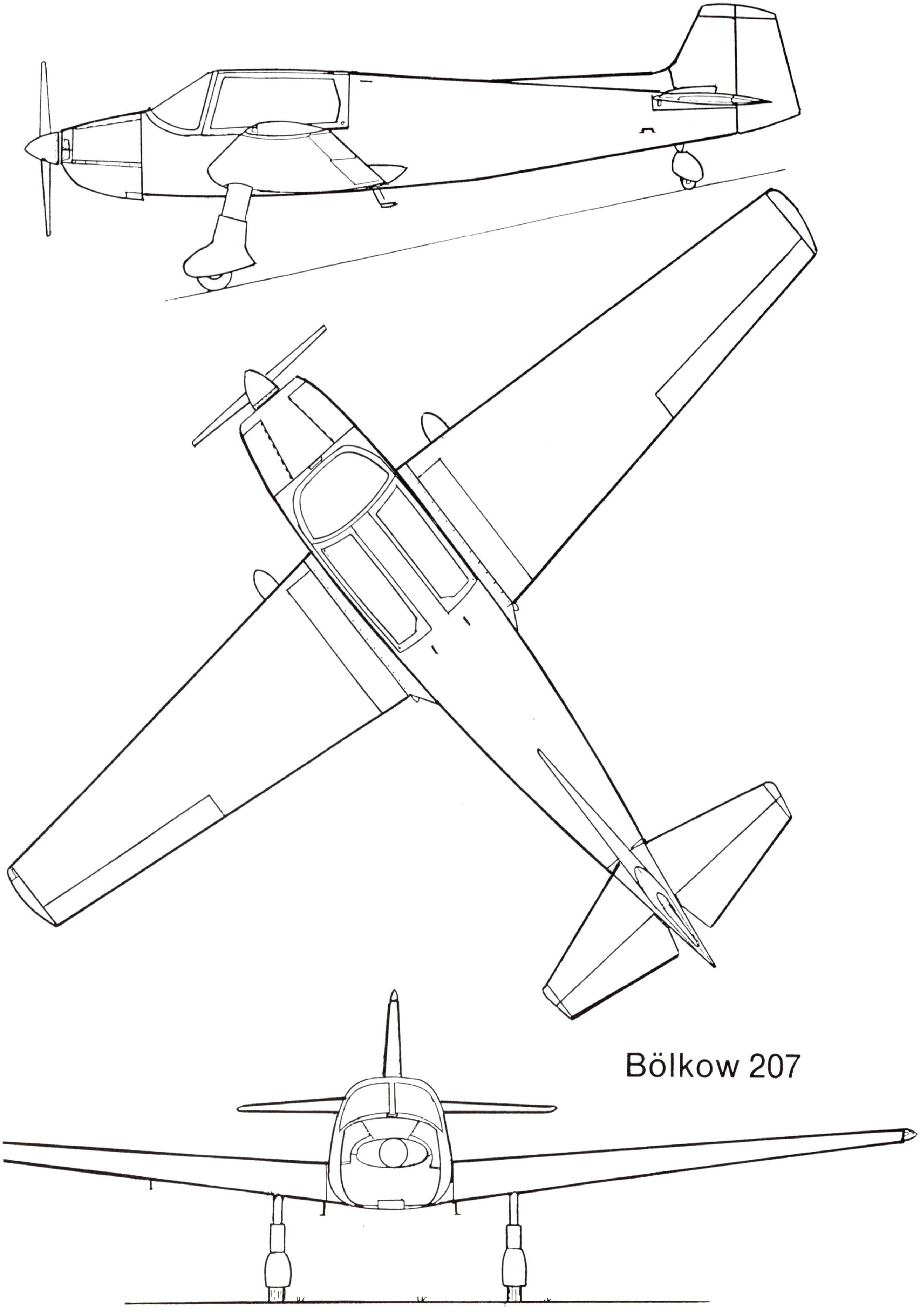

Bölkow 207

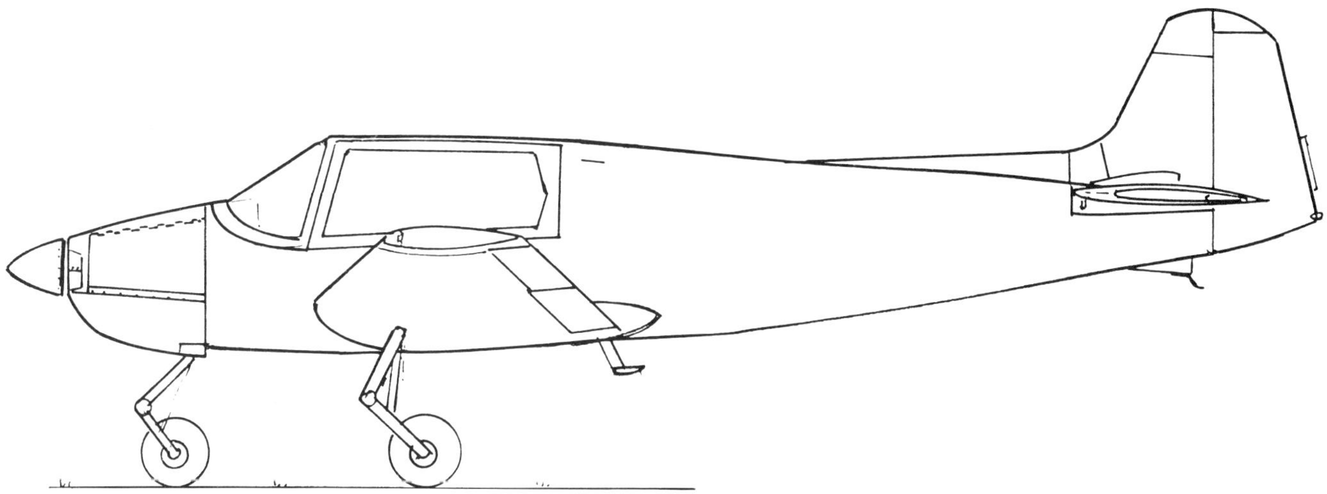

Maschine zweisitzig für die Schulung und einsitzig sogar für den Kunstflug zugelassen. Für Segelflug und Bannerschleppbetrieb konnte als Zusatzeinrichtung noch eine Schleppkupplung mitgeliefert werden.

Eine Weiterentwicklung zur BO 207 B sollte ein Bugfahrwerk bekommen. Ein Prototyp wurde gebaut, der allerdings nicht der Öffentlichkeit vorgestellt wurde.

Die Bölkow BO 207 ist die einzige Maschine, die im zivilen Bereich in größeren Stückzahlen hergestellt wurde. Die Produktion der als völlig veraltet angesehenen Holzkonstruktion wurde 1963 zugunsten der Metallmaschine Bölkow 208 Junior eingestellt.

Technische Daten der Bölkow BO 207

Spannweite	10,82 m
Länge	8,30 m
Höhe	2,25 m
Triebwerk	Lycoming O 360 A1A
Leistung	180/132 PS/kW
Flügelfläche	15,40 m²
Leergewicht	700 kg
max. Fluggewicht	1200 kg
Zuladung	500 kg
Flächenbelastung	78,00 kg/m²
Leistungsbelastung	6,7 PS/kg
Höchstgeschwindigkeit	255 km/h
Reisegeschwindigkeit	235 km/h
Steiggeschwindigkeit	3,6 m/min
Dienstgipfelhöhe	5000 m
Reichweite	1300 km
Startstrecke	315 m
Landestrecke	280 m

Serienbau Bölkow 207

Bölkow Junior BO 208

Als Ersatz für die veraltete Holzbauweise wurde bei Bölkow die zweisitzige Metallmaschine BO 208 aufgelegt und in 210 Exemplaren gefertigt. Dieser Typ wurde von dem schwedischen Amateurflugzeugbauer Björn Andreasson, der damals noch in den USA lebte, als Selbstbauflugzeug entwickelt.

Ludwig Bölkow ließ die Amateurkonstruktion von seinen Ingenieuren zu einer serienreifen Version verfeinern. Dadurch erreichte die Maschine auch noch recht gute Flugeigenschaften, die für den Hobbypiloten notwendig sind.

Sehr bekannt wurde der Typ, nachdem der schwedische Baron von Rosen mit ihr einen Einsatz im Kriegsgebiet von Biafra, Nigeria, durchführte. Er baute in drei Maschinen dieses Typs Bewaffnungen unter die Tragflügel und konnte damit die Wendigkeit der Maschine unter Beweis stellen. Alle Maschinen kamen damals unbehelligt durch das Kriegsgeschehen. Von Rosens Maschine stammte jedoch aus schwedischer Produktion, die gleichzeitig mit derjenigen Bölkows in Malmö aufgebaut wurde. Dort nannte man den Typ MFI-9 (Malmö Flug Industrie).

Die ursprüngliche Form der Amateurkonstruktion sah einen 75 hp starken Continental-Motor vor. Bölkow rüstete sie jedoch sofort mit einem bei Rolls Royce gebauten Continental-O-200-Motor aus, der 100 hp lieferte. Die ersten Serienmaschinen hatten noch die kurzen Amateurbau-Tragflügel. Bei der späteren C-Version wurden diese um 60 cm verlängert, so daß die Flugeigenschaften für einen Hobbyflieger wesentlich verbessert wurden.

Die Schnellflugeigenschaften dieses Tragflügels sieht man äußerlich an der sehr dünnen Profilgestaltung. Dieser als Superprofil bezeichnete Tragflügelquerschnitt erlaubt eine recht hohe Reisegeschwindigkeit. Doch dadurch muß die Anfluggeschwindigkeit recht hoch gehalten werden. Mit einem längeren Tragflügel wurde später auch die Tragflügelvorderkante verändert. Die aerodynamischen Änderungen an dieser Profilnase und an den Flügelwurzeln ergaben jetzt wesentlich gutmütigere Langsamflugeigenschaften. Damit entfielen alle

Bölkow 208 B

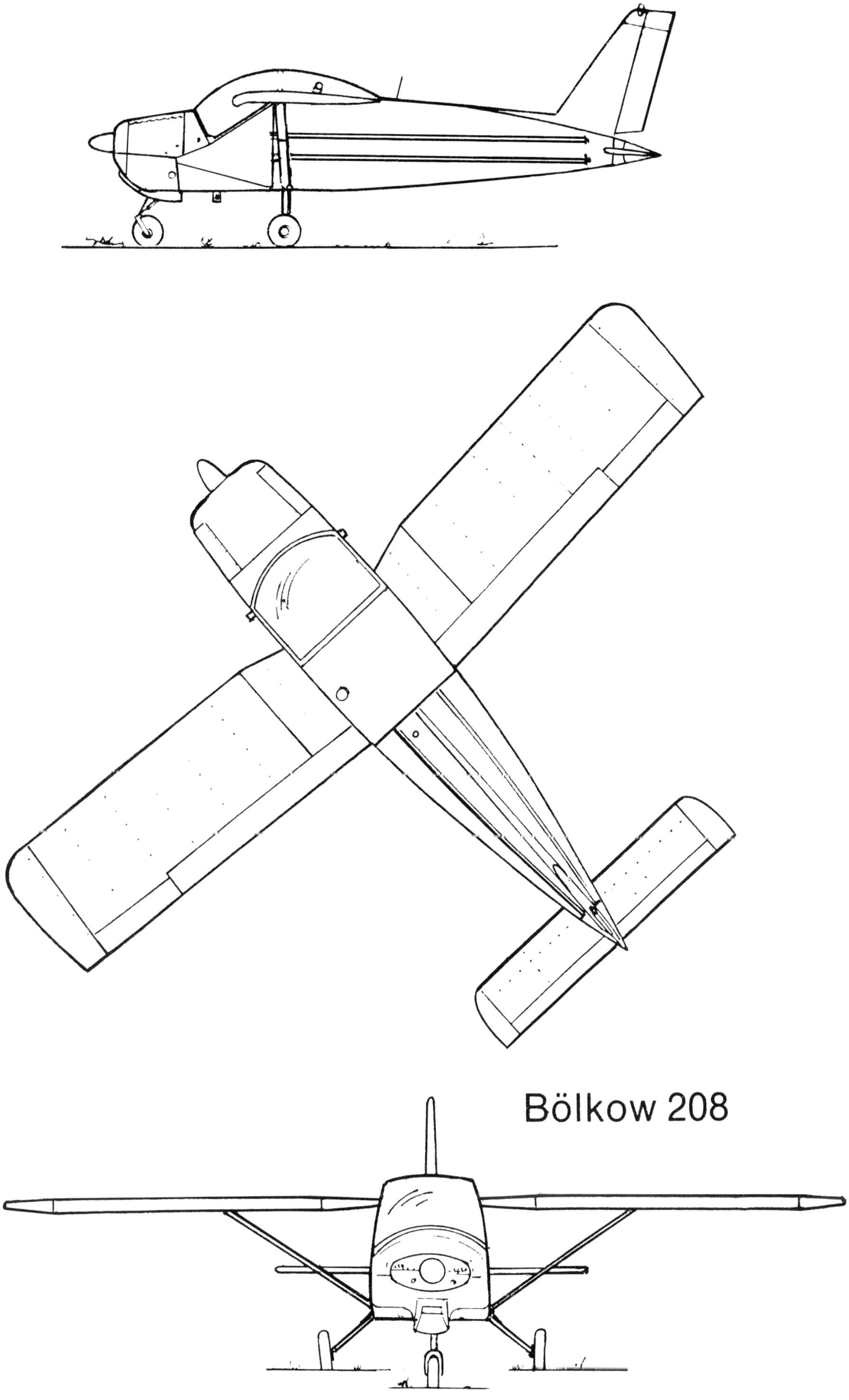

Bölkow 208

Technische Daten der Bölkow BO 208 A+B Junior

	BO 208 A	BO 208 B
Spannweite	7,42 m	8,02 m
Länge	5,79 m	
Höhe	1,98 m	
Triebwerk	Rolls Royce Continental	
Leistung	100/73 PS/kW	
Flügelfläche	8,65	9,37 m^2
Leergewicht	360 kg	
max. Fluggewicht	600 kg	
Zuladung	240 kg	
Flächenbelastung	69,4	61,5 kg/m^2
Leistungsbelastung	6,0 kg/PS	
Höchstgeschwindigkeit	230 km/h	
Reisegeschwindigkeit	205 km/h	
Steiggeschwindigkeit	4,0 m/s	
Dienstgipfelhöhe	4300 m	
Reichweite	800 km	
Startstrecke	275 m	
Landestrecke	235 m	

Amateurbaunachteile, mit der die ersten Maschinen noch behaftet waren.

Die Werbeabteilung Bölkows offerierte die Maschine als ein sportliches Flugzeug ohne technische Probleme, aber mit Pfiff. Selbst abklappbare Tragflügel, die eine Unterstellung in der Garage erlaubten, hat man nicht vergessen.

Für einen Aeroclub-Betrieb erwies sich die Junior genannte Konstruktion als Allroundflugzeug. Sie konnte für Schulung, Kunstflug und das Schleppen von Segelflugzeugen und Bannern eingesetzt werden.

Die Junior wurde 1971 von der Bölkow 209 Monsun, einem noch schnittigeren Doppelsitzer, abgelöst.

Bölkow 209 Monsun (MHK 101)

Wie die Bölkow BO 208 Junior, war auch die BO 209 Monsun aus einer Amateurkonstruktion abgeleitet. Doch dieses Mal kam die Entwicklung aus dem eigenen Hause. Der Leiter der Konstruktionsabteilung, Dipl.-Ing.

Bölkow 209

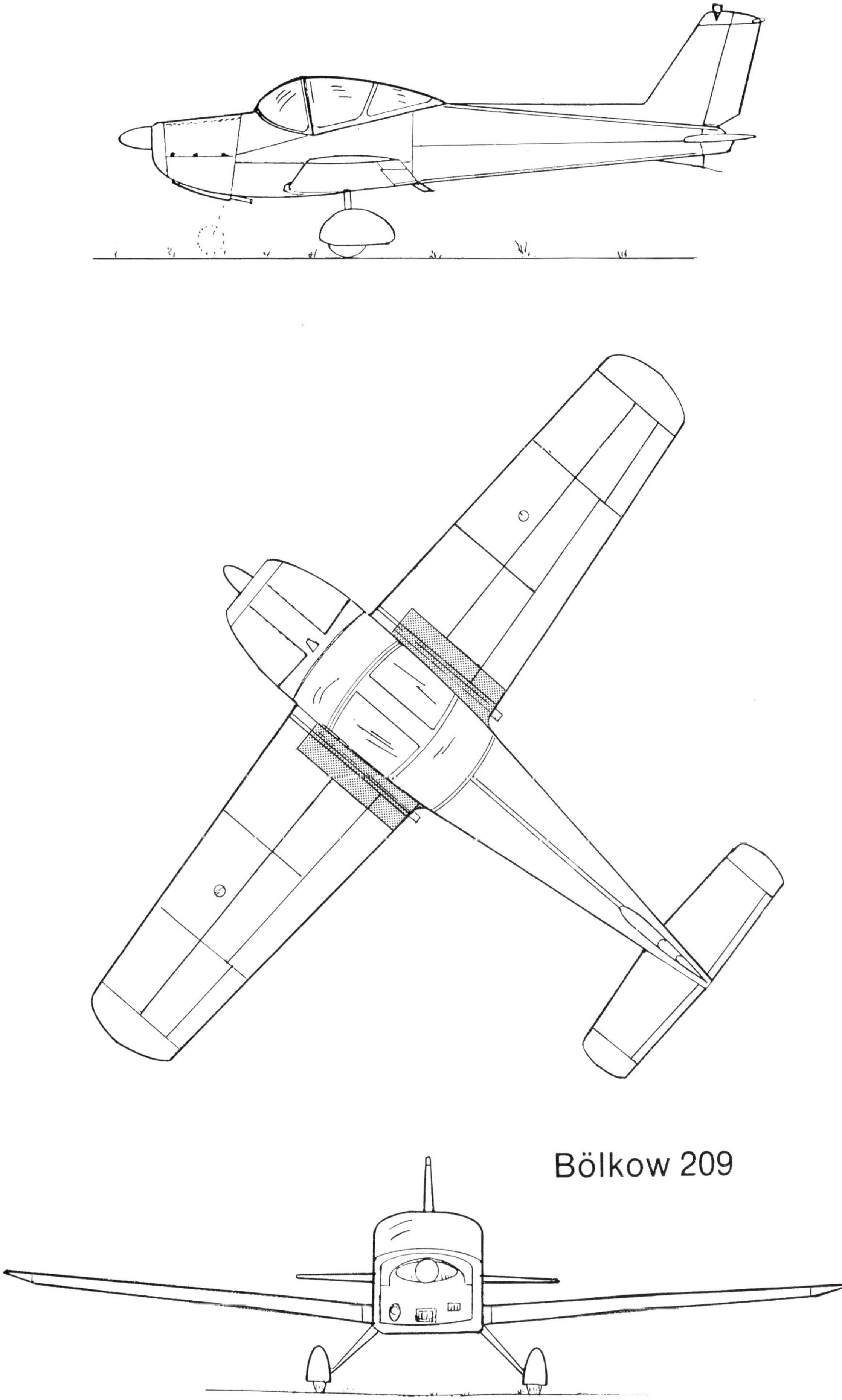

Bölkow 209

MHK 101
Prototyp
Bölkow 209

Mylius, entwickelte als Hobby für sich die MHK 101 und versah sie mit vielen Bauteilen aus der gerade laufenden BO-208-Junior-Serie. Dieses Flugzeug war jedoch ein reiner Amateurbau und mit einem 115 PS leistenden Lycoming-Triebwerk ausgestattet.

Als sich Bölkow um eine Nachfolge seines BO 208 Junior bemühte, fiel die Wahl auf die MHK-101-Kreation seines Chefkonstrukteurs. Die neue Maschine, der man die Bezeichnung BO 209 Monsun gab, wurde so umgestaltet, daß eine Serienfertigung möglich wurde. Die von der BO 208 Junior übernommene Y-Steuerung veränderte man dabei in ein konventionelles Doppelsteuer, vor allem machte man das Bugrad elektrisch einziehbar. Bei der MHK 101 fuhr man das Bugrad noch mechanisch ein. Auf eine Einziehbarkeit des Hauptfahrwerks verzichtete man allerdings aus Preisgründen.

Die BO 209 Monsun wurde in verschiedenen Versionen angeboten. Der Typenkatalog sah sie mit fester oder verstellbarer Luftschraube und außerdem noch mit Lycoming-Triebwerken von 115 PS, 150 PS oder dem Kraftstoff-Einspritzer-Typ mit 160 PS Leistung. Die Ganzmetall-BO-209-Monsun wurde als Schul-, Reise-, Schlepp- oder Kunstflugmaschine angeboten und erfreute sich großer Beliebtheit bei Vereinen und Privatpersonen. Auch diese Maschine war mit anklappbaren Tragflächen vorgesehen, so daß kaum Parkplatzsorgen entstehen konnten.

1972 fiel bei Bölkow die Entscheidung, den Sportflugzeugbau einzustellen. Die BO 209 wurde in einer kleinen Serie (48 Stück) hergestellt. Die letzte Monsun wurde im April 1974 ausgeliefert.

Technische Daten der Bölkow BO 209 Monsun

Spannweite	8,40 m
Länge	6,40 m
Höhe	2,28 m
Triebwerk	Lycoming O 320
Leistung	150/160 PS
Flügelfläche	10,22 m^2
Leergewicht	484 kg
max. Fluggewicht	820 kg
Zuladung	336 kg
Flächenbelastung	80,0 kg/m^2
Leistungsbelastung	5,13 PS/kg
Höchstgeschwindigkeit	274 km/h
Reisegeschwindigkeit	255 km/h
Steiggeschwindigkeit	6,0 m/s
Dienstgipfelhöhe	5200 m
Reichweite	1200 km
Startstrecke	180 m
Landestrecke	180 m

Siebel SIAT 222/223 Flamingo

Die Siebel Flugzeugwerke ATG, SIAT, wurden bereits 1952 in München wiedergegründet. Sie galten als Rechtsnachfolger der alten Siebel Flugzeugwerke Halle und der Allgemeinen Transportanlagen GmbH ATG Leipzig. 1956 siedelte Siebel SIAT nach Donauwörth um. Die kleine Firma kam später zum Bölkow-Konzern und wurde in Siebelwerke ATG- SIAT Waggon- und Maschinenbau GmbH umbenannt.

Auch Siebel SIAT suchte nach Wiedererlangung der Lufthoheit nach einem Betätigungsfeld in der Luftfahrtbranche. Das erfolgreiche Vorkriegs-Sportflugzeug Siebel 202 Hummel sollte, nach dem Klemm-Beispiel KL 107 zu einer Super-Hummel modifiziert, den gewünschten Einstieg bringen.

Es blieb allerdings bei einem Prototyp der Super-Hummel, die die Bezeichnung SIAT 222 erhielt. Sie wurde eine völlige Ganzmetall-Neukonstruktion mit Vollsichtverglasung.

Nachdem man das Projekt der Super-Hummel nicht verwirklichen konnte, beteiligte sich Siebel SIAT an einer Ausschreibung der Wissenschaftlichen Gesellschaft für Luftfahrt, die ein einfaches Schul- und Übungsflugzeug forderte. Die Wahl fiel damals zwar auf den Siebel-SIAT-Entwurf, doch die Mittel für einen Serienbau wurden nicht mehr freigegeben.

Siebel MBB 223 Flamingo

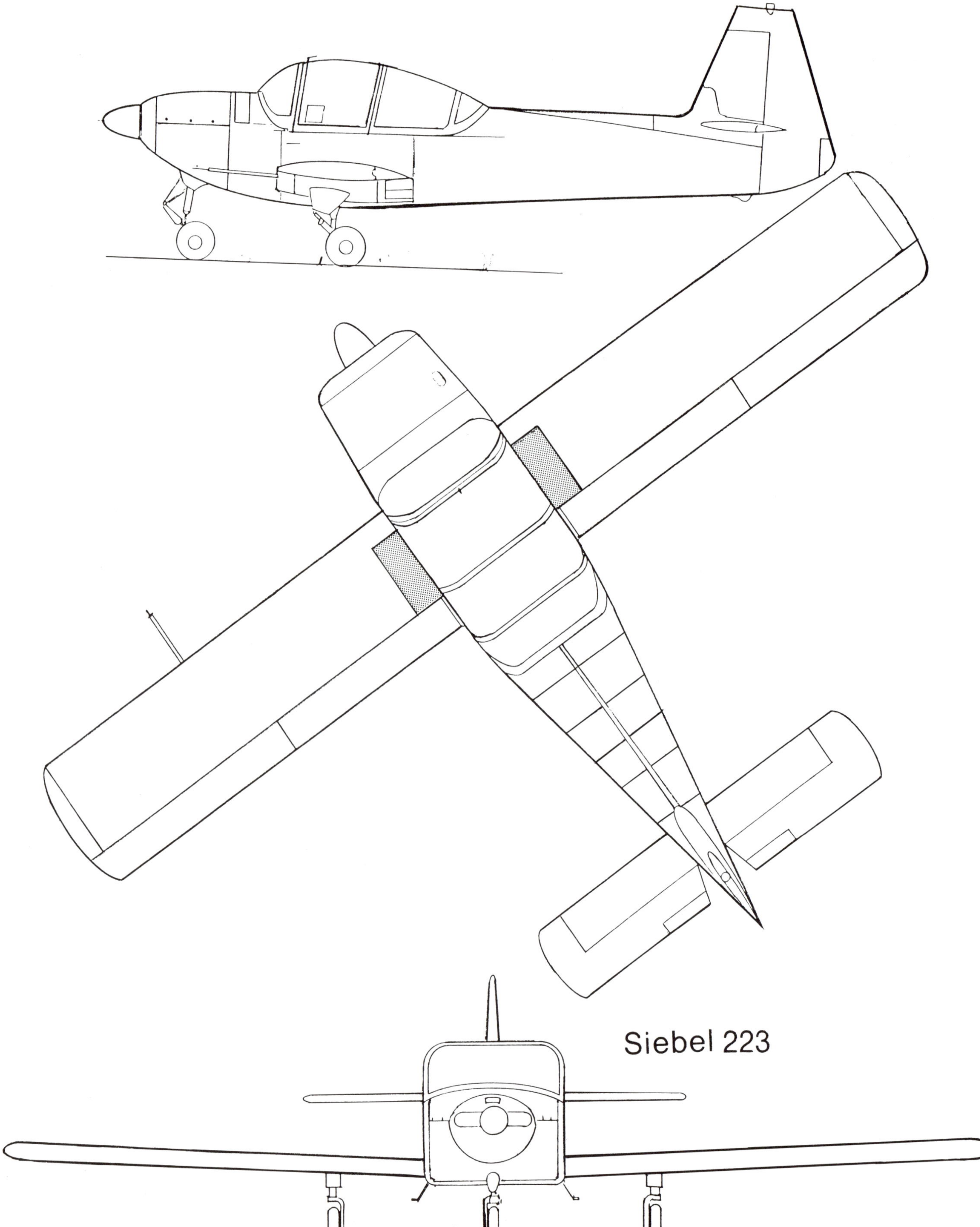

Siebel 223

In Eigeninitiative wurde 1970 die SIAT 223 Flamingo genannte Maschine erheblich umkonstruiert und entfernte sich weitgehend vom Ziel eines preiswerten Flugzeugs. Es wurde den hohen Anforderungen der Militär- und Berufspiloten gerecht und auf eigene Rechung in Donauwörth gebaut.

Die Schweizer Fluggesellschaft Swissair sowie die türkische Luftwaffe waren stark an diesem Flugzeug interessiert. Dennoch mußte 1974 nach 12 Exemplaren der Bau der SIAT 223 in Deutschland wieder eingestellt werden. In Spanien wurden bei den staatlichen C.A.S.A.-Werken noch weitere 50 Maschinen der SIAT 223 in Lizenz hergestellt.

Ein Exemplar der später MBB 223 Flamingo genannten Maschine wurde auf den Porsche PFM 3200 Flugmotor umgerüstet. Es konnte sich allerdings kein Interessent finden der diese Maschine kaufen wollte.

Technische Daten der Siebel SIAT 222/223 Flamingo

	222	**223**
Spannweite	9,20	8,28 m
Länge	7,66	7,43 m
Höhe	2,46	2,70 m
Triebwerk	4-Zylinder-Motor Lycoming IO 360 C1B	
Leistung	180/132	200/147 PS/kW
Flügelfläche	12,60	11,50 m²
Leergewicht	540	685 kg
max. Fluggewicht	1000	1050 kg
Zuladung	460	365 kg
Flächenbelastung	78,9	91,3 kg/m²
Leistungsbelastung	5,56	5,25 PS/kg
Höchstgeschwindigkeit	320	243 km/h
Reisegeschwindigkeit	288	216 km/h
Steiggeschwindigkeit	6,4	4,5 m/s
Dienstgipfelhöhe	5450	3750 m
Reichweite	1200	1150 km
Startstrecke	450	475 m
Landestrecke	420	340 m

Siebel MBB 223 Flamingo mit Porsche Motor

Leichtflugzeug Union LFU 205

Das Bundesverteidigungsministerium und die Länder Nordrhein-Westfalen sowie Baden-Württemberg förderten 1963 die Entwicklung eines Leichtflugzeugs, das erstmals als Motorflugzeug ganz aus glasfaserverstärktem Kunststoff hergestellt werden sollte. Dafür wurde die Firma Leichtflugtechnik Union GmbH (LFU) gegründet. Diese Arbeitsgemeinschaft setzte setzt sich aus den Firmen Rheinflugzeubau für das Tragwerk, Pützer-Kunststofftechnik für das Leitwerk und die Fertigungstechnik, MBB Messerschmitt-Bölkow-Blohm für die Projektkoordinierung, den Rumpfbau, die Endmontage und den Einflug zusammen.

Bei dem Projekt LFU 205 sollte der glasfaserverstärkte Kunststoff, der sich sehr anfällig gegenüber Vibrationen des Triebwerks erwies, für einen Motorflugzeugbau getestet werden. Der Prototyp, der in Sandwichbauweise hergestellt wurde, blieb jedoch ein Einzelstück. Er wurde später der DFVLR (Deutsche Forschungs- und Versuchsanstalt für Luft- und Raumfahrt e.V.) für Forschungszwecke übergeben.

Seine Festigkeit erhielt der Typ durch aus GFK gebildete Stützschläuche, die mit einer GFK-Außenbeplankung abgedeckt wurden. Dadurch bekam die Konstruktion eine sehr glatte und widerstandsarme Oberfläche. Die statischen Träger aus getränkter Glasfaser wurden von Hand verlegt und preisgünstig miteinander verbunden. Durch diese GFK-Bauweise wurde auch eine uneingeschränkte Korrosionsfestigkeit für das Flugzeug gewährleistet. Jedoch konnte man zu jener Zeit diese Bauweise noch nicht kostengünstig einsetzen, dadurch blieb die LFU 205 ein Einzelstück.

Technische Daten der LFU 205

Spannweite	10,85 m
Länge	7,65 m
Höhe	2,46 m
Triebwerk	AVCO Lycoming IO 360 A1C
Leistung	200/148 PS/kW
Flügelfläche	16,35 m^2
Leergewicht	700 kg
max. Fluggewicht	1200 kg
Zuladung	500 kg
Flächenbelastung	73,39 kg/m^2
Leistungsbelastung	6,0 PS/kg
Höchstgeschwindigkeit	360 km/h
Reisegeschwindigkeit	300 km/h
Steiggeschwindigkeit	330 m/min
Dienstgipfelhöhe	6000 m
Reichweite	1400 km
Startstrecke	320 m
Landestrecke	320 m

LFU 205

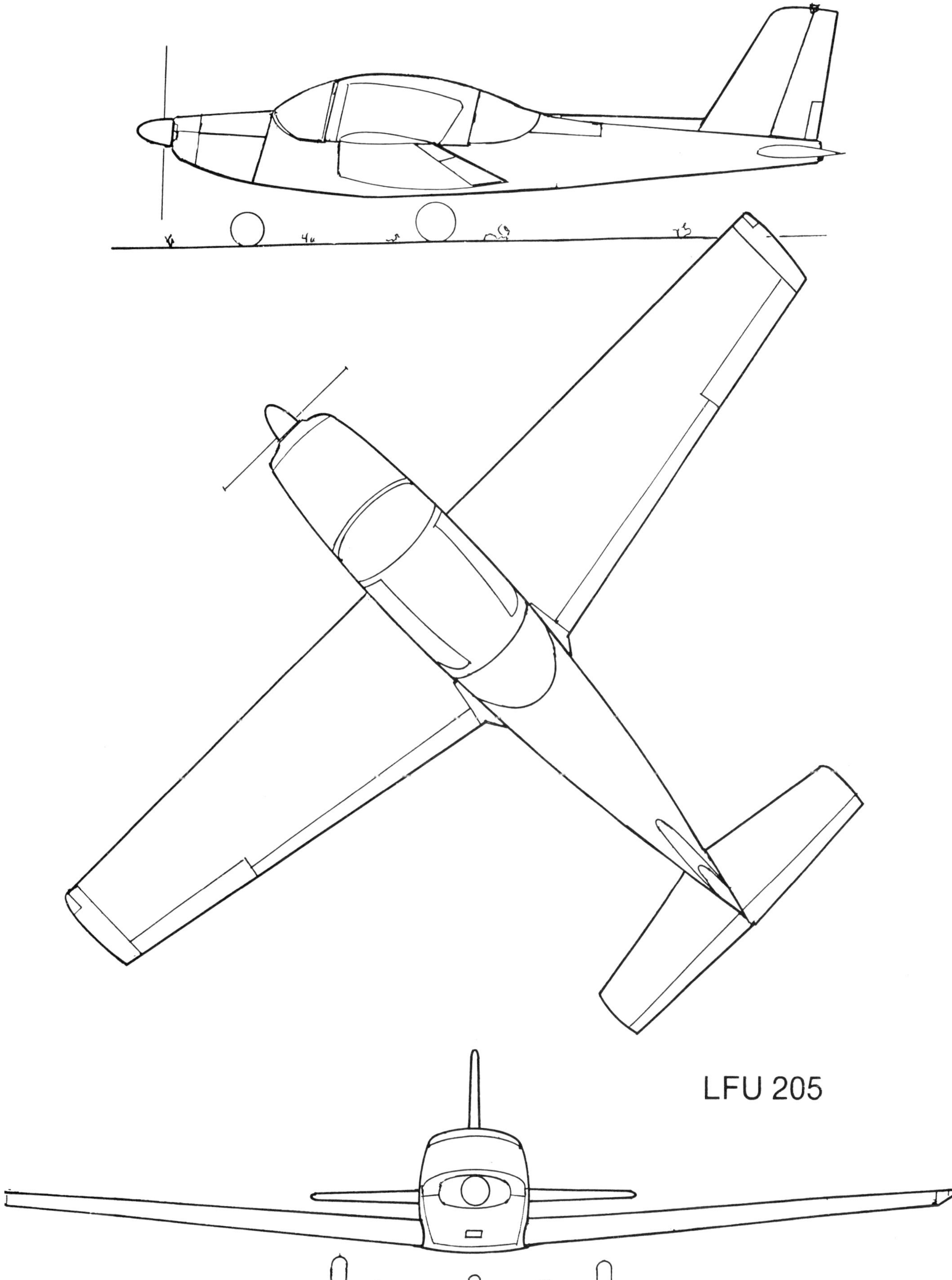

LFU 205

Sportavia Pützer RS 180 Sportsman

Die Nachfolgefirma des Nachkriegs-Flugzeugpioniers Alfons Pützer, Sportavia Pützer, hat in langjähriger Zusammenarbeit mit dem französischen Konstrukteur René Fournier auch dessen Motorseglertypen hergestellt.

Die beliebten Typen RF 3, RF 4 und RF 5 zeichneten sich besonders durch hervorragende Flugleistungen sowie eine bestechende Formgebung aus. Die Weiterentwicklung der Reihe zur RF 6 sollte ein Triebwerk von nur 100 PS bekommen. Von Sportavia Pützer wurde diese Konstruktion jedoch in einen Viersitzer mit 180-PS-Triebwerk umkonstruiert. Der Prototyp startete am 1. März 1973 zu seinem Erstflug.

In dieser Maschine war jedoch nur ein 125 PS starker Lycoming 0 235 installiert. Sie hatte noch ein konventionelles Leitwerk, das später durch ein Kreuzleitwerk ersetzt wurde und bessere Flugleistungen versprach.

Diesen Typ hatte man von Anfang an mit einem modernen Bugradfahrwerk ausgestattet. Durch das starke Triebwerk war sie universell bei Fliegerclubs, für Schulung, Schlepp- und für den Reiseflug einsetzbar.

Leider konnte auch von dieser hervorragenden Maschine nur eine ganz geringe Zahl hergestellt werden, die jedoch wegen der hervorragenden Bauausführung noch lange geflogen werden können.

Die später als RS 180 Sportsman geführte Maschine ist ein in Holzbauweise hergestellter Viersitzer mit einer sehr geräumigen Kabine. Der Tragflügel ist mit einem aerodynamisch problemlosen NACA Profil Nr. 23 015 gestaltet

Technische Daten der Sportavia RS 180 Sportsman

Spannweite	10,50 m
Länge	7,15 m
Höhe	2,55 m
Triebwerk	AVCO Lycoming O 360 A3A
Leistung	180/131 PS/kW
Flügelfläche	14,50 m^2
Leergewicht	640 kg
max. Fluggewicht	1100 kg
Zuladung	460 kg
Flächenbelastung	76 kg/m^2
Leistungsbelastung	6,1 PS/kg
Höchstgeschwindigkeit	320 km/h
Reisegeschwindigkeit	235 km/h
Steiggeschwindigkeit	5,4 m/s
Dienstgipfelhöhe	5400 m
Reichweite	1210 km
Startstrecke	210 m

Sportavia RS 180 im Fluge

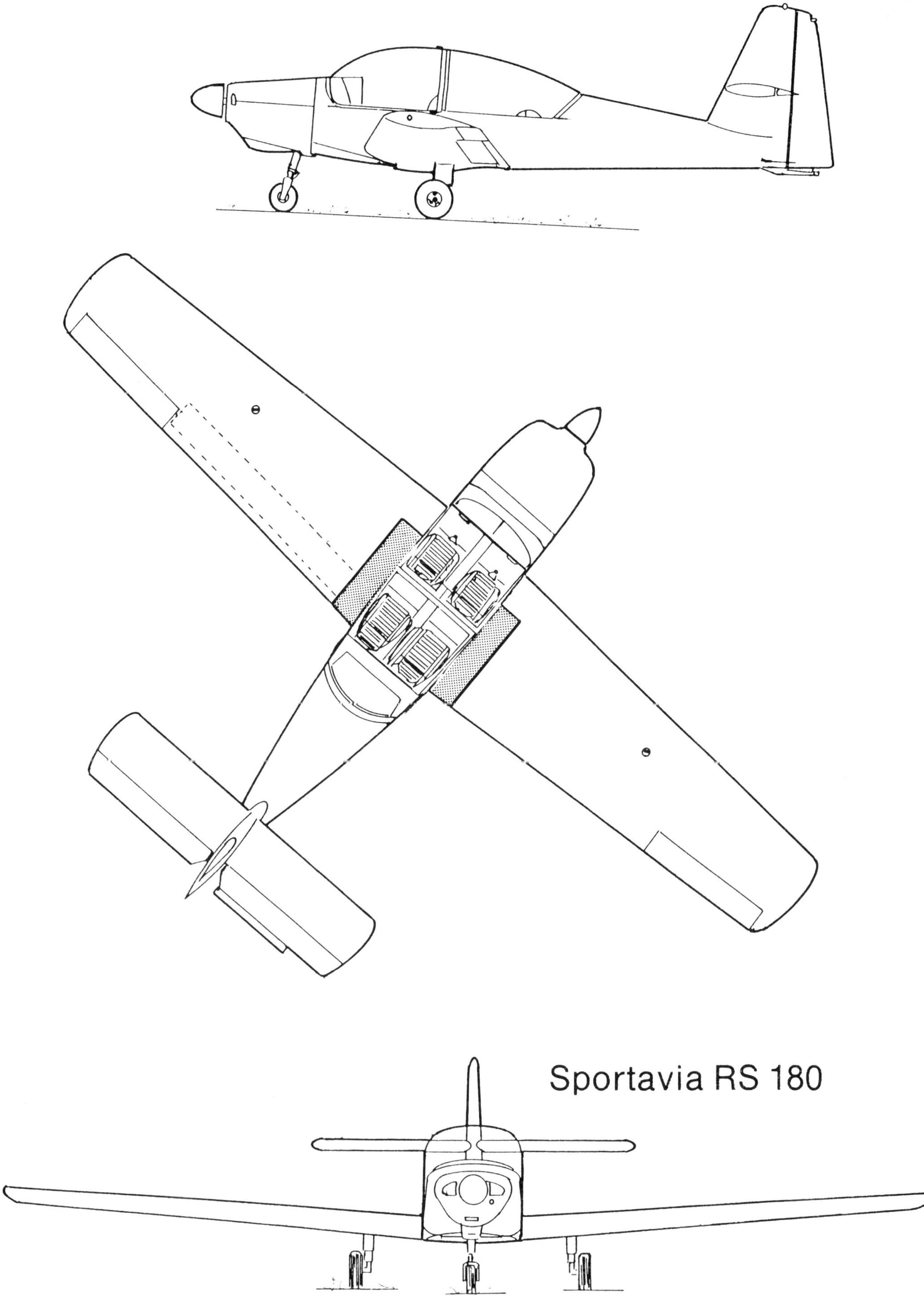

Sportavia RS 180

Rhein Flugzeugbau Fanliner

Von dem Rhein-Flugzeugbau-Fanliner flogen 2 Prototypen. Die 1. Maschine kam am 8. Oktober 1973 zum ersten Male in die Luft, die andere, völlig umgestaltete Maschine am 4. September 1976.

Bei dem Fanliner handelte es sich um eine Weiterentwicklung der seit langem erprobten »integrierten Mantelschraube«, die bereits bei der RW 3 zum ersten Mal angewandt worden war. Die Pützer Bussard war ein weiterer Schritt zu dieser Konzeption, die Heino Fischer verfolgte. Bei dem 2. Prototypen wurde die Maschine von dem exzentrischen Designer Luigi Colani umgestaltet, der eine »Kunst«-Maschine aus diesem Flugzeug entwickelte (siehe auch CCE 208 Cormoran).

Bei dem 1. Prototypen wurden verschiedene Propellerausführungen erprobt. Die Maschine flog mit drei-, fünf- und siebenblättrigen Luftschrauben, die – von einem Ring ummantelt – im hinteren Teil der Maschine rotierten. Das Triebwerk war ebenfalls hinter der Kabine installiert, so daß die Maschine mit einigen Vorteilen aufwarten konnte.

Verkaufsargumente waren gute Sicht nach vorne und wenig Lärm. Die lauten Propellerblattspitzen waren bei der Konstruktion durch den Fan-Ring abgedeckt.

Als Antrieb wählte man einen NSU-Wankelmotor, der in der letzten Ausführung auf 150 PS gesteigert wurde. Diese Leistung wurde jedoch durch die kleinen Propellerblätter sehr schlecht abgegeben. Der Schubstrahl ist durch den Fan-Ring sehr gut gleichgerichtet, an den kreuzförmigen Flächen des Hinterrumpfes wird er

Rhein Flugzeugbau RFB Fanliner

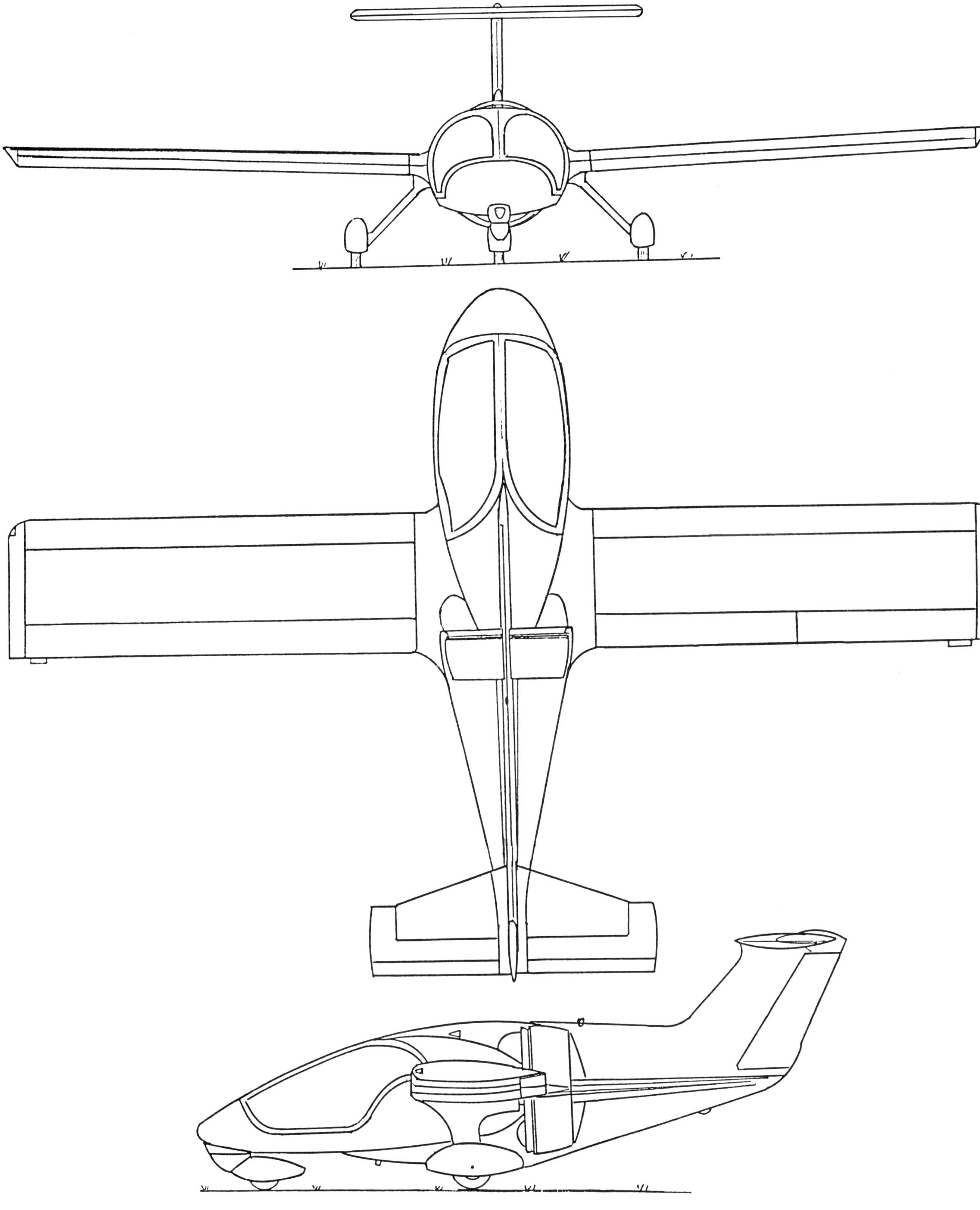

gleichmäßig verteilt.

Bei dem Fanliner handelt es sich um eine Ganzmetallkonstruktion. Der Rechteckflügel ist in Mitteldeckerausführung angebracht. Ein Bugradfahrwerk sowie das T-Leitwerk sind weitere herausragende Merkmale dieser ungewöhnlichen Konstruktion. Ein Kooperationsvertrag mit einer amerikanischen Firma konnte leider nicht verwirklicht werden, so daß auch hier von einer Serienproduktion der Maschine abgesehen werden mußte.

Technische Daten der Rhein Flugzeugbau Fanliner

	1. Prototyp	*2. Prototyp*
Spannweite	7,45	9,60 m
Länge	6,10	6,95 m
Höhe	2,03	2,27 m
Triebwerk	NSU Ro 135	Audi/NSU Wankel
Leistung	114	150/110 PS/kW
Flügelfläche	9,30	13,00 m²
Leergewicht	520	545 kg
max. Fluggewicht	750	850 kg
Zuladung	230	305 kg
Flächenbelastung	80,64	65,38 kg/m²
Leistungsbelastung	6,68	5,67 PS/kg
Reisegeschwindigkeit	180	250 km/h
Steiggeschwindigkeit	3,3	5,5 m/min
Reichweite	660	1000 km
Startstrecke	—?—	190 m

Fantrainer ATI 2 AWI 2

Die Ausbildung von Jet-Flugzeugführern erfordert immens hohe Summen. Eine Tornado-Flugstunde wurde 1979 schon mit etwa 15 000 DM angesetzt. Zur Reduzierung solch hoher Zahlen verwenden verschiedene Luftwaffen kleinere Jettrainer, die erheblich billiger im Betrieb sind. Daher versuchen seit geraumer Zeit einige Firmen, durch das Angebot kostengünstiger Turbopropmaschinen die Flugtrainingskosten zu reduzieren. Dieser Antrieb benötigt wesentlich weniger an Betriebskosten als ein Jetflugzeug, er ist jedoch etwas langsamer. Bei einem Trainingsflug kommt es aber nicht immer nur auf die Geschwindigkeit an.

Rhein Flugzeugbau entwickelte, wieder unter Federführung von Hanno Fischer, bereits in den 70er Jahren ein Flugzeug, das mit konventionellem Antrieb, aber mit jetähnlichen Flugeigenschaften aufwartete. Das Cockpit war bei dem »Fantrainer« genannten Projekt ähnlich einem Jettrainer ausgelegt, so daß der Schüler bereits

Technische Daten der Rhein Flugzeugbau Fantrainer AWI 2

Spannweite	9,60 m
Länge	8,02 m
Höhe	2,90 m
Triebwerk	AUDI-NSU EA 871-L Wankel
Leistung	150/110 PS/kW
Flügelfläche	13,90 m²
Leergewicht	915 kg
max. Fluggewicht	1350 kg
Zuladung	435 kg
Flächenbelastung	97,12 kg/m²
Leistungsbelastung	9,0 PS/kg
Höchstgeschwindigkeit	354 km/h
Reisegeschwindigkeit	320 km/h
Steiggeschwindigkeit	5,0 m/min
Dienstgipfelhöhe	6000 m +
Reichweite	2000 km
Startstrecke	305 m
Landestrecke	410 m

Rhein Flugzeugbau RFB Fantrainer

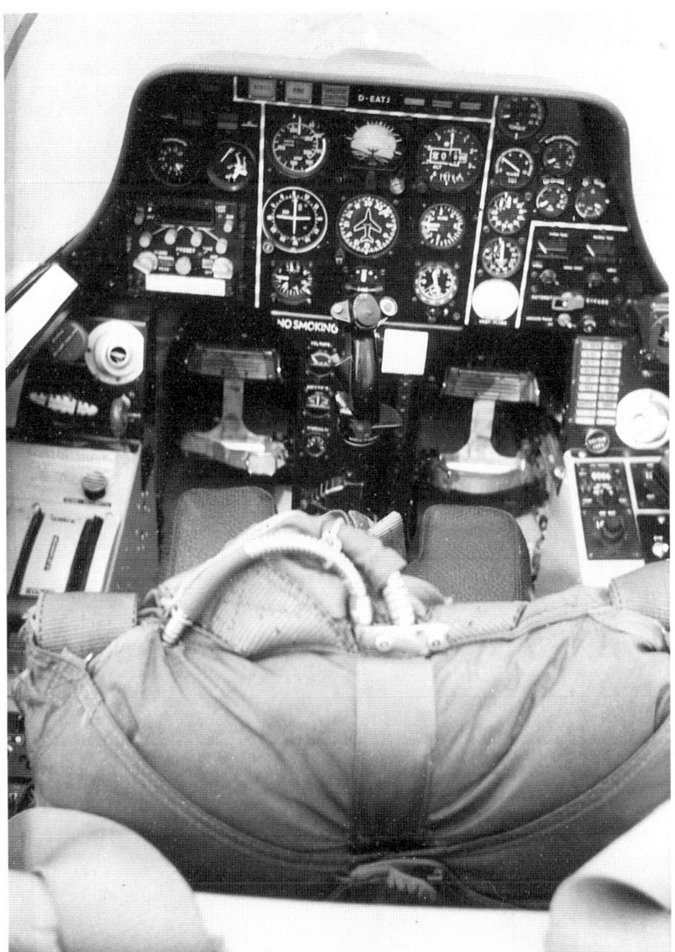

Rhein Flugzeugbau RFB Fantrainer Cockpit

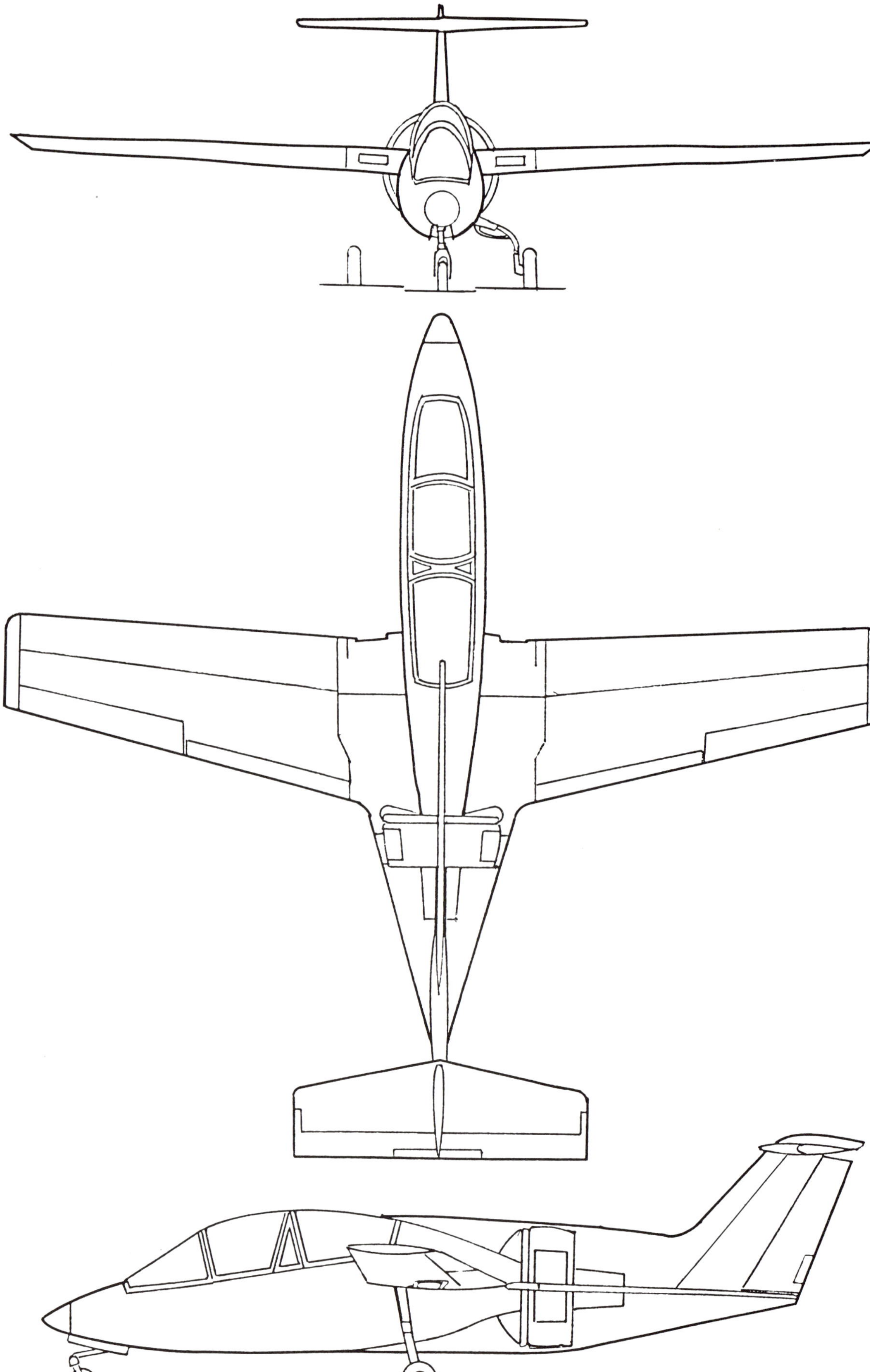

bei Beginn der Schulung auf sein Einsatzprofil ausgerichtet wurde.

Der Fantrainer kann mit verschiedenen Antrieben ausgerüstet werden. Bei der AWI ist es ein Wankel-Triebwerk, das mit einfachem Kolbenkraftstoff betrieben wird. Bei der ATI ist ein Allison-Turboprop-Triebwerk installiert, so daß der Schüler gleich von Anfang an mit dieser Betriebsart konfrontiert wird.

Turbopropantriebe sind ja Jettriebwerke, die ihre Kraft hauptsächlich an einen Propeller abgeben. Diese Propeller sind bei dem Fantrainer das Ungewöhnliche. Sie laufen wie bei dem Fanliner hinter den Piloten in einem Ring, so daß damit ein jetähnlicher Rückstoß erzeugt wird. Der Flug ist dann ähnlich wie bei einem reinen Strahltriebwerk, es fliegt eben nur etwas langsamer. Ansonsten hat diese Maschine alles, was auch ein Strahlflugzeug besitzen soll: Turbineninstrumente und Bedienung, »Airbrakes«, das sind seitlich ausfahrbare Luftbremsen, Hintereinanderanordnung der Pilotensitze und ein schnelles Flügelprofil.

»Jeder spricht von Jetcharakteristik, wir haben sie«, die Werbefachleute von RFB sind optimistisch. Doch die Luftwaffe hat bis 1990 noch nicht angebissen. Lediglich 48 Fantrainer sind bisher von den Luftstreitkräften des fernöstlichen Königreichs Thailand geordert worden. Diese Asiaten wollen jedoch nur die Einzelteile haben und ihre Maschinen dann selbst zusammenbauen.

Hirth Acrostar HI 27

Arnold Wagner, ein Schweizer Flugkapitän und Kunstflieger, entwickelte für seine Belange eine Kunst-

Hirth HI 27 Acrostar

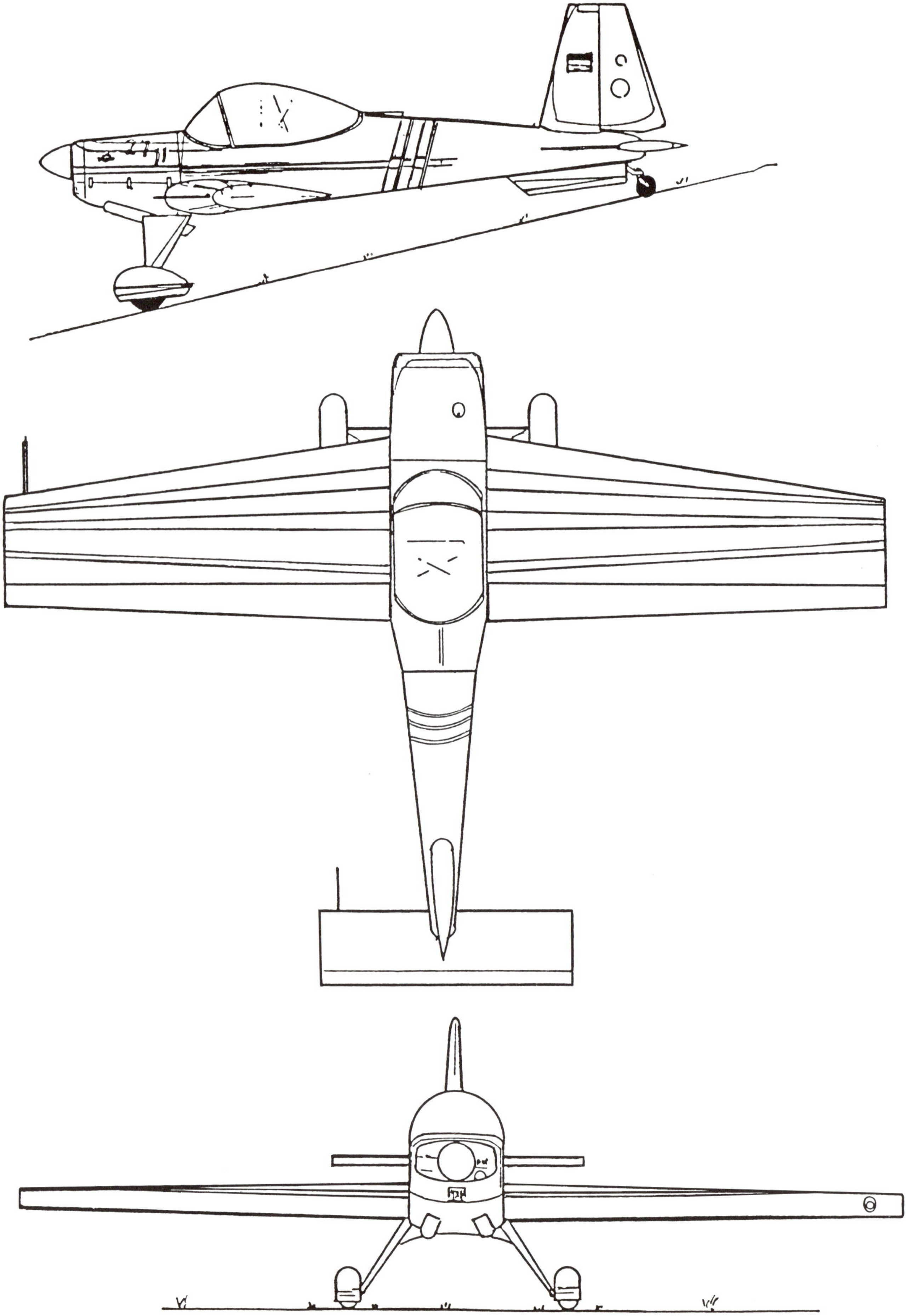

flugmaschine. Um das ehrgeizige Projekt auch finanziell verwirklichen zu können, wurde mit weiteren Kunstfliegern eine kleine Arbeitsgemeinschaft gegründet. Die Herren Wagner, Hösl, Gehm und Wolfrum bildeten den Kern dieser Gruppe.

Diese »Entwicklungsgemeinschaft Acrostar« gab der Firma Wolf Hirth GmbH in Nabern/Teck den Auftrag, einen Prototypen der Maschine zu bauen.

Die Wolf Hirth GmbH, die sich in der Hauptsache mit dem Holzflugzeugbau beschäftigt, konnte den aus Holz und GFK-Kunststoff gebauten Acrostar innerhalb eines Jahres (1969) herstellen und einfliegen. Für die geplante Kunstflugmeisterschaft wurde es dann jedoch sehr knapp. Den Fliegern blieben nur noch 3 Monate für das Training.

Bei der Kunstflug-Weltmeisterschaft, die 1970 in Hullavington/England ausgetragen wurde, belegte Wagner mit der neuen Acrostar-Maschine einen guten Platz.

Ziel der Entwicklung war, daß die Maschine alle anderen Kunstflugmaschinen übertrumpfen sollte. Man hoffte dadurch eine Möglichkeit zu bekommen, die hohen Entwicklungskosten durch einen Serienbau der Acrostar wieder zu amortisieren.

Das Bestechendste an der Konstruktion war das speziell für den Acrostar entwickelte Eppler-467-Tragflügelprofil, das nahezu symmetrisch ist, was sich vor allem bei einem Rückenflug positiv bemerkbar machte.

Um trotzdem noch zu einem sehr guten »Normal«-Flugverhalten zu gelangen, wurde eine speziell dafür patentierte Kinematik in den Tragflügel eingebaut. Diese betätigt mit dem Höhenruder auch die Querruder und Landeklappen. Durch diese Einrichtung bekam das Profil noch eine asymmetrische Form. Die Querruder und Landeklappenausschläge gehen nach oben wie nach unten und wirken als Auftrieb im Normal- und Rückenflug. Auch zur Steuerung um die Längsachse wird diese Kinematik benutzt, sie gibt Ausschläge auch auf Querruder und einseitig auf Landeklappen. Das Höhenruder ist ebenfalls ungewöhnlich als Pendelruder ausgelegt.

Um die für Kunstflug unbedingt notwendige Rückenflugtauglichkeit zu gewährleisten, wurde in der Maschine ein Franklin-6-A-350-C-1-Motor mit 220 PS eingebaut, der eine Rückenflugschmierung besitzt. Als Lastvielfaches konnte man die Acrostar mit +8 G und –8 G belasten.

1971 wurde noch eine kleine Serie der Maschine aufgelegt, die als eine zweite leichtere Version 1973 fortgesetzt wurde. Der erhoffte Welterfolg der DM 82 500,– teuren Maschine blieb jedoch aus.

Technische Daten der Hirth Acrostar HI 27

Spannweite	8,28 m
Länge	6,11 m
Höhe	1,78 m
Triebwerk	Franklin 6A 350-C1
Leistung	220/162 PS/kW
Flügelfläche	10,34 m^2
Leergewicht	485 kg
max. Fluggewicht	700 kg
Zuladung	215 kg
Flächenbelastung	67,69 kg/m^2
Leistungsbelastung	3,18 PS/kg
Höchstgeschwindigkeit	305 km/h
Reisegeschwindigkeit	255 km/h
Dienstgipfelhöhe	7200 m
Reichweite	620 km
Startstrecke	45 m
Landestrecke	150 m

Gyroflug Speed Canard

Der Amerikaner Burt Rutan machte in den siebziger Jahren erstmals mit der Vary Eazy von sich reden. Dieses Flugzeug, es ist eine in der Amateurklasse zugelassene Maschine, wurde in einer damals noch neuartigen Form gebaut. Neuartig deshalb, weil das Leitwerk vorne am Rumpf angebracht ist. Allerdings war diese Anordnung nicht ganz neu, die ersten Motorflugzeuge der Gebrüder Wright benutzten bereits solch eine Leitwerksanordnung. Sie galt bald als zu kompliziert und mußte der traditionellen Bauweise, Leitwerk hinten, weichen. Die neuartige Leitwerksanordnung nennt man heute den »Canard Wing«, den Entenflügel.

Auch mit modernen Mitteln war es schwierig, die Flugeigenschaften dieser Entenflugzeuge in den Griff zu bekommen. Doch diese Flügelanordnung verspricht sehr große Vorteile. Ein hinten liegendes Leitwerk muß bei einem konventionellen Aufbau Abtrieb verursachen, damit das Flugzeug auch fliegen kann. Dieser Abtrieb ist immer mit Widerstand verbunden. Gerade das muß aber vermieden werden, denn jeder Widerstand muß mit zusätzlicher Energie überwunden werden und erfordert demnach mehr Kraftstoff.

Bei einer »Entenanordnung« wird das Leitwerk zu

Gyroflug SC 01

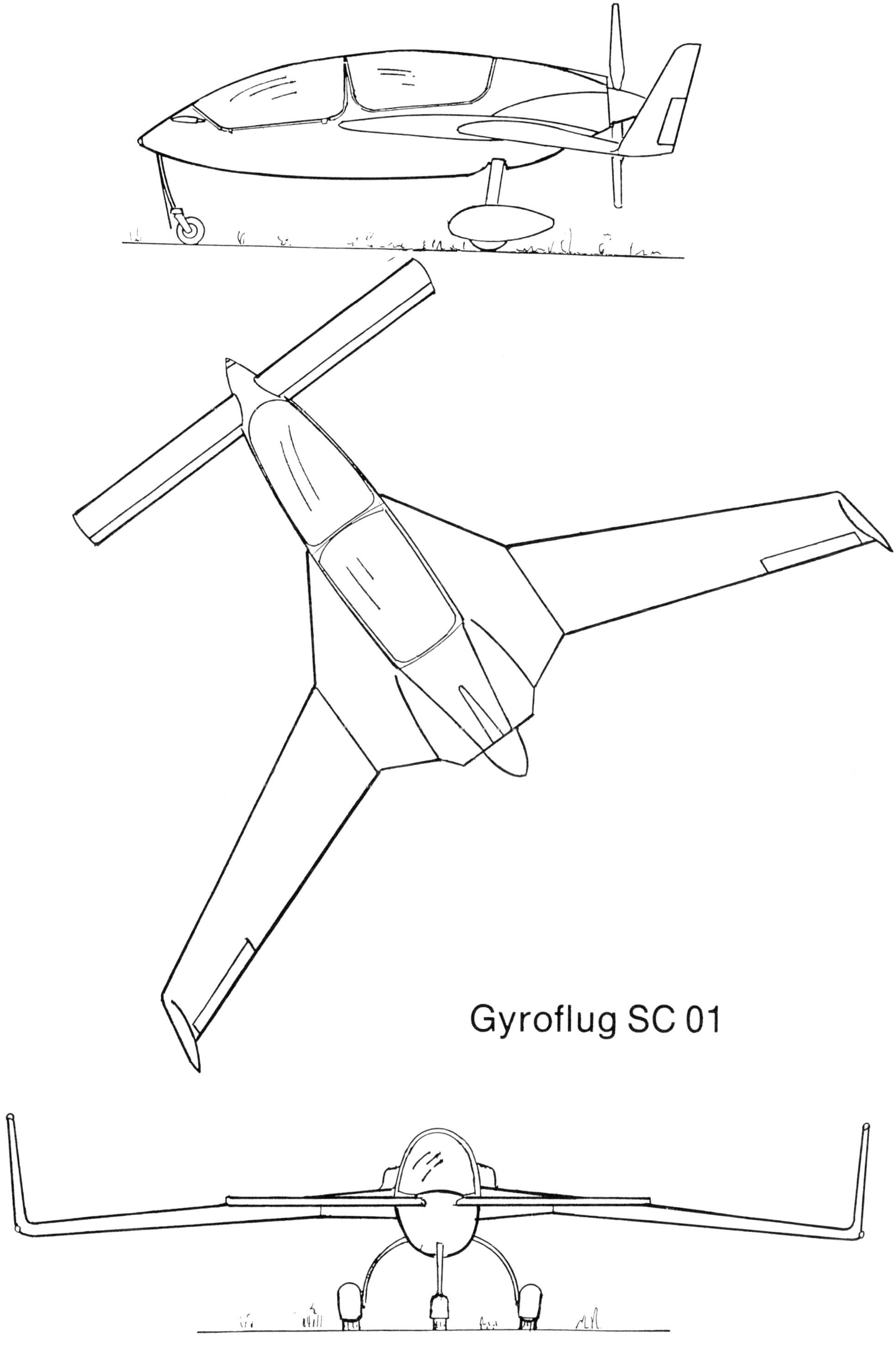

Gyroflug SC 01

einem Auftrieb mitbenutzt. Somit können alle Auftriebsfelder als solche verwendet werden und daher baulich kleiner ausfallen. Dadurch verringert sich bereits das Gewicht, und es wird zusätzlich weniger schädlicher Widerstand verursacht.

Die Vary Eazy Burt Rutans versprach somit unglaubliche Flugleistungsverbesserungen. Die Anhänger dieser Konstruktion prophezeiten mit schwachmotorigen Antrieben sehr hohe Geschwindigkeiten und deshalb ein besonders wirtschaftliches Fliegen.

Nach den Amateurbauplänen Rutans bauten sich die beiden Schwaben Jörg Elzenbeck und Peter Krauss ein Exemplar dieses neuartigen Typs. Für eine industrielle Serienfertigung mußte jedoch eine Firma gegründet werden, die heutige Gyroflug. Allerdings ging ein Serienbau der Rutan-Idee nicht ganz problemlos vonstatten. Dafür mußte noch vieles verändert werden. Sie mußte schlicht auf deutsche Zulassungsrichtlinen neu konstruiert werden.

Allerdings war die Vary Eazy auch nicht das Flugzeug, das man einem normalen Piloten in die Hand geben konnte. Auch die Leistungen waren nur bei sehr bestimmten Fluglagen zu erbringen. Deshalb mußte der eigens für diesen Typ entwickelte Tragflügel, der zwar hervorragende aerodynamische Werte besitzt, neu gestaltet werden. Bei Gyroflug entschloß man sich dann zur Umrüstung auf ein völlig neues Flugzeug. Auch den Rumpf entlieh man einem Kunststoff-Segelflugzeug und forschte systematisch für ein völlig neues Flugzeug weiter.

Die eigene Konstruktion Gyroflugs in Entenbauweise, jetzt SC 01 genannt, konnte am 30. 9. 1983 als erstes Flugzeug in dieser Ausführung eine volle Musterzulassung erhalten. Doch die hochgesteckten Ziele waren damit etwas nüchterner geworden. Das Flugzeug erreichte zwar immer noch wesentlich höhere Werte als eine konventionelle Bauweise, doch nicht mehr die erhofften Traumwerte. Mit einem nur 116 PS starken Motor kam der jetzt Speed Canard genannte Typ auf eine Reisegeschwindigkeit von 280 km/h.

Es blieb nicht nur bei der Entenbauweise als äußerst ungewöhnliche Bauausführung, auch die Steuerung und der Einstieg in die Kabine sind für einen Sportflieger völlig neu. Beim Einsteigen in das Flugzeug werden sportliche Qualitäten gefordert. Der Steuerknüppel ist ein »Mini Side Stik«, ein sehr kurzer Hebel, der nur mit der rechten Hand zu bedienen ist. Das Bugfahrwerk ist über einen Elektromotor ein- und ausfahrbar. Im Notfall fährt es mit einem Gasdruckzylinder auch wieder aus. Auf ein komplettes Einziehfahrwerk verzichtet man an der Maschine.

Um die Leistungen dennoch zu verbessern, wird die SC 01 auch mit stärkeren Triebwerken geliefert. Auch eine Turboladerausführung verspricht bessere Flugleistungen in größeren Flughöhen.

Für längere Reiseflüge werden von Gyroflug Zusatzbehälter für das Gepäck angeboten. Diese werden dann unter den Tragflügeln befestigt. Damit wird der sehr klein ausgefallene Gepäckraum der Maschine vergrößert.

Technische Daten der Gyroflug Speed Canard SC 01

Spannweite	7,70 m
Länge	5,20 m
Höhe	1,90 m
Triebwerk	Lycoming O 235 PL A
Leistung	116/85 PS/kW
Flügelfläche	7,84 m^2
Leergewicht	415 kg
max. Fluggewicht	680 kg
Zuladung	265 kg
Flächenbelastung	86,7 kg/m^2
Leistungsbelastung	5,86 PS/kg
Höchstgeschwindigkeit	360 km/h
Reisegeschwindigkeit	280 km/h
Steiggeschwindigkeit	6,5 m/s
Reichweite	2150 km
Startstrecke	430 m
Landestrecke	250 m

Grob G 110

Der erfolgreiche Kunststoff-Segelflugzeugbauer Burkhart Grob, im bayerischen Mindelheim beheimatet, sollte der erste sein, der nach einem langen Baustopp für leichte Sportflugzeuge eine ganze Serie von verschiedenen Reiseflugzeuge baute.

Die erste Maschine, die Grob G 110, war eine formschön und bestechende Konstruktion, die wie seine erfolgreichen Segelflugzeuge und Motorsegler völlig aus GFK hergestellt wurde. Doch der erfolggewohnte Unternehmer ging bei der Erprobung der G 110 dann gleich hart ran. Innerhalb kurzer Zeit sollte die Flugerprobung der Maschine abgeschlossen sein. Daß sie natürlich voll kunstflugtauglich sein sollte, war für ihn selbstverständlich.

Bei der Erprobung dieser Maschine gab es Schwierigkeiten bei den Kunstflugeigenschaften, der Testpilot mußte mit dem Fallschirm die Maschine verlassen. Das Flugzeug landete unbemannt und nur leicht beschädigt neben dem Flugplatz. Danach gab man bei Grob das G-110-Projekt zunächst auf und beschäftigte sich mit der Weiterentwicklung zur G 112.

Die G 110 war wie der Motorsegler G 109 in einer superglatten Kunststoffbauweise aufgebaut. Die Kabinenlayouts des Prototyps versprachen einen ungewöhnlichen Komfort, den die Maschine gegenüber ihrer amerikanischen Konkurrenz haben sollte.

Die zweisitzige Grob 110 sollte die erste Version einer ganzen Flugzeugfamilie werden. Bei dem Prototypen benutzte man den Vierzylinder-Lycoming-O-235-M1-Motor, der 118 PS an Startleistung bringt. Mit einem verstellbaren Hoffman-Propeller brachte dieser Erprobungsträger bereits recht beachtliche Flugleistungen, so daß dieses Flugzeug auch gegen eine Konkurrenz bestehen könnte.

Technische Daten der Grob G 110

Spannweite	10,60 m
Länge	6,90 m
Triebwerk	AVCO Lycoming O 235 M1
Leistung	118/86 PS/kW
Flügelfläche	12,20 m²
Leergewicht	560 kg
max. Fluggewicht	900 kg
Zuladung	340 kg
Flächenbelastung	73,77 kg/m²
Leistungsbelastung	7,63 PS/kg
Höchstgeschwindigkeit	280 km/h
Reisegeschwindigkeit	260 km/h
Steiggeschwindigkeit	4,8 m/s
Reichweite	1200 km
Startstrecke	470 m
Landestrecke	420 m

Grob 110

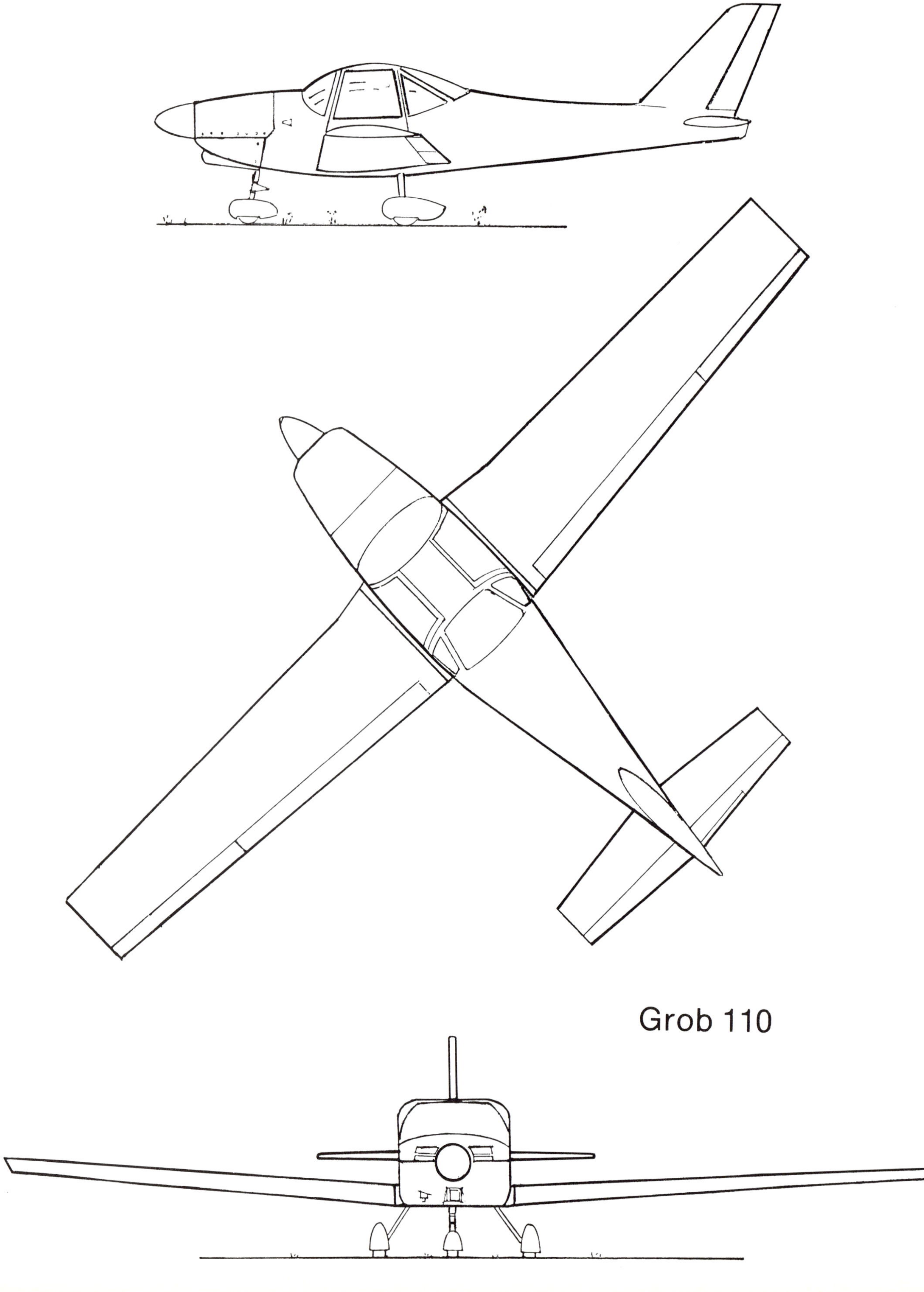

Grob 110

Grob G 111

Schon recht früh wurden in der Bundesrepublik Motorsegler in einer eigenen Baukategorie zugelassen. Diese Konstruktionen müssen nicht die strengen Bauvorschriften für Flugzeuge einhalten, sie sind allerdings sehr stark gewichtslimitiert.

Burkhard Grob entwickelte neben seinem erfolgreichen Grob-G-103-Segelflugzeug auch einen den Bedürfnissen seiner Kundschaft angepaßten Motorsegler. Die jetzt Grob G 109 genannte Maschine wurde in einer 2. Version sogar mit einem von seinen Ingenieuren entwickelten Triebwerk, dem 90 PS starken Grob 2500, versehen und Grob G 109 B genannt.

Eine Maschine der G-109-Serie wurde später der Prototyp für ein militärisches Aufklärungsflugzeug. Gefordert war ein Kunststoffaufbau, um der Radarentdeckung zu entkommen. Damit die geforderten Flugleistungen erhalten blieben, mußte die G 109 über das zulässige Gewicht eines Motorseglers hinaus zugelassen werden. Den entstandenen neuen Typ nannte die Werbeabteilung Grob G 111. Die G 111 ist eine Motorseglerversion der G 109, die lediglich auf die Belange des Aufklärungsauftrags umgebaut wurde. Hauptsächlich wurde bei ihr die Tankkapazität ausgeweitet. Sie kann jetzt 200 Liter Kraftstoff an Bord nehmen, was für gut 5 Stunden Flugzeit ausreicht.

Als Standardeinrichtung verfügt die Beobachtungsversion G 111 über seitlich angebrachte wulstartige Fenster. Aus ihnen können ohne weitere Umbauten Senkrechtaufnahmen gemacht werden. Eine fest installierte Sauerstoffanlage erlaubt der zweiköpfigen Besatzung Flüge in großen Höhen.

Für Rettungseinsätze in unwegsamem Gebiet – auch dafür ist die Maschine vorgesehen –, kann ein Abwurfcontainer unter den Rumpf gehängt werden, der bis zu 40 kg an medizinischer Ausrüstung, Verpflegung und

Grob 111

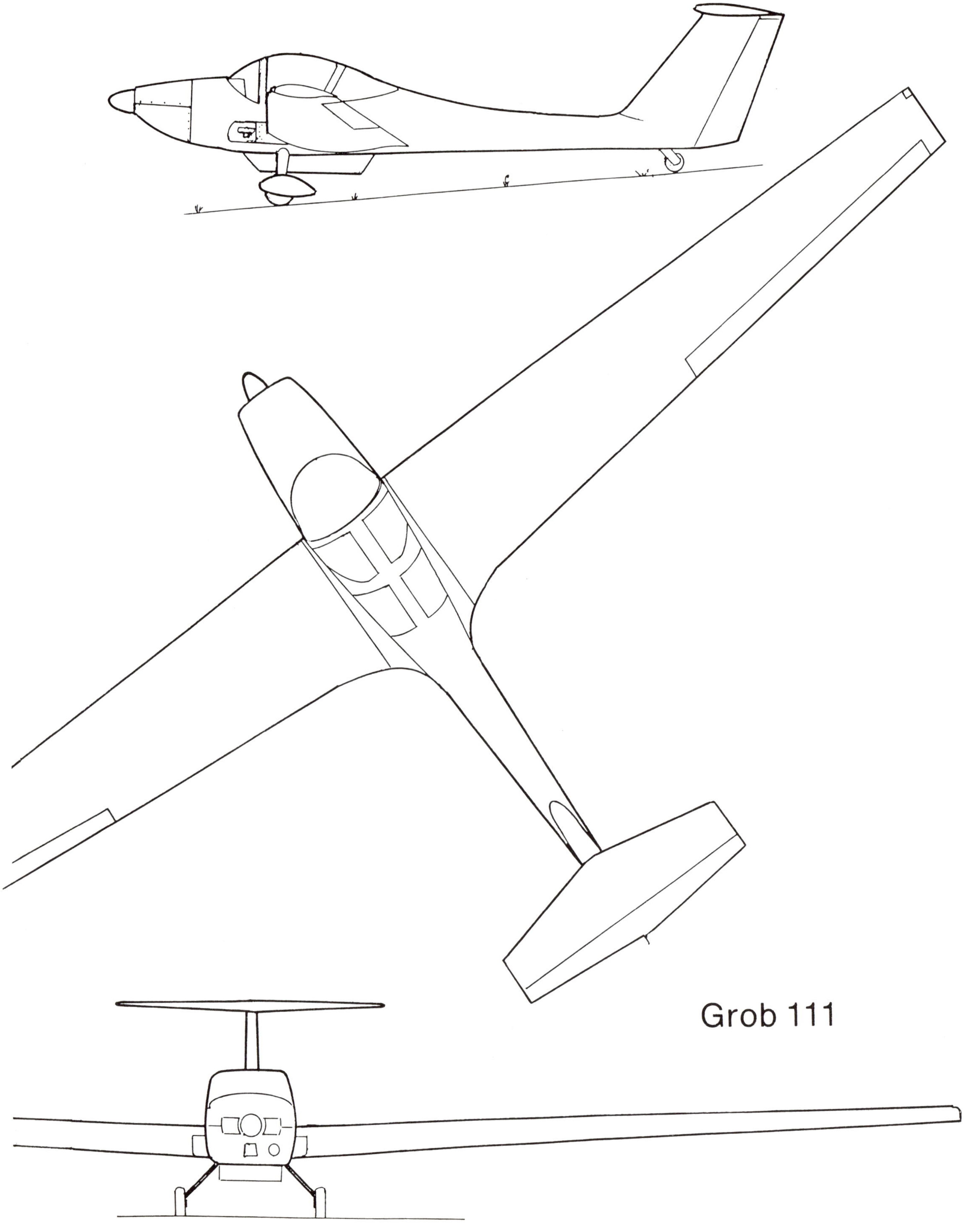

Grob 111

Nothilfsmitteln aufnehmen kann. Für Flüge über See kann auch noch ein aufblas- und abwerfbares Rettungsboot untergebracht werden. Die G 111 wurde, so ausgerüstet, auch dem Such- und Rettungsdienst angeboten, der damit ein preislich unschlagbares Fluggerät zur Verfügung hätte.

Die Werbeabteilung der Herstellerfirma sprach dazu noch davon, die Maschine biete der Besatzung größtmögliche Sicherheit. Auch bei dem erhöhtem Fluggewicht beträgt die Gleitzahl immer noch 1:28, was für ein Motorflugzeug extrem hoch ist. Besonders bei Aufklärungseinsätzen ist diese hohe Gleitzahl von besonderer Bedeutung. Aus einer Flughöhe von 4000 Metern kann die G 111 ohne Triebwerk noch eine ganze Flugstunde lang segeln.

Als weitere Besonderheit hebt der Hersteller hervor, daß die Besatzung ihr Flugzeug in einem unwegsamen Gelände, etwa bei Vermessungseinsätzen, leicht auf unvorbereitetem Gelände landen kann. Am nächsten Tag dann von hier aus wieder zu starten, wäre ein alltäglicher Vorgang für einen Motorsegler.

Technische Daten der Grob G 111

Spannweite	17,40 m
Länge	8,10 m
Höhe	1,70 m
Triebwerk	Grob G 2500
Leistung	90/66 PS/kW
Flügelfläche	19,00 m²
Leergewicht	650 kg
max. Fluggewicht	1000 kg
Zuladung	350 kg
Flächenbelastung	19,00 kg/m²
Leistungsbelastung	9,00 PS/kg
Höchstgeschwindigkeit	245 km/h
Reisegeschwindigkeit	200 km/h
Steiggeschwindigkeit	2,1 m/s
Reichweite	3100 km
Startstrecke	275 m

Grob G 112

Nach dem Verlust der G 110 gab sich Burkhart Grob noch lange nicht geschlagen. Schon am 4. 5. 1984 wurde die nächste Variante, jetzt Grob G 112 genannt, in der Luft gesehen. Diese Version unterschied sich von ihrem Vorgänger hauptsächlich durch ein Kreuzleitwerk und ein anderes Triebwerk. Als spezielle Besonderheit wird dieser Typ durch eine von den Grob-Ingenieuren konstruierte verstellbare Luftschraube angetrieben. Diese Einrichtung hat besondere Baumerkmale, die Verstellung geschieht elektrisch anstelle des bislang üblichen Hydraulikantriebs.

Die Grob G 112 ist wie auch der Grob-Motorsegler mit einer schnell faltbaren Tragfläche versehen und ganz aus glasfaserverstärktem Kunststoff gefertigt.

Als Antrieb für die G 112 sollte der Grob-Motor G 2500 eingebaut werden. Der mit 90 PS recht schwache Motor, auch er ist eine Ableitung aus dem VW-Automotor, hätte preislich recht günstig gelegen. Grob meinte, dieser Motor sei ein echter Kostenkiller. Das Triebwerk verbraucht wenig Auto-Superbenzin, kann allerdings auch mit AVGAS-Flugbenzin betrieben werden. Während die Motorseglerausführung noch mit einer einfachen Zündanlage ausgestattet wurde, besaß die Motorflugversion des Triebwerks bereits eine doppelte Anlage.

Die neuentwickelte kontaktlose Propellerregelung »System Grob« sollte ebenfalls ein Verkaufsschlager der G 112 werden. Der Flugzeugführer regelte dabei lediglich über einen Drehknopf die gewünschte Drehzahl ein, alles andere erledigte die Automatik. Als weitere Neuheit kam bei der G 112 die einfach abklappbare Tragfläche zum Einbau. Während alle Hersteller schon mit abklappbaren Flügeln experimentierten, arbeiteten Grob-Ingenieure mit einem echten Schnellverschluß. Dieser kann von einer einzigen Person bedient werden, die die Tragfläche dann am Rumpf befestigen kann. Ruderanschlüsse bilden dabei kein Hindernis, denn diese sind mit Kugelköpfen automatisch miteinander verbunden. Auch der Kraftststofftank befindet sich bei dieser Maschine im Rumpf und bildete somit kein Hindernis.

Wie schon bei der G 110 wurde auch bei der G 112

Grob 112

auf ein geräumiges Cockpit mit bestem Komfort geachtet. Eine Hornsteuerung mit geräumigem Instrumentenbrett sollte eine überzeugende Alternative zu der amerikanischen Konkurrenz darstellen.

Die Entwicklung der Grob G 112 wurde 1986 zugunsten der G 115 abgebrochen.

Technische Daten der Grob G 112

Spannweite	11,00 m
Länge	6,89 m
Höhe	2,15 m
Triebwerk	Grob G 2500
Leistung	90/66 PS/kW
Flügelfläche	12,32 m^2
Leergewicht	530 kg
max. Fluggewicht	750 kg
Zuladung	220 kg
Flächenbelastung	60,9 kg/m^2
Leistungsbelastung	8,6 PS/kg
Höchstgeschwindigkeit	220 km/h
Reisegeschwindigkeit	185 km/h
Steiggeschwindigkeit	3,0 m/s
Reichweite	1550 km
Startstrecke	270 m

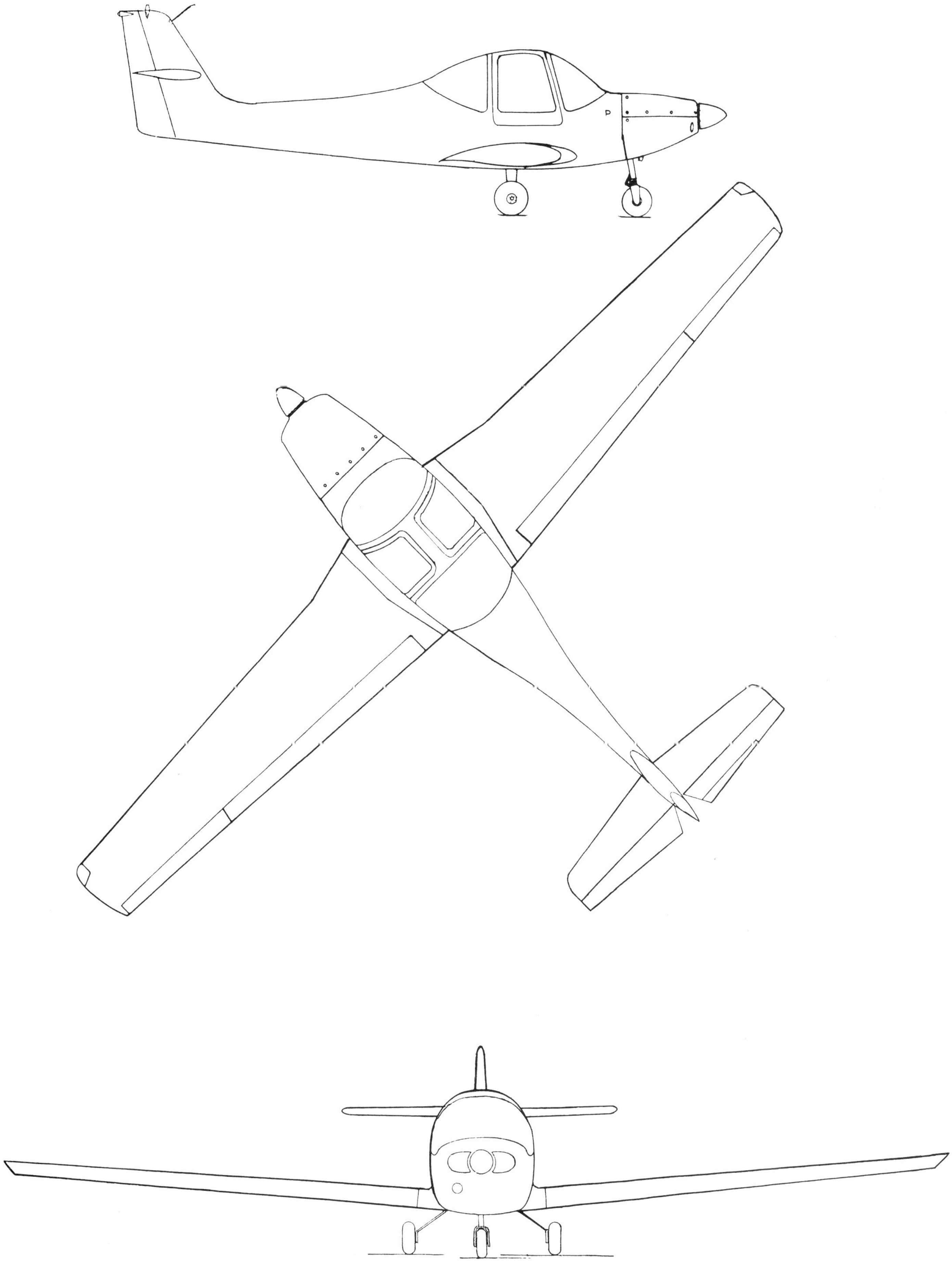

Grob 115

Mit der Grob G 115 gelang Burkhart Grob dann der Durchbruch. Aufbauend auf die beiden Muster G 110 und G 112 kann die letzte Version der Zweisitzerreihe auf ein besonders gelungenes Styling zurückgreifen: eine Vollkunststoff-Bauweise, die allerdings von einem konventionellen Triebwerk aus amerikanischer Produktion angetrieben wird.

Die Grob G 115 A wird von einem 115-PS-, die C-Version von einem 150-PS-Motor angetrieben. Verändert hat sich auch die Luftschraube, die vorerst bei der A-Version nicht verstellbar bleibt. Die B- und C-Versionen können wahlweise mit konventionellen Propellern ausgerüstet werden.

Somit ist die Grob-Maschine eine echte Alternative zu den konkurrierenden Blechmaschinen, die es jetzt neu nicht mehr gibt. In den USA erlebt nämlich die Produkthaftpflicht wahre Eskalationen, so daß immer mehr Hersteller von Transportmitteln ihre Produktion einstellen müssen. An erster Stelle rangiert dabei die Kleinflugzeugindustrie.

Eine neue Chance scheint jetzt für den deutschen Flugzeugbau wahrscheinlich. Auf jeden Fall hat Burkhard Grob mit seiner Kunststoff-Motorflugzeugreihe auf den richtigen Partner gesetzt. Die Maschine bietet sehr gute Leistungen, Korrosionsfreiheit und ein Minimum an Wartung. Ob sich diese Werbeargumente auch nach langen Jahren noch bestätigen, wird sich erst herausstellen müssen. Die Musterzulassung durch das Luftfahrt-Bundesamt erfolgte für die G 115 am 31. 3. 1987.

Technische Daten der Grob G 115

	G 115	*G 115*
Spannweite	10,00 m	
Länge	7,36 m	
Höhe	2,75 m	
Triebwerk	Lycoming	
	O 235 H2C	O 320 E2A
Leistung	115/85	150/111 PS/kW
Flügelfläche	12,21 m^2	
Leergewicht	590	620 kg
max. Fluggewicht	850 kg	
Zuladung	260	230 kg
Flächenbelastung	69,9 kg/m^2	
Leistungsbelastung	7,39	5,66 PS/kg
Höchstgeschwindigkeit	220	250 km/h
Reisegeschwindigkeit	205	225 km/h
Reichweite	900	730 km
Startstrecke	250	210 m

Grob 115

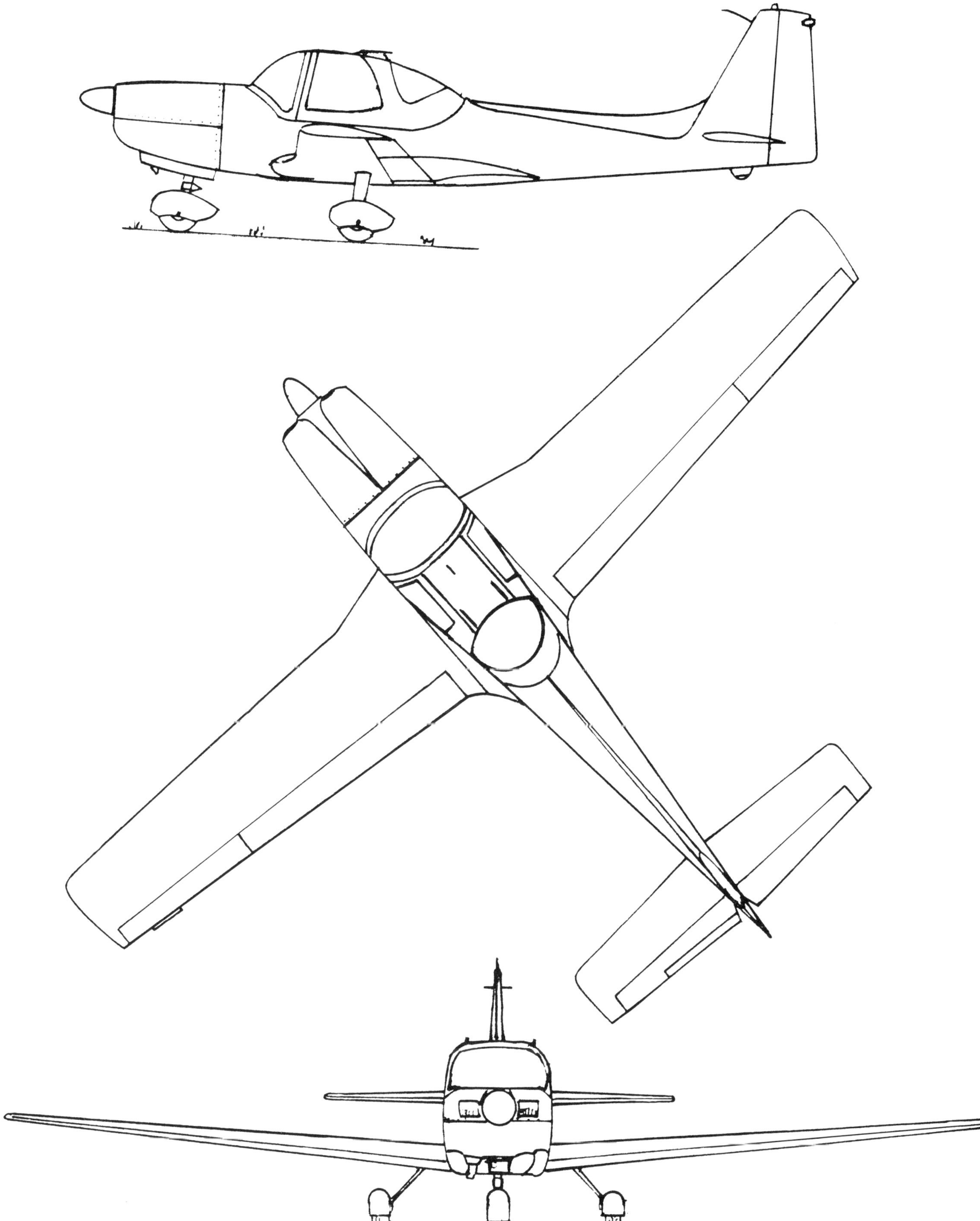

Grob G 116

Zum Aerosalon Paris 1987 stellte Grob das Modell seines Viersitzers G 116 aus. 1 Jahr später konnte das Flugzeug bereits zur Luftfahrtschau ILA Hannover auf dem Luftweg überführt werden. Das Viersitzerflugzeug von morgen?

Die Maschine ist ähnlich aufgebaut wie ihre Schwester, die Grob G 115. Auch hier gibt es wieder dieselben Verkaufargumente, Kunststoff setzt sich durch. Er ist kein Kompromiß, sondern allen anderen Werkstoffen überlegen.

Von der Grob G 116 wurde noch sehr wenig bekannt, die Maschine befindet sich gerade in der Flugerprobung und wird ähnliche Vorteile wie die kleinere G 115 aufweisen.

Technische Daten der Grob G 116

Spannweite	11,00 m
Länge	8,00 m
Höhe	3,00 m
Triebwerk	Lycoming IO 360
Leistung	200/148 PS/kW
Flügelfläche	15,5 m^2
Leergewicht	710 kg
max. Fluggewicht	1198 kg
Zuladung	488 kg
Flächenbelastung	77,3 kg/m^2
Leistungsbelastung	5,99 PS/kg
Höchstgeschwindigkeit	275 km/h
Reisegeschwindigkeit	245 km/h
Reichweite	1000 km
Startstrecke	265 m

Grob 116

Grob GF 200

Mit dem Modell GF 200 will die Entwicklungsabteilung der Grob-Werke, sie heißt jetzt TFE (Technische Forschung und Entwicklungsgesellschaft), völliges Neuland betreten. Aufgrund der veränderten Situation im Flugzeugbau, Produkthaftpflicht in den USA und damit Einstellung vieler Projekte bestehen seit 1986 bereits beträchtliche Chancen, in den internationalen Flugzeugbau einzusteigen.

Mit den Basismodellen G 115 und G 116 hat man bei Grob erst einmal ein Standbein geschaffen. Mit der Neuentwicklung GF 200 kann eine völlig neue Flugzeuggeneration aufgebaut werden. Das Modell zielt direkt in eine gehobene Flugzeugkategorie, für die es auch bislang nur wenig Konkurrenz gab.

Als hervortretende Konstruktionsmerkmale wurden bekannt: Die Maschine soll von einem Porschemotor angetrieben werden, der direkt auf die ab 1990 zu erwartenden verschärften Lärmbestimmungen vieler Länder zielt. Das Porsche-Triebwerk ist zudem sehr sparsam im Verbrauch, kann alle gängigen Kolbenkraftstoffe verbrennen (AVGAS sowie Autokraftstoff) und ist extrem leise. Die Ingenieure von Porsche entwickelten das wassergekühlte Flugtriebwerk aus einem erfolgreichen Automotorprogramm. Mit der Aufgabe des Porsche Flugmotorenprogrammes mußte Burkart Grob allerdings auch auf die bewährten Lycoming Triebwerke zurückgreifen.

Außerdem erhält die GF 200 eine völlig neuartige Form. Der Rumpf ist tropfenförmig und hat einen Schubpropeller. Das Triebwerk wird dabei im hinteren Teil des Rumpfes installiert werden. Somit haben die Insassen eine freie Flugsicht nach vorne, eine sogenannte Air-Stair-Tür und eine Cabine-Class-Kabine.

Grob GF 200

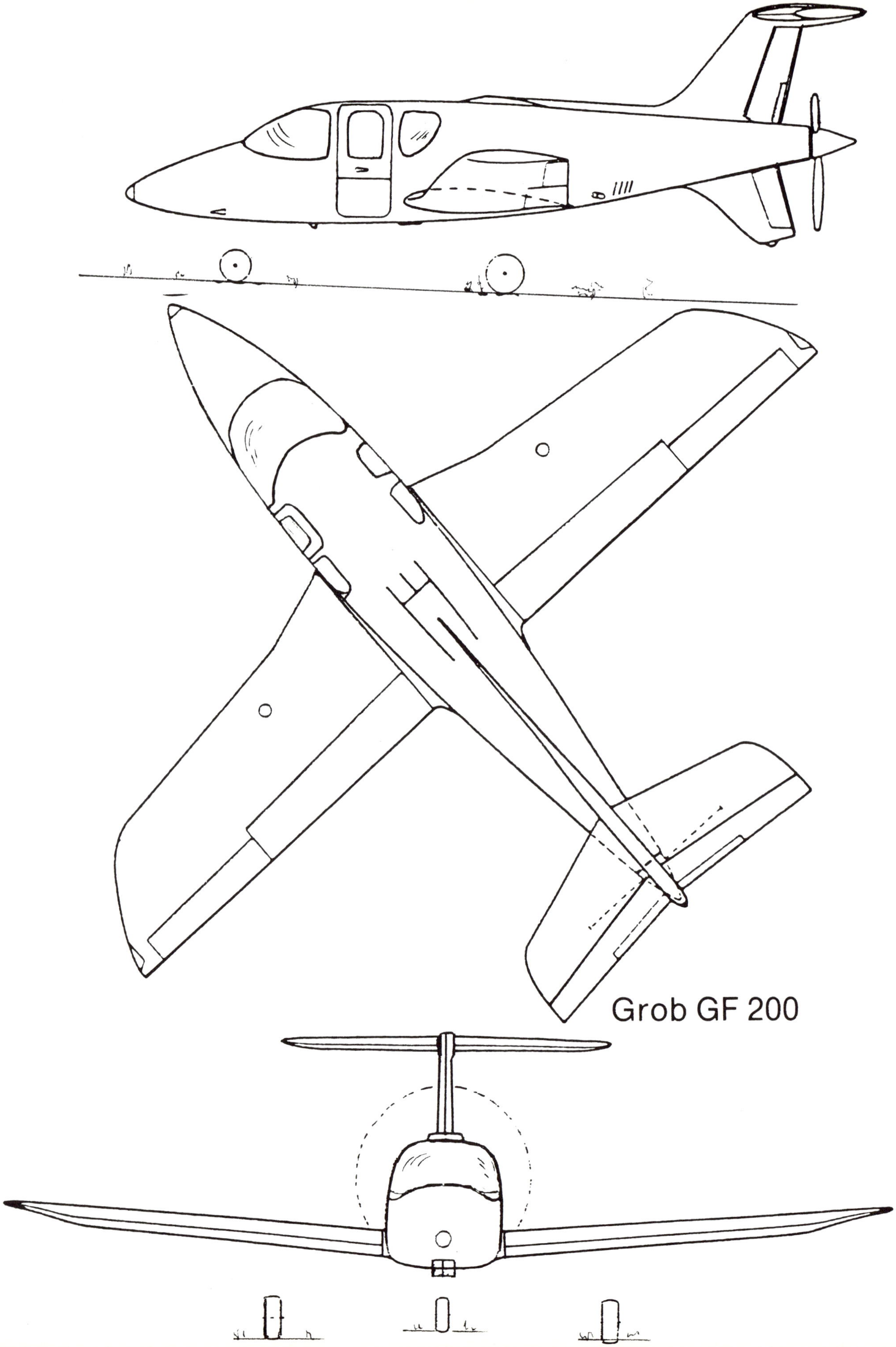

Grob GF 200

Diese Begriffe, aus einer US-Werbemappe gegriffen, haben auf der anderen Seite des Atlantiks bereits erheblichen Stellenwert. Die Fluggäste brauchen dabei nicht mehr über einen Tragflügel einzusteigen, die Tür enthält bei dieser Bauweise auch die Einsteigtreppe. Selbstverständlich hat man für die viersitzige Grob GF 200 ein Einziehfahrwerk, Druckausgleichskabine und das modern gewordene T-Leitwerk vorgesehen.

Die Maschine erregte bereits die Aufmerksamkeit der Lufthansa-Flugschule, die einen Nachfolger für ihre Beechcraft-Schulflugzeuge sucht. Grob strebt die Zulassung der GF 200 bis zum Jahre 1995 an.

Technische Daten der Grob GF 200

Spannweite	11.00 m
Länge	8.50 m
Höhe	3,20 m
Triebwerk	Lycoming IO 540-K1B5
Leistung	275/204 PS/kW
Flügelfläche	12,50 m²
Leergewicht	1020 kg
max. Fluggewicht	1600 kg
Zuladung	580 kg
Flächenbelastung	120.0 kg/m²
Leistungsbelastung	5.82 PS/kg
Reisegeschwindigkeit	365 km/h
Steiggeschwindigkeit	6,5 m/s
Dienstgipfelhöhe	8530 m
Reichweite	1400 km
Startstrecke	296 m
Landestrecke	234 m

Grob Egrett I

Das wohl geheimnisvollste Flugzeug der deutschen Nachkriegs- Luftfahrtindustrie ist die erst als Grob Egrett I geführte Maschine. Ihre Kennzeichen D-F(GEO-GEE-GRO), zeichnet sie schon für den Laien als eine schwere Maschine aus. D-F bedeutet ein einmotoriges Flugzeug über 2 Tonnen Fluggewicht.

Wie die G 111 ist auch die Grob Egrett ein Aufklärungsflugzeug, das im Auftrag des Verteidigungsministeriums gebaut und auf der Testbasis Manching auch geflogen wurde. Das Flugzeug wird von einer 980 shp starken auf 750 shp reduzierten Propellerturbine vom Typ Garret TPE 331-14 angetrieben.

Von offizieller Seite wird die Egrett I zur Höhenforschung von geophysikalischen Erddaten und als Relaisestation für Übermittlungen benutzt. Die Egrett I ist die größte in Faserverbundwerkstoffen hergestellte Maschine und ist von dem deutschem LBA und US FAA zugelassen. Zwischenzeitlich wurde das Projekt in Grob/E System D 500 umbenannt und mehrfacher Ausführung gebaut. Der einsitzigen Maschine soll auch eine doppelsitzige Version folgen.

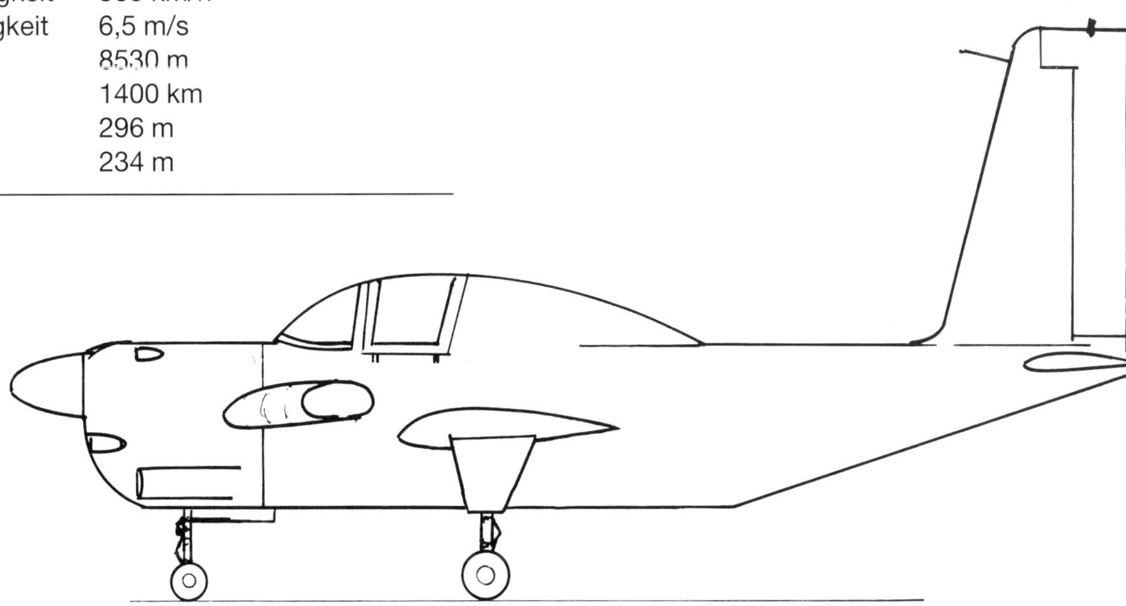

Grob Egrett

Technische Daten der Grob Egret I

Spannweite	33,0 m
Länge	12,0 m
Höhe	6,0 m
Triebwerk	Garret TPE 331-14F
Leistung	750/555 sHp/kW
Flügelfläche	40,5 m^2
max. Fluggewicht	4200 kg
Flächenbelastung	103,7 kg/m^2
Reisegeschwindigkeit	300 km/h
Steiggeschwindigkeit	7,5 m/s
Dienstgipfelhöhe	ca. 17 000 m
Flugdauer	7–9 h
Startstrecke	600 m

Grob Strato 2 C

Durch den Erfolg mit dem Höhenforschungsflugzeug Grob Egrett I konnte die Firma Grob Luft und Raumfahrt einen weiteren Auftrag landen. Von Seiten des Bundesministeriums für Forschung und Technik wird ein weiteres Flugzeug benötigt, das bis weit in die Stratosphäre vordringen kann. Der Entwurf der Grob Strato 2C steht bereits in fortgeschrittener Planung. Es soll ein zweimotoriges Flugzeug für 2 Mann Besatzung und zwei Wissenschaftlern werden.

Die Grob Strato 2 hat durch ihre ungewöhnliche Geometrie das Aussehen einen Großseglers.

Grob Luft und Raumfahrt, in der Verbundfasertechnologie weltweit als führender Betrieb anerkannt, benutzt auch für die Strato 2 Kohlefaser Verbundwerkstoffe. Dieser Werkstoff ist weitaus leichter und noch fester als herkömmliche Aluminiumlegierungen.

Der Antrieb der Strato 2 erfolgt durch zwei modifizierte Teledyne Continental TSIO 550 Motore. Diese 6 Zylinder Antriebe holen ihre Leistung von 400 PS aus 9 Liter Hubraum. Um jedoch auch noch in den vorgesehenen großen Flughöhen auch noch eine brauchbare Leistung zu erhalten reichen die serienmäßig angebrachten Hochverdichter nicht mehr aus. Aus dem Grunde hat Grob noch für jeden Motor einen modifizierten Hochdruckverdichter eines P&W Turboproptriebwer-kes der PW 127 Serie installiert. Die Kraftübertragung erfolgt durch Untersetzungsgetriebe an Fünfblatt Luftschrauben die mit nur 700 UpM drehen.

Technische Daten der Grob Strato 2 C

Spannweite	56,5 m
Länge	22,4 m
Höhe	7,76 m
Triebwerk	Teledyne Continental TSIO 550
Leistung	400/300 sHp/kW
Flügelfläche	145 m²
Leergewicht	5 800 kg
max. Fluggewicht	11 700 kg
Flächenbelastung	88,7 kg/m²
Leistungsbelastung	14,6 PS/kg
Reisegeschwindigkeit	.43 Mach
Dienstgipfelhöhe	ca. 26 000 m
Flugdauer	48 h

Ruschmeyer MF 85

Der Techniker Horst Ruschmeyer hatte 1984 eine sehr gute Idee: Er will wie so viele vor ihm den Flugzeugbau nochmals völlig neu erfinden. In seinem Flugzeug soll zu 100 % glasfaserverstärkter Kunststoff Einzug finden. Als Antrieb sieht er zunächst einen noch zu entwickelnden Kreiskolben-Wankelmotor vor. Damit entfallen die lästigen und zerstörenden Schwingungen der Kolbenhübe. Der Kunststoff wird dadurch »Motoraerotauglicher«, hofft er.

Allerdings ist mit solch einem Motor noch lange nicht die ganze Palette der vorgesehenen Neuerungen ausgeschöpft. Auch bei der Instrumentierung setzt Ruschmeyer neue Aspekte. Sie soll bei seinem Flugzeug ebenfalls neu entworfen werden, zum Teil wenigstens. Der Automobilbau kennt bereits den serienreifen Managementcomputer, das gehört auch in ein modernes Flugzeug, meint er. Geberstellen gibt es ja genug, vor allem am Motor. Piloten sind wißbegierig auf jede Anzeige, die sich ihnen bietet.

Das Traumgeschäft scheint sich für Ruschmeyer schwieriger zu gestalten, als er sich es einmal vorgestellt hatte. Um ihn herum produzierten damals noch eine Reihe stattlich klingender Namen ganze Familienkategorien von Flugzeugen. Mit dieser Konkurrenz hatte der junge Forschungsbereich Ruschmeyer-Luftfahrttechnik bei der Planung zu kämpfen. Wenn er Erfolg haben will, so muß zwangsläufig etwas völlig Neues kommen.

Firmenchef Ruschmeyer sieht es genau richtig: Nur jetzt noch nichts überstürzen. Die neue Maschine soll wie geplant eine völlig revolutionäre Neukonstruktion bleiben.

Um die Zulassungspapiere für das Projekt pünktlich zu erhalten, entschloß er sich dann doch zum Einbau eines herkömmlichen Triebwerks. Die angebotenen amerikanischen Kolbenmotore sind allerdings nicht mit solch einem revolutionären Projekt zu vereinbaren. Der mit viel Vorschußlorbeeren hochgelobte Porsche-PFM-3200-Flugmotor wurde in die inzwischen MF 85 P genannte Maschine eingebaut. Auch das Einziehfahrwerk brachte nochmals eine Bereicherung bei der Bezeichnung, die Maschine heißt jetzt MF 85 P RG.

Sie ist in einer neuartigen Wabenbauweise aus Vinylesterharz gebaut. Diesen Kunststoff, die genaue Bezeichnung ist Palatal-(R)A 430, entwickelte der badi-

Ruschmeyer MF 85

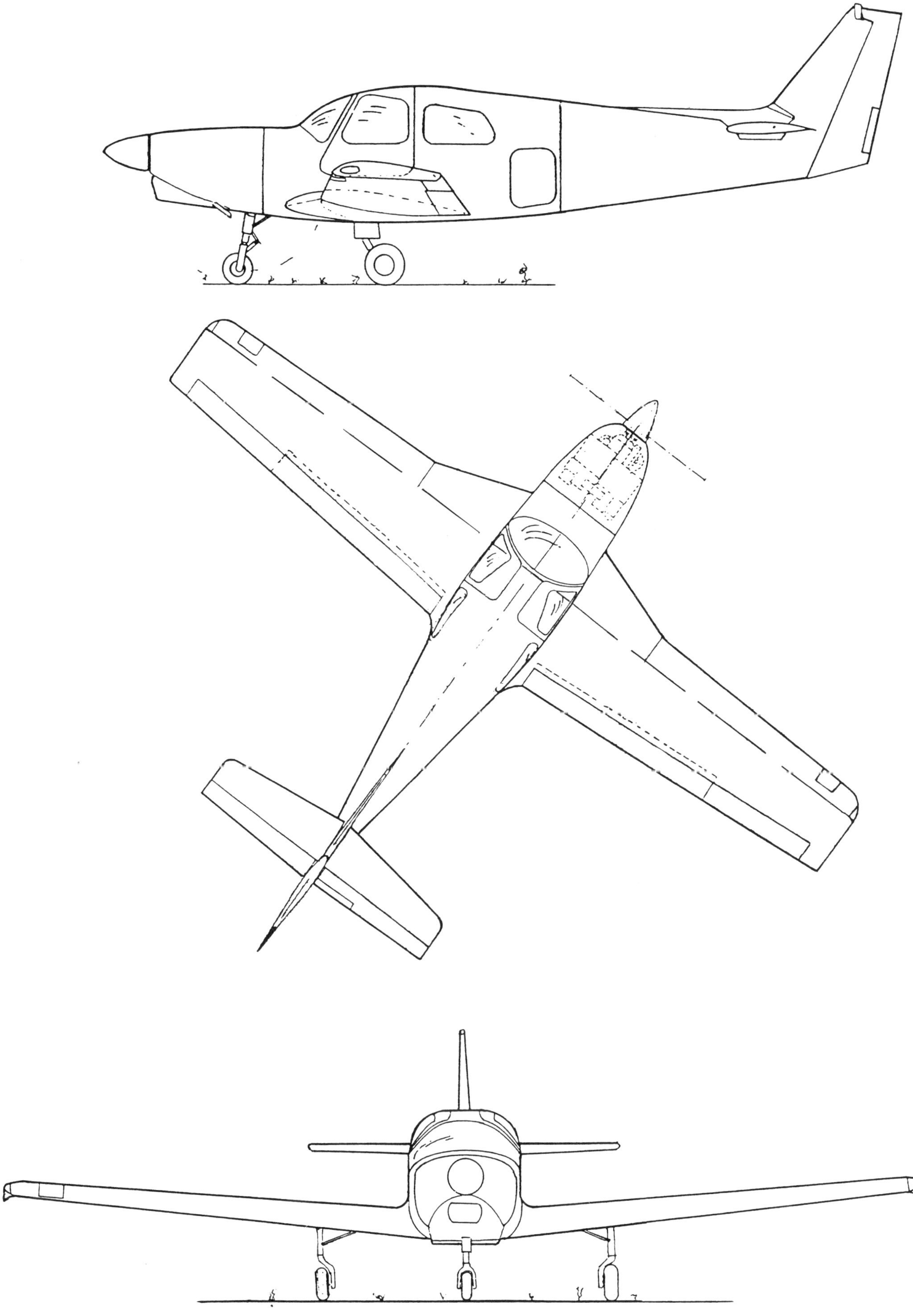

Horst Ruschmeyer

sche Chemiekonzern BASF. Damit ist die MF 85 das erste völlig in der Bundesrepublik gefertigte Motorflugzeug überhaupt.

»Ich bin mir klar darüber«, meint der Firmenchef Ruschmeyer, »daß ich keine so hohen Auflagezahlen wie die Amerikaner erreichen werde. Doch jetzt ohne Konkurrenz sieht es schon besser aus. Bereits im 1. Produktionsjahr (1989) sollten 12 Exemplare fertig werden (zwei wurden fertig). Danach sind pro Jahr etwa 100 Stück in die Fertigungsplanung gefaßt.«

Alles hat seinen Preis, auch dieser ist bei der Maschine deutlich in der gehobenen Klasse angesiedelt. Ein einfaches, billiges Sportflugzeug ist die MF 85 nicht mehr, sie ist ja von Beginn als Renner unter den Reiseflugzeugen konzipiert worden. Als Einführungspreis sind DM 275 000,– vorgesehen.

Geflogen ist die MF 85 P RG am 8. 8. 1988 zum ersten Male. Doch schon stehen neue Projekte bei Ruschmeyer auf dem Programm. Wenn die MF 85 P RG fertig ist, geht es mit Hochdruck an die abgespeckte MF 85. Dieses Flugzeug ist dann ohne Einziehfahrwerk und für den Klubbetrieb vorgesehen. Preislich bewegt sie sich in einem geringeren Niveau, jedoch noch immer über DM 200 000,–. Daran muß man sich in Zukunft wohl gewöhnen müssen.

Technische Daten der Ruschmeyer MF 85 P RG

Spannweite		9,50 m
Länge		7,80 m
Höhe		2,75 m
Triebwerk		Porsche PFM 3200
Leistung		212/162 PS/kW
Flügelfläche		12,94 m^2
Leergewicht		ca. 700 kg
Zuladung		470–580 kg
Flächenbelastung		96,6 kg/m^2
Leistungsbelastung		5,89 PS/kg
Reisegeschwqindigkeit		ca. 300 km/h
Steiggeschwindigkeit		ca. 8 m/s
Überziehgeschwindigkeit		ca. 89 km/h
Reichweite	Standard	1600 km
	Optional	3200 km
Startrollstrecke		250 m
Landerollstrecke		220 m

Ruschmeyer R 90

Der Motorhersteller Porsche stellt 1989 aus wirtschaftlichen Gründen kurzerhand die Fertigung des Porsche PFM 3200 Triebwerkes ein. Für Flugzeughersteller, die sich auf dieses Triebwerk spezialisierten, bedeuted dieses Vorgehen eine kräftige wirtschaftliche Einbuße. Besonders Flugzeugbau Neuling Ruschmeyer gerät dadurch in besondere Bedrängnis.

Ruschmeyer muß jetzt nach einem alternativem Triebwerk Ausschau halten um das weit fortgeschrittene Projekt weiterzuführen. Die Antriebswahl für das moderne Vollkunststoff Flugzeug fällt jetzt auf den 230 HP / 170 kW starken TEXTRON Lycoming IO 540 C4D5. Damit wird das Projekt als Ruschmeyer R 90 weitergeführt.

Dieses Triebwerk erweist sich in der Flugerprobung dem Porsche Motor als ebenbürtig und Ruschmeyer sieht für seine Idee immer noch eine hervorragende Zukunft.

Die Entwicklung sieht für 1991 die Fertigstellung der R 90-230 RG, 1992 die R 90-230 FG (Festes Fahrwerk) vor. Für 1993 ist die Entwicklung der R 90-250 T-RG, (Turbolader, Einziehfahrwerk) und einer R 90-180 FG vorgesehen. Für die weitere Zukunft ist die Kunstflugversion R 90-Aerobat und R 90-420 AT, eine Version mit Allison Turbopropantrieb geplant. Der Baustop einer neuen Fertigungshalle auf dem Flugplatz Melle bringt das Ruschmeyer Projekt weiter in Bedrängnis, so daß die Weiterentwicklungen nicht planmäßig fortgesetzt werden können.

Technische Daten der Ruschmeyer R90 RG

Spannweite	9,50 m
Länge	7,93 m
Höhe	2,85 m
Triebwerk	TEXTRON Lycoming IO-540-C4D5
Leistung	230/170 PS/kW
Flügelfläche	12,94 m^2
Leergewicht	850 kg
Zuladung	470–500 kg
Flächenbelastung	104,32 kg/m^2
Leistungsbelastung	5,87 PS/kg
Reisegeschwindigkeit	333 km/h
Steiggeschwindigkeit	8,8 m/s
Überziehgeschwindigkeit	99 km/h
Reichweite 75% 180 kt	1380 km
55% 152 kt	1660 km
Startrollstrecke	300 m
Landerollstrecke	280 m

Ruschmeyer 90

Extra 230/300 Dallach Diabolo

Für die alljährlich ausgetragenen Kunstflugmeisterschaften bauen sich die Teilnehmer meist ihre Flugzeuge selbst. Die beiden Kunstflugasse Walter Extra und Wolfgang Dallach stützten sich bei ihren Maschinen auf die ausgereifte amerikanische Konstruktion Stephens Akro, die man bereits als Bausatz beziehen kann.

Doch die beiden waren mit der Urform des Typs nicht zufrieden und bauten sie für ihre Zwecke um. So liegen bei beiden Maschinen Motor, Tragflügel und Leitwerk auf einer Ebene. Der Tragflügel ist sogar völlig gerade ausgeführt, so daß diese Flugzeuge keine natürliche Eigenstabilität mehr aufweisen. Das ist für den Leistungskunstflug auch nicht nötig.

Die Extra-Maschine hat einen stärkeren Lycoming-Motor eingebaut, der 230 PS leistet, die Dallach-Maschine sogar einen von 330 PS. Deshalb hat Extra seinem Flugzeug den Namen »Extra 230« gegeben, Dallach nennt seine Diabolo (Teufel).

Durch die Leistungsüberschüsse lassen sich mit diesen beiden Maschinen die meisten Kunstflugfiguren

Technische Daten der Extra 230/300

	Extra 230	*Extra 300*
Spannweite	7,47 m	8,00 m
Länge	5,82 m	7,13 m
Höhe	1,73 m	2,62 m
Triebwerk	Lycoming A IO 360 A1A	AEIO 540 L1B5
Leistung	230/180 Ps/KW	300/235 Ps/KW
Flügelfläche	9,90 m^2	10,70 m^2
Leergewicht	431 kg	620 kg
max. Fluggewicht	589 kg	950 kg
Zuladung	158 kg	330 kg
Flächenbelastung	63,4 kg/m^2	88,8 kg/m^2
Leistungsbelastung	3,27 kg/Ps	3,17 kg/Ps
Reisegeschwindigkeit	257 km/h	326 km/h
Steiggeschwindigkeit	12,20 m/sek	16,2 m/sek
Dienstgipfelhöhe	6705 m	5000 m
Reichweite	563 km	570 km
Startstrecke	61 m	
Landestrecke	183 m	

Extra 300

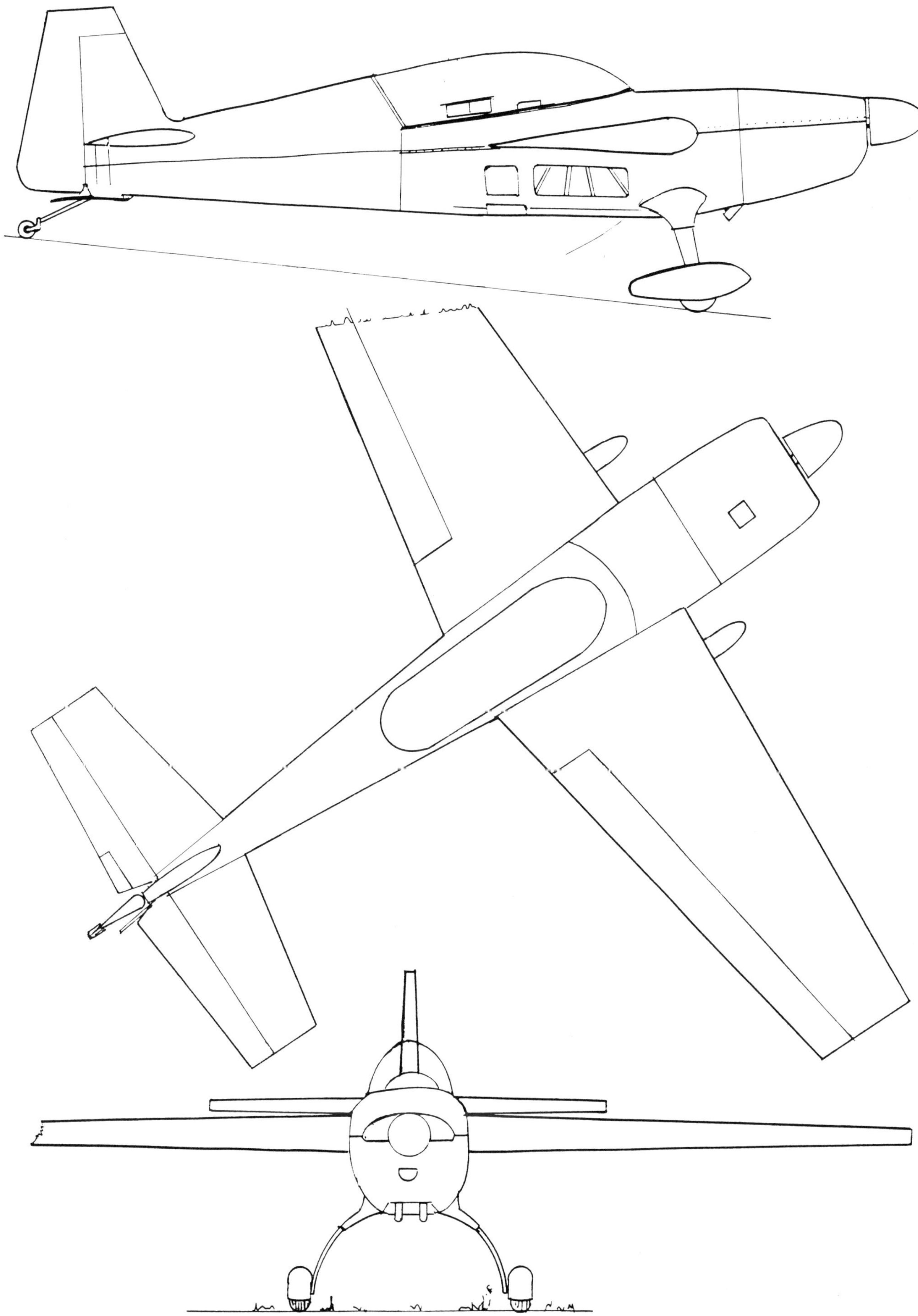

Walter Extra

exakter fliegen als mit den herkömmlichen Flugzeugen.

Walter Extra legte in seiner Werkstatt am Flugplatz Dinslaken eine kleine Serie der »Extra 230« auf, die sehr schnell verkauft werden konnte. Eine Weiterentwicklung mit einem 300 PS starkem Lycoming Motor führt zur »Extra 300«, einem besonders Leistungsstarkem Kunstflugzeug.

Composite Engineering CCE 208 Cormoran

Zum Aerosalon 1987 in Paris überzeugte Luigi Colani seine Interessenten wieder von seinem aerodynamischen Fachwissen. Zusammen mit Dipl.-Ing. Walter Schulze, einem Fachmann auf dem Gebiet von Kunststoff und Propellerumlenkung, entwickelte er die viersitzige Reisemaschine Cormoran CCE 208.

Dieses Flugzeug zeigt auf den ersten Blick einen futuristischen Aufbau, tropfenförmigen Rumpf, Porsche-Triebwerk und einen weit nach hinten und hochgelegten Dreiblattpropeller. Vor allem ist der Triebwerkseinbau bei diesem Muster sehr interessant. Der hinter der Passagierkabine eingebaute Motor ist schräg gelagert. Somit wird seine Fernwelle sofort nach oben geführt. Im Leitwerk muß sie dann mit einer kardanischen Umlenkung um etwa 30 Grad auf die Propellerebene gelenkt werden. Da Dipl.-Ing. Schulze bei Pöschel-Flugzeugbau und Gyroflug einschlägige Erfahrungen mit Triebwerk und Kunststoffwerkstoffen gemacht hat, dürfte dieses Problem gelöst werden können.

Die errechneten Leistungsdaten von 349 km/h Reisegeschwindigkeit werden nach dem Erstflug wahr-

Composite Engineering CCE 208

Errechnete technische Daten der Cormoran CCE 208

Spannweite	13,60 m	
Länge	8,60 m	
Höhe	3,60 m	
Triebwerk	Porsche PFM 3200	PFM 3200 Turbo
Leistung	212 PS	245 PS
Flügelfläche	14,00 m²	
Leergewicht	795 kg	825 kg
max. Fluggewicht	1500 kg	
Zuladung	705 kg	875 kg
Flächenbelastung	107 kg/m²	
Leistungsbelastung	6,97 PS/kg	6,12 PS/kg
Höchstgeschwindigkeit	367 km/h	472 km/h
Reisegeschwindigkeit	349 km/h	448 km/h
Reichweite	8480 km	8087 km
Startstrecke	497 m	453 m

scheinlich noch etwas korrigiert werden müssen. Selbst die Superreichweiten von über 8400 Kilometer erscheinen Schulze etwas zu hoch. »Damit mache ich Sportfliegern keine große Freude, wer will schon so lange in einem von Colani noch so schön gestalteten Cockpit aushalten«, meinte er bei der Vorstellung seines Flugzeugs.

Luigi Colani und Dipl.-Ing. Walter Schulze

Hoffmann H 40

Diese leichte zweisitzige Maschine erregte das Interesse der Luftfahrt-Fachwelt zum ersten Male auf der ILA 1988, der Luftfahrtschau in Hannover. Die damals noch recht unbekannte Firma, die in Günzburg beheimatet ist, entwickelte die Maschine sofort als ein Motorflugzeug einer neuen Linie. Die H 40 ist als Einfach- und Billigflugzeug gedacht. Von der Konzeption her ist sie ein Motorsegler. Auch der Antrieb der Maschine erfolgt durch einen Limbach-Motor, der in dieser Flugzeugkategorie zu Hause ist. Dieser Motor hat allerdings eine doppelte Zündanlage. Dennoch betreibt Wolf Hoffmann sofort eine Zulassung in der Motorflugzeugklasse.

Die Maschine wird in ihrer Grundausstattung serienmäßig ganz brauchbar ausgerüstet angeboten, zum Beispiel mit einem Funkgerät und fortschrittlicher Grundinstrumentierung.

Technische Daten der Hoffmann H 40

Spannweite	10,84 m
Länge	6,99 m
Höhe	2,39 m
Triebwerk	Limbach L 2400 DB
Leistung	95/70 PS/kW
Flügelfläche	13,62 m²
Leergewicht	530 kg
max. Fluggewicht	800 kg
Zuladung	270 kg
Flächenbelastung	58,7 kg/m²
Leistungsbelastung	8,42 PS/kg
Höchstgeschwindigkeit	275 km/h
Reisegeschwindigkeit	210 km/h
Steiggeschwindigkeit	4,0 m/s
Reichweite	1200 km
Startstrecke	180 m

Hoffmann H 40

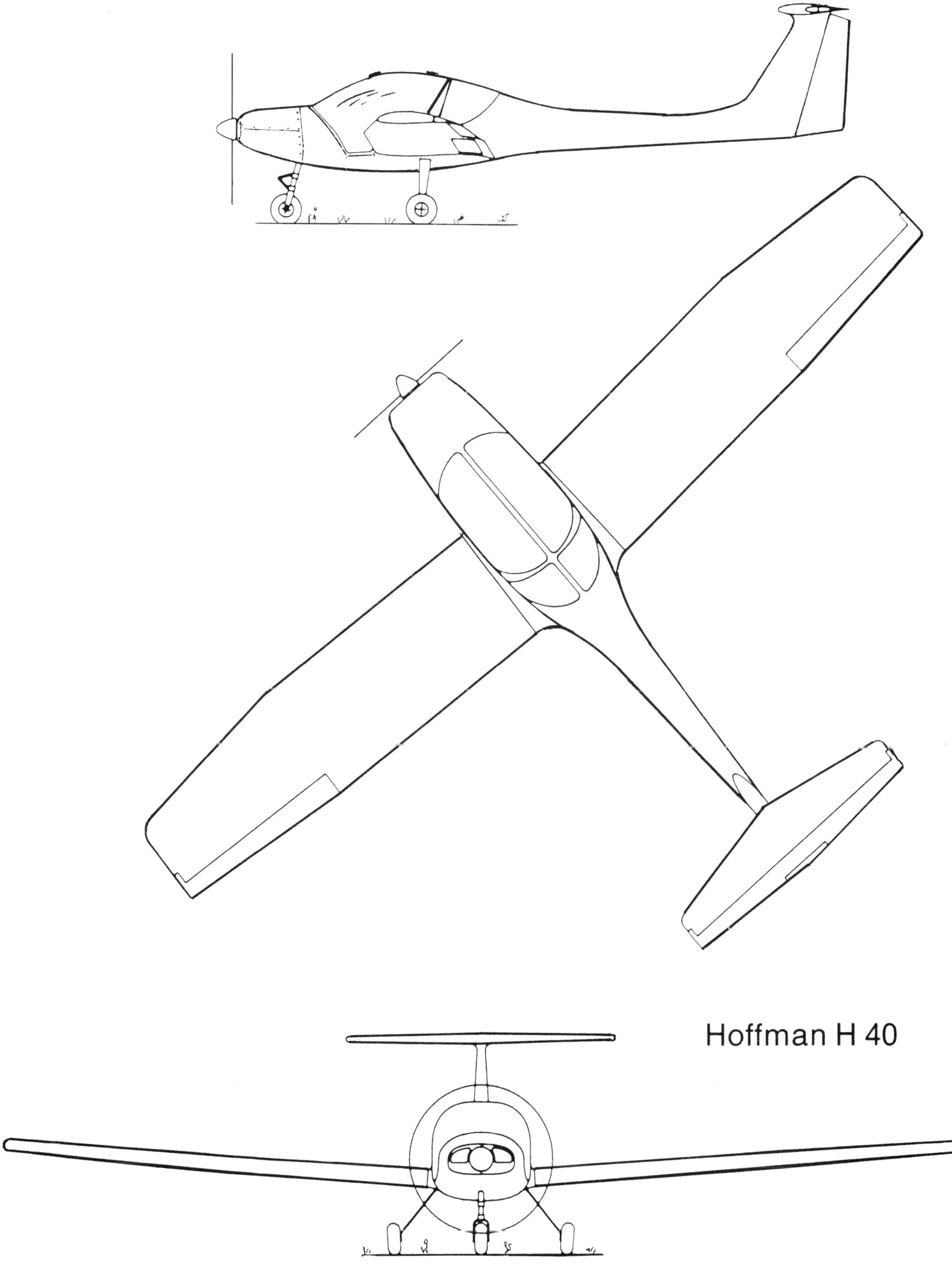

Hoffman H 40

Eurotrainer 2000

Mit dem 2 +2 sitzigen »Eurotrainer 2000« will die zur Justus Dornier Gruppe gehörende Firma FTT, (Gesellschaft für Flugzeug und Faserverbund-Technologie) Nachfolgefirma von Gyroflug, einen modernen Trainer für die Zivil und Militärschulung herstellen. Der Eurotrainer 2000 wird völlig in Kunststoffbauweise hergestellt, und soll besonders gute Kunstflug und Instrumentflugeigenschaften besitzen. Mit ihrer SC 01 Speed Canard hat FTT bereits unschätzbare Erfahrungen im Kunststoff-Motorflugzeugbau erworben.

Der Eurotrainer 2000 wird in Verbindung mit der ebenfalls zur Gruppe gehörenden schweizer Firma FFA (Flug und Fahrzeugbau Altenrhein) hergestellt und von dort vermarktet. Die schweizer Fluggesellschaft Swissair hat bereits Kaufabsichten bekundet.

Technische Daten des Eurotrainers 2000

Spannweite	10,40 m
Länge	8,10 m
Höhe	3,20 m
Triebwerk	Lycoming AEIO 540 L
Leistung	270/201 PS/kW
Flügelfläche	14,00 m^2
Leergewicht	920 kg
max. Fluggewicht	1480 kg
Zuladung	560 kg
Flächenbelastung	105,7 kg/m^2
Leistungsbelastung	5,48 PS/kg
Höchstgeschwindigkeit	341 km/h
Reisegeschwindigkeit	327 km/h
Steiggeschwindigkeit	6,8 m/sek
Dienstgipfelhöhe	6096 m
Startstrecke	500 m
Landestrecke	490 m

FFT Eurotrainer 2000

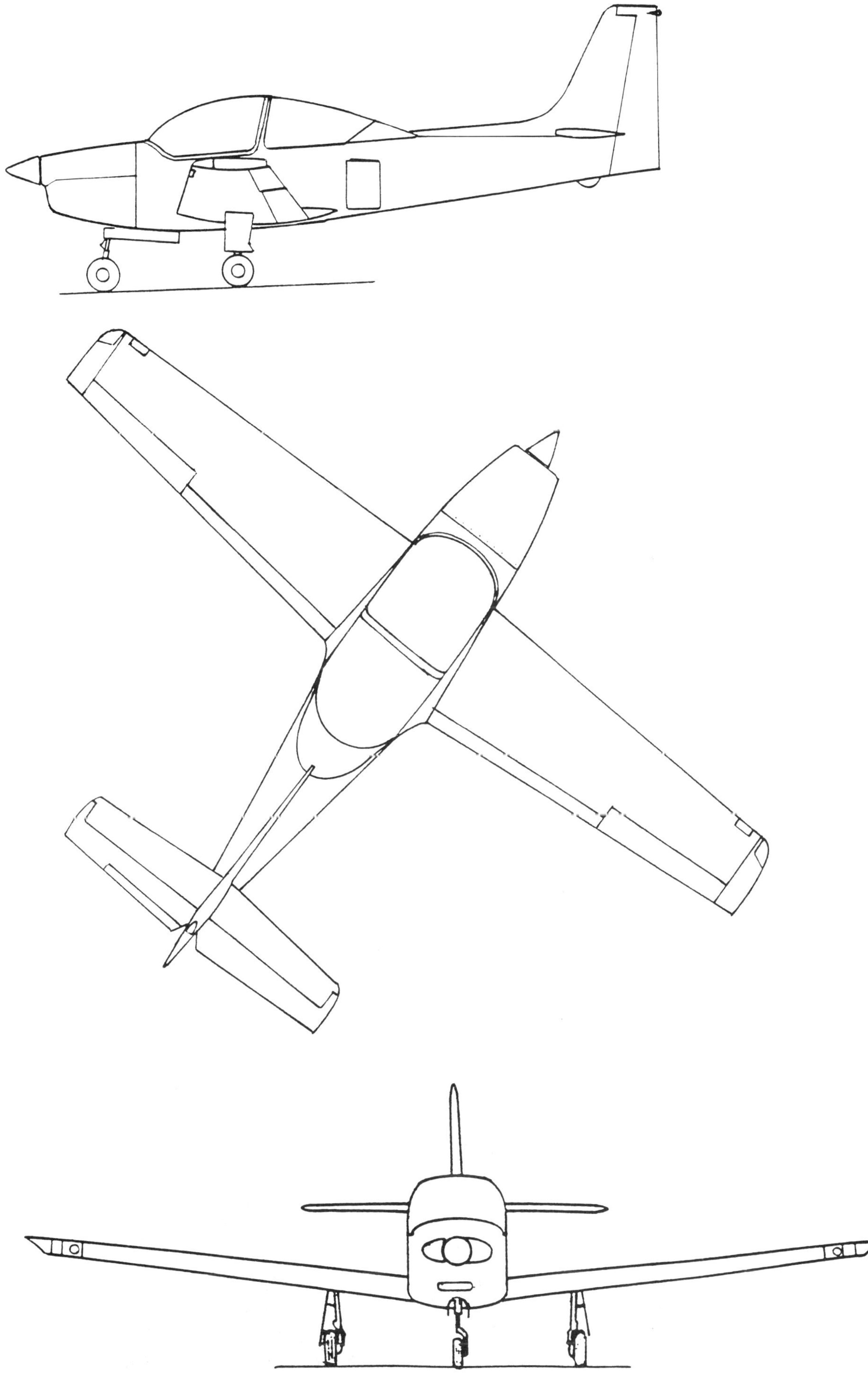

Amateurbauten OUV Flugzeuge

Sünder Libelle

Sehr viele Flugenthusiasten hatten bereits den Wunsch, sich selbst ein eigenes Flugzeug zu entwerfen und dann auch zu bauen. Solche Wünsche entstehen aus zwei Gründen: Der eine will sein Flugzeug billiger haben, der andere will den technischen Ideenschatz als Bastler verwirklichen.

Die Behörden sehen bei der Zulassung eines Luftfahrzeugs jedoch das Wohl aller Bürger. Bei einem Unfall mit einem Flugzeug ist nicht nur der Insasse in der Maschine gefährdet, sondern weit mehr auch unbeteiligte Dritte. Deshalb wurde in der Zulassungsstelle für Fluggeräte, dem Luftfahrt-Bundesamt (LBA), bei seiner Gründung nach Erlangung der Lufthoheit 1955 sofort ein Fachreferat eingerichtet, das Prüfstelle für Luftfahrtgerät, kurz PfL, genannt wurde. Dieses LBA-Referat, das in jedem Bundesland eine Geschäftsstelle unterhält, gilt als »die Hand des Amtes«. Alle Flugzeugbauten, in Industrie- und Amateurfertigung, werden durch diese PfL im gesamten Fertigigungsvorgang beaufsichtigt.

Hauptkunden waren in den ersten Jahren die jugendfördernden Segelfluggruppen. Bald waren aber auch die Motorflugzeuge herstellenden Amateure ständige Kunden bei dieser Prüfstelle. Gerade in der Aufbauzeit baute man nun munter drauflos, damals jedoch nach bereits fertigen Bauplänen. Selten kamen in der ersten Zeit Eigenkonstrukteure zum Zuge. Jedes einzelne Bauteil mußte von den Ingenieuren der PfL auf Maßhaltigkeit und Bauqualität geprüft sein.

3 Motorflugzeugtypen waren in den »Pionierjahren« für einen Amateurbau freigegeben. Es waren die kleine einsitzige französische Konstruktion »Jodel D 9«, die man auch »Bé-Bé« nannte, ein äußerst beliebtes Exemplar. In diesem leichten Muster tuckerten in der Mehrzahl Volkswagen-Automobilmotore, die 24 PS abgaben. Die beiden zweisitzigen Muster »Jodel D 11« Club und die »Piel CP 301« Emeraude dagegen hatten schon einen echten Flugmotor vom Typ Continental 0 90 eingebaut. Alle 3 Muster waren französischen Ursprungs.

Die 3 Grundtypen, die für den Amateurbau ausgelegt waren, wurden mit wenig Erfolg auch industriell gefertigt. Aber erst die beiden doppelsitzigen Typen, die man für eine Serienproduktion verbesserte, konnten sich später durchsetzen. Die Unvollkommenheit der ersten Amateurbautypen spiegelte sich in einer verhältnismäßig hohen Unfallrate wider. Trotz strenger Bauaufsicht wurden diese Flugzeuge meist von unerfahrenen Amateuren gebaut und dann auch geflogen.

Für die Einfachbaukonstruktion Jodel D 9 wurden nach den ersten Unfällen - die meisten gingen tödlich aus - nur die zuerst freigegebenen Baunummern (18) zum Luftverkehr zugelassen. Einige Exemplare, die schon in der Fertigstellung waren, aber noch keine endgültige Baugenehmigung besaßen, mußten dann eingestellt werden. Danach wurde der Typ für den Amateurbau gestoppt.

Hauptsächliche Unfallursachen waren Veränderungen an der Konstruktion. Eine Maschine stürzte ab, weil der Erbauer einen unzulässigen Schwerpunktbereich eingebaut hatte. Er installierte einen 20-Liter-Zusatzkraftstofftank im Gepäckraum, der nur mit 5 kg belegt werden durfte. Beim Unfall war dieser Tank noch voll, der Haupttank jedoch nahezu leer.

Alle PfL-Büros wurden nach dem Wiederaufbau der Luftfahrt in der Bundesrepublik Deutschland aufgelöst und in Außenstellen des Luftfahrt-Bundesamtes umgewandelt. Um weiterhin Amateurbauten zu fördern und dafür auch eine einheitliche Sprachregelung zu schaffen, gründeten die Amateurbau-Interessenten die »Oskar-Ursinus-Vereinigung e.V.«, kurz OUV genannt. Die OUV-Vereinigung, nach dem Flugpionier Oskar Ursinus benannt, ist ein eingetragener Verein, der die Mitglieder in allen luftfahrttechnischen Fachfragen unterstützt. Naturgemäß muß dieser Verein enge Kontakte zur Zulassungsstelle halten.

Alle Amateur-, das heißt Selbstbauflugzeuge – darunter versteht man heute auch das Restaurieren von Oldtimern – werden nun von der OUV in Zusammenarbeit mit dem LBA (dem Luftfahrt-Bundesamt) überwacht. Die Mitglieder haben die nötige Erfahrung mit den in vielen Bereichen undurchsichtigen Bau- und Prüfvorschriften. Somit kann auch ein Oldtimer-«Neubau« preislich noch in Grenzen gehalten werden, denn solche Flugzeuge werden wie ein Einzelstück im Eigenbau behandelt.

In jährlich abgehaltenen Treffen werden OUV-Mitglieder angespornt, ihre Konstruktionen zu verbessern, aber auch neue zu entwickeln. Hierbei wird vor allem die »Abteilung« Oldtimer stark beachtet. Sehr großen Wert legt eine Jury auf die originalgetreue Verarbeitung an solch einem Flugzeug.

Jeder Hersteller hatte früher sein eigenes Fertigungsverfahren, etwa beim Aufbringen der Stoffbespannung. Wenn man also einen Bücker-Doppeldecker prämiert haben will, reicht eine saubere Lackierung noch lange nicht aus. Viel mehr Wert wird auf die genauen Nähstiche gelegt, mit der die Bespannung aufgebracht ist.

Im nächsten Kapitel werden die wichtigsten Amateurbauten behandelt, die nicht in Serie hergestellt wurden. Daß noch weitere Maschinen in dieser Kategorie gebaut oder begonnen wurden, versteht sich von selbst; denn sehr viele dieser »Flugzeugbauer« treten gar nicht an die Öffentlichkeit.

Oskar-Ursinus-Vereinigung
(Verein zur Förderung des Eigenbaus von Luftfahrtgerät e.V.), Friedrich-Ebert-Ring 54, 56068 Koblenz, Telefon 0261/3 70 51

VOWI 8

Der »Newcomer« Helmut Wilden nutzte seine Stunde, er wollte das Fliegen attraktiver machen. Seine Grundidee war, hohe Leistung mit wenig Einsatz zu koppeln. Nach mehreren Entwürfen baute er seine erste Maschine, die VOWI 8. Das war eine zweisitzige Konstruktion mit einem 85 PS starken Porsche-Triebwerk. Die gesamte Konstruktion war aus GFK-verstärktem Kunststoff hergestellt und hatte ein T-Leitwerk. Das Triebwerk war huckepack auf dem Rumpf installiert und trieb einen Druckpropeller. Damit wollte Wilden die schädlichen Vibrationen von der GFK-Zelle fernhalten. Lediglich die Motoraufhängung und den Bereich um den Propeller mußte man bei dieser Bauart verstärken.

Die Maschine sollte für Sport-, Schul- und Reiseflug geeignet sein. Die aus GFK hergestellten tragenden Teile des Flugzeugs bestanden aus zwei Hauptspanten und einem Kastenholm. Sogar die Fahrwerksbeine waren aus diesem Material hergestellt. Bei der Trieb-

Technische Daten der VOWI 8

Spannweite	8,60 m
Länge	6,20 m
Höhe	2,80 m
Triebwerk	VW Porsche
Leistung	82/59 PS/kW
Flügelfläche	11,00 m^2
Leergewicht	340 kg
max. Fluggewicht	635 kg
Zuladung	295 kg
Flächenbelastung	57,72 kg/m^2
Leistungsbelastung	7,74 PS/kg
Höchstgeschwindigkeit	212 km/h
Reisegeschwindigkeit	194 km/h
Steiggeschwindigkeit	270 m/min
Dienstgipfelhöhe	5100 m
Reichweite	850 km
Startstrecke	175 m
Landestrecke	120 m

VOWI 8

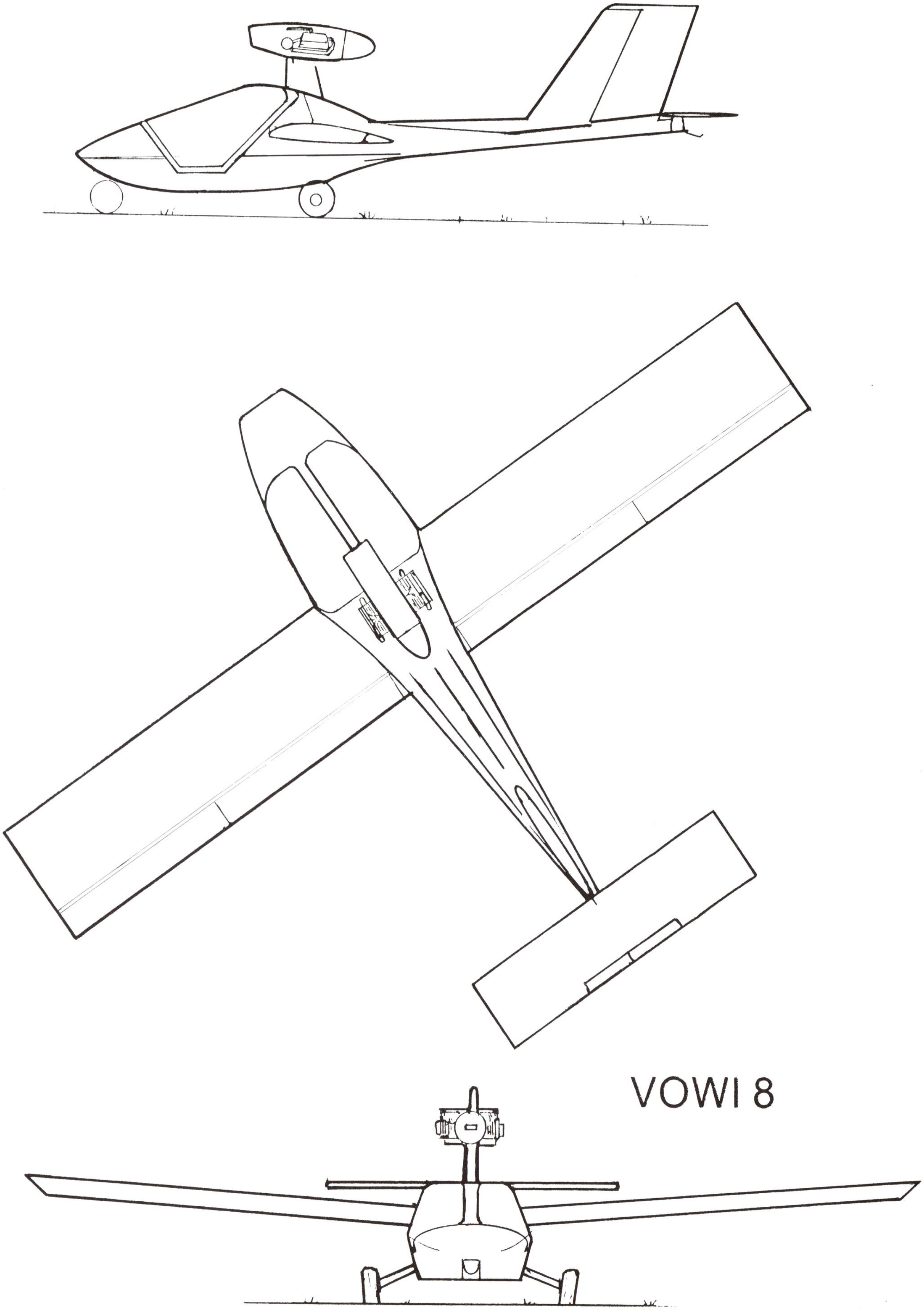

VOWI 8

werksanlage legte man besonderen Wert auf Schalldämpfung, die Abgasrohre des Motors führten nach oben weg.

Ein besonderes Augenmerk richtete man auf das T-Leitwerk. Hier wurden die Negativmomente aufgehoben. Wenn die Verwirbelungen des Tragwerks beim Langsamflug auf das Leitwerk trafen, so wirkte die Luftschraube gezielt dagegen. Selbst in einem überzogenen Flugzustand wurde dadurch das Leitwerk noch wirksam angeblasen.

Durch die GFK-Bauweise konnte eine sehr glatte Oberfläche erreicht werden, die die schwache Maschine etwa 210 km/h schnell macht.

Der Erstflug der einzigen gebauten VOWI 8 erfolgte am 2. 3. 1974 in Münster-Osnabrück.

VOWI 10

Das erste Flugzeug, das man wegen seiner Merkmale heute als Ultraleichtflugzeug bezeichnet, war Helmut Wildens VOWI 10. Lediglich die Bestimmungen, die man derzeit für diese Luftfahrtgeräte-Kategorie anlegt, waren hierbei noch nicht eingehalten.

Die VOWI 10 überschritt bereits die 100-kg-Grenze und war als Motorflugzeug eingestuft. Doch als Wilden seine Maschine baute, sprach man noch nicht von einer neuen Flugzeugkategorie, die später als Ultraleicht in Erscheinung treten sollte.

Die VOWI 10 war ein drahtverspannter Hochdecker, der seine Festigkeit durch Aluminiumrohre bekam. Diese Rohre bildeten auch die tragende Teile, und als Lenkung reichte ein V-Leitwerk. Das dicke Tragflügelprofil GÖ 535, ein Langsamflugprofil, das vom Institut für Aerodynamik der Göttinger Universität entwickelt worden war, war mit Querrudern ausgestattet. Somit war ein sicheres Fliegen gewährleistet. In der aus Alublech hergestellten Flügeltorsionsnase waren die Tanks untergebracht.

Als Triebwerk waren ursprünglich zwei 8 PS starke Gartengerätemotore der Firma Stiehl vorgesehen, die in der Tragfläche aufgehängt werden sollten. Doch bald erwiesen sich diese Antriebe als zu unzuverlässig. Wilden rüstete seine VOWI 10 dann in eine einmotorige Maschine mit einem 20-PS-Motor um. Später verwandelte er sie nochmals in eine 28 PS starke Maschine mit Fichtel & Sachs-Wankelmotor, der bei Reiseflug ledig-

VOWI 10

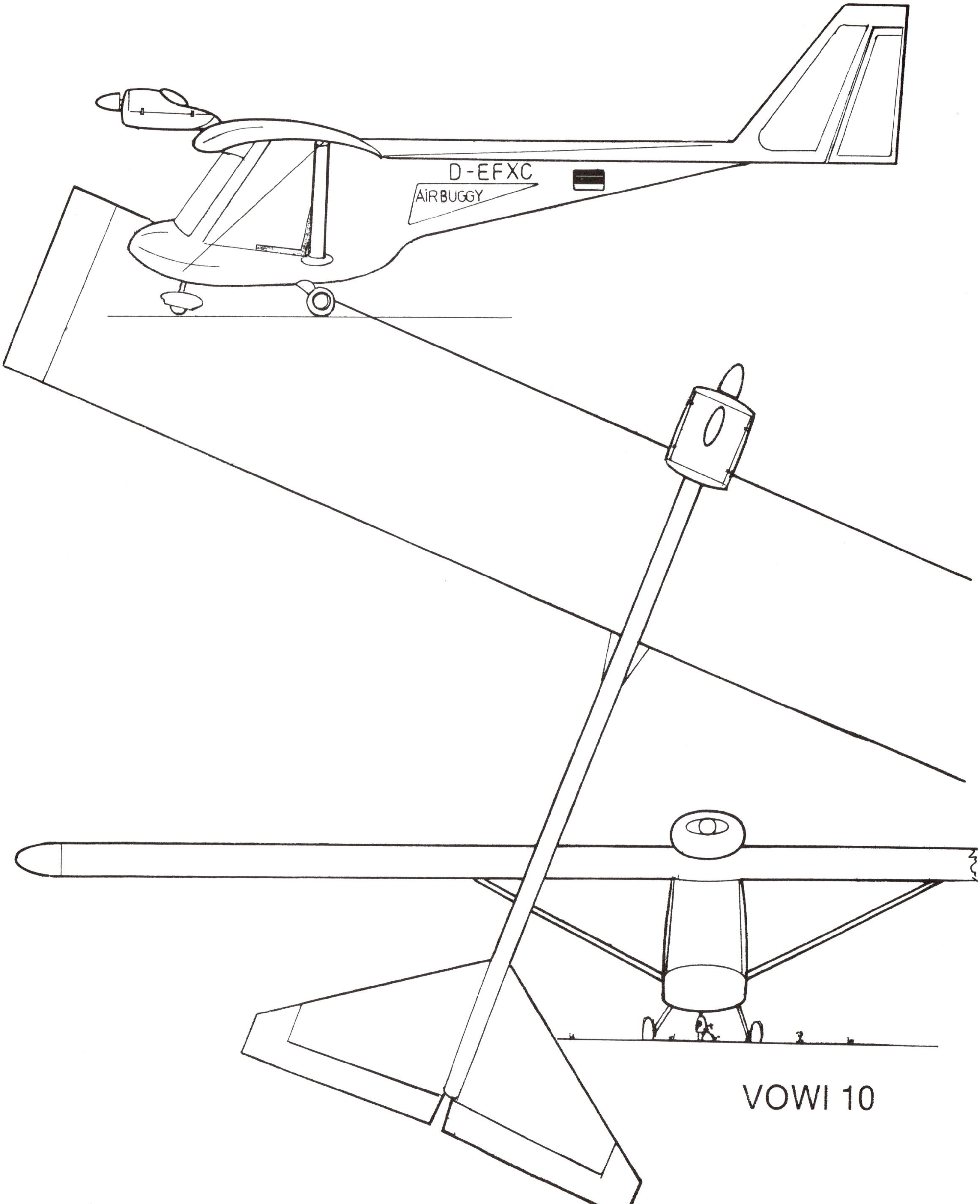

VOWI 10

Technische Daten der VOWI 10

Spannweite	10,40 m
Länge	5,62 m
Höhe	2,92 m
Triebwerk	Fichtel & Sachs Wankel
Leistung	28/21 PS/kW
Flügelfläche	12,70 m^2
Leergewicht	70 kg
max. Fluggewicht	170 kg
Zuladung	100 kg
Flächenbelastung	13,38 kg/m^2
Leistungsbelastung	6,07 PS/kg
Höchstgeschwindigkeit	83 km/h
Reisegeschwindigkeit	63 km/h
Steiggeschwindigkeit	3 m/s
Reichweite	200 km
Startstrecke	20 m
Landestrecke	20 m

lich 3 Liter (!!) Kraftstoff pro Stunde benötigte. Eine zweisitzige Maschine war noch geplant, als Wilden mit einem anderen Flugzeug tödlich verunglückte.

Die VOWI 10 hat unglaublich niedrige Landebahnerfordernisse, die sie zu einem Volksflugzeug werden lassen könnte. Wie die heutigen Ultraleichten wurde sie aber nur in unverkleideter Version geflogen, die das Fluggerät etwas abenteuerlich erscheinen läßt. Hohe Reisegeschwindigkeiten lassen sich mit dem Apparat allerdings nicht erreichen, die VOWI 10 sollte von Anfang an eine Maschine sein, die lediglich zu einem fliegerischen Gefühl verhelfen sollte. Sie ist heute im Auto-und-Technik-Museum in Sinsheim ausgestellt.

fs 28 Avispa

Ein sehr futuristisch aussehendes Flugzeug startete am 20. 12. 1972 in Nabern/Teck zu seinem Erstflug. Die in ungewöhnlicher Ausführung hergestellte Maschine mit dem spanischen Namen für Wespe, »Avispa«, war von der Akademischen Fliegergruppe der Universität Stuttgart und Wolf Hirth, Nabern, entwickelt und gebaut worden.

Die Maschine sollte als reines Versuchsgerät betrieben werden. Deshalb beschritt man bei der Auslegung der Konstruktion völlig neue Wege im Flugzeugbau: Druckpropeller, doppelter Leitwerksträger, umgekehrtes V-Leitwerk und Baumateralien waren in Waben-GFK-Sandwichbauweise hergestellt. Selbst größere Teile des einfachen Bugradfahrwerks waren in GFK-Bauweise gebaut.

Die geistigen Väter der Maschine, Professor Eppler und Professor Dr. K. Hütter, legten bei der Projektierung besonders großen Wert auf eine geringe Lärmbelastung und geringe Vibrationen an dem Flugzeug. Vor allem der glasfaserverstärkte Kunststoff reagiert empfindlich auf Vibrationen. Die Abgasrohre, die nach oben aus der Motorverkleidung führten, verhinderten auch einen Eisansatz am gefährdetsten Teil, dem Propeller. Dieses Bauteil, das von Prof. Eppler mit einem besonderen Profil ausgelegt wurde, sollte einen sehr guten Wirkungsgrad erreichen.

Der im Prototyp eingebaute schwache Motor, ein Lycoming 0 235, der nur 115 PS leistete, brachte eine hohe Leistungsbelastung. Dennoch konnte die Flugerprobung mit Zufriedenheit abgeschlossen werden. Mit 83 % Motorleistung erreichte die Maschine bereits eine

fs 28 Avispa

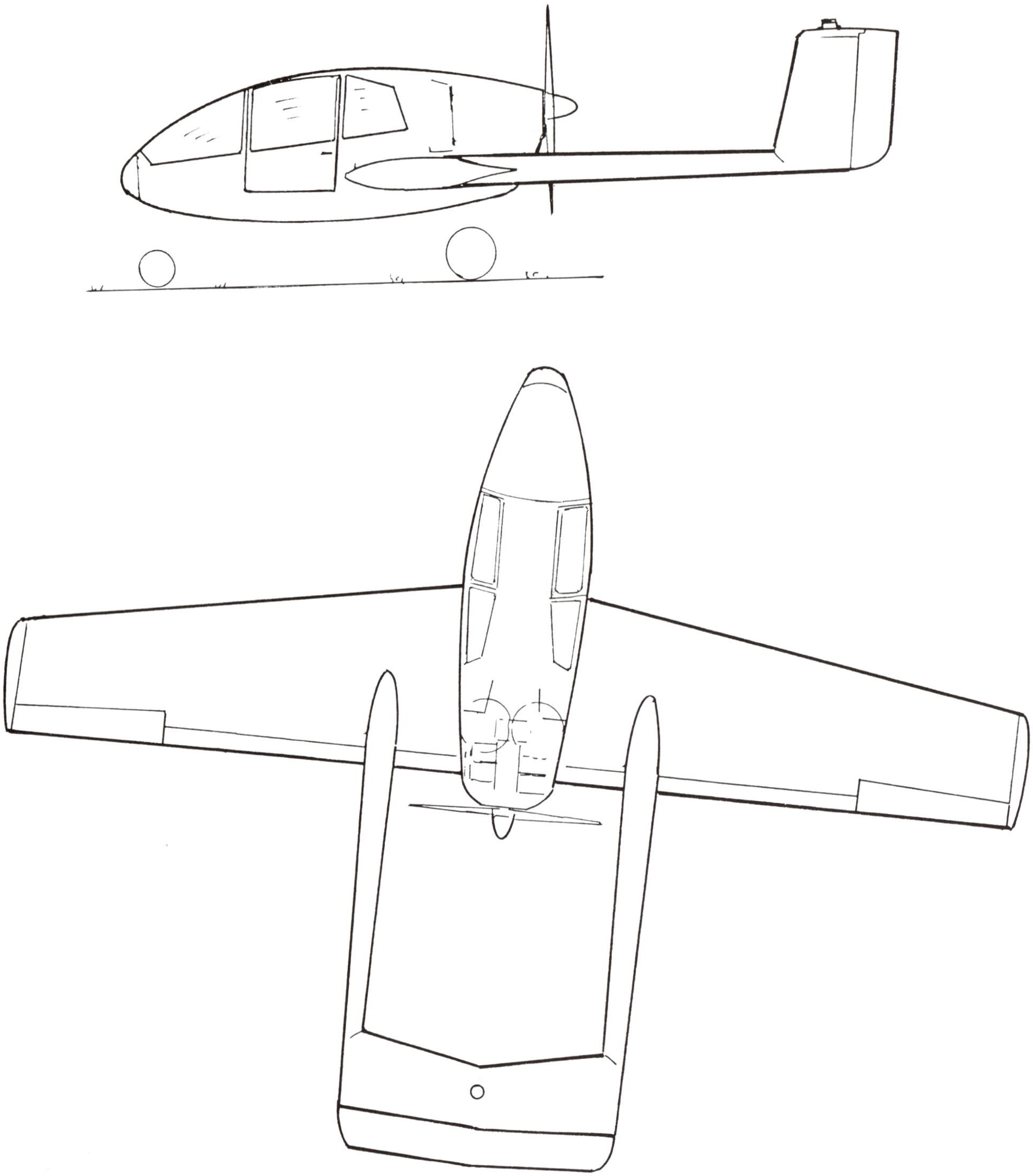

AVISPA fs 28

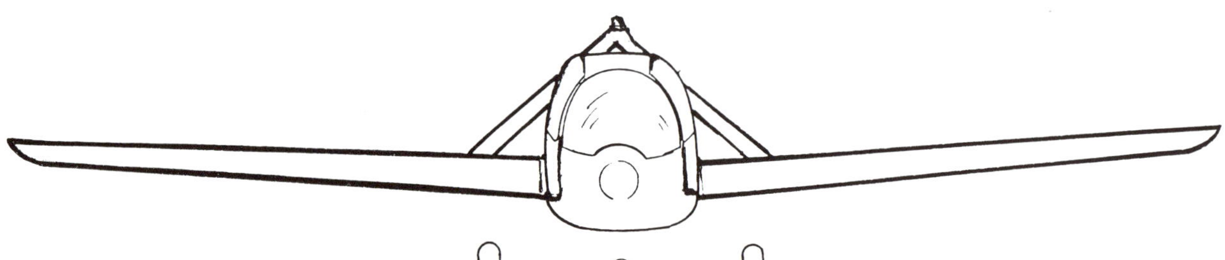

Technische Daten der fs 28 Avispa

Spannweite	9,40 m
Länge	7,20 m
Triebwerk	Lycoming O 235 E2A
Leistung	115/83 PS/kW
Flügelfläche	12,70 m²
Leergewicht	640 kg
max. Fluggewicht	900 kg
Zuladung	260 kg
Flächenbelastung	70,86 kg/m²
Leistungsbelastung	7,8 PS/kg
Höchstgeschwindigkeit	270 km/h
Reisegeschwindigkeit	250 km/h
Reichweite	1000 km
Startstrecke	270 m
Landestrecke	120 m

Geschwindigkeit von 210 km/h. Aufgrund ihrer Konzeption ist sie auch in der Lage, noch höhere Geschwindigkeiten zu verkraften. Mit einem 150 PS starken Motor könnte die Reisegeschwindigkeit bereits 250 km/h betragen. Eine weitere Besonderheit ist die extrem niedrige Landegeschwindigkeit der Avispa, die sie zu einem Kurzstartflugzeug macht.

Die Avispa verunglückte nach einem Propellerbruch, der einen Leitwerkskörper beschädigte.

Lemberger LD 20 b

Des Bäckermeisters Karl Lemberger Hobby ist es, Flugzeuge zu konstruieren und zu bauen. Eine Fluglizenz besitzt er nicht.

Seine LD 20 b ist ein Doppeldeckerflugzeug in unge-

Lemberger LD 20

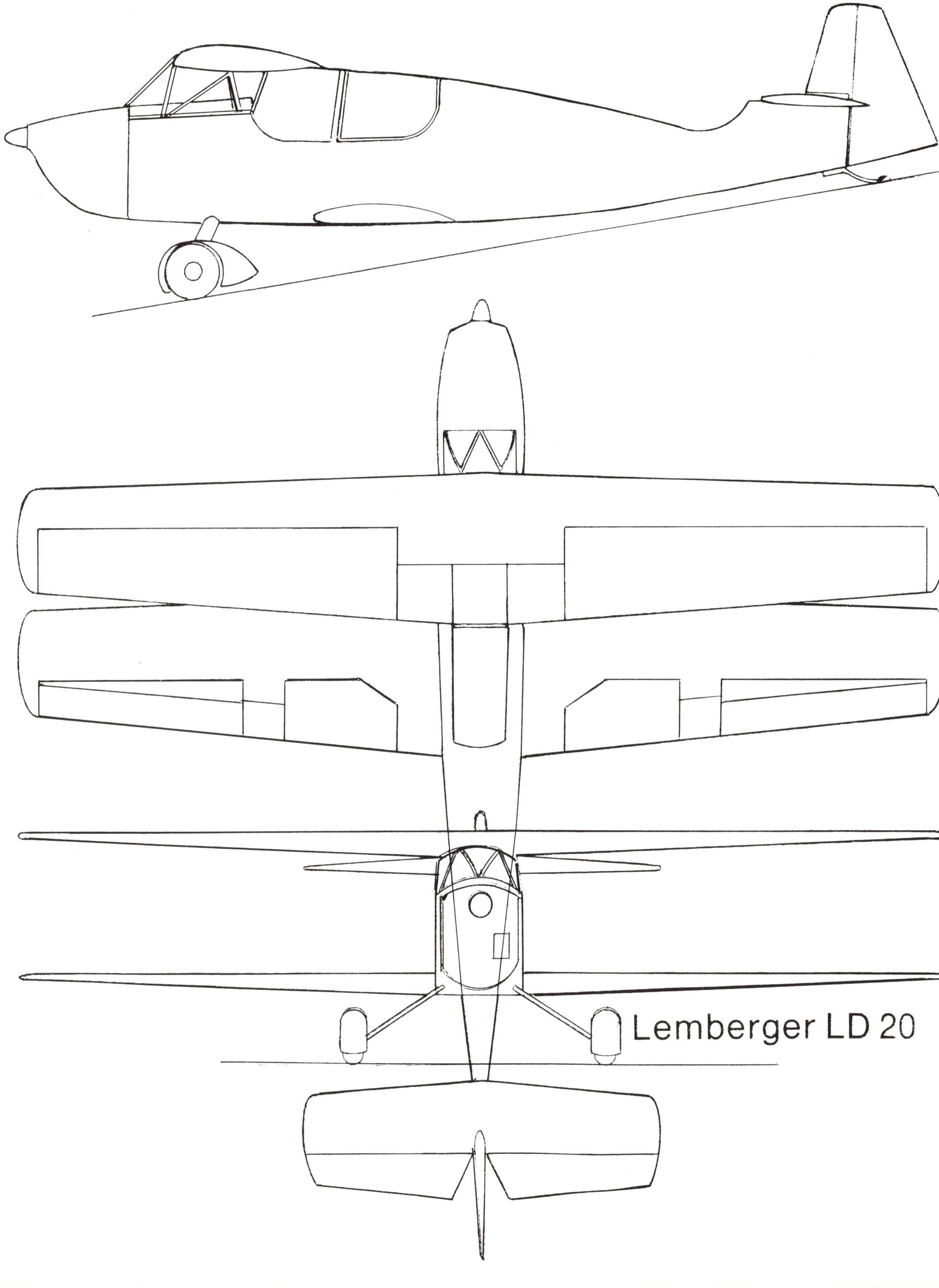

Lemberger LD 20

wöhnlicher Ausführung. Der untere Flügel ist nach hinten versetzt, die Sitze des Zweisitzers befinden sich hintereinander, jedoch in einer geschlossenen Kabine. Die Maschine wurde aus der Vorkriegskonstruktion Darmstadt D 18 abgeleitet.

Lembergers Maschine, von dem er 1970-1975 1 Exemplar gebaut hat, wird von einen 62 PS starken tschechischen Vierzylinder-Walter-Mikron-Triebwerk angetrieben. Damit erreicht die LD 20 b eine Reisegeschwindigkeit von etwa 160 km/h.

Besonderen Wert legte der Konstrukteur auf eine realistische Amateurbauweise. Die Maschine ist deshalb einfach aufgebaut, und alle Tragflächen können nach hinten gefaltet werden. Für Abstell- und Transportzwecke kann sie hinter einem Pkw geschleppt werden. Das gesamte Flugzeug ist völlig aus Holz gebaut und mit Flugzeugleinen bespannt. Die Rumpfoberseite hat Lemberger allerdings mit Sperrholz beplankt.

Technische Daten der Lemberger LD 20 b

Spannweite	7,28 m
Länge	6,67 m
Höhe	2,20 m
Triebwerk	Walter Mikron
Leistung	62 PS
Flügelfläche	14,00 m^2
Leergewicht	300 kg
max. Fluggewicht	538 kg
Zuladung	238 kg
Flächenbelastung	38,4 kg/m^2
Leistungsbelastung	8,7 PS/kg
Höchstgeschwindigkeit	178 km/h
Reisegeschwindigkeit	160 km/h

Karl Lemberger

Lemberger Grade Eindecker

Karl Lembergers langersehnter Wunsch war es, einen echten klassischen Oldtimer zu bauen. 1984 stellte er eine Grade-Eindecker-Version aus dem Konstruktionsjahr 1909 originalgetreu nach alten Plänen her. Lediglich das Triebwerk kommt aus moderner Produktion.

Für eine unbeschränkte Flugzulassung fand sich allerdings noch kein verantwortlicher Fluggeräteprüfer.

Lemberger Grade Nachbau

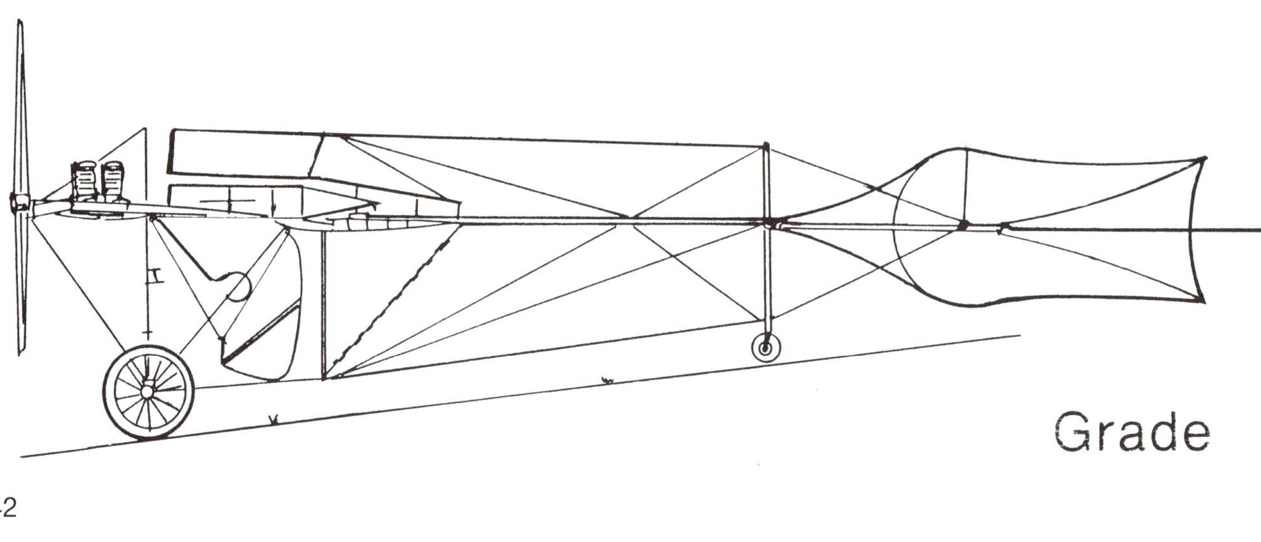

Schoenenberg HS 9

Mit seiner HS 9 entwickelte der Lüdenscheider Heinrich Schoenenberg 1979 einen kleinen Kunststoffdoppeldecker, der beachtliche Leistungen aufweist. Die HS 9 ist aus einer amerikanischen Amateurbaumaschine abgeleitet und von Schoenenberg auf deutsche Bauvorschriften und Materialien umgestellt worden. 2 Flugzeuge des Typs wurden hergestellt: die HS 9 und die HS 9S.

Um besondere Kunstflugeigenschaften zu erreichen, ist die Stahlrohr-Holz-Konstruktion auf ± 9 g ausgelegt, ein Festigkeitsfaktor, den kaum ein Flugzeug erreicht.

Technische Daten der Schoenenberg HS 9

Spannweite	5,10 m
Länge	4,10 m
Triebwerk	Continental O 200
Leistung	100/67 PS/kW
Flügelfläche	8,00 m^2
Leergewicht	280 kg
max. Fluggewicht	400 kg
Zuladung	120 kg
Flächenbelastung	50,0 kg/m^2
Leistungsbelastung	4,0 PS/kg

Schoenenberg HS 9 S

Frebel F 5 Aerolus

Die Aerolus ist die einzige bekanntgewordene Mignet-Konstruktion, die nach dem Krieg in Deutschland gebaut wurde. Die Mignet-Flugzeuge wurden in den dreißiger Jahren von dem Franzosen Mignet entwickelt, der ein einfaches Volksflugzeug auf den Markt bringen wollte.

Offiziell wird die Doppeldeckerkonstruktion »Pou de Ciel« (Himmelslaus) genannt. Die Mignet-Flugzeuge wurden als Amateurflugzeuge gebaut. Manchmal veränderten die Erbauer auch wichtige Details an ihnen. Meistens wurde der kompliziert einzustellende Anstellwinkel zwischen Vorder- und Hinterflügel nicht beachtet. Viele Maschinen gingen deshalb bei Unfällen verloren. Oft kamen die Flugzeuge dabei in Rückenlage, die sie dann konstruktionsmäßig nicht aushielten.

Nachdem die französische Regierung bereits vor dem Krieg diesen Typ gesperrt hatte, gelang es Mignet mit einem Zusatzruder in Form des heutigen Höhenleitwerks, die Maschine wieder zugelassen zu bekommen.

Vereinzelte Anhänger der Mignet-Konstruktion bauten sich im Laufe der Jahre noch einige dieser Flugzeuge nach, die eigentlich als sehr sicher gelten sollten. Ein Überziehen ist bei richtigem Einstellwinkel kaum möglich, weil der Vorderflügel sich nur um 18 ° verstellen läßt. Somit tritt der Strömungsabriß immer zuerst am Vorderflügel auf, die Maschine fängt sich dann von selbst wieder. Ursprünglich war auch kein Querruder vorgesehen, die Schräglage wurde nur durch das Seitenruder eingenommen.

Als Steuerorgane dienen bei der Mignet-Konstruktion lediglich ein Knüppel, die Querruderfunktion bewegt das Seitenruder, und die Höhenruder betätigen den Anstellwinkel des Vorderflügels.

Frebels Aerolus wurde bei Wolf Hirth in Nabern gebaut und flog im Juni 1978 zum ersten Male. Sie ist heute im Auto-und-Technik-Museum in Sinsheim ausgestellt.

Technische Daten der Frebel Aerolus

Spannweite	7,80 m
Länge	4,20 m
Höhe	1,95 m
Triebwerk	Stamo 1500/1
Leistung	44/29 PS/kW
Flügelfläche	14,80 m²
Leergewicht	227 kg
max. Fluggewicht	345 kg
Zuladung	118 kg
Flächenbelastung	23,31 kg/m²
Leistungsbelastung	7,80 PS/kg
Reisegeschwindigkeit	130 km/h
Dienstgipfelhöhe	4800 m
Reichweite	500 km

Frebel Aerolus

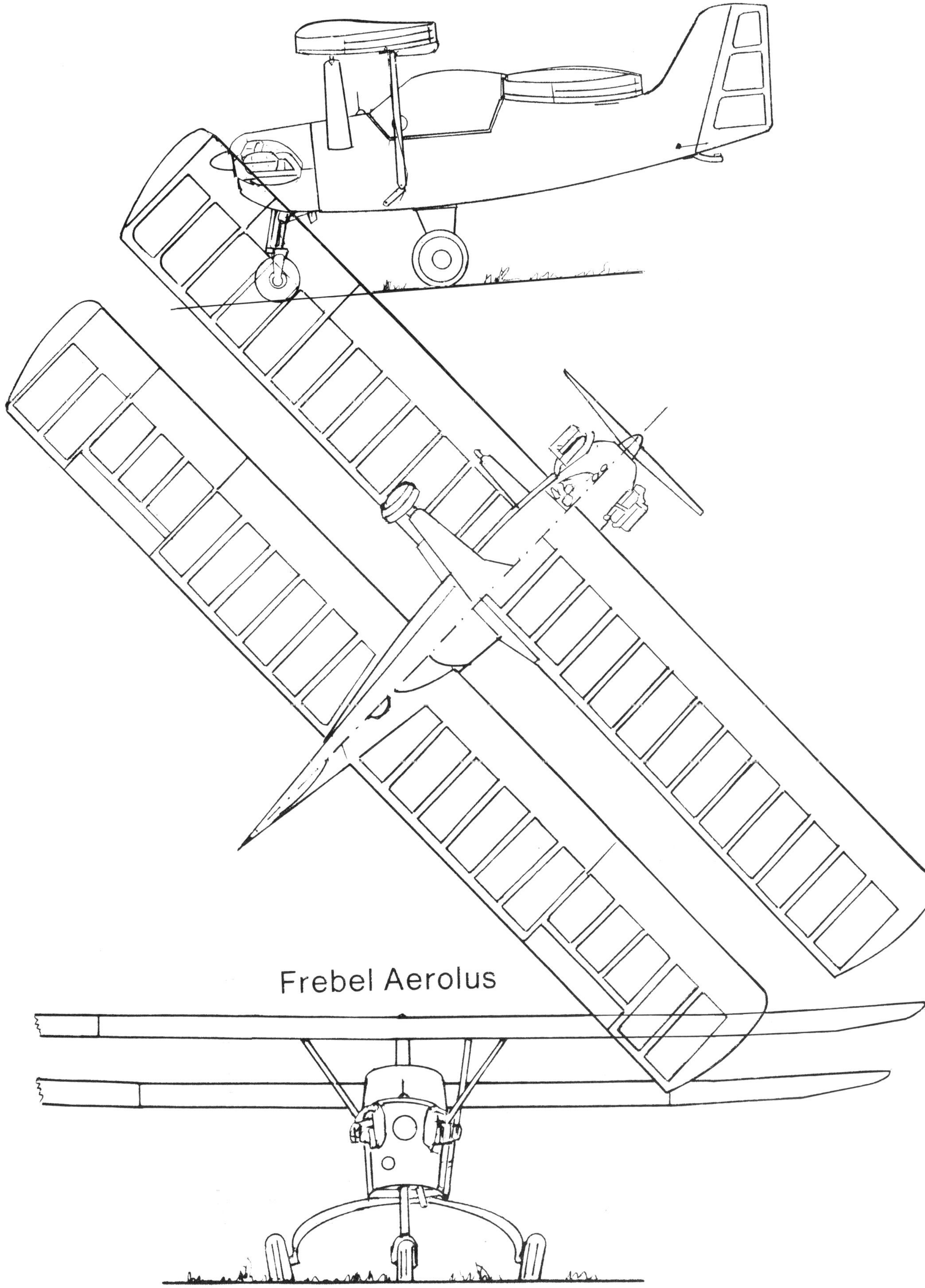

Frebel Aerolus

Wallerkowski Hornisse 1

Das Kunstflugfieber erreichte in den 70er Jahren viele Amateurbauer, denen es jedoch an geeigneten Flugzeugen fehlte.

Der Flugkapitän Heinz Wallerkowski entwickelte in einer Eigeninitiative seine Hornisse, ein spezielles Kunstflugzeug. Als Amateurbauer konnte er auf Feinheiten achten, die aus Kostengründen bei einem Industriebau nicht möglich gewesen wären.

Die kleine Maschine ist völlig aus Metall hergestellt und durchweg versenkgenietet. Diese Nietart erfordert einen enormen Zeitaufwand, verspricht jedoch gute Flugleistungen, weil die überstehenden Nietköpfe der Normalausführung einen großen Widerstand bilden. Stark verformte Teile, wie die Radkappen oder Flügelrandbogen, sind bei dieser Maschine aus GFK-verstärktem Kunststoff hergestellt.

Durch die kleine Ausführung mit einem dafür überstarken Triebwerk erreicht die Hornisse beachtliche Flugleistungen. Aber für den Kunstflug ist sie gut zu verwenden, es werden Festigkeitswerte von + 6 g und - 3 g erreicht.

Die Maschine ist als Tiefdecker mit einem Spornradfahrwerk ausgelegt. Der durchgehende Rechteckflügel mit 2 Holmen ist mit Querruder und Landeklappen versehen, so daß die Maschine auch im Langsamflug noch brauchbare Ergebnisse erreicht.

Die Hornisse startete im Juni 1978 zum Erstflug und erhielt sogar einen Oskar-Ursinus-Preis für besondere Leistungen. Sie fliegt heute noch.

Technische Daten der Wallerkowski Hornisse

Spannweite	6,14 m
Länge	5,80 m
Höhe	1,60 m
Triebwerk	Lycoming O 320
Leistung	150/97 PS/kW
Flügelfläche	8,40 m^2
Leergewicht	340 kg
max. Fluggewicht	500 kg
Zuladung	160 kg
Flächenbelastung	59,52 kg/m^2
Leistungsbelastung	3,33 PS/kg
Höchstgeschwindigkeit	330 km/h
Reisegeschwindigkeit	300 km/h
Steiggeschwindigkeit	8,0 m/s
Dienstgipfelhöhe	6000 m
Reichweite	900 km

Wallerkowski Hornisse

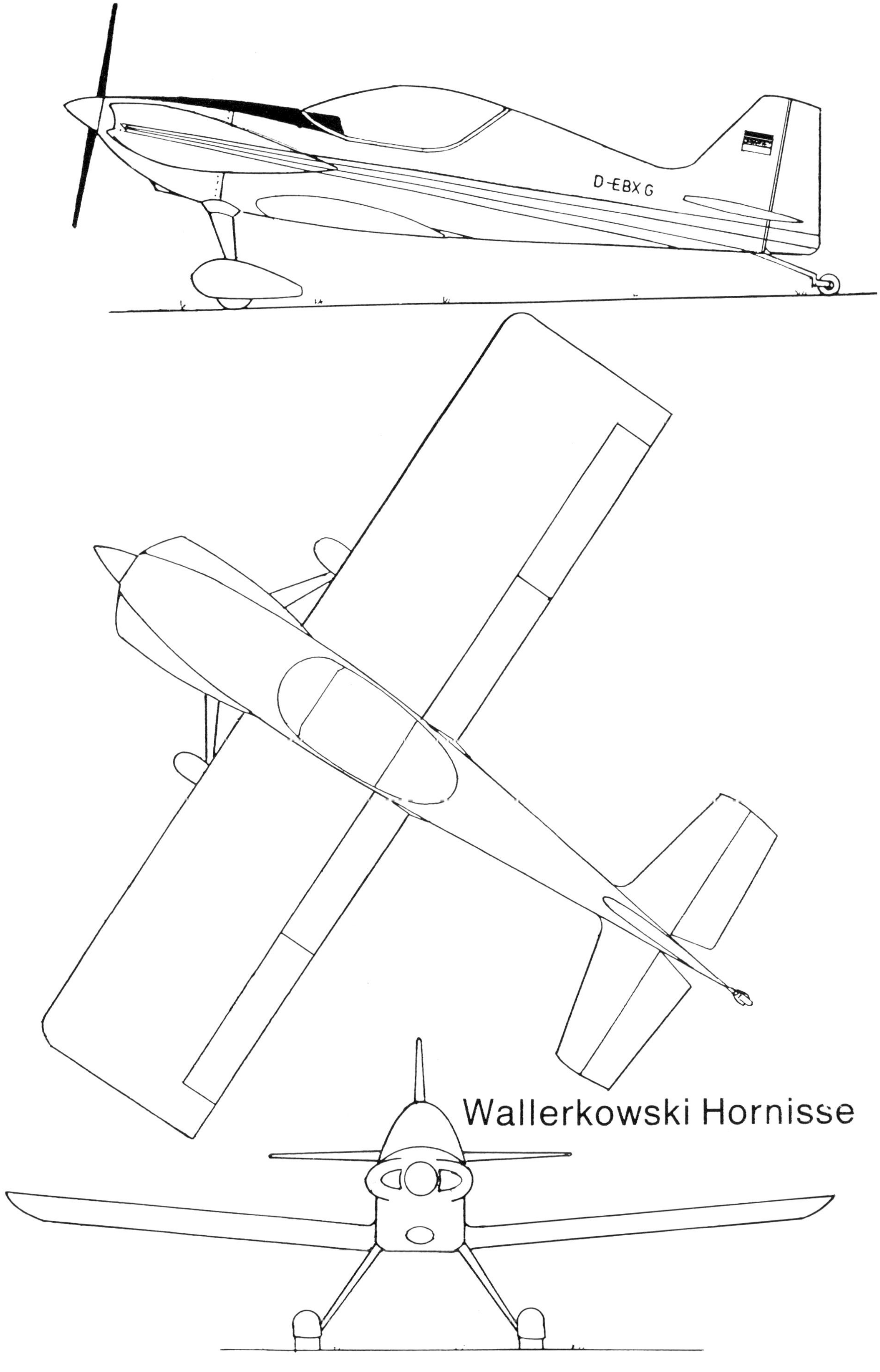

Wallerkowski Hornisse

Dragonfly Libelle/ Comet Sappho B + MS 80

Dieses Amateuerbauflugzeug beschreitet einen ungewöhnlichen Weg: Es wurde als Tandemflugzeug entwickelt. Tandemflügler sind keine Enten (Canards), aber auch keine Himmelsläuse (Pou du Ciel), die der Franzose Mignet in den dreißiger Jahren entwickelte.

Bei dieser neuen Flugzeugart werden beide feststehenden Tragflächen zum Auftrieb benutzt, so daß man die aerodynamische Form der Maschine recht klein halten kann. Daher entsteht nur ein ganz geringer, unumgänglicher Widerstand. Bei einem konventionell gehaltenen Flugzeug müssen die aerodynamischen Steuerflächen stets einen widerstandserzeugenden Abtrieb aufbringen. Tandemflügler wurden bisher nicht gebaut, weil es sehr schwierig war, die besonderen Flugeigenschaften der Konstruktion in den Griff zu bekommen.

Der Amerikaner Burt Rutan befaßt sich seit den 60er Jahren auch mit dieser sehr ungewöhnlichen Flugzeugform. Die moderne Ente ist eine seiner Entwicklungen, die aber bereits durch die Gebrüder Wright geflogen wurde.

Ebenfalls ein Amerikaner, Robert J. Walters, entwarf die Viking Dragonfly. Das deutsche Amateurflugzeug-Bauteam Dipl.-Ing. Volker Cleemann, Bernhard Sünder und Karl Roskopf konstruierte die Maschine Walters' auf deutsche Verhältnisse um.

Die nun Libelle genannte Konstruktion ist völlig aus GFK hergestellt und erreicht durch ihre superglatte Oberfläche beachtliche Flugleistungen. Als Antrieb dient ein Limbach-SL-1700-E-Motor, der 68 PS Startleistung abgibt. An Kraftstoff kommt er mit sehr wenig Superbenzin aus. Bei einer wirtschaftlichen Flugweise benötigt das Flugzeug nur noch 4 Liter/100 km und fliegt dabei 180 km/h. Die Flugerprobung ergab, daß die rechnerischen Angaben sich bestätigten.

Ob eine Serienfertigung der Maschine in Angriff genommen werden kann, ist noch fraglich, denn die Entwickler verfügen nicht über die Summen, die eine Musterprüfung erfordert.

Sünder Libelle

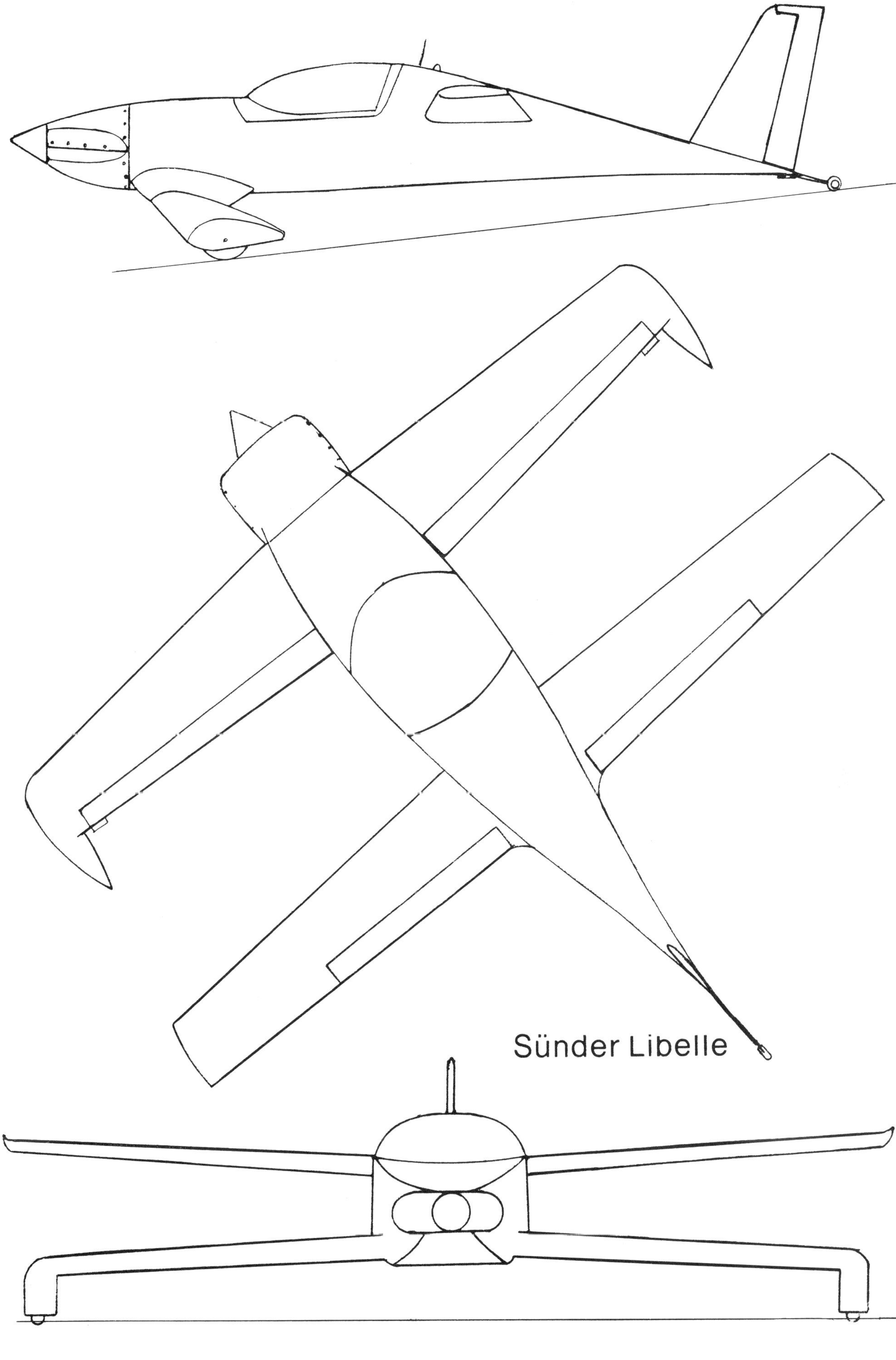

Sünder Libelle

Sappho B + MS 80

Ein weiteres Tandemflugzeug, vom Erbauer Bernd Schillen Comet Sappho B + MS 80 genannt, bezeichnet dieser als das »Langstreckenflugzeug« schlechthin. Er will damit bei einem Verbrauch von 3,9 Liter auf 100 km 5000 - 6000 km weit fliegen. Der dabei benutzte VW-Limbach-Antrieb leistet nur 80 PS/60 kW.

Auch bei der Sappho B + MS 80 wird ausschließlich die Kunststoffbauweise angewandt. Der Erbauer benutzt in der Maschine nicht weniger als 20 verschiedene Werkstoffe. Dadurch konnte er sein Flugzeug 1/3 leichter als konventionell hergestellte Maschine gestalten. Die 1984 gebaute Maschine fliegt heute noch.

Technische Daten der

	Dragonfly Libelle	*Sappho B + MS 80*
Spannweite		
vorderer Flügel	6,20	6,54 m
hinterer Flügel	5,90	7,22 m
Länge	5,90	6,05 m
Höhe	2,80	??? m
Triebwerk	Limbach SC 1700 E L	2000 EB 1
Leistung	68/51	80/60 PS/kW
Flügelfläche	9,0	9,95 m^2
Leergewicht	299	368 kg
max. Fluggewicht	500	670 kg
Zuladung	201	242 kg
Flächenbelastung	55,00	67,3 kg/m^2
Leistungsbelastung	8,0	7,6 PS/kg
Höchstgeschwindigkeit	280	315 km/h
Reisegeschwindigkeit	250	295 km/h
Steiggeschwindigkeit	4,5	4,7 m/s
Dienstgipfelhöhe	5000 m	??
Reichweite	2200	5630 km
Startstrecke	300	250 m
Landestrecke	300	200 m

MC 15 Cri Cri

Die kleinste zweimotorige Maschine der Welt ist zudem noch billig, sicher und schnell. Die Amateurkonstruktion MC 15 findet auch in Deutschland immer mehr Freunde. Das Zeichenbrett des Konstrukteurs Michel Colomban stand wie für viele Amateurbautypen in Frankreich.

Um mit der Maschine fliegen zu können, wird allerdings von dem Piloten einiges erwartet. Er darf nicht mehr als 80 kg wiegen, denn das maximale Fluggewicht darf 170 kg, bei 80 kg Eigengewicht, nicht überschreiten. In der Zuladung von 90 kg ist auch noch der Kraftstoff enthalten. Eine weitere Forderung an den Piloten: Er darf auch nicht sehr groß sein, denn das Raumangebot ist in dem Flugzeug sehr beschränkt.

Dafür fegt der Flitzer aber mit 205 km/h durch die Luft. Das Flugzeug ist in der Erprobungsphase bereits für einfachen Kunstflug zugelassen. Mit + 4,4 und - 2,2 g Belastungsgrenze schafft die Cri Cri Lazy Eights, Candellen und Steilkurven mit 60 Grad Schräglagen.

Die kleinen Tragflügel, die der Pilot mühelos einzeln unter dem Arm wegtragen kann, sind mit aerodynamischen Spezialitäten ausgestattet. Über die gesamte Spannweite verlaufen Querruder, die nach dem alten Junkers-Prinzip angeordnet sind. Sie bilden eine komplette Einheit und werden durch einen Spalt gegen den Hauptflügel abgetrennt. Diese Bauweise hat den Vorteil, daß die Maschine sehr wendig um alle Achsen reagiert. Die beiden Querruder lassen sich zudem noch gleichmäßig als Landeklappen absenken.

Als Antrieb sind zwei 15 PS leistende Zweitakt-Einzylinder-Motoren für den Zwerg vorgesehen. Die ersten Erprobungen in Frankreich sahen sogar nur 10-PS-Triebwerke vor. Die beiden 6000 UpM schnell laufenden Motoren hat Colomban an V-förmigen Stielen gummigelagert und vor dem Rumpf angeordnet. Zudem sind die beiden Motoren noch mit Federstahlbolzen vibrationsfrei daran befestigt.

Als Anlasser benutzt der Cri-Cri-Pilot einen Seilzug. Fällt während des Flugs ein Motor aus, so bleibt die Maschine weiter flugfähig. Die Leistungen mit einem Motor sind sogar so gut, daß sie noch mit 1-1,5 m/s steigt.

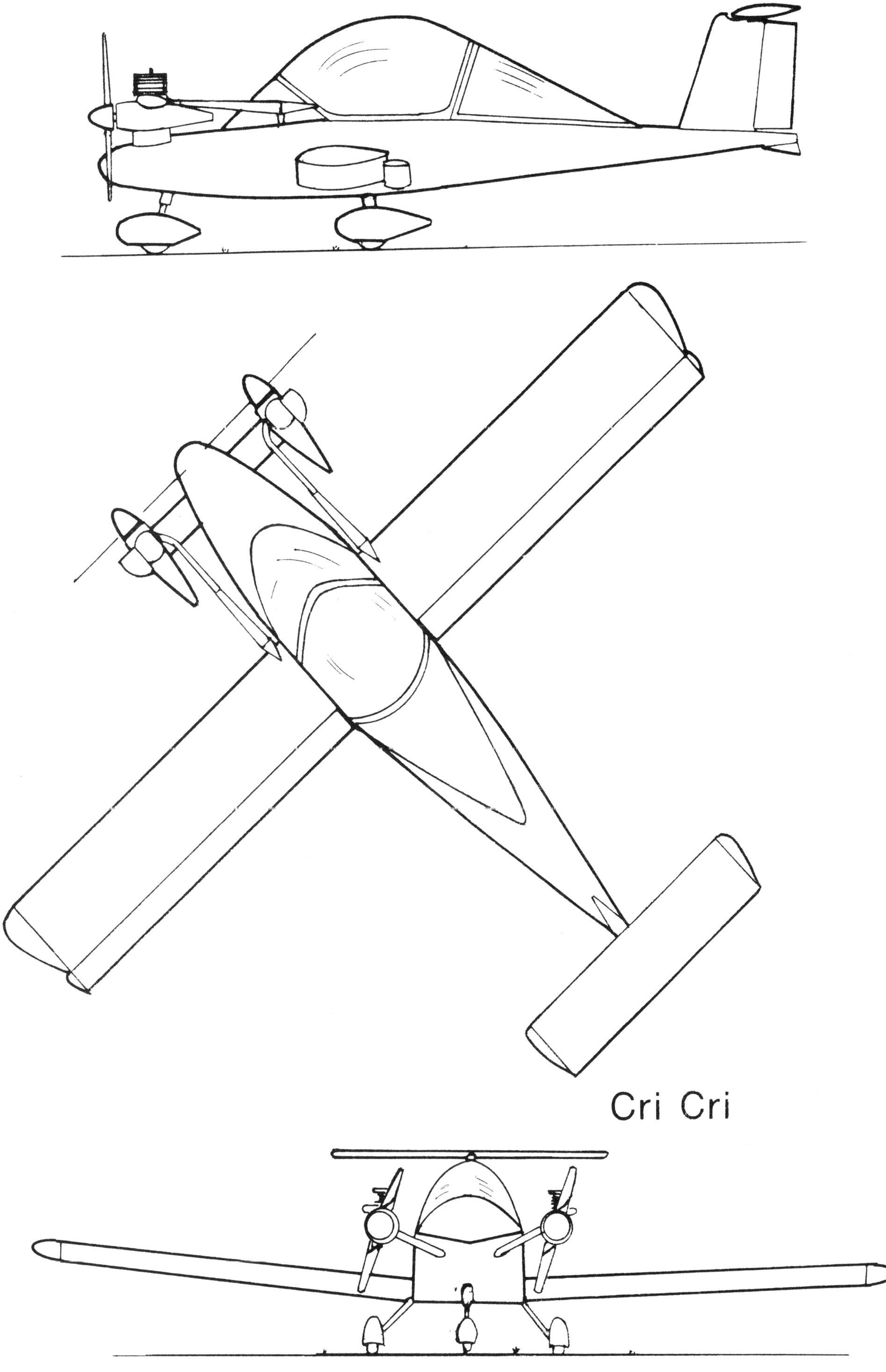

Cri Cri

Cri Cri MC 15

Ein weiterer Vorteil der Maschine ist, daß die Cri Cri innerhalb einer Viertelstunde auf- und wieder abgebaut ist. Sie kann dann mühelos in einem Anhänger verstaut werden. Dabei sind die Tragflügel- und Querruderanschlüsse so gestaltet, daß sie nur zusammengesteckt und über Bolzen gesichert werden. Der Anhänger kann zu Hause in der Garage geparkt werden.

Technische Daten der MC 15 Cri Cri

Spannweite	4,50 m
Länge	3,90 m
Höhe	1,22 m
Triebwerk	2 JPX PUL 212
Leistung	15 PS
Flügelfläche	3,10 m^2
Leergewicht	80 kg
max. Fluggewicht	170 kg
Zuladung	90 kg
Flächenbelastung	54,8 kg/m^2
Leistungsbelastung	5,66 PS/kg
Höchstgeschwindigkeit	205 km/h
Reisegeschwindigkeit	195 km/h
Steiggeschwindigkeit	6,0 m/s
Dienstgipfelhöhe	7000 m
Startstrecke	130 m
Landestrecke	270 m

FVA 18 Primitivkrähe – FVA 18/3 Silberkrähe

Studenten der Flugwissenschaftlichen Vereinigung Aachen entwickelten 1965 mit der Primitivkrähe ein Einfachflugzeug, das sehr beachtliche Baumerkmale aufweist. Die gesamte Konstruktion ist aus einfachen Baustoffen hergestellt, die billig und überall zu haben sind. Für den Rumpf und das Leitwerk verwendete man geschweißtes Flugzeugstahlrohr, der Tragflügel und die übrige Struktur ist aus Holz gefertigt. Das gesamte Flugzeug ist stoffbespannt und weist zudem noch recht gute Flugleistungen auf.

In der 1. Phase wurde die Maschine von einem Volkswagen-Industriemotor angetrieben, der auch eine einfache Magnetzündanlage besaß. Die Primitivkrähe wurde komplett fertiggestellt und auch geflogen.

Den Prototyp erwarb dann ein flugbegeisterter Amateurbauer (Albert Wettig). In 7jähriger Arbeit baute er die Primitivkrähe zu einer Silberkrähe um. Die wesentlichsten Umbauten an dem Flugzeug waren das Auswechseln des Triebwerks durch einen moderneren Limbach-Motor. Dieser ebenfalls auf VW-Basis arbeitende Motor wird heute in verschiedenen Motorseglern verwendet. Mit 80 PS ist das Limbach-Triebwerk wesentlich stärker als das ursprünglich eingebaute VW-Antriebsaggregat.

Zusätzlich veränderte Wettig auch noch das Fahrwerk des Flugzeugs. Die ursprünglich abgestrebten Räder tauschte er gegen eine Fahrwerksschwinge aus, die er einem Hoffmann-Dimona-Motorsegler entnahm. Dadurch werden die Landeeigenschaften des Flugzeugs zwar etwas härter, doch das Fahrwerk ist wesentlich einfacher gestaltet.

Der durchgehende Tragflügel besteht aus 2 Holmen und hat dazwischenliegend 2 Kraftstofftanks, die insgesamt 85 Liter fassen können. Als Landehilfen dienen mechanische Spreizlandeklappen, die einen einfachen Anflug auch auf unebenen Plätzen ermöglichen.

Technische Daten der FVA 18/3 Silberkrähe

Spannweite	9,81 m
Länge	6,52 m
Höhe	2,00 m
Triebwerk	Limbach L 2000 EO 1
Leistung	80 PS
Flügelfläche	14,7 m^2
Leergewicht	403 kg
max. Fluggewicht	550 kg
Zuladung	147 kg
Flächenbelastung	37,4 kg/m^2
Leistungsbelastung	6,87 PS/kg
Höchstgeschwindigkeit	150 km/h
Reisegeschwindigkeit	110 km/h
Steiggeschwindigkeit	2,75 m/s
Reichweite	700 km

Primitivkrähe/Silberkrähe

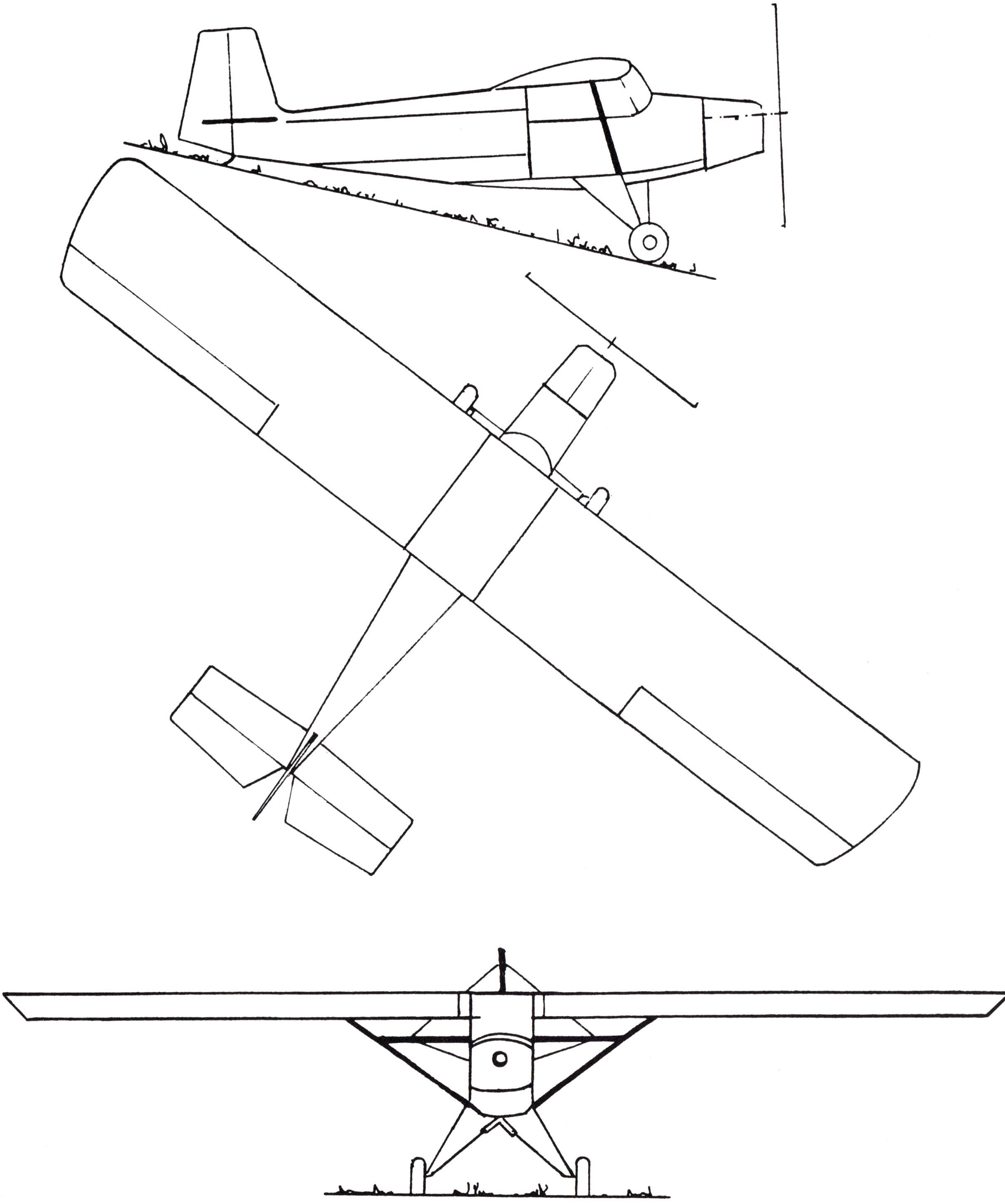

Williams-Flugzeugbau

Der Amerikaner Arthur Williams baute sich nach seiner aktiven Militärzeit in Deutschland eine Flugzeugwerkstätte auf dem kleinen Flugplatz Günzburg auf. Der Flugzeugbastler erhielt mehrere Aufträge für Oldtimer-Nachbauten für Filmzwecke, die er mit einem kleinen Team dort herstellte. Diese Flugzeuge sind dann auch für die Filmaufnahmen geflogen.

Williams restaurierte ebenfalls seltene Flugzeuge, wie eine Focke-Wulf 190 D, eine Jagdmaschine des Zweiten Weltkriegs, die es nur noch in wenigen Exemplaren gibt, zu einer flugfähigen Maschine.

Eine bei Williams gebaute Fokker Dr I, der berühmte Dreidecker des Baron Manfred von Richthofen, wurde noch in der Experimentalklasse von einem Privatmann geflogen, dann aber an das Luftfahrtmuseum Madrid verkauft.

Williams Flugzeubau Fokker DR 1 Nachbau

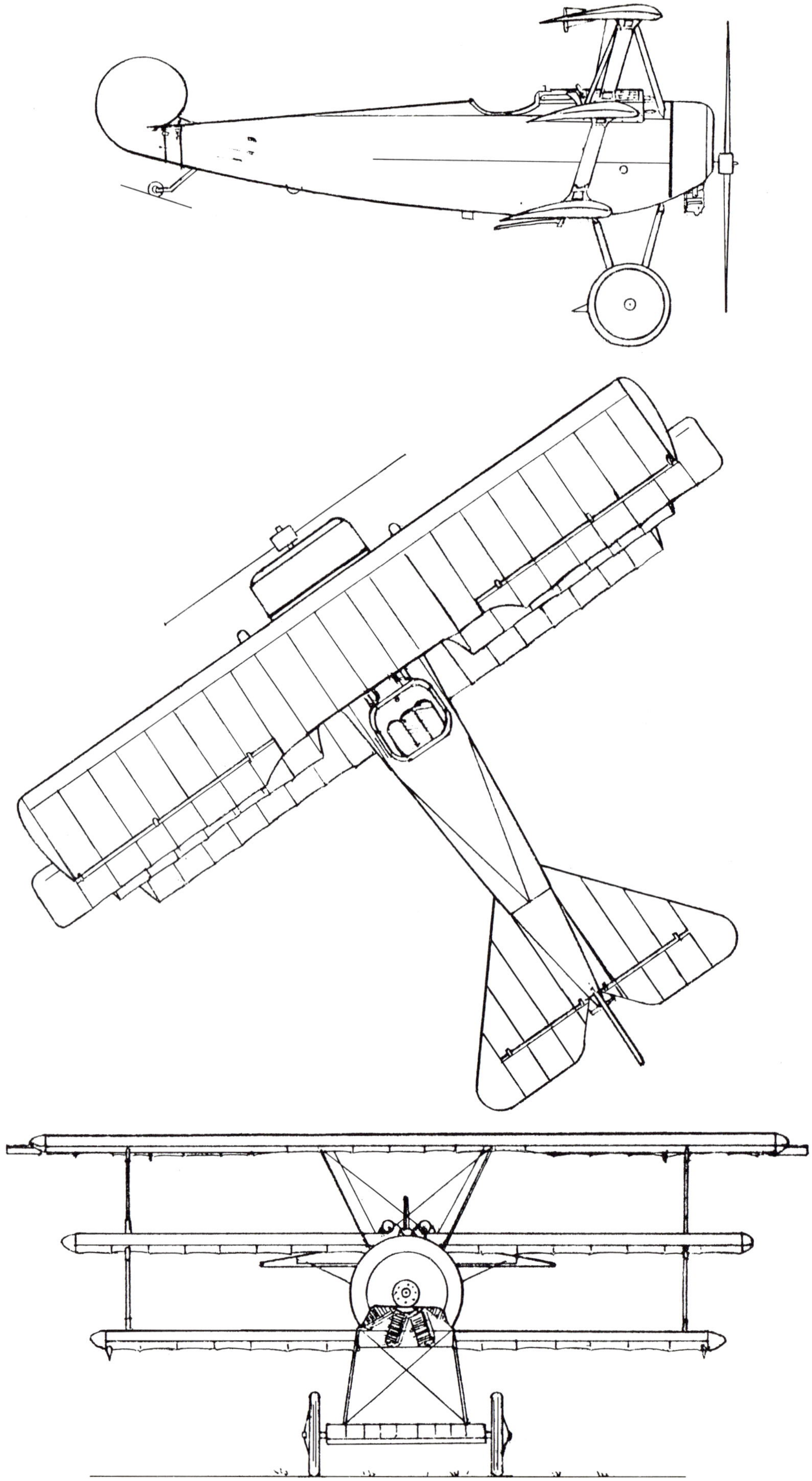

Kurfiss-Attrappen

Flugkapitän Günter Kurfiss baute auf mehreren Flughäfen (Frankfurt, Köln, Stuttgart, Berlin-Tegel, Wien) eine Sammlung von historischen Flugzeuge auf, die als bewegliches Museum für jedermann zugänglich sind, da sie zwischen den Flughäfen ausgetauscht werden.

Aus Ermangelung attraktiver Flugzeuge wurden seltene Stücke als Holzattrappen hergestellt. Diese Modellflugzeuge sind jedoch nur Standmodelle, an ein flugfähiges Oldtimermodell dachte niemand.

Die interessantesten Modelle sind eine Messerschmitt Me 109, eine Me 262, der legendäre Düsenjäger der ersten Generation, eine Junkers Ju 87 Stuka, die auf dem Frankfurter Rhein-Main-Flughafen ausgestellt sind.

Kurfiss Replika der ME 109

Geschäftsreise- und Kleintransporter-Flugzeuge

Heinkel CM 191

Die Firma Hamburger Flugzeugbau HFB sah schon 1957 im Bau des Transportflugzeugs Nord Noratlas 2501 kein ausreichendes Betätigungsfeld mehr, es sollte ja nur als Einstieg in den Flugzeugbau dienen.

Die Firmenleitung erkannte in dem sich entwickelnden Geschäftsflugzeugmarkt eine Marktlücke. Vor allem in den USA wurden zu jener Zeit immer mehr Flugzeuge aus Sportmaschinen in »Konzernlimousinen« umgebaut. Einen kleinen Düsenjet konnte man sich zu der Zeit bereits vorstellen. Für die HFB 320 Hansa-Jet genannte Entwicklung gab es nur zwei ernsthafte Konkurrenten: North American mit seiner Sabre Liner und Rockwell mit dem Jet Commander. Bill Lear verwirklichte sein Lear-Programm erst viel später.

Die Orderbücher füllten sich zusehends mit jeder Erprobungsstunde des ersten Hansa-Jet-Flugzeugs, bis die Maschine dann bei einem Flugunfall in Spanien verlorenging. Die Flugerprobung wurde zwar noch weitergeführt und abgeschlossen, doch die Verkaufsaussichten wurden durch den Unfall schlecht.

Der Hansa-Jet ist ein typisch deutsches Flugzeug, in der Bauausführung sehr stabil hergestellt und mit neuartiger Technologie versehen. So benutzte der Konstrukteur einen vorwärts gepfeilten Tragflügel, der zwar viele Vorteile, aber auch einige Nachteile hat. Der Tragflügel muß übermäßig stabil angefertigt werden, was ihn sehr schwer macht. Die angreifende Luftkraft wirkt zuerst auf die äußeren Tragflügelteile ein. Bei einem zurückliegenden Flügel befindet sich der Hauptangriffspunkt in der viel stärkeren Flügelwurzel. Die Vorteile sind eine holmfreie Kabine mit unverbautem Ausblick für die Passagiere. Ein negatives psychologisches Moment ist, daß ein ängstlicher Passagier nur nach unten sieht und sich nicht mit den Augen am Flügel »festhalten« kann. Die Produktion des triebwerksseitig sehr schwach ausgelegten Hansa-Jet mußte nach 36 Exemplaren gestoppt werden.

Mit stärkeren kleinen Jet-Antrieben versuchte man nochmals die Verkaufsaussichten zu ändern und bot einen verbesserten HFB 330 Hansa-Jet an, der jedoch über das Projektstadium nicht hinauskam. Dieser HFB 330 hatte stärkere und kraftstoffgeizigere Triebwerke sowie eine leicht vergrößerte Kabine. Dadurch konnte auch die Reichweite erhöht werden.

Einige dieser Hansa-Maschinen fliegen noch immer in den USA (1988), wo sie geschätzt werden, sie gelten als deutsches Flugzeug, »gebaut wie ein Mercedes-Benz«. Von der Luftwaffe wurden noch wenige Exemplare bestellt und zur Schulung von Fernmeldesoldaten eingesetzt.

Erfolgreicher waren die Dornier-Werke mit ihren zweimotorigen Reiseflugzeugen. Nachdem die teure DO 27 an deutsche Regionalgesellschaften verkauft werden konnten, erkannte man ihre Schwächen. Solche einmotorigen Maschinen waren nicht allwettertauglich. Zivile Benutzer sehen als Grundvoraussetzung für einen Allwetterflugbetrieb 2 Triebwerke. Das einfachste war demnach, einen DO-27-Rumpf mit 2 Triebwerken zu versehen. Hier beschritten die Dornier-Ingenieure Neuland und schraubten beide Motoren einfach seitlich an den Rumpf. So ausgerüstet konnte sich nicht einmal die Luftwaffe für den neuen DO-28-Typ begeistern. Ein paar Exemplare fanden dann doch noch ihre Abnehmer. Der Anfang war aber gemacht, Dornier-Ingenieure verfeinerten die Idee zur von der Bundeswehr geforderten DO 28 D Skyservant, die einen völlig neuen Rumpf mit großem Innenraum und einen neuen Tragflügel erhielt. Die Maschine war aber immer noch mit dem »altmodischen« Spornradfahrwerk ausgerüstet. Trotzdem akzeptierten die Militärs dieses Flugzeug und bestellten 121 Stück der DO 28 D.

Auch zivilen Kunden wurde die Maschine angeboten. Vor allem in unterentwickelten Ländern war sie gefragt. 2 Exemplare, die einer deutschen Regional-Fluggesellschaft zur Verfügung gestellt wurden, fanden allerdings wenig Freunde, denn sie waren sehr laut. Baute man Schalldämpfer ein, fiel die Leistung rapide ab.

In den Ländern der dritten Welt zeichnete sich Mitte der siebziger Jahre eine Kraftstoffknappheit für den Kolbenmotor-Treibstoff AVGAS ab. Über Jettreibstoff konnte man aber immer verfügen. Somit lag es nahe, im Hauptabsatzgebiet der DO 28 D Skyservant eine turbinengetriebene Version anzubieten. Die Turbo Sky wurde durch diesen Umbau vom lautesten Flugzeug zu einem der leisesten.

Dorniers Ingenieure entwickelten im Auftrag des Forschungsministeriums einen neuen Tragflügel, den sie TNT nannten. Diesen Tragflügel neuer Technologie montierten sie einer modifizierten Skyservant auf und erprobten diese. Für diesen Flügel entwickelten sie dann noch ein modernes Flugzeug, das wirtschaftlich eingesetzt werden konnte.

Das gesamte Dornier-Programm wurde umbenannt, die zweistelligen Nummern wurden dreistellig und mit 128 oder 228 bezeichnet. Während die 100er-Serie noch die alten Skyservant-Typen enthält, wurden die neuen Flugzeuge nach der 200er-Serie benannt. Durch den überbewerteten Dollar (1984/86) konnte Dornier diese neue Maschine sehr erfolgreich am Weltmarkt anbieten, es gab jedoch auch sehr wenig echte Konkurrenz in dieser Klasse für 15-20 Passagiere. Größter Nachteil der DO 228 ist die fehlende Druckkabine, der größte Vorteil liegt im Einsparen von teurem Kraftstoff. Ein Modell mit bis zu 30 Passagieren, die DO 328, ist in Planung.

Aber auch anderswo war man mit der Entwicklung von zweimotorigen Reiseflugzeugen beschäftigt. Hanno Fischer von Rhein-Flugzeugbau arbeitete schon sehr lange an einem neuartigen Antrieb des Fanpropellers. Mit dem RFB-Fantrainer hat er derzeit einen ersten Erfolg. Sein erstes zweimotoriges Flugzeug, die RF 1, flog nur ein einziges Mal. Sie hatte bereits einen Fanpropeller-Antrieb und sollte für Flugtaxi-Unternehmen gebaut werden.

Der Außenseiter Pöschel entwickelte seinen zweimotorigen Equator, um die Forderungen der Allwetterbetriebs zu erfüllen, aber auch seine Flugzeuge blieben Einzelstücke.

Bei der Traditionsfirma Messerschmitt sah man ebenfalls eine Möglichkeit, einen kleinen zweimotorigen Jet zu entwickeln. Diese Maschine sollte an die große Vorkriegstradition anschließen und Jet Taifun ME 308 genannt werden. Um Zuschüsse aus der Zonenrandförderung zu erhalten, sollte eine Produktion im bayerischen Weiden aufgenommen werden. Doch es blieb vorerst bei dem guten Willen.

Einige Gedanken machte man sich auch über eine Transportmaschine mit kastenförmigem Rumpf. Hauptsächliche Betreiber waren auch hier die Messerschmitt-Werke, die einen Einfachtransporter nach dem Vorbild der englischen Skyvan bauen wollten. Das Projekt wurde schließlich von der in Landshut neu gegründeten Air Metall AMC durchgeführt. Der Prototyp war nahezu fertig, als 1976 alles wieder gestoppt werden mußte.

Einen neuen Start der Wasserflugzeuge begann 1982 der Sohn des verstorbenen Claude Dornier mit seinem Sea-Star-Projekt. Diese zweimotorige Maschine ist auf die Belange eines Lufttaxidienstes ausgelegt. Dornier verfolgt mit seiner Idee ein Flugbootprojekt, um die immer weniger werdenden Flugboote zu ersetzen, die alle noch aus dem Zweiten Weltkrieg stammen. Einige Hersteller hatten ihren Flugzeugen Schwimmer untergebaut. Doch diese Flugzeugart ist gegenüber einem Flugboot im Nachteil, sie ist wegen des Widerstands langsamer.

Universal Mini Carrier UMC 120

Die bayerische Arbeitsgruppe Universal Mini Carrier entwickelte 1971 den leichten Transporter UMC 120. Das Projekt nahm sich die britische Skyvan-Version zum Vorbild, die recht gut verkauft worden war. Kurzstartfähigkeit, leichte Beladung am Boden durch abklappbare Heckklappe und großvolumiger, rechteckiger Rumpf zeichnen das Projekt aus. Die UMC 120 sollte bereits von Beginn an mit dem bewährten Garret-Turboprop-Triebwerk TPE 331-2 ausgerüstet werden, kann aber auch als Option durch eine Turbomeca-Astazou-XIV-Turbine angetrieben werden. Das robuste Bugradfahrwerk war so konstruiert, daß die Maschine von unvorbereiteten Grasplätzen aus operieren konnte.

Es ist nichts Weiteres von dem Projekt bekannt geworden.

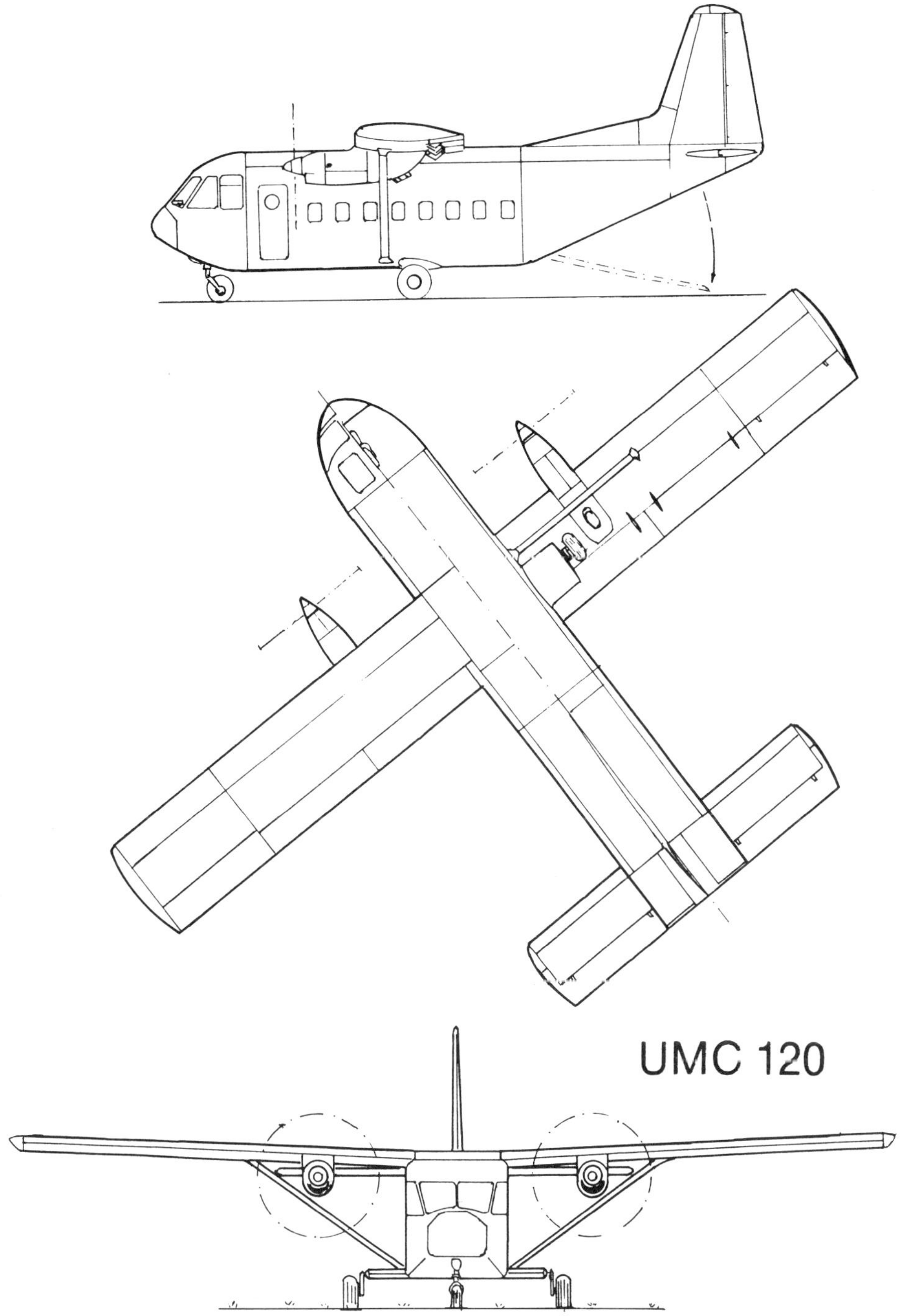

Die errechneten Daten der Universal Mini Carrier UMC 120

Spannweite	18,46 m	Zuladung	3000 kg
Länge	12,75 m	Flächenbelastung	33,64 kg/m^2
Höhe	5,75 m	Leistungsbelastung	3,9 hp/kg
Flügelfläche	42,50 m^2	Höchstgeschwindigkeit	366 km/h
Triebwerk	Garret AiResearch TPE 331-2	Reisegeschwindigkeit	354 km/h
		Reichweite	950 km
Leistung	2 x 715 hp	Steigleistungen	8,4 m/min
Leergewicht	2740 kg	Dienstgipfelhöhe	6800 m
max. Startgewicht	5700 kg	Startstrecke	290 m
		Landestrecke	170 m

Air-Metal-Projekte

AM - Z 102

Die Flugwerft Air Metal in Landshut spezialisierte sich auf die Wiederaufrüstung schwerer Flugzeugbrüche. 1968 entwickelte sie einen sehr einfach gehaltenen leichten Transporter. Das 18–20sitzige Primitivflugzeug sollte als Buschflugzeug in unterentwickelten Ländern verkehren. Als Antrieb waren Sternmotoren vom Typ Pratt & Whitney Wasp vorgesehen. Von diesen Triebwerken gibt es jedoch nicht mehr viele, und die einfache Ausführung mit Doppelleitwerksträger hätte nur in sehr unterentwickelten Ländern eine Chance gehabt. Deshalb wurde der Typ bald wieder aufgegeben.

AM - B 111

Eine Weiterentwicklung der AM - Z 102 wurde AM - B 111 genannt. Diese Version war fortschrittlicher geplant und hatte konventionelles Aussehen. Als Triebwerk waren bereits 2 Turboprop-Triebwerke des französischen Typs Turbomeca Astazou vorgesehen. Der Rumpf war von hinten beladbar und konnte Standardpaletten in der Größe 125 x 88 Inches aufnehmen. Dieses Projekt wurde ebenfalls zugunsten der AM - C 111 fallengelassen.

A-MC 111 Prototyp

AM - C 111

Die Weiterentwicklung der AM-Reihe war eine fortschrittliche Konstruktion. Sie sollte durch 2 Propellerturbinen Pratt & Whitney PT 6A - 45 angetrieben werden, die 1120 shp Startleistung abgeben. Der Bau des Prototyps war in der Landshuter Werft sehr weit fortgeschritten, als das Projekt 1977 aus finanziellen Gründen aufgegeben werden mußte.

Die Grundidee der AM - C 111 war: ein Flugzeug, das sowohl als Fracht- als auch als Passagiermaschine eingesetzt werden konnte. Für dieses Flugzeug waren eine Druckkabine, Toilette und eine kleine Küche vorgesehen. Weitere Versionen der AM - C 111 waren als Geschäftsreiseflugzeug, Militärmaschine, Fallschirmtransporter und Ambulanzversionen geplant.

Nachdem die Mustererprobung abgeschlossen sein sollte, wollte man einzelne Bauteile an Lizenznehmer verschicken, die sie dann zum Aufbau einer eigenen Luftfahrtindustrie selbst zusammenbauen sollten. Vor allem Indonesien war an diesem Projekt interessiert. Allein dort hatte man einen Bedarf von 55–60 Flugzeugen in dieser Klasse, die die veraltete DC 3 ersetzen könnte.

Die errechneten Daten der Air Metal AM – C 111

Spannweite	19,00 m
Länge	16,34 m
Höhe	6,40 m
Flügelfläche	37,50 m^2
Triebwerk	Pratt & Whitney PT 6 A–45
Leistung	2 x 1120 shp
Leergewicht	3630 kg
max. Startgewicht	6800 kg
Zuladung	2240 kg
Flächenbelastung	82 kg/m^2
Leistungsbelastung	3,3 hp/kg
Höchstgeschwindigkeit	415 km/h
Reisegeschwindigkeit	400 km/h
Reichweite	2750 km
Steigleistungen	10,2 m/s
einmotorig	3,9 m/s
Dienstgipfelhöhe	7750 m
einmotorig	4650 m
Startstrecke	450 m
Landestrecke	235 m

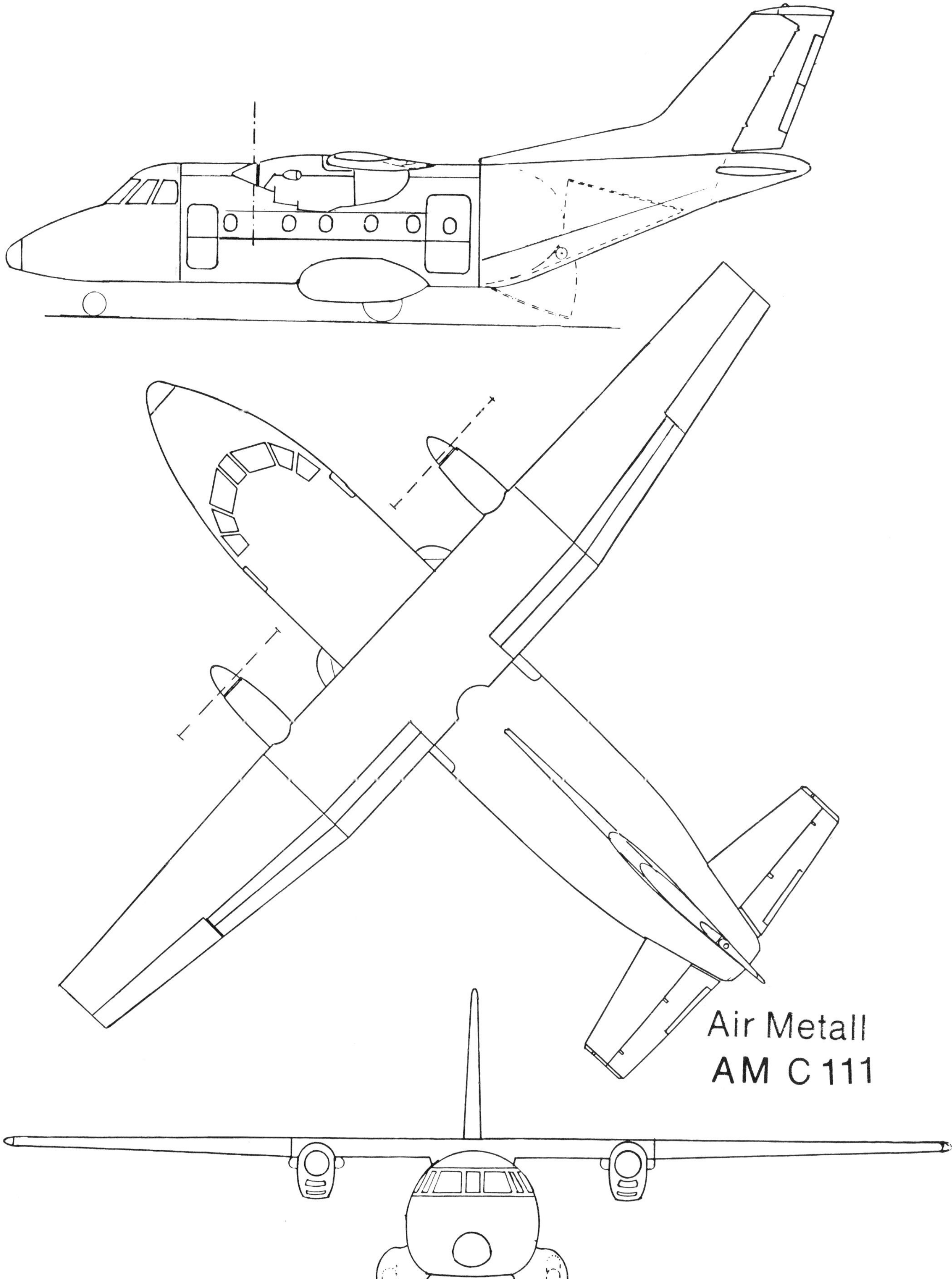

Air Metall
AM C 111

Stark St 201

Im Jahr 1959 entwickelte die kleine Firma Stark Flugzeugbau in Minden eine zweimotorige sportliche Reisemaschine. Diese sollte mit 2 Stamo-1400-B/V-Triebwerken ausgerüstet werden, von denen jedes 50 PS leistete.

Die zweisitzige Maschine kam aus Kostengründen über das Projektstadium nicht hinaus, was man zurückblickend als Vorteil ansehen muß. Die 100 PS Startleistung für die geplanten 841 kg Abfluggewicht waren schon recht wenig, für einen Einmotorenflug jedoch zu wenig. Aber warum dann eine zweimotorige Ausführung?

Die St 201 war als freitragender Tiefdecker mit Einziehfahrwerk geplant. Der durchgehende Flügel sollte aus Holz mit einem NACA-23-Profil und Wölblandeklappen hergestellt werden. Der Rumpf war als Stahlrohrgerüst mit einer GFK-Beplankung vorgesehen, während die Flügel stoffbespannt waren.

Als Einführungspreis waren für die kleine Maschine DM 32.000,– vorgesehen.

Die geplanten technischen Daten der Stark 201

Spannweite	10,50 m
Länge	8,15 m
Höhe	2,40 m
Flügelfläche	13,62 m^2
Triebwerk	STAMO 1400 B/V
Leistung	2 x 50 PS
Leergewicht	475 kg
max. Startgewicht	841 kg
Zuladung	366 kg
Flächenbelastung	61,75 kg/m^2
Leistungsbelastung	8,41 PS/kg
Höchstgeschwindigkeit	325 km/h
Reisegeschwindigkeit	200 km/h
Reichweite	1100 km
Steigleistungen	4,5 m/s
Startstrecke	300 m
Landestrecke	250 m

Rhein-Flugzeugbau RF 1

Flugzeugkonstrukteur Hanno Fischer verwirklichte mit der RF 1 seinen Traum eines von einem ummantelten Druckpropeller angetriebenen Flugzeugs. Den reinen Druckpropeller im hinteren Bereich des Rumpfes hatte er bereits in der RW 3 verwirklicht. Weitere Entwicklungen folgten, derzeit läuft die Produktion des Fantrainer, eines militärischen Projekts.

1960 arbeitete Fischer an der RF 1, einem sechssitzigen, zweimotorigen STOL-Reiseflugzeug. Diese Maschine machte am 15. August 1960 ihren ersten und einzigen Flug. Sie war hauptsächlich aus Metall hergestellt, es wurde jedoch schon sehr viel GFK-Kunststoff verwendet.

Die Maschine war hauptsächlich für die ständig steigende Anforderung des Nahluftverkehrs ausgelegt und hatte eine eigenartige Formgebung. 2 Lycoming-Kolbentriebwerke wurden hinter der Kabine installiert und arbeiteten auf eine gemeinsame Luftschraube, die in einem Ring rotierte. Durch diesen umlenkbaren Halb-

Die Rhein-Flugzeugbau RF 1 in Zahlen

Spannweite	14,10 m
Länge	13,08 m
Höhe	3,85 m
Flügelfläche	32,53 m^2
Triebwerke	Lycoming O 540 A 1A
Leistung	2 x 250/184 PS/kW
Leergewicht	1800 kg
max. Startgewicht	2700 kg
Zuladung	700 kg
Flächenbelastung	83,00 kg/m^2
Leistungsbelastung	5,4 PS/kg
Höchstgeschwindigkeit	290 km/h
Reisegeschwindigkeit	260 km/h
Reichweite	1500 km
Steigleistungen	350 m/min
Dienstgipfelhöhe	6200 m
Startstrecke	153 m

ringflügel sollte die STOL-Eigenschaft des Typs verbessert werden.

Eine automatische Fliehkraftkupplung mit einem Freilauf ermöglichte ein unabhängiges Arbeiten beider Triebwerke. Beim Ausfall eines Motors konnte das gestörte Triebwerk selbständig ausgeschaltet werden, ohne die Symmetrie des Flugzeugs zu beeinträchtigen. Durch die 2-Motoren-Ausführung sollte die Grundbedingung für eine gewerbliche Blindflugzulassung erreicht werden.

Nach dem Erstflug wurde die Konstruktion wegen schlechter Flugeigenschaften aufgegeben.

HFB 320 Hansa-Jet
HFB 330

Noch schwärmen ein paar Amerikaner von dem Business-Jet, der wie ein deutscher Mercedes-Benz gebaut sein soll. Einige dieser ungewöhnlich aussehenden Flugzeuge konnte der Hamburger Flugzeugbau in den USA absetzen.

Der Hansa-Jet ist eines der ersten von Jet-Aggregaten angetriebenen Geschäftsreiseflugzeuge überhaupt. Als er konstruiert wurde, gab es noch sehr wenige Hersteller, die sich für solch eine Flugzeugkategorie interessierten. Es gab auch kaum passende Triebwerke für diese Art von Flugzeugen. Die Konstrukteure suchten sich daher unter den wenigen die besten aus, die am Markt zur Verfügung standen. Doch sie reichten für den schweren Hansa-Jet nicht optimal aus, die Maschine ist deshalb stark untermotorisiert.

Bei der Entwicklung des Jets legte man dann auch besonderen Wert auf eine überdurchschnittliche Leistung in der Geschwindigkeit und auf eine geräumige Kabine. Der HFB-Chefkonstrukteur Hans Wocke verwirklichte seine Ideen, die er bereits während des Kriegs verfolgt hatte. Er entwickelte einen völlig neuen Tragflügel mit nach vorne gepfeilten Flächen. Diese Anordnung war revolutionär, sie brachte Vorteile in der Flugleistung, hauptsächlich aber in der Kabine. Die tragenden Holme des Flügels mußten übermäßig stark gebaut werden, weil der Verwindungseffekt eines nach vorne gepfeilten Flügels mit seinen Auftriebswerten mehr außen, an der dünnsten Stelle auftritt. Der Auftriebsbeiwert der Tragfläche konnte jedoch weit nach vorne gebracht werden, und der Holmanschluß blieb hinten.

HFB 320

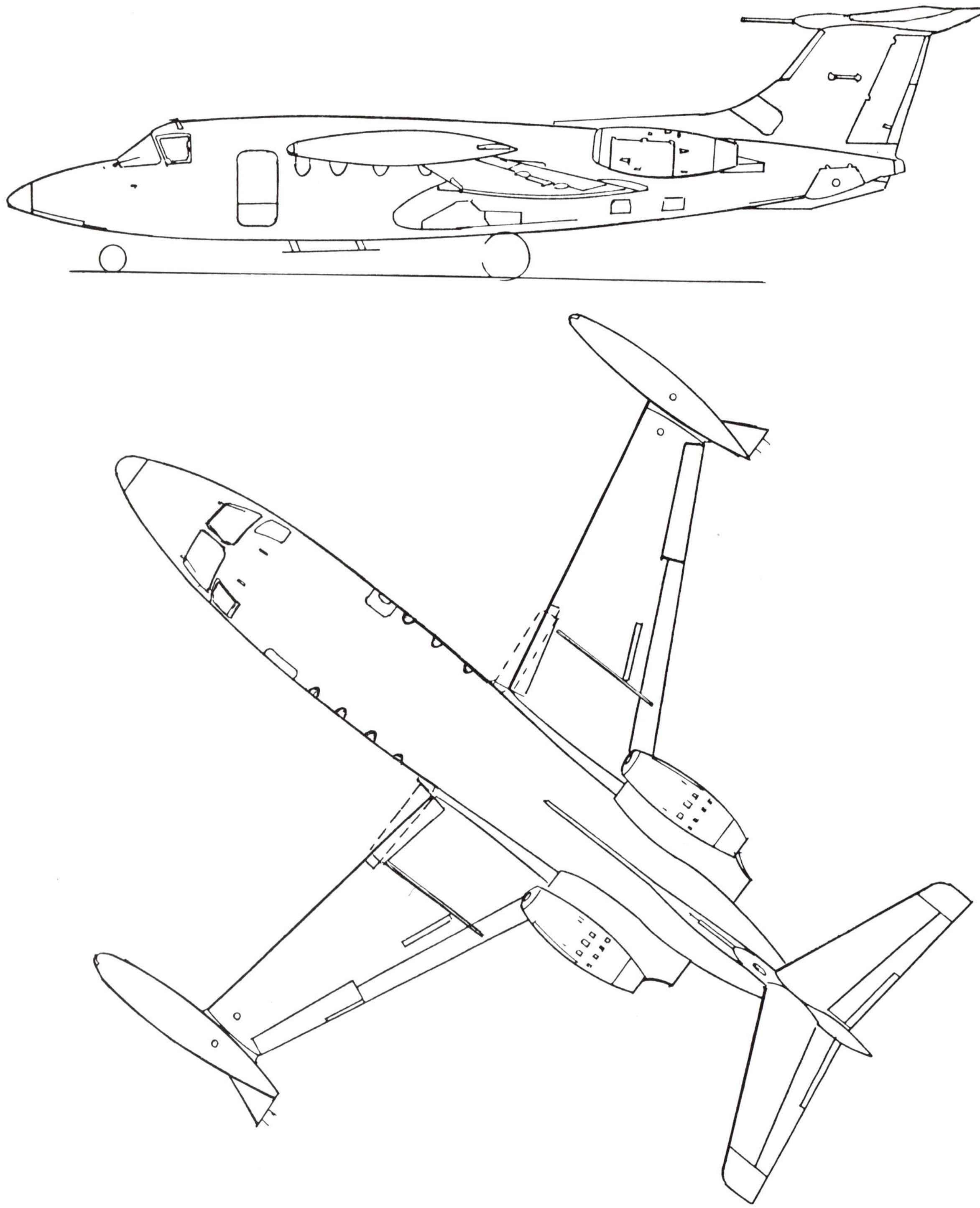

Hamburger Flugzeugbau HFB 320

Somit verbleibt ein großer holm- und flügelsichtfreier Raum für die Passagiere. Gerade für einen Mitteldecker war dieser Umstand sehr entscheidend, das Passagierabteil konnte so groß gestaltet werden, daß zu der 2-Mann-Besatzung noch bis zu 12 Passagiere mitgenommen werden können. Der Gepäckraum befindet sich im hinteren Teil der Kabine auf dem Holm, wo er niemanden stört und unsichtbar ist.

Selbst bei der dichten Bestuhlung für 12 Passagiere verzichtete man nicht auf den Einbau einer Toilette und Garderobe. Die Sitze sind jedoch ungewöhnlich angeordnet, sie sind zur Mitte hin gedreht.

Die Maschine wurde auch als reiner Frachter angeboten, vielmehr als Quick-Change-Flugzeug, in dem innerhalb einer halben Stunde die Inneneinrichtung völlig entfernt und dann das Flugzeug wahlweise als Geschäftsreise-, Passagier- oder Frachtflugzeug eingesetzt werden kann.

Bei der Erprobung ging ein Prototyp in Spanien verloren. Das kostete einige Aufträge. Die Serienproduktion mußte dann bei 36 Exemplaren wegen fehlender Aufträge gestoppt werden. Später gab die Bundesluftwaffe noch 3 Maschinen in Auftrag, die mit spezieller Elektronik bestückt wurden.

Als stärkere Triebwerke zur Verfügung standen, überlegte man sich bei den Hamburger Flugzeugwerken, einen verbesserten Typ zu entwickeln, der transatlantische Reichweiten haben sollte. Für die neue Version HFB 330 waren noch weitere Verbesserungen vorgesehen, wie eine vergrößerte Kabine, die bis zu 16 Passagiere aufnehmen konnte, sehr verbesserte Flugleistungen durch den Einbau von Garrett-AiResearch-ATF-3-Turbo-Fan-Triebwerke, die 1840 kg Schub leisteten, anstatt nur 1406 kg Schub der ursprünglichen General-Electric-CJ-610-9-Triebwerke. Die neuen Antriebe waren zudem noch wesentlich kraftstoffsparender und leiser.

Doch diese neue Version HFB 330 fiel der Konkurrenz zum Opfer, die vor allem in den USA, dem Hauptabsatzmarkt der Maschine, sehr stark geworden war.

Technische Daten der Hamburger Flugzeugbau HFB 320 Hansa

Spannweite	4,49 m
Länge	16,61 m
Höhe	4,95 m
Flügelfläche	30,14 m^2
Triebwerke	General Electric CJ 610-1
Leistung	2 x 1293 kg/s.t.
Leergewicht	5500 kg
max. Startgewicht	8800 kg
Zuladung	1000 kg
Flächenbelastung	292 kg/m^2
Leistungsbelastung	3,40 kg/s.t.
Reisegeschwindigkeit	795 km/h
Reichweite	2315 km
Steigleistungen	1295 m/min
Dienstgipfelhöhe	11 400 m
Startstrecke	940 m
Landestrecke	940 m

Potez-Heinkel CM 191

Mehrere Flugzeughersteller verfolgten in den sechziger Jahren den Trend, die gerade gebauten militärischen Jettrainer zu vergrößern, um sie dann auch zivilen Kunden anbieten zu können. So wurde aus dem Trainer Cessna T 37 eine zivile Cessna 307, in Frankreich aus der Morane Saulnier MS 755 Fleuret eine MS 780 Paris. Die Arbeitsgemeinschaft Potez-Heinkel hatte einen ähnlichen Flugzeugtyp, aus der gerade laufenden Serie der Fouga Magister wurde die Potez-Heinkel CM 191.

Die CM 191 sollte ein viersitziges Jet-Reiseflugzeug werden, in den 60er Jahren noch eine recht seltene Flugzeugart. Die Konstrukteure priesen diese Maschine als ein Wunderflugzeug an, das aus den anerkannt guten Flugeigenschaften des Militärtrainers ein schnelles Reise- und »Sportflugzeug« machen sollte.

Für den militärischen Einsatz konnte man die CM 191 als Schulmaschine für Blind- und Nachtflug, Umschulung auf Jetflugzeuge, aber auch als Aufklärer einsetzen.

Die Kabine besteht bei den drei 1962 gebauten Prototypen aus einer geblasenen Vollsichthaube und ist bereits mit einer Druckbelüftung ausgestattet. Dadurch kann die Maschine auch in sehr großen Höhen wirtschaftlich fliegen und hohe Geschwindigkeiten erreichen.

Als Triebwerke waren 2 Turbomeca Marbore VI eingebaut, von denen jedes 480 kg Schub leistet. Die Reichweite dieses frühen Geschäftsjets war jedoch stark begrenzt, die beiden Rumpftanks fassen Kraftstoff für gerade 3 Flugstunden. Für größere Reichweiten bot man einen Rumpftank an, der jedoch schon 2 der 4 Sitzplätze kostete. 2 Flügelaußentanks von 125 oder 250 Liter vergrößern zwar die Reichweite, reduzieren aber die Geschwindigkeit um 40 km/h. Die größte Reichweite mit allen möglichen Zuastzbehältern lag bei der CM 191 bei 2630 km.

Die gebauten Prototypen wurden erprobt und dann zum Teil in die USA verkauft. Noch 1984 lobten ihre dortigen Besitzer die Maschine: »Die erste deutsche Nachkriegs-Jetkonstruktion, sie kann auch mit einem Triebwerk geflogen werden, es lasten keinerlei Beschränkungen auf ihr!«

Technische Daten der Potez-Heinkel CM 190

Spannweite	12,02 m
Länge	9,93 m
Höhe	3,20 m
Flügelfläche	18,83 m²
Triebwerke	Turbomeca Marbore VI
Leistung	2 x 480 kp
Leergewicht	2207 kg
max. Startgewicht	4266 kg
Zuladung	2095 kg
Flächenbelastung	226 kg/m²
Leistungsbelastung	4,44 kp/kg
Höchstgeschwindigkeit	710 km/h
Reisegeschwindigkeit	662 km/h
Reichweite	2120 km
Steigleistungen	14,7 m/s
einmotorig	3,85 m/s
Dienstgipfelhöhe	12 100 m
Startstrecke	835 m

Potez Heinkel CM 191

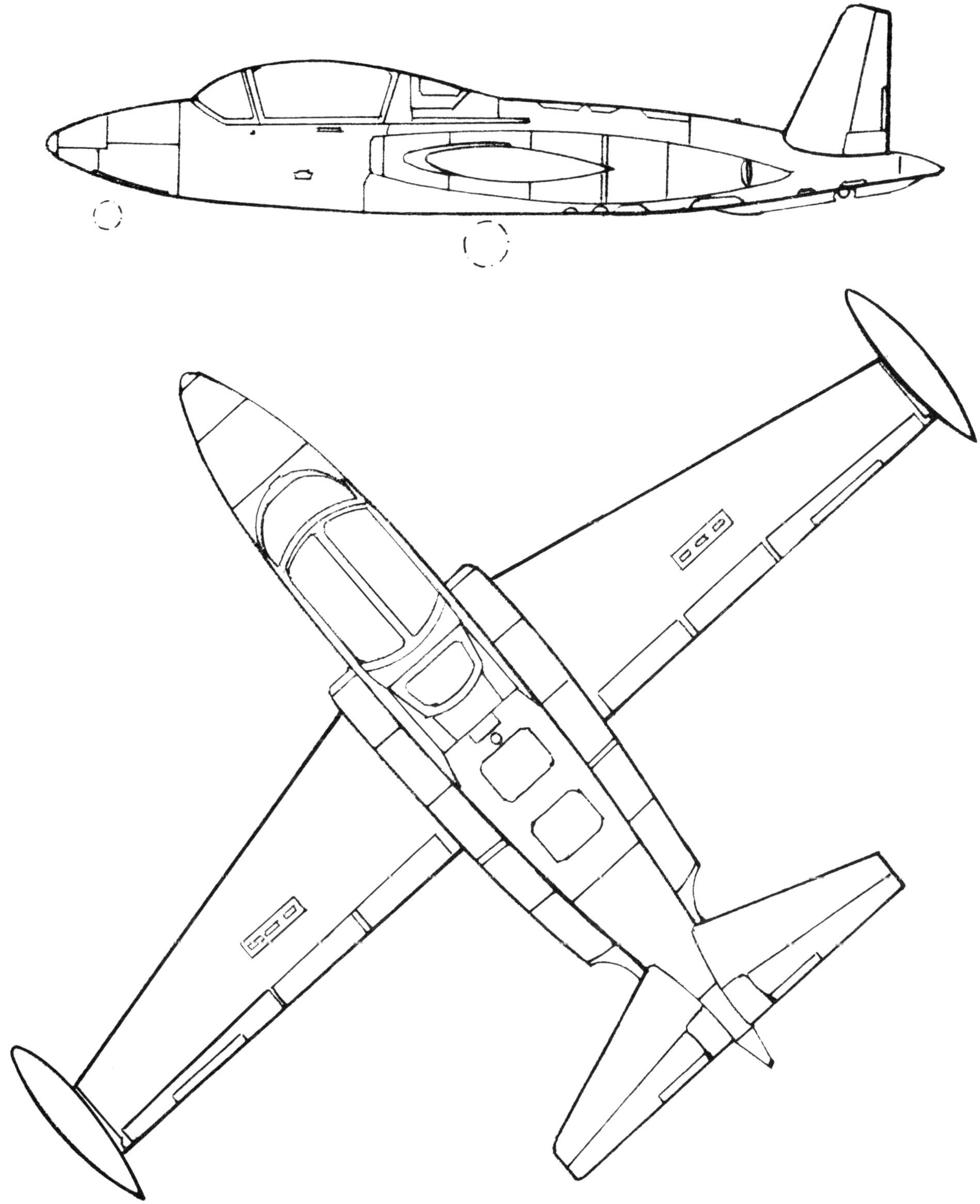

Heinkel Potez CM 191

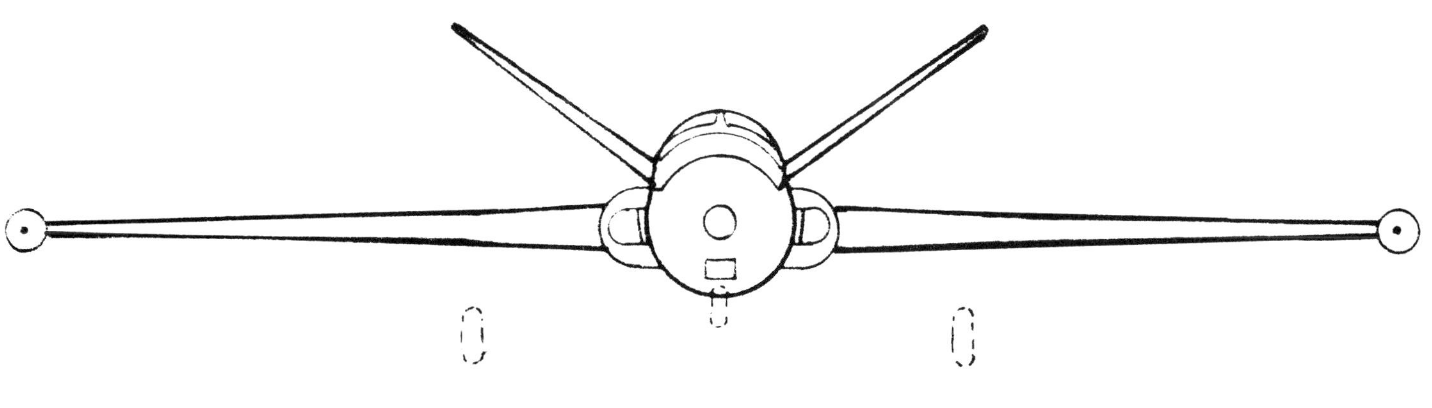

Dornier DO 28 A–C

Eine gewerbliche Bedarfsluftfahrt kann nur optimal betrieben werden, wenn eine Regelmäßigkeit erreicht wird. Die eingesetzten Flugzeuge müssen daher blindflugtauglich und zweimotorig sein. Aufgrund dieser Erkenntnisse entschloß man sich bei der Firma Dornier bereits 1958, mit der Entwicklung eines geeigneten zweimotorigen Flugzeugs für den Regionalverkehr zu beginnen. Man benutzte weitgehend Teile aus der laufenden Serienfertigung der DO-27-Kurzstartmaschine.

Um diese einmotorige Maschine ohne allzu großen Aufwand in eine zweimotorige zu verwandeln, untersuchte man die verschiedensten Triebwerksanordnungen, so unter anderem einen Doppelmotor mit einer Luftschraube, wie es bereits während des Kriegs mit dem Daimler-Benz DB 610 erprobt worden war. Als Lösung fand die Entwicklungsabteilung eine sehr ungewöhnliche Ausführung. Beide Triebwerke wurden seitlich an kleinen Flügelstummeln befestigt. Somit konnte man fast ohne Bauumwandlung einen DO-27-Rumpf in eine zweimotorige Ausführung verändern. Lediglich der jetzt fehlende Motor in der Bugnase mußte bei der neuen Version umgerüstet werden. Das Fahrwerk wurde in die Triebwerkstunnel verlegt, und man erreichte dadurch noch einen Vorteil: eine größere Spurweite für das Flugzeug.

Die in dem 1. Prototyp verwendeten 180 PS starken Lycoming-Triebwerke tauschte man im 2. bereits in 250 PS starke Motoren desselben Herstellers aus. Bei zweimotorigen Maschinen ist jedoch nicht nur die extreme Kurzstarteigenschaft ausschlaggebend, vielmehr steht die Fähigkeit, mit einem Motor zu fliegen (Langsamflug), an erster Stelle. Um dennoch gute Kurzstarteigenschaften mit der Maschine zu erreichen, muß die Flugge-

DO 28 B

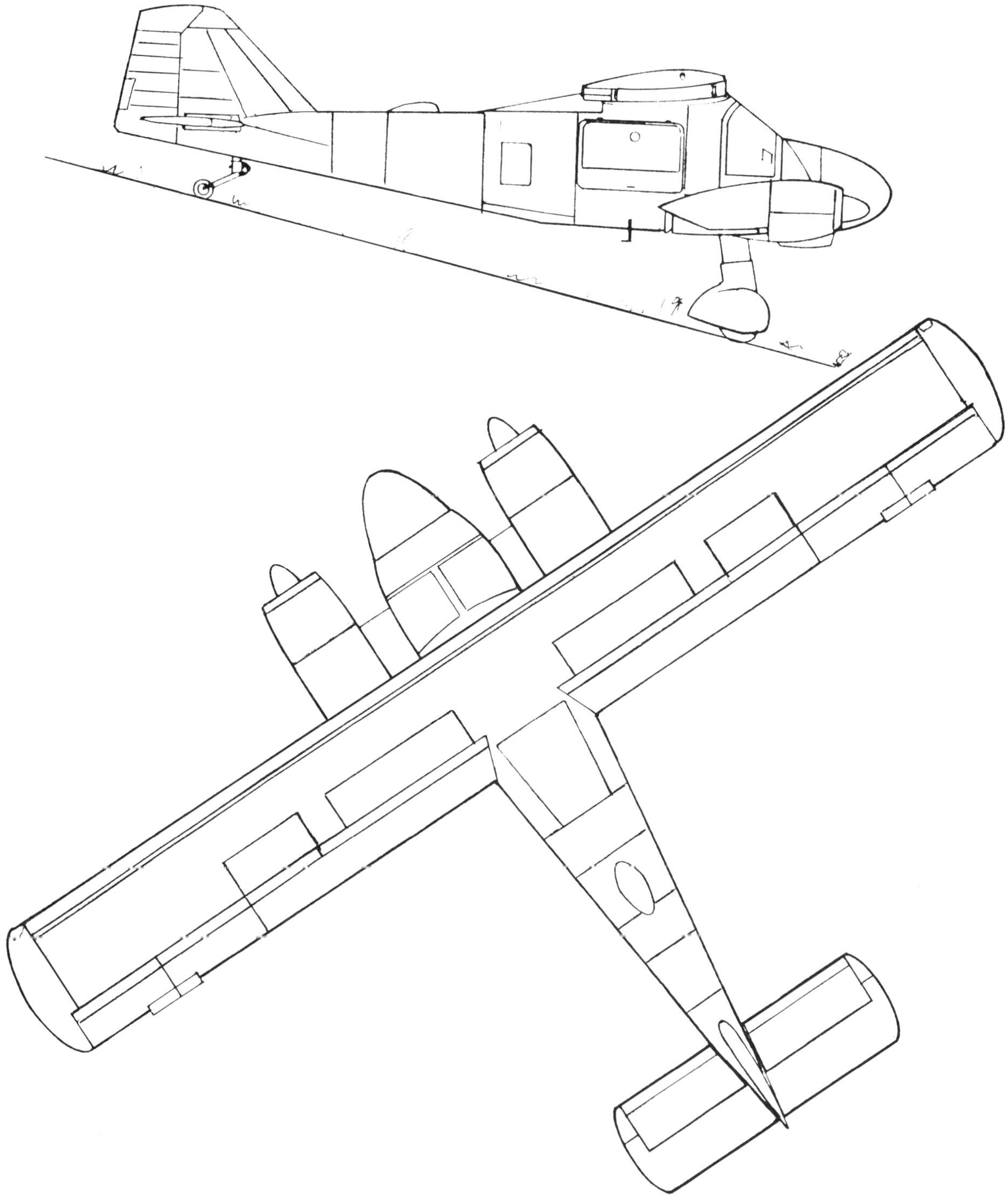

Dornier DO 28

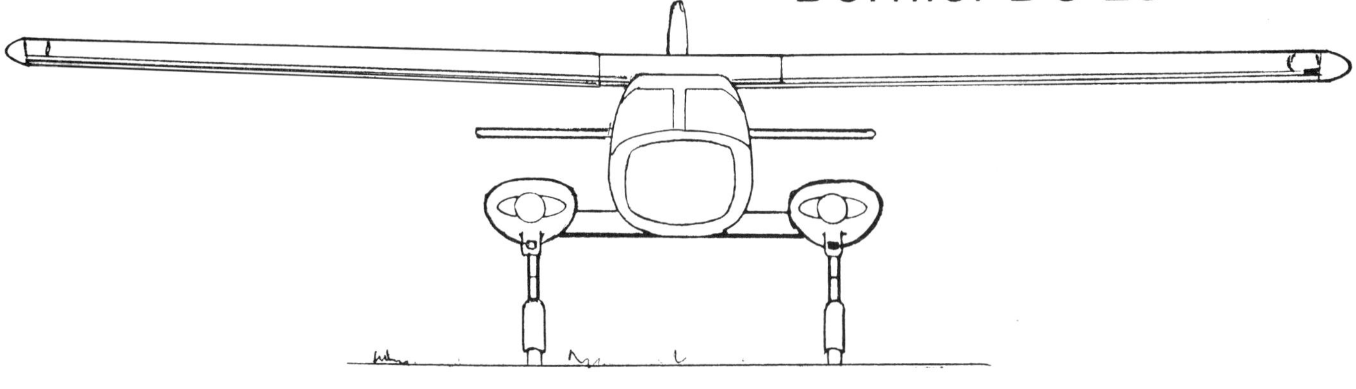

Technische Daten der Dornier DO 28

	DO 28 A-1	*DO 28 B-1*
Spannweite	13,80	13,80 m
Länge	8,18	10,05 m
Höhe	2,80	2,80 m
Flügelfläche	22,40	22,40 m^2
Triebwerke	Lycoming O 540 A 1 D	
Leistung	2 x 255	290 PS
Leergewicht	1670	1725 kg
max. Startgewicht	2450	2670 kg
Flächenbelastung	109	121 kg/m^2
Leistungsbelastung	4,8	4,6 PS/kg
Höchstgeschwindigkeit	280	302 km/h
Reisegeschwindigkeit	250	280 km/h
Reichweite	1150	1780 km
Steigleistungen	5,5	6,25 m/min
Dienstgipfelhöhe	5900	6300 m
Startstrecke	310	272 m
Landestrecke	210	225 m

schwindigkeit mit einem Motor so gering wie möglich gehalten werden. Diese Forderung kann man durch verschiedene Bauweisen erreichen. Entweder kann man die Triebwerke so dicht wie möglich an die Längsachse des Flugzeugs legen, oder das Leitwerk muß so groß sein, daß es die einseitige Zugkraft des Triebwerks halten kann. Diese Minimumgeschwindigkeit mit einem Triebwerk (V mc genannt) ist das wichtigste Kriterium eines zweimotorigen Flugzeugs. Die DO 28 benötigt deshalb längere Startwege als ihre einmotorige Schwester.

Die Dornier D0 28 wurde in einer ganz kleinen Stückzahl (3) auch an die Bundeswehr geliefert, einige Exemplare fanden den Weg zu Regionalflug-Gesellschaften und Industriekonzernen.

Von der DO 28 wurden 5 verschiedene Versionen geplant:

D0 28 A-1, 60 Stück gebaut.

D0 28 A-1-S, 1 Prototyp dieser Schwimmversion wurde bei der Jobmaster Company, Seattle, gebaut.

DO 28 B-1, 60 Stück sind von dieser stärkeren Version gebaut worden.

DO 28 B-2, der einzige gebaute Prototyp wurde mit Turbo-Supercharger-Triebwerken ausgerüstet.

DO 28 B-1-S, diese Version war ein Projekt mit Turbo-Supercharger-Motor und Schwimmern.

DO 28 O, diese Version war als Druckkabinenflugzeug mit 2 Turbomeca-Astazou-II-Turboprop-Triebwerken geplant (2 x 530 PS).

DO 28 D Skyservant

Die Skyservant hat mit der ursprünglichen zweimotorigen DO-28-Version nur noch die Bezeichnung DO 28 und die ungewöhnliche Triebwerksanordnung gemeinsam.

Von der Erstausführung der DO 28 D wurden 7 Stück gebaut, von denen 2 Stück auf die Serienversion umgerüstet wurden. Die Serienversion DO 28 D-1 wurde dann in großen Stückzahlen (125 Stück) von der Bundeswehr geordert. Mehrere dieser Maschinen baute man in VIP (Very Important Person)-Versionen um, die dann der Flugbereitschaft der Bundesregierung unterstellt wurden.

Die DO 28 D Skyservant ist bereits ein größeres Flugzeug, das bis zu 13 Passagiere und 2 Piloten aufnehmen kann. Die recht geräumige Kabine besitzt eine komfortable 10-Passagier-Anordnung, das Cockpit gleicht dem eines großen Flugzeugs. Große Türen erlauben einen Frachteinsatz, denn die Sitze können schnell entfernt werden.

Durch die bei der Skyservant verwendeten sehr starken, Turbo-aufgeladenen Triebwerke (Lycoming IGSO 540 mit 380 PS) wird trotz eines erhöhten Abfluggewichts auch noch eine sehr gute Kurzstartfähigkeit erreicht.

Gegen die Weltkonkurrenz konnte diese Maschine jedoch nicht sehr stark auftreten, sie besitzt noch immer das Urmodell eines Fahrwerks. Die Spornradanordnung ist zwar für unebene Flugplätze technisch besser, doch die Kunden lernten in den letzten Jahren das einfacher

DO 28 D

DO 28 D Interior Executiv Liner

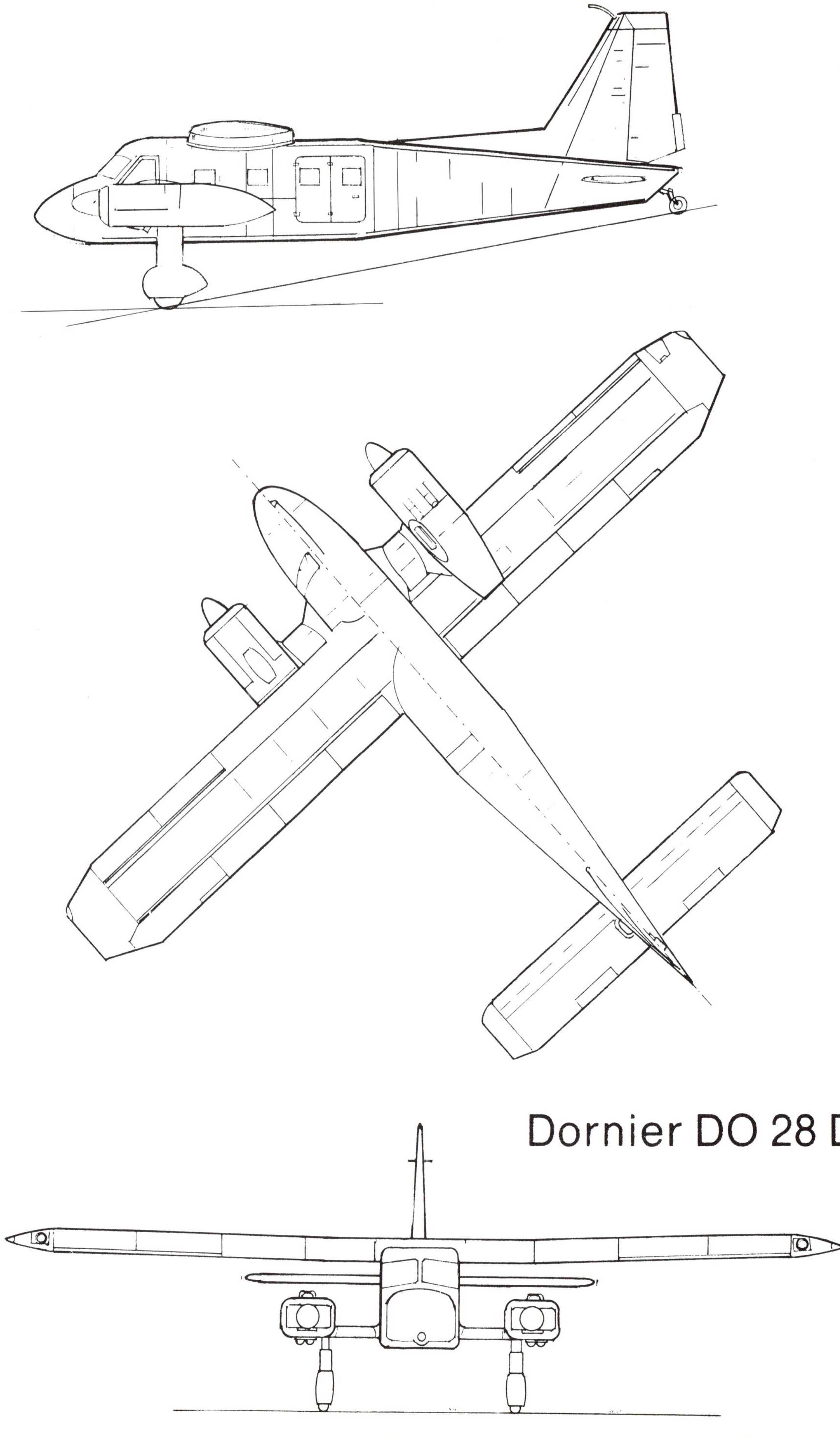

Dornier DO 28 D

zu fliegende moderne Bugradfahrwerk kennen.

Kleine Stückzahlen der DO 28 D Skyservant konnten in afrikanischen Ländern (Nigeria) abgesetzt werden. In Deutschland fand man lediglich einen Betreiber (General Air), der diesen Flugzeugtyp einsetzte.

Eine Weiterentwicklung wurde noch als DO 28 mit Garrett-Turboprop-Triebwerken gebaut, diese Maschine wurde dann jedoch zum Prototyp der DO-128-Serie.

Technische Daten der Dornier DO 28 D Skyservant

Spannweite	15,50 m
Länge	11,60 m
Höhe	3,90 m
Flügelfläche	28,60 m²
Triebwerke	Lycoming IGSO 540 A 1 E
Leistung	2 x 380 PS
Leergewicht	2166 kg
max. Startgewicht	3650 kg
Zuladung	1484 kg
Flächenbelastung	127,5 kg/m²
Leistungsbelastung	4,8 PS/kg
Höchstgeschwindigkeit	320 km/h
Reisegeschwindigkeit	286 km/h
Reichweite	1810 km
Steigleistung	5,8 m/s
Dienstgipfelhöhe	7400 m
Startstrecke	347 m
Landestrecke	372 m

Dornier DO 128-6

Das Kolbenmotor-Flugbenzin AVGAS wurde durch die Ölkrisen der siebziger Jahre verteuert und seltener. Länder mit schlechter wirtschaftlicher Struktur, also die Staaten der dritten Welt, hatten somit enorme Beschaffungsschwierigkeiten für den benötigten Treibstoff.

Da Dornier die Skyservant (DO 28 D) gerade in diesen Ländern erfolgreich absetzen konnte, war es unumgänglich, auch noch eine Propellerturbinenversion dieses Kleinverkehrsflugzeugs anzubieten. Propellerturbinentriebwerke (Turboprop) sind Jetantriebe, deren Kraft an Propeller abgegeben wird. Diese Propeller sind vor allem im Langsamflug, bei Starts und Landungen, effektiver, es können damit die kurzen Startwege eines STOL-Flugzeugs eingehalten werden.

Alle Flugzeuge der Dornier-Gruppe wurden ab 1981 mit einer neuen Typenbezeichnung versehen. Die Skyservant erhielt die Bezeichnung DO 128, ihre Weiterentwicklung DO 228. Während die durch Kolbenmotoren angetriebene Version DO 128-2 genannt wurde, gab man dem durch Propellerturbinen angetriebenen Typ die Bezeichnung DO 128-6.

Die DO 128-6 hat eine verbesserte Rumpfzelle aus der alten DO-28-D-Serie, die mit den dafür benötigten Triebwerksaufhängungen der Turbomotoren und den geänderten Instrumenten im Cockpit versehen wurde. Als Antrieb wählte man das bewährte Pratt-&-Whitney-PT 6A 110 Aggregat, das 400 shp (shaft horse power Wellen-PS mit einem kleinen Restschub = PS) abgibt. Für einen Notfall konnte die Leistung auf 450 shp erhöht werden, denn das Triebwerk ist thermodynamisch für diese Leistung ausgelegt. Die Dornier-Zelle jedoch kann, um eine möglichst geringe Einmotorengeschwindigkeit zu erreichen, nur mit 400 shp belastet werden.

Die Turboversion DO 128-6 ist gegenüber ihrer kolbengetriebenen früheren Schwester für höhere Abfluggewichte zugelassen. Dadurch, daß die Triebwerke gedrosselt sind, leisten sie im Dauerbetrieb etwa 70 PS plus Restschub der Jetabgase mehr als die früher verwendeten Kolbentriebwerke.

Trotz des wesentlich höheren Abfluggewichts verringert sich die Startstrecke der schweren Maschine bei gleichen Bedingungen um 60 Meter. Mit den stärkeren

DO 128 D Experimentalversion mit 2 Allison Turbinen

Triebwerken wird die DO 128-6 auch etwa 30 km/h schneller.

Diese Verbesserungen müssen jedoch erkauft werden. Ein Jettriebwerk hat einen größeren Kraftstoffbedarf als der Kolbenmotor. Das läßt sich anhand einer kleinen Berechnung feststellen: Die DO 128-2 benötigt 0,339 kg/km, die DO 128-6 dagegen 0,629 kg/km. AVGAS-Kraftstoff ist jedoch in Europa etwa 35 % teurer als der Jettreibstoff (Kerosin), und zudem ist er immer seltener zu bekommen.

Eine weitere Überlegung für ein Turboprop-Jettriebwerk ist, daß die hochpräzise Anlage in der Anschaffung etwa das Doppelte als ein modernes Kolbentriebwerk kostet, das in der gewünschten Leistungsklasse gar nicht mehr zur Verfügung steht (Kolbenmotoren werden heute nur noch bis maximal 400 PS angeboten). Die Überholzeit für einen Kolbenmotor in dieser Leistungsklasse liegt bei etwa 1400 Flugstunden, ein PT-6-Triebwerk muß erst nach 3500 Flugstunden in die Überholwerkstatt. Kühle Rechner zählen noch eine zusätzliche Wartung für ein Kolbentriebwerk, das alle 50 Stunden kontrolliert werden muß, dazu. Turbinen dagegen müssen nur alle 100 Flugstunden nachgesehen werden. Allerdings ist die Überholung eines Turbotriebwerks auch noch um ein Vielfaches teurer als die eines Kolbentriebwerks.

Ein sehr wichtiger Punkt muß noch angemerkt werden: Die Turbine in der Skyservant macht diese Maschine zum leisesten Flugzeug seiner Klasse. Die kolbenangetriebene Version ist durch die Abgaslader-Motoren außergewöhnlich laut und in Deutschland daher unbeliebt.

Technische Daten der Dornier DO 128-6

Spannweite	15,55 m
Länge	11,41 m
Höhe	3,90 m
Flügelfläche	29,00 m^2
Triebwerke	Pratt & Whitney PT 6 A-110
Leistung	2 x 475 shp
Leergewicht	2540 kg
max. Startgewicht	4350 kg
Zuladung	1273 kg
Flächenbelastung	150 kg/m^2
Leistungsbelastung	4,57 hp/kg
Höchstgeschwindigkeit	339 km/h
Reisegeschwindigkeit	330 km/h
Reichweite	1460 km
Steigleistungen	6,4 m/min
Dienstgipfelhöhe	8580 m
Startstrecke	554 m
Landestrecke	310 m

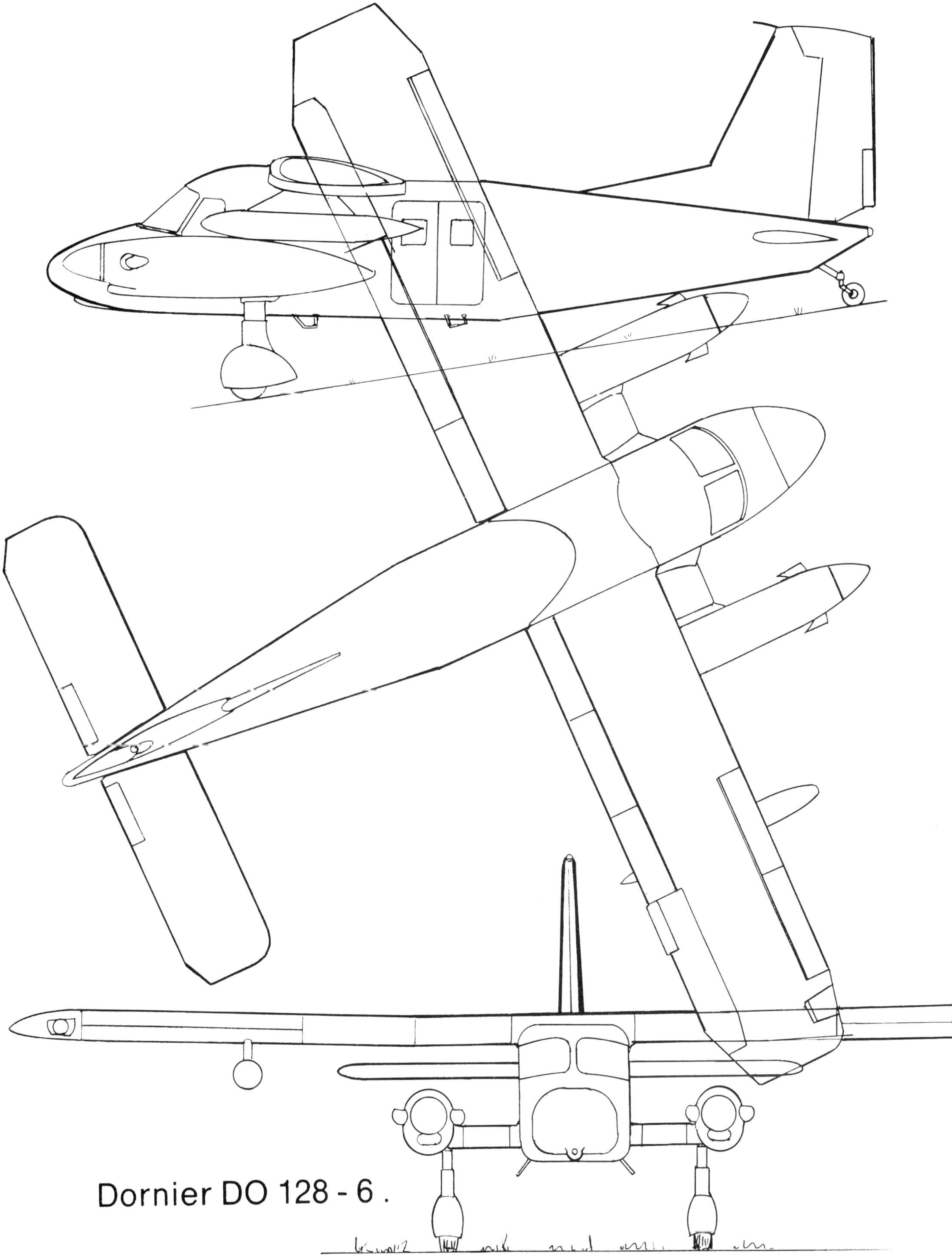

Dornier DO 128 - 6 .

Dornier TNT Experimentalflugzeug

Das Bundesministerium für Forschung und Technologie fördert die Entwicklung einer neuen Generation von Flugzeugen, in denen neue Technologien verwirklicht werden. Dornier beteiligte sich an dieser Ausschreibung und entwickelte dafür einen völlig neuen Tragflügel, der im Betrieb etwa 30 % weniger Energie benötigt.

Dieser TNT (Tragflügel neuer Technologie) genannte Flügel wurde erstmals einer modifizierten DO 28 D Skyservant aufmontiert. Die Maschine startete am 14. Juni 1979 vom Werksflugplatz in Oberpfaffenhofen zum Erstflug.

Bei der TNT-Experimentalmaschine handelt es sich um eine stark modifizierte Skyservant, die man auf ein Bugrad setzte. Der Rumpf wurde um 1,3 Meter mit der Nase verlängert, das Fahrwerk dem Alpha-Jet der laufenden Serie entnommen, aber nicht einfahrbar gestaltet. Die beiden Triebwerke wurden bei der Maschine erstmals direkt in die Tragflügel eingebaut. Es sind die bewährten Garrett-AiResearch-Turboprop-TPE-331-5-Triebwerke, die 715 shp abgeben. Als Tragflügel verwendet man den neuen TNT-Flügel an der Maschine.

Zusammen mit dem neuen Tragflügel testete man neue Luftschrauben, die die Firma Hartzell über das Propellerwerk Hoffmann lieferte.

Die Flugerprobung der Maschine ergab, daß der Flügel voll den Erwartungen entsprach, die Reichweite konnte um 25–40 %, je nach Flugprofil, erweitert wer-

DO TNT

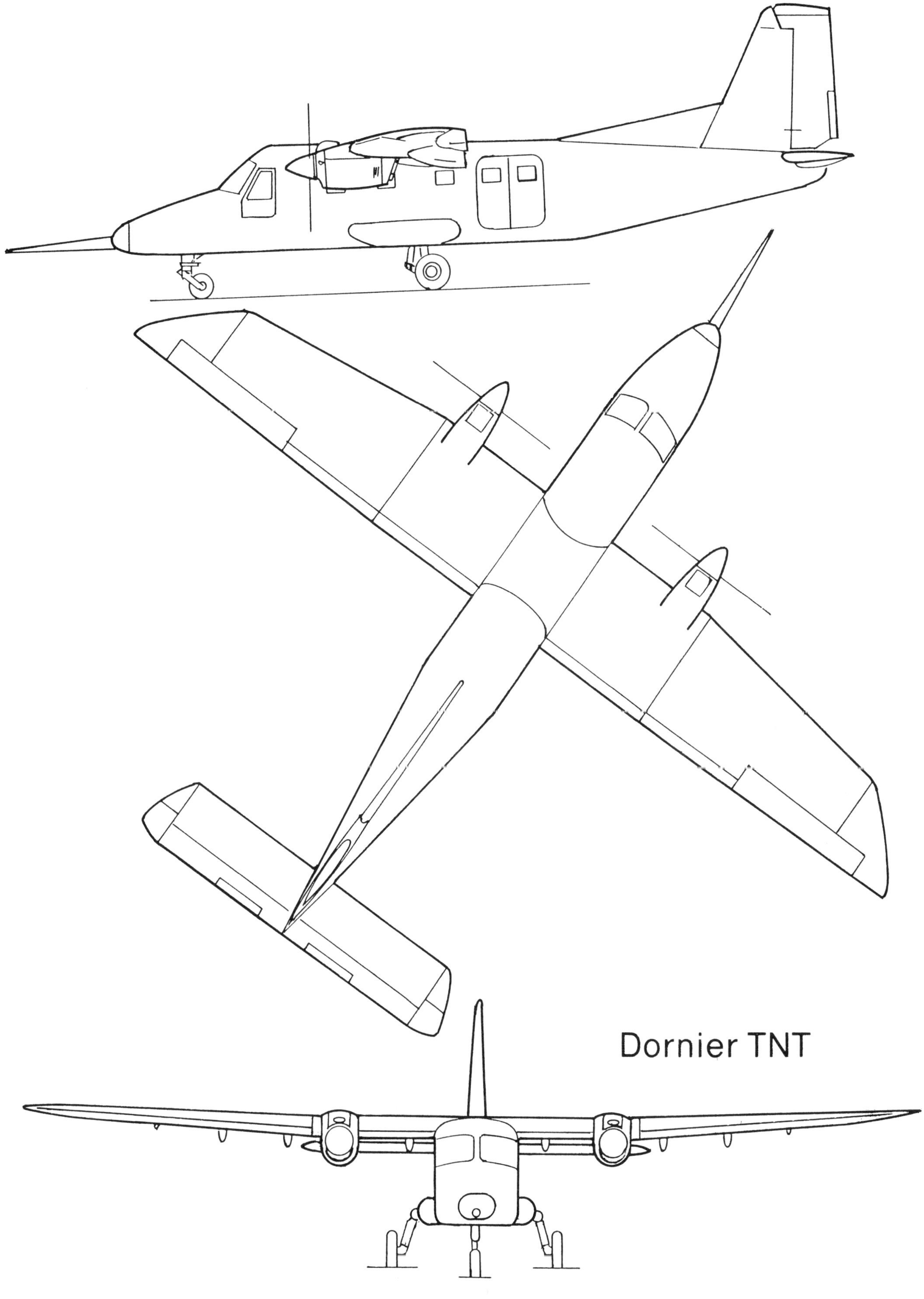

Dornier TNT

den. Die Steigleistungen, vor allem mit einem Triebwerk, konnten auch von hochgelegenen Flugplätzen und bei hohen Außentemperaturen erbracht werden. Die Reisegeschwindigkeit dieser Maschine liegt über 400 km/h.

Erstmals verwendete man hier die neuesten Fertigungsmethoden im Bereich der allgemeinen Luftfahrt, die man bislang nur im Militärflugzeugbau benutzt hatte. Gefräste Flügelpaneele, integrierte Stringer und Holmgurte verringern den Fertigungsaufwand um etwa 30 %. Gleichzeitig wird die Oberflächengüte der Tragfläche verbessert, was zu der hohen aerodynamischen Qualität beiträgt.

Technische Daten der Dornier TNT Experimental

Spannweite	16,97 m
Länge	13,35 m
Höhe	4,96 m
Flügelfläche	32,00 m^2
Triebwerke	Garrett AiResearch TPE 331-5
Leistung	2 x 715 shp
Leergewicht	3010 kg
max. Startgewicht	4500 kg
Zuladung	1990 kg
Flächenbelastung	140,6 kg/m^2
Leistungsbelastung	3,14 hp/kg
Höchstgeschwindigkeit	428 km/h
Reisegeschwindigkeit	342 km/h
Startstrecke	250 m

Dornier-Do-228-Serie

Eigene Marktforschungen und ein Bundesauftrag führten zu der Entwicklung eines größeren Kleinverkehrsflugzeugs bei der immer noch privaten Firma Dornier. Diese DO 228 wurde gleich in verschiedenen Versionen geplant und gebaut. Die DO 228-100 ist für 2 Piloten und 15 Passagiere, die 228-200 für 2 Piloten und 19 Passagiere ausgelegt. Die Versionen -101 und -201 sind für höhere Fluggewichte als die bei der Zulassungskategorie FAR 23 festgelegte Maximalgrenze von 5,7 Tonnen zugelassen. Eine 203-Version ist eine Frachtmaschine. Die Überschreitung der Gewichtsbeschränkung von 5,7 t, die bisher weltweit als Zulassungsgrenze galt, ist der Sprung einer Fluggesellschaft vom Lufttaxi zur Flugliniengesellschaft.

Flugtaxi-Unternehmen, die durchweg auch als Linienfluguntemehmen betrieben werden können, können nur Flugzeuge bis zu 5,7 t einsetzen. Alle Flugzeuge, die schwerer als 5,7 t sind, werden einem anderen Status unterworfen, es müssen erheblich mehr Sicherheitsvorschriften eingehalten werden. Die Flugzeuge der Serien -101 und -201 gelten somit als Verkehrsflugzeuge.

Die DO-228-Serie ist ein vom Bundesministerium für Forschung und Technologie (BMFT) unterstütztes Flugzeugprojekt, das bei kleinen Fluggesellschaften sehr gut ankommt. Vor allem wegen des günstigen Dollarkurses kann Dornier die Maschine heute sehr preisgünstig anbieten. Flugzeuge werden stets in Dollarwährung gehandelt. Die Maschine wird verstärkt in die Domäne der amerikanischen Luftfahrtindustrie geliefert, auch ein ernst zu nehmender Berwertungsmaßstab für ein Flugzeug.

Die besondere Beliebtheit der DO 228 ist durch ihre günstigen Flugeigenschaften zu erklären, die Maschine fliegt der spärlichen Konkurrenz bereits auf und davon. Die Gründe sind im TNT (Tragflügel neuer Technologie) zu suchen, der bei diesem Programm erstmals angewendet wurde. Die Dornier-Ingenieure testeten diesen neu geformten Tragflügel zunächst eingehend im Windkanal und stellten dabei fest, daß er aerodynamisch bis 25 % besser ist als die bislang verwendeten Tragflächen eines zweimotorigen Flugzeugs. Das wurde durch eine besondere Formgebung erreicht, die Flügelendspitzen

DO 228 Delta Air

erzeugen weniger schädlichen Widerstand. Der ebenfalls für den TNT-Flügel neu entwickelte Flügelquerschnitt »Dornier A 5« ist der Hauptträger des verbesserten Widerstandsverlustes. Eindeutig steht fest, daß man mit der TNT-Tragfläche bei gleichem Energieeinsatz schneller fliegen kann.

Um jedoch auch von kleinen Flugplätzen starten zu können, werden in das Tragflügelsystem noch große und wirkungsvolle Landeklappen integriert, die einen Langsamflug ermöglichen. Die sehr arbeitsaufwendigen Vorflügel der früheren Dornier-Flugzeuge wurden dadurch überflüssig, die Flugzeuge des Herstellers fliegen jetzt mit einem dünnen Flügel ohne aufwendigen Zierat.

Als Antrieb für die neue Flugzeuggeneration DO-228 wählte man bei Dornier das bewährte Turbinentriebwerk von Garrett AiResearch TPE 331-5, das 715 shp liefert. Als Alternativtriebwerk steht das Pratt & Whitney PT 6 A für solche Fluggesellschaften zur Verfügung, die mehrere Flugzeugtypen mit einem Triebwerk betreiben wollen.

Die Dornier DO 228 ist ein Hochdecker mit rechteckigem Rumpfquerschnitt. Die Kabine ist allerdings nicht druckbelüftet, doch das Bugradfahrwerk kann in Stummeln seitlich des Rumpfes eingefahren werden. Für die Passagiere ist ein Mittelgang vorgesehen, es wird allerdings keine Stehhöhe erreicht.

Die Maschine hat man mit den modernsten Systemen des Flugzeugbaus ausgerüstet, der Fertigungsablauf erreicht Spitzenqualität. Computergesteuerte Fräsen und chemische Abtrageverfahren lassen die Maschine preislich mit den Mitbewerbern mithalten. 1984 kostete eine DO 228-100 etwa 5 Millionen, die -200 6 Millionen DM.

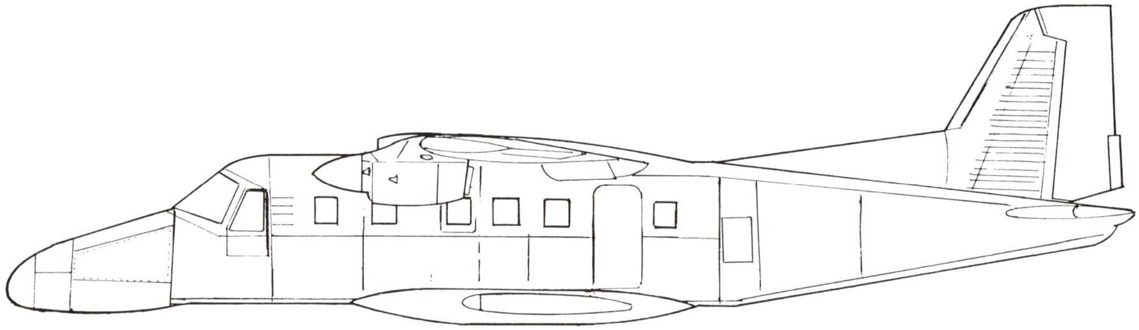

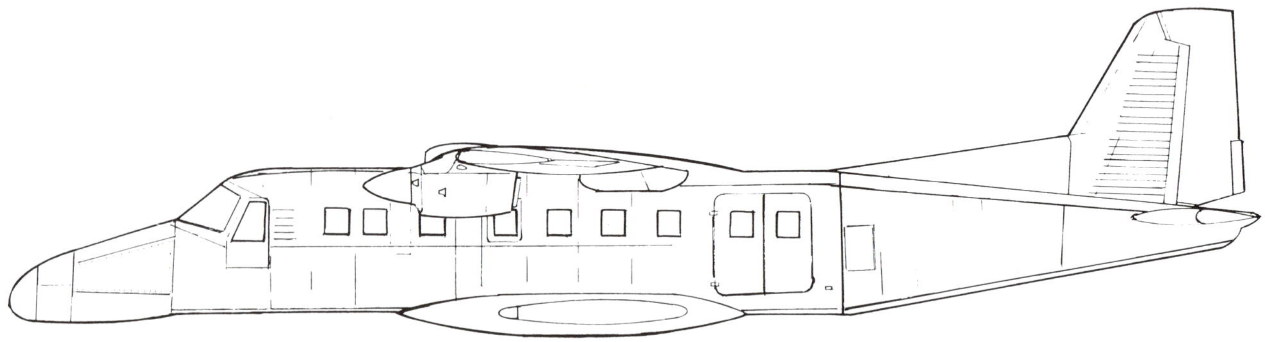

Dornier DO 228

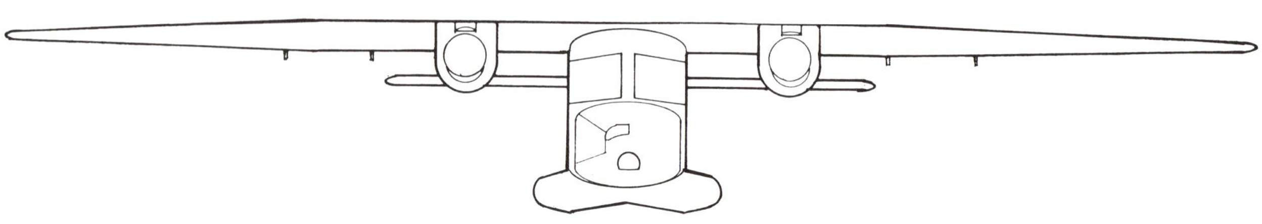

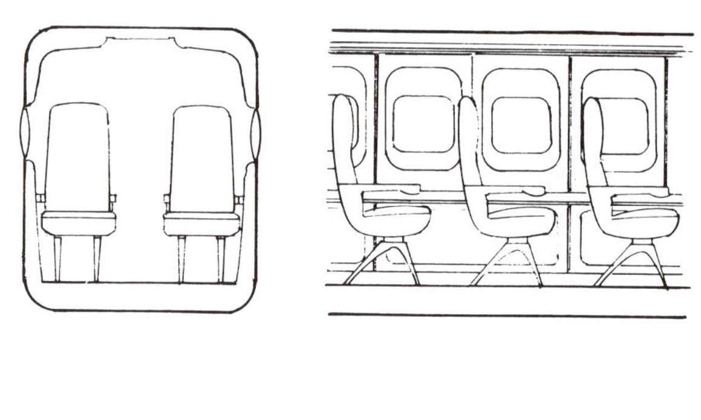

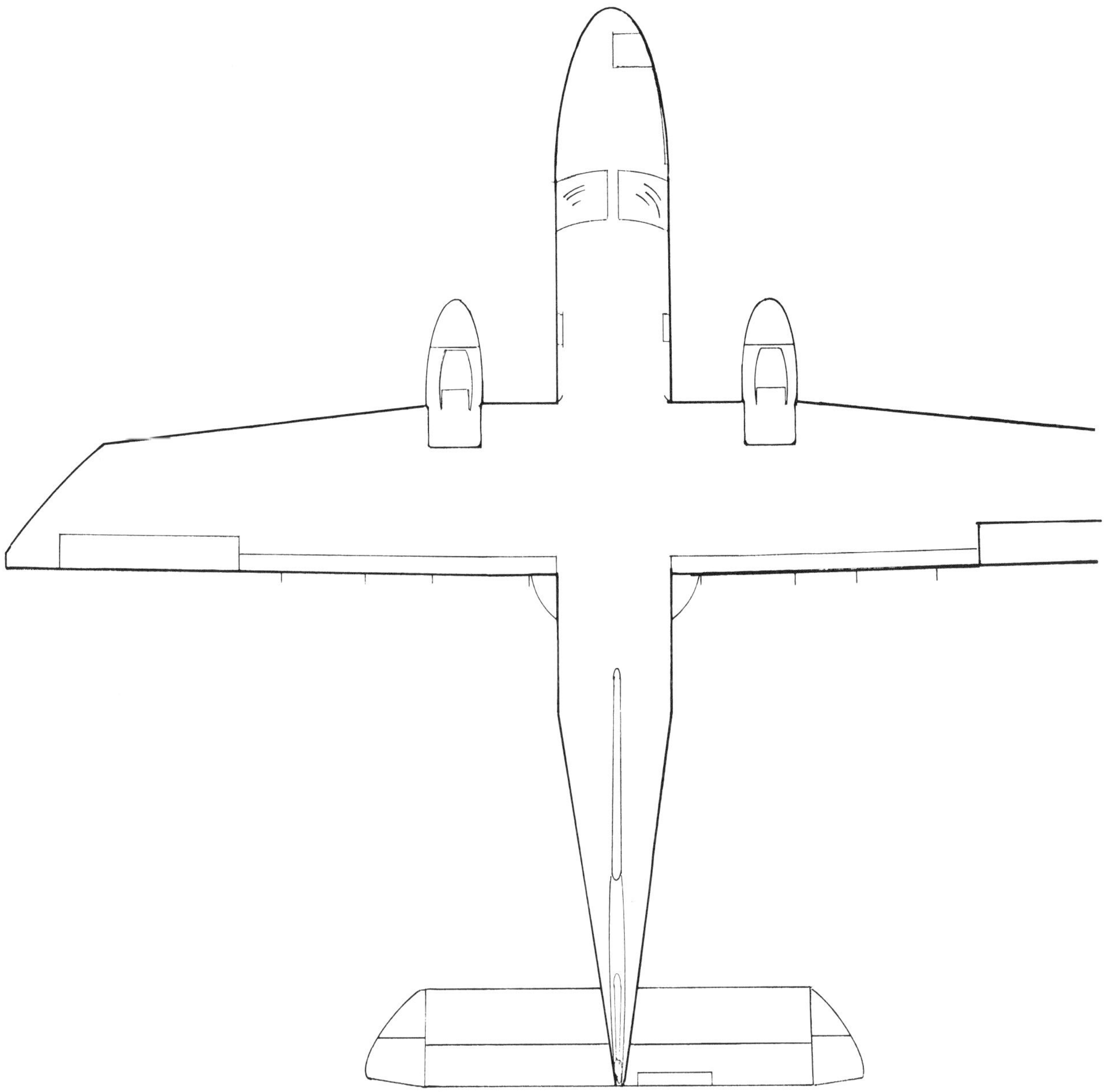

Fahrwerk, Bremsen und die Bugradsteuerung werden hydraulisch betätigt, deren Pumpen elektrisch angetrieben sind.

Als Standardausrüstung bietet Dornier seinen Kunden eine Heizung in den Flugzeugen an, was bei den Konkurrenztypen stets zusätzlich bezahlt werden muß. Oft werden diese Flugzeuge in warme Länder geliefert, wo Heizung oder Enteisungen nicht benötigt werden. Ein Kühlaggregat kann für warme Länder als Zusatzeinrichtung bestellt werden. Ebenfalls kann zusätzlich eine Enteisunganlage installiert werden, die aus aufblasbaren Gummibälgen besteht. Um den unterschiedlichen Kunden Rechnung zu tragen, werden die Dornier-Flugzeuge mit allen zugelassenen Flugfunk- und Navigationsgeräten, die auf dem Markt angeboten werden, ausgerüstet.

DO 126 und DO 228 im Antarktiseinsatz

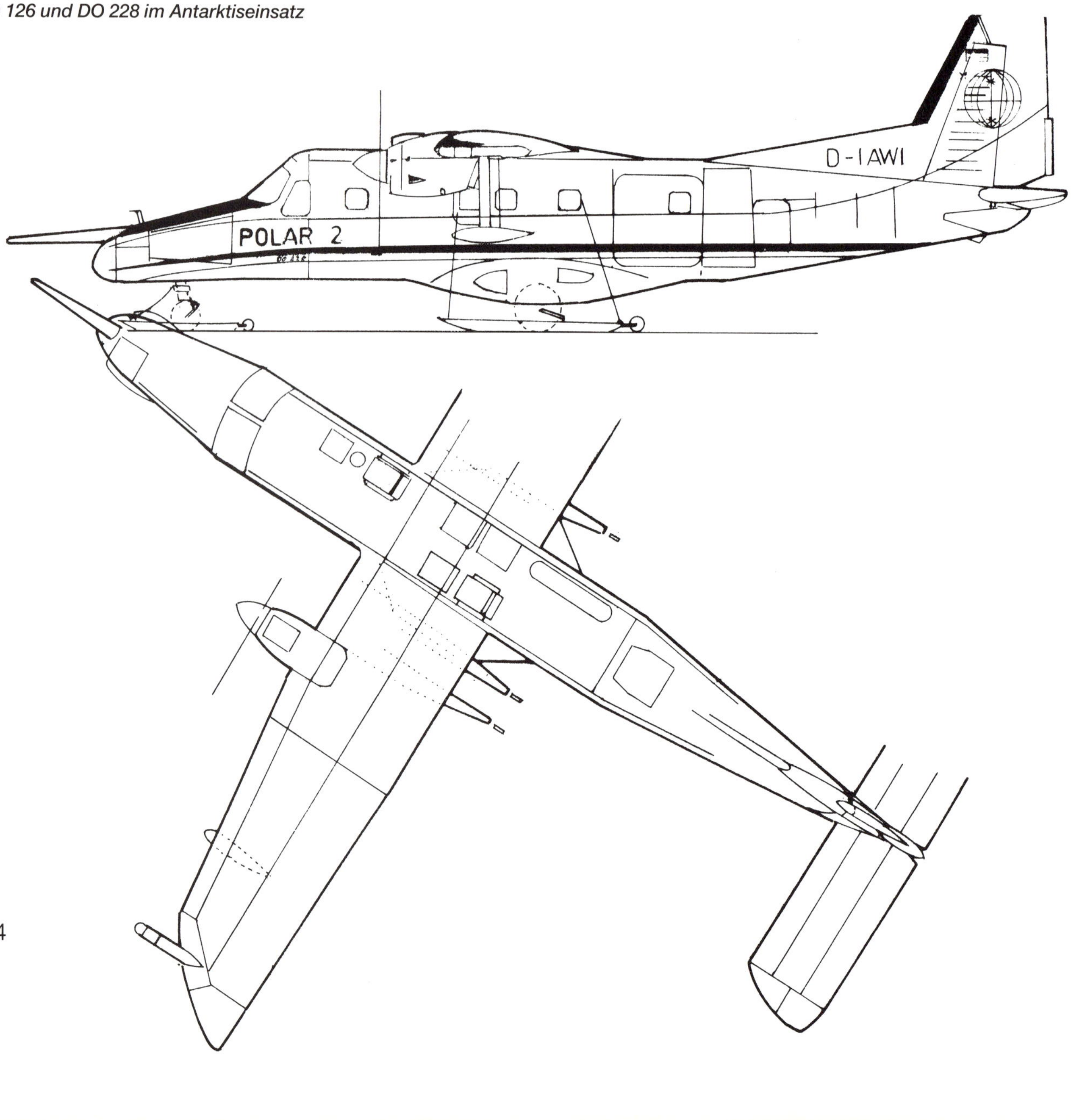

DO 228-100, -101

Die Versionen 100 und 101 sind 15-Passagier-Versionen, die mit einer Bank im hinteren Kabinenteil bis zu 16 Passagiere aufnehmen können. Der Gepäckraum im hinteren Teil der Maschine kann wahlweise verkleinert werden und nimmt dann auch noch eine Toilette auf. Die Version 228-100 ist für ein Gewicht von 5,7 Tonnen zugelassen, die 228-101 kann mit nahezu 6 Tonnen geflogen werden.

DO 228-200, 201

Die Versionen 228-200 und -201 sind für 19 Passagiere zugelassen, die wie die -100 wahlweise einen Passagier mehr mitnehmen können. Sie sind bis auf den gestreckten Rumpf mit der kleineren 100-Serie indentisch.

Beide Maschinen können wahlweise auch als Geschäfts-, Fracht- und kombinierte Pax/Frachtausführung betrieben werden. Obwohl die Version DO 228-200 länger ist als die kleinere -100, sind die Flugleistungen dieselben. Durch das limitierte Gewicht differieren sie jedoch in der Reichweite.

Eine spezielle Version, die DO 228-203, ist für den reinen Frachtverkehr ausgelegt. Es ist eine Verison 228-201 ohne Sitzplätze.

Technische Daten der Dornier DO 228

	-100	*-200*
Spannweite	16,97	16,97 m
Länge	15,03	15,03 m
Höhe	4,86	4,86 m
Flügelfläche	32,00	32,00 m^2
Triebwerke	Garrett AiResearch TPE 331-5	
Leistung	2 x 715	715 shp
Leergewicht	2798	2908 kg
max. Startgewicht	5700	5700 kg
Flächenbelastung	178,1	178,1 kg/m^2
Leistungsbelastung	3,98	3,98 hp/kg
Höchstgeschwindigkeit	432	432 km/h
Reisegeschwindigkeit	332	332 km/h
Reichweite	1730	1150 km
Steigleistungen	5,2	5,2 m/min
Dienstgipfelhöhe	9020	9020 m
Startstrecke	525	525 m

Dornier DO 328

Mit der Übernahme von Dornier in die die Deutsche Aerospace DASA, in der Automobilkonzern Daimler Benz AG eine Mehrheitsbeteiligung hat, wurde die Firma mit neuer Kreativität gefordert. In der Weiterentwicklung des in Planung befindlichen Regionalflugzeuges DO 328 wird von DASA eine Chance gesehen. Die DO 328 in der bereits etablierten Klasse der 30 Sitzer angesiedelt, kann aber nur Erfolg zeigen, wenn die Maschine auch außergewöhnliche Leistungen aufweist. Der kleine Airliner soll bis zu 35 Passagiere aufnehmen und eine Reisegeschwindigkeit von 650 Km/h erreichen. Als weiteren Bonus gibt DASA der Maschine eine nächste Generation Cockpit mit auf den Weg. Ihre modernste Flugführungsinstrumente haben vergleichbare Funktionen wie die der Boeing 747-400 oder Airbus A 330/340.

Bis heute ist bekannt, daß die Maschine von 2 Pratt-&-Whitney-Zweiwellen-Turbinen PW 119 angetrieben werden soll, die als maximale Startleistung 2180 shp abgeben. Damit erreicht dieses Flugzeug eine hohe Fluggeschwindigkeit, die aber nur auf eine kurze Reichweite ausgenutzt werden kann.

Bis zum Jahresende 1992 soll die DO 328 nach den neuen Europäischen JAR 25 Zulassungskriterien zugelassen sein. Über eine verlängerte Version der DO 328 für 50 Passagiere wird derzeit bereits nachgedacht.

Technische Daten der Dornier 328

Spannweite	20,98 m
Länge	21,28 m
Höhe	7,20 m
Triebwerk	Pratt & Whitney PW 119
Leistung	1815 shp
kurzfristig für Kurzstart	2180 shp
Max Startgewicht	12 500 kg
Max Landegewicht	12 250 kg
Max Zuladung	3 450 kg
Reisegeschwindigkeit	640 km/h
Reichweite IFR	
mit 30 Personen	1300 km
Startstrecke	1006 m
Landestrecke	803 m

Dornier 328

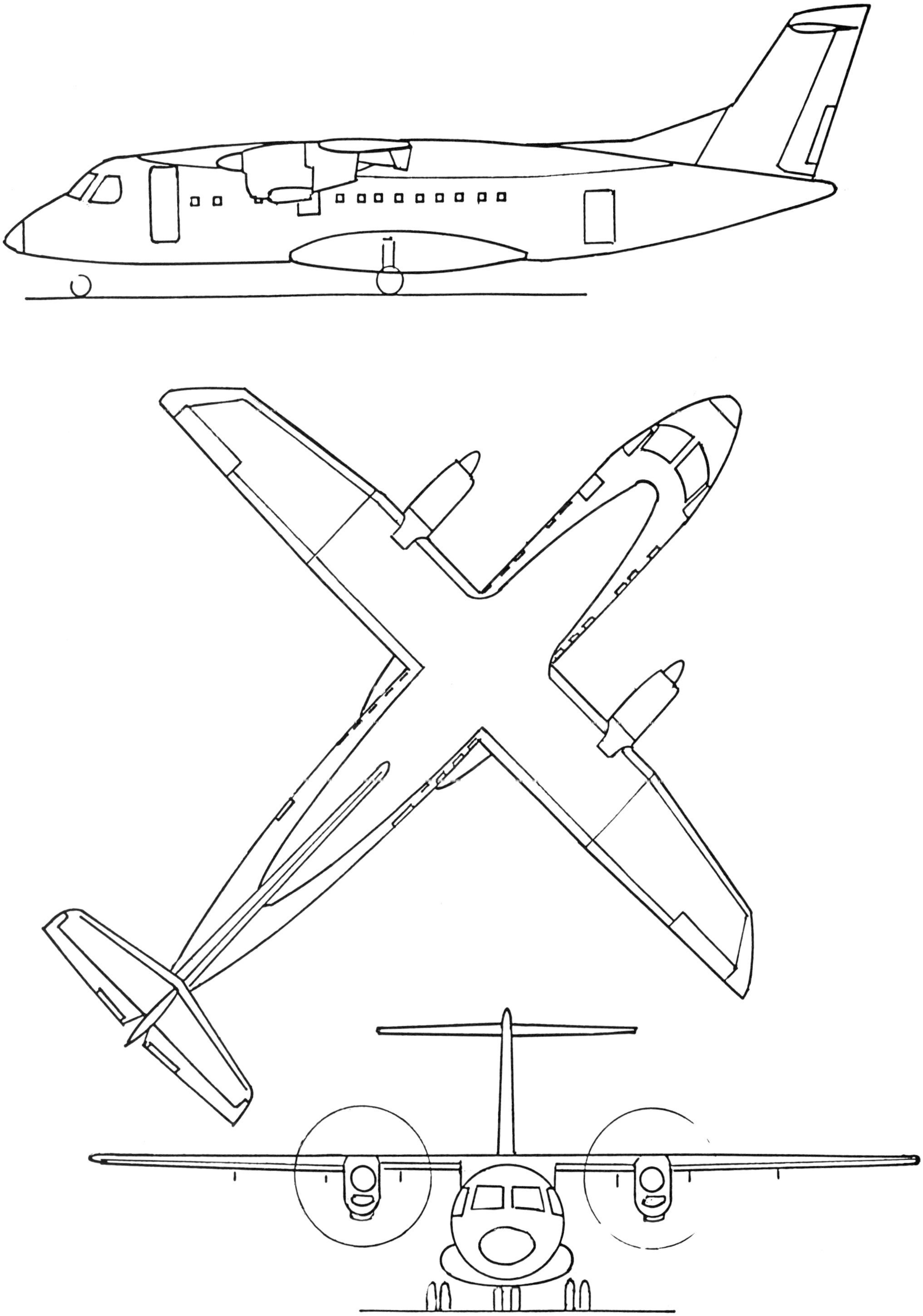

Claudius Dornier Seastar

Der Dornier-Vorstandsvorsitzende Professor Claudius Dornier, der die Geschäfte seines verstorbenen Vaters, Prof. Claude Dornier, weiterführte, schied 1981 wegen innerer Spannungen aus dem väterlichen Betrieb aus. Der damals 66jährige war aber ebenso wie sein Vater noch immer von der Flugbootidee besessen. Die Flugschiffe des Professors Dornier waren vor und während des Kriegs weltberühmt. Schon 1969 modernisierte der Sohn ein altes, noch flugfähiges dreimotoriges DO-24-Flugboot. Von der spanischen Marine kaufte man dafür zwei Oldtimer zurück. Doch erst seine Nachfolger setzten die Flugbootidee in die Tat um und bauten die DO 24 TT.

Nach seinem Ausscheiden verwendete Claudius Dornier Teile seines Vermögens, um einen eigenen Flugzeugbaubetrieb zu finanzieren. Ihm schwebte ein zweimotoriges, hochseefähiges Flugzeug vor, das auch mit normalem Fahrwerk auf dem Land landen kann.

Fast heimlich begann er mit einem Team bewährter Mitarbeiter mit dem Entwurf eines Flugzeugs, das in revolutionärer Weise erbaut werden sollte, und zwar aus korrosionsfestem GFK-Kunststoff. Zum Aerosalon 1983 in Le Bourget/Paris wurde die Seastar der Presse vorgestellt. Ein Jahr später flog dann schon der 1. Prototyp.

Für den Bau dieses Flugzeugs konnte Dornier viele Freunde gewinnen. Die Firma Hymer in Bad Waldsee stellte die Fertigungsräume zur Verfügung. Der Rumpf des 1. Prototyps wurde wie geplant ganz aus glasfasergetränktem Kunststoff hergestellt, so daß die Seastar ein Flugzeug völlig neuer Klasse wurde. Beim Segelflugzeugbau verwendete man diesen Kunststoff bereits, doch die neue Maschine wird nahezu 4 Tonnen wiegen und soll zudem noch auf dem Wasser landen können.

Den Tragflügel des Prototyps entlieh man sich einer DO 27, lediglich das Mittelstück mußte für das Vorhaben

Claudius Dornier Seastar I

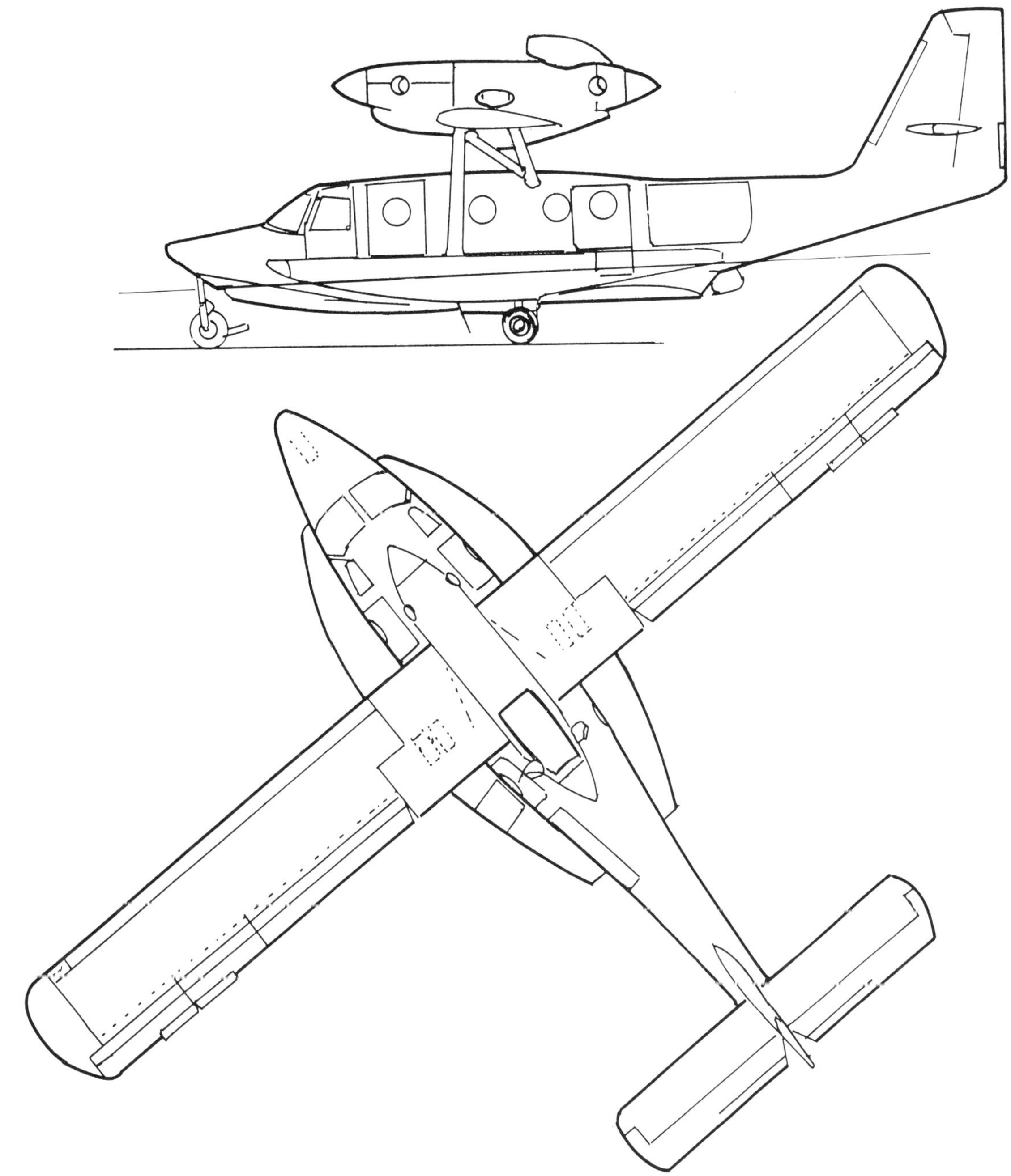

Claudius Dornier Seastar

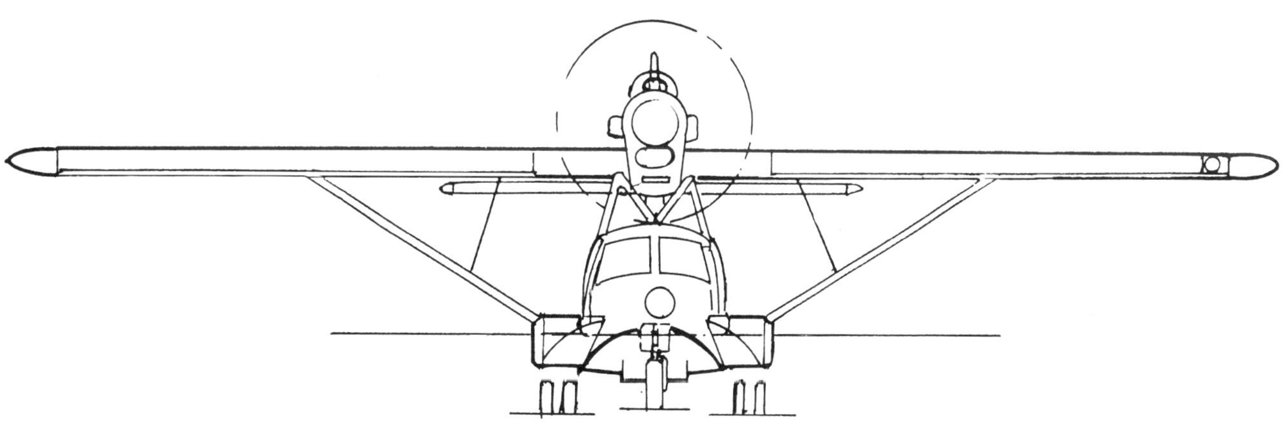

vergrößert werden. Erstmals nach dem Krieg verstrebte man ein Dornier-Flugzeug zwischen Rumpf und Flügel. Das Fahrwerk baute man bei der Firma Gomolzig, die mit dem Bau der Fahrwerksbeine des RFB Fan-Trainer beschäftigt war. Als Antrieb setzte man allerdings sofort ein modernes Triebwerkspaar auf die Tragflügel. Man wählte 2 Turbopropantriebe von Pratt & Whitney vom Typ PT 6A-11, von denen jedes 500 shp liefert. Die Triebwerksanordnung eines Zug- und Druckpropellers auf dem Tragflügel ist eine Spezialität des Hauses Dornier. Damit erreichten die Flugboote Claude Dorniers vor dem Kriege bereits Weltberühmtheit. Die Version DO X war sogar mit 12 Motoren in dieser Anordnung ausgerüstet.

Die Kabine des Erprobungsträgers kann bis zu 9 Passagiere und einen Piloten aufnehmen. Eine spätere Serienfertigung ist für 6 VIP-Passagiere oder als Sanitätsversion für 4 Tragen ausgelegt.

Die 1. Maschine fertigte man in der Hamburger Lufthansawerft. Diese Endmontagehalle hatte den großen Vorteil, daß die dringend benötigten Kleinteile (Schrauben, Bolzen usw.) sowie eine große Landebahn davor zur Verfügung standen. Bereits im Herbst 1984 konnte man die Flugerprobung der Maschine in Hamburg und Kiel (Wasser) durchführen.

Der Erprobungsträger ging nach einem mißglückten Versuchsflug während der Landung auf dem Bodensee verloren. Der Pilot hatte bei einer Nachtwasserung das Fahrwerk ausgefahren. Dabei überschlug sich dann die Maschine. Ein 2. Prototyp wurde sofort mit einem endgültigen Tragflügel aus GFK versehen und eingeflogen.

Claudius Dornier verstarb zwischenzeitlich, seine Nachfolger betreiben das Projekt weiter. Im heimatlichen Oberpfaffenhofen wird jetzt der Bau des Claudius-Dornier-Seastars vorbeitet. Die Finanzierung scheint nach langem Hin und Her für einen Bau in Deutschland gesichert. Ein Bedarf für das 1,5 – 2 Millionen US-Dollar (1987) teure Flugboot besteht auf jeden Fall, denn die heute noch verwendeten Flugboote sind alle mehr als 30 Jahre alt.

Claudius Dornier Seastar II

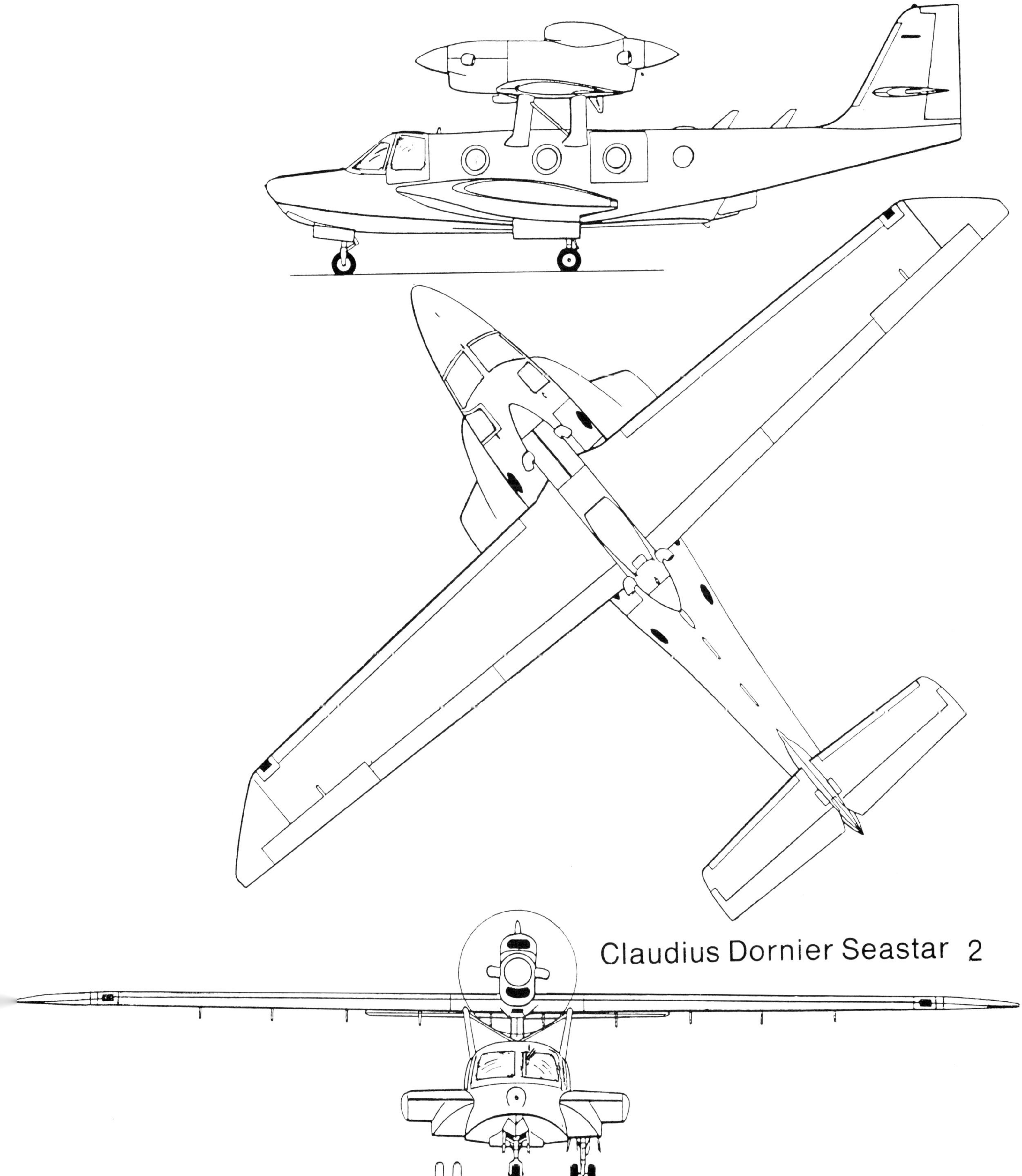

Claudius Dornier Seastar 2

Technische Daten der Claudius Dornier Seastar

Spannweite	14,80 m
Länge	11,10 m
Höhe	4,40 m
Flügelfläche	24,00 m²
Triebwerke	Pratt & Whitney PT 6 A-11
Leistung	2 x 500/367 shp/kW
Leergewicht	2050 kg
max. Startgewicht	3860 kg
Zuladung	1460 kg
Flächenbelastung	160,83 kg/m²
Leistungsbelastung	3,86 hp/kg
Reisegeschwindigkeit	410 km/h
Reichweite	1280 km
Startstrecke	440 m

Messerschmitt-Projekt ME 308 Jet Taifun

Schon während der Wiederaufbauphase beschäftigte man sich bei Messerschmitt mit einem zivilen Flugzeugbauprogramm. Der Firmenleitung schwebte zunächst der Einstieg in die vielversprechende Klasse der Reise- und Geschäftsflugzeuge vor. Schon vor dem Krieg war die Firma damit sehr erfolgreich, ihr ME-108-Taifun-Programm wird noch immer sehr gut beurteilt. Damals verließen in Augsburg etwa 500 Stück dieser sehr fortschrittlichen Maschine die Werkshallen. Lizenzbauten in Frankreich erhöhten diese Zahl um ein Vielfaches.

Noch während des Kriegs beschäftigte man sich mit der Weiterentwicklung dieses Flugzeugs zur ME 208. Diese Maschine, die bereits mit dem für jene Zeit neuartigen Bugradfahrwerk versehen war, wurde dann von den Franzosen weitergebaut und zur Nord Noralpha verfeinert.

Eine Wiederaufnahme des alten Projekts ME 108/208 durch Messerschmitt kam schon aus Konkurrenzgründen nicht in Frage, denn dieser Typ war 1955 bereits veraltet. Die amerikanische Flugzeugindustrie bot ähnliche Hochleistungsflugzeuge zu einem Spottpreis an.

Das Konstruktionsbüro Messerschmitt beschäftigte sich deshalb mit einem völligen Neubau, der zudem noch in eine Marktlücke vorstoßen sollte. Es sollte ein schnelles Geschäftsreiseflugzeug werden, das als erstes mit den neuentwickelten Zweikreisturbinen ausgerüstet werden sollte. Die Einkreistriebwerke, wie sie beim »Hansa-Jet« verwendet wurden, hatten einen verhältnismäßig hohen Kraftstoffverbrauch und waren auch noch sehr geräuschstark. Als Fertigungsgelände sah man den Flugplatz Weiden/Oberpfalz vor. Dieser nahe der Grenze gelegene Flugplatz hätte noch eine kräftige Finanzierungsspritze durch die Zonenrandförderung eingebracht.

Marktstudien ergaben, daß die Industrie bestenfalls Flugzeuge mit etwa 6 Sitzplätzen benötigt, die die gleiche Geschwindigkeit wie ein Verkehrsflugzeuges erreichen sollen und von jedem Grasflugplatz hinter dem Werk abfliegen können.

Bei Messerschmitt blieb es bei den Überlegungen, das Geschäft machte zu jener Zeit Bill Lear, der mit seinen Lear-Jets bald weltbekannt wurde.

Technische Daten der geplanten Messerschmitt ME 308 Jet Taifun

Spannweite	9,75 m
Länge	9,82 m
Höhe	3,58 m
Flügelfläche	13,35 m²
Triebwerke	DB 720
Leistung	2 x 665 kp
Leergewicht	2119 kg
max. Startgewicht	4420 kg
Flächenbelastung	331,0 kg/m²
Leistungsbelastung	3,4 hp/kg
Reisegeschwindigkeit	710 km/h
Reichweite	5000 km
Steigleistungen	16 m/s
Dienstgipfelhöhe	11 000 m
Startstrecke	1020 m
Landestrecke	820 m

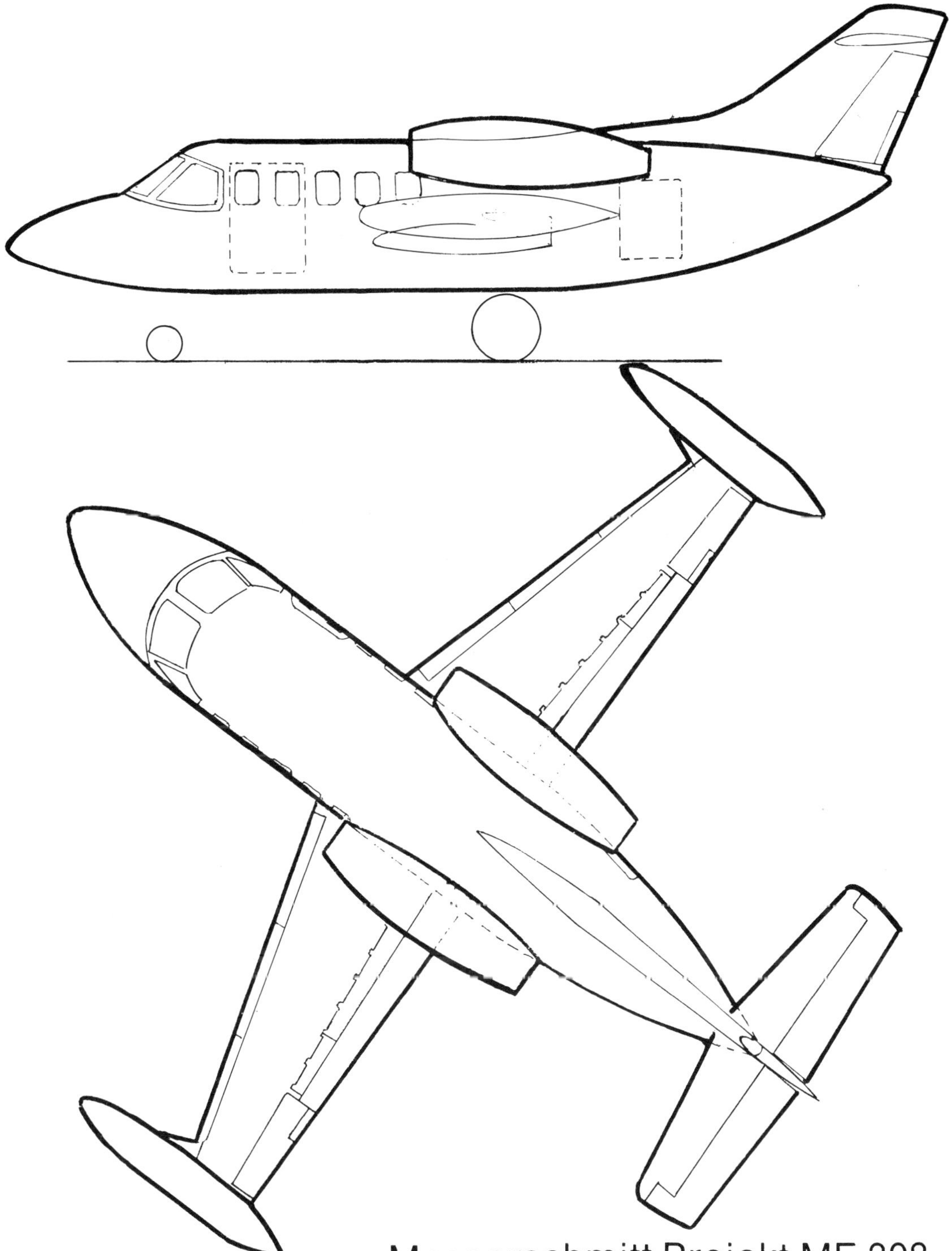

Messerschmitt Projekt ME 308

Verkehrsflugzeuge

Airbus A 320

Meist aus Prestige, aber auch aus wirtschaftlichen Gründen versucht die Luftfahrtindustrie, Verkehrsflugzeuge zu entwickeln. Nach Wiedererlangung der deutschen Lufthoheit zeichnete sich der Weg zu einer neuen Flugzeugentwicklung ab: zu den strahlangetriebenen Passagierflugzeugtypen. Die Länder USA, Frankreich und Großbritannien wollten sich damals diese neue Flugzeuggeneration teilen. Für die deutsche Nachkriegs-Luftfahrtindustrie lag es daher nahe, Marktlücken aufzuspüren und darin mitzumischen. Gegen die damals noch wirtschaftlich stärkeren Kriegssieger waren sie jedoch machtlos. Jene bauten nun die Flugzeuge der größeren Kategorie, die in den ersten Jahren noch als Riesenflugzeuge angesehen wurden. Die modernsten Flugzeuge dieser Zeit, die Douglas DC 7 oder die Lockheed Super-Constellation, waren kolbenangetriebene Flugzeuge und schleppten maximal 100 Personen weg. Die bereits in der Entwicklung stehenden Boeing-707- und Douglas-DC-8-Jets faßten das Doppelte. Enge Sitzreihen wurden eingeführt, die Passagiere mit akrobatischen Preiskämpfen zu einer Luftreise verführt.

Auf der Kurzstrecke wurde noch lange mit den herkömmlichen Kolbentriebwerken geflogen. Gerade in diese Klasse der 30–50sitzigen Flugzeuge, jedoch mit dem neuartigen Jetantrieb, wollte die frühe deutsche Flugzeugindustrie mit einsteigen. Jeder der verschiedenen Hersteller hatte bereits sein Patentrezept entwickelt, es gab damals ein richtiges deutsches Konkurrenzdenken.

Messerschmitt präsentierte in den späten 50er Jahren seine P 160, einen zweistrahligen Jet, der bis zu 54 Passagiere aufnehmen konnte. Natürlich sollte dieses Flugzeug auch von deutschen Triebwerken angetrieben werden.

Heinkel war mit seinem Projekt der HE 211 sehr weit fortgeschritten, als es eingestellt werden mußte. Das im Auftrag des Bundeswirtschaftsministeriums entwickelte Flugzeug durchlief sämtliche Möglichkeiten, die ein Flugzeugprojekt gehen konnte. Zunächst war es ein Hochdecker, dann ein Tiefdecker mit einem Turboprop oder einem reinen Jetantrieb. In der Endphase sollte die HE 211 ein sehr unkonventionelles Flugzeug werden, das wie viele deutsche Muster neuartig im Aussehen war. Die Version B 1, die noch bis 1961 verfolgt wurde, hatte ein V-Leitwerk und darin 2 eingebettete Jettriebwerke. Durch eine Schräganordnung der Sitze sollten bis zu 32 Passagiere in dem bei normaler Bestuhlung für 24 Passagiere ausgelegten Rumpf Platz finden. »Doch zu unserer Überraschung war bei den Fluglinien kein Interesse für unsere Maschine vorhanden«, klagte Heinkels Projektleiter Dipl.-Ing. Günter.

Auch bei der Hamburger Flugzeugbau befaßte man sich mit sehr hochfliegenden Plänen eines möglichen Verkehrsflugzeugs. Für das Projekt, die HFB 314, wurden ebenfalls alle möglichen Variationen untersucht. Es sollte sogar in Entenbauweise flugfähig gemacht werden. Bei dieser Bauweise liegt das Leitwerk vorne, aber der Haupttragflügel ist weit hinten angeordnet. Auch die für damalige Zeiten neuartige Triebwerksanordnung im Heck versprach einen wirtschaftlichen Einsatz der Maschine. Bei HFB mußte man das vielversprechende Projekt aufgeben, deutsche Flugzeuge waren eben nicht gut verkäuflich.

Mit noch hochtrabenderen Plänen befaßte man sich bei Dornier. Den mit Bundesmitteln entwickelten senkrecht startenden Militärtransporter, die DO 31, wollte man in der Serienform auch als ziviles Verkehrsflugzeug anbieten. Von Stadtmitte zu Stadtmitte mit einem lauten Jet, warum eigentlich nicht? Der Flughafen könnte sowieso auf den lauten Bahnhof gelegt werden, als Konkurrenz zur Bundesbahn. Allein die stark gestiegenen Treibstoffpreise der 70er Jahre hätten das Projekt wahrscheinlich zum Scheitern gebracht.

Aus allen Entwicklungen kristallisierte sich nur die VFW 614, ein Projekt, das speziell von der Bundesregierung als Technologie-Forschungsobjekt gefördert wurde. Unglücklicherweise ging man vor Vermarktung dieses Flugzeugs eine Vereinigung mit dem holländischen Fokker-Konzern ein, der bereits eine ähnliche Maschine baute.

Die Fokker F 28 ist ein mittelgroßer Jet, der als einziger Konkurrent ähnliche Eigenschaften wie die frühen Entwicklungen der deutschen Luftfahrt hatte: klein, gute Kurzstartfähigkeit und trotzdem noch einigermaßen wirtschaftlich.

Doch die Zeit war in den 60er Jahren noch nicht so weit, daß man im Regionalverkehr unbedingt mit Jetantrieb fliegen mußte. Die alten Kolbenmotoren der Convair 340/440 oder die Turboprops der Fokker F 27 machten noch einige Jahre ihren Dienst. Die F 28 kam auf keine großen Stückzahlen. Und jetzt noch eine wirtschaftliche Konkurrenz sogar aus eigenem Hause? Man munkelte schnell, daß die Fokker-Verkäufer lieber ihr eigenes Projekt verkauften als das VFW-Flugzeug.

Bei der Erprobung der VFW 614 ging der Prototyp durch Absturz verloren, ein weiteres großes Hindernis für den deutschen Prestigeflieger. Die VFW 614 war eine echte deutsche Entwicklung mit allen dazugehörenden Neuerscheinungen. Die Maschine sollte ein Alleskönner sein, vor allem sollte die Maschine von unbefestigten Landebahnen operieren können. Um das zu erreichen, hatten die Ingenieure eine ganz neuartige Triebwerksanordnung geschaffen. Sie schraubten die beiden Jetmotoren oben auf der Tragfläche fest. Verkaufsargumente wie die, daß die Flügel die Lärmquelle nach unten abschirmten, sollten diese lustige Anordnung rechtfertigen. An das psychologische Moment bei Passagieren dachte jedoch keiner: Von ihren Sitzen aus, konnten sie genau in die Flammen der Abgase sehen.

3 Fluggesellschaften flogen bereits mit dem Flugzeug, als ab der Baunummer 16 die Produktion der VFW 614 eingestellt wurde. Ein Krach mit Fokker führte dann auch zu einer Lösung des Vertrags, die Vereinigten Flugzeugwerke VFW wurden vom MBB-Konzern übernommen.

Fast ähnlich erging es dem zunächst sehr ehrgeizigen Airbus-A-300-Projekt. In Zusammenarbeit mit den europäischen Luftfahrtnationen entwickelte man ein richtiges Flugzeug. Hier ging man jedoch von gängigen Voraussetzungen aus, die Maschine mußte absolut konventionell hergestellt werden. Doch das Projekt gelingt nur in enger wirtschaftlicher und technischer Zusammenarbeit mit den europäischen Partnern.

Schon um der amerikanischen Alleinherrschaft im Verkehrsflugzeugbau ein Ende zu bereiten, mußte die neue Maschine besonders wirtschaftlich in der Herstellung und noch mehr im Betrieb sein. Die gerade aufkommenden Großraummaschinen galten dann auch als das Leitbild, der Airbus A 300 mußte ein europäischer Jumbo werden. Die Wirtschaftlichkeit liegt in der Verwendung von nur 2 Triebwerken. Die amerikanische Konkurrenz benutzte für ihre Maschinen damals mindestens 3, meistens sogar 4 Triebwerke.

Der neue Airbus A 300 erfüllte dann auch sofort alle geforderten Voraussetzungen, nur die Maschine konnte nicht verkauft werden. Die Konkurrenz schlief nicht, und die ausgefuchsten Verkäufer von Boeing, Lockheed und Douglas kannten alle kleinen Mängel des Konkurrenten und verschwiegen ihre eigenen. Der Durchbruch kam, als die fast konkursreife amerikanische Fluggesellschaft Eastern Airlines einen Großauftrag für den Airbus A 300 unterzeichnete. Wenn ein Amerikaner das Flugzeug kauft, sind die Würfel gefallen, die Airbusverkäufer konnten ab sofort reisen.

Eine folgerichtige Weiterentwicklung zu einer ganzen Flugzeugfamilie führte dann zu einer kleineren Version, dem Airbus A 310. Hier blieb man jedoch nicht müde vor den Zeichenbrettern sitzen, der A 310 wurde wieder ein völlig neues Flugzeug. Noch wirtschaftlichere Tragflächen bringen eine bessere Kraftstoffausnutzung. Als Gegenstück entwickelte die amerikanische Konkurrenz sofort gleiche Flugzeuge, der A 310 lehrte der alles beherrschenden amerikanischen Flugzeugindustrie das Fürchten.

Der nächste Schritt bei Airbus wurde der A 320. Diese auch als kleiner Airbus bekannte Maschine ist wieder eine völlige Revolution im Flugzeugbau. Nochmals wurde der Flügel überarbeitet und der Rumpf auf die kleineren Bedürfnisse umkonstruiert. Doch die wesentlichste Neuerung am A 320 ist die computergesteuerte Flugführungsanlage. Der Flugzeugführer fliegt die Maschine nur noch nach dem Prinzip »Fly by wire«. Mit einem Ministeuerknüppel kann er seine Kommandos eingeben, und der Computer steuert dann Richtung und Triebwerksleistung.

Weitere Airbusprojekte sind in Planung, bald werden der A 321, eine gestreckte Version des A 320, der zweistrahlige A 330 und der vierstrahlige A 340 als Langstreckenmaschine folgen.

Heinkel HE 211

Eine Wettbewerbsausschreibung des Bundeswirtschaftsministeriums veranlaßte die Firma Heinkel, ein Flugzeug zu entwickeln, das speziell für einen Kurzstrecken-Inlandsflugverkehr geeignet war. Falls die Maschinen für die Lufthansa wirtschaftlich erschienen, könnte man auf eine Bezuschussung hoffen, hieß es 1957.

Zunächst untersuchte man das Projekt als kleine Maschine. Sie sollte mit dem »einfachen« Flugzeugführerschein geflogen werden können und deshalb unter 12 500 lbs (5,7 Tonnen) Abfluggewicht liegen. Man stieß jedoch schnell auf natürliche Grenzen, denn diese Maschinen müssen eine Landegeschwindigkeit von nur 105 km/h haben. Wenn aber solch niedrige Geschwindigkeiten gefordert werden, kann die Reisegeschwindigkeit nicht sehr hoch ausfallen.

Deshalb wandte man sich sehr bald einer größeren Maschine zu, die in der 10-Tonnen-Klasse liegen sollte.

Die Propellerturbinenversion HE 211 A untersuchte man in der Planung mit zwei 1000 PS und mit zwei 2000 PS starken Triebwerken (Lycoming T 53 und T 55) auf eine Eignung. Beide Triebwerke sollten durch eine feste Welle miteinander verbunden werden. Bei einem unerwarteten Triebwerksausfall wäre dann nur eine Leistungsreduzierung zu verzeichnen gewesen. Das stärkere Lycoming-T-55-Triebwerk hatte fast dieselben Abmessungen und Gewichte wie die T-53-Turbine, so daß die schwache Ausführung sehr bald als veraltet galt.

Die Heinkel HE 211 sollte über 600 km/h schnell werden und zudem noch einen sehr kurzen Startweg (375 m bis auf 10,7 m Höhe) haben. Damit man sie mit großen Propellern ausrüsten konnte, war sie ursprünglich als Hochdecker geplant. Eine spätere Version (1961), diesmal als HE-211-A1-Tiefdecker mit kurzen Propellern, wurde auch durchgesprochen.

Um die Maschine wirtschaftlich produzieren zu können, sollte sie auch als Geschäftsreisemaschine vermarktet werden. Man glaubte, damit höhere Stückzahlen erzielen zu können. Die Meinung des Konstrukteurs, Dipl.-Ing. Siegfried Günther: »Wir sind der Ansicht, daß für kleine zweimotorige Flugzeuge die Flugeigenschaften mit einem ausgefallenen Triebwerk wesentlich wichtiger für die Anforderungen der Ausbildung des Flugzeugführers sind als eine niedrige Anfluggeschwindigkeit.«

Bereits 1958 wurde eine weitere Version der HE 211 untersucht: die HE 211 B, die mit drei sich damals in Entwicklung befindlichen General-Electric-J-85-Jettriebwerken fliegen sollte. Diese Triebwerke konnten jedoch nicht vor 1961 fertig sein.

Aus diesem Grund untersuchte man bei HFB 1958 auch die General-Electric-CF-700-Aftfan-Triebwerke für das Projekt. Durch diese wesentlich stärkeren Antriebsaggregate konnte das Flugzeug mit 2 Motoren auskommen, benötigte aber einen etwas höheren Startweg. Im Reiseflug wäre sie damit allerdings 200 km/h schneller.

Dipl.-Ing. Günther damals: »Bemerkenswert ist der geringe Kraftstoffverbrauch bei der Turbopropversion und der kurze Startweg, doch zu unserer Überraschung war kein Interesse für diese Version zu finden.«

Die HE 211 B sollte eine Sitzplatzkapazität für 22–24 Passagiere haben. Durch eine Schräganordnung der Sitze um 25 Grad nach innen zum Gang hin sollte sie in

Technische Daten des Projekts Heinkel HE 211

Spannweite	14,70 m
Länge	19,15 m
Höhe	5,48 m
Triebwerk	General Electric GE CF 700
Leistung	2 x 1925 kp
Flügelfläche	38,00 m²
Leergewicht	5865 kg
max. Fluggewicht	10 965 kg
Zuladung	5100 kg
Flächenbelastung	288,5 kg/m²
Leistungsbelastung	2,85 kp/kg
Höchstgeschwindigkeit	840 km/h
Reisegeschwindigkeit	840 km/h
Steiggeschwindigkeit	800 m/min
Reichweite	1400 km
Startstrecke	740 m

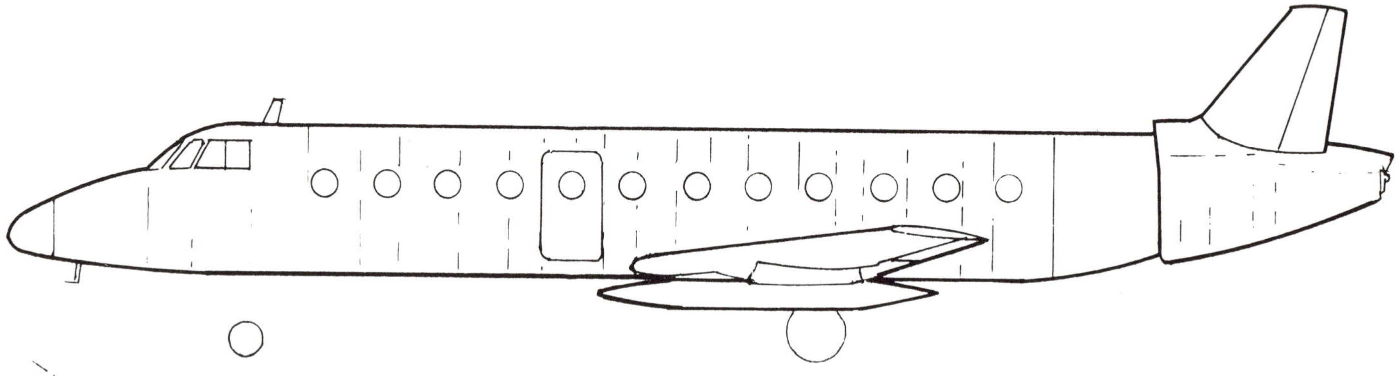

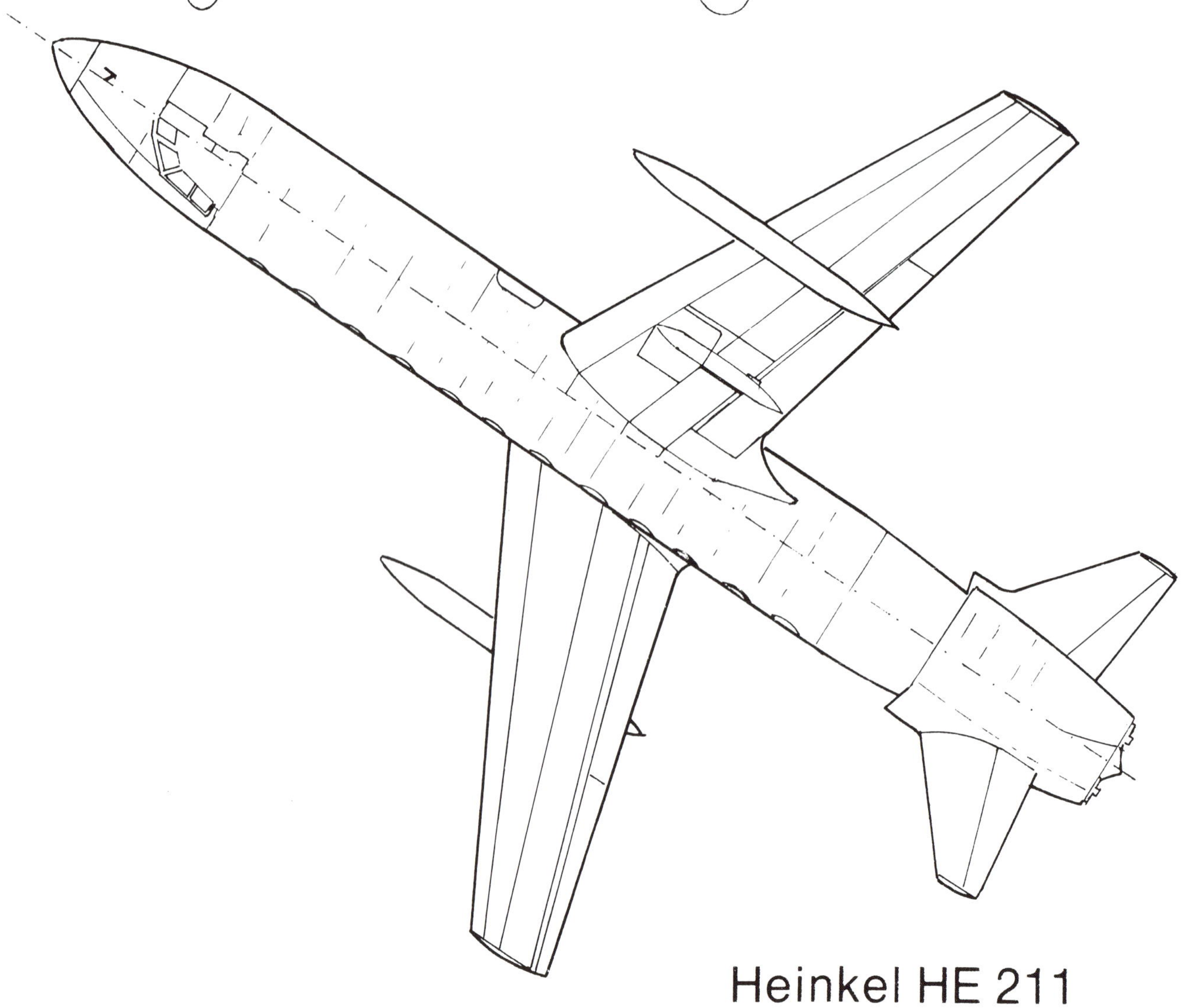

Heinkel HE 211

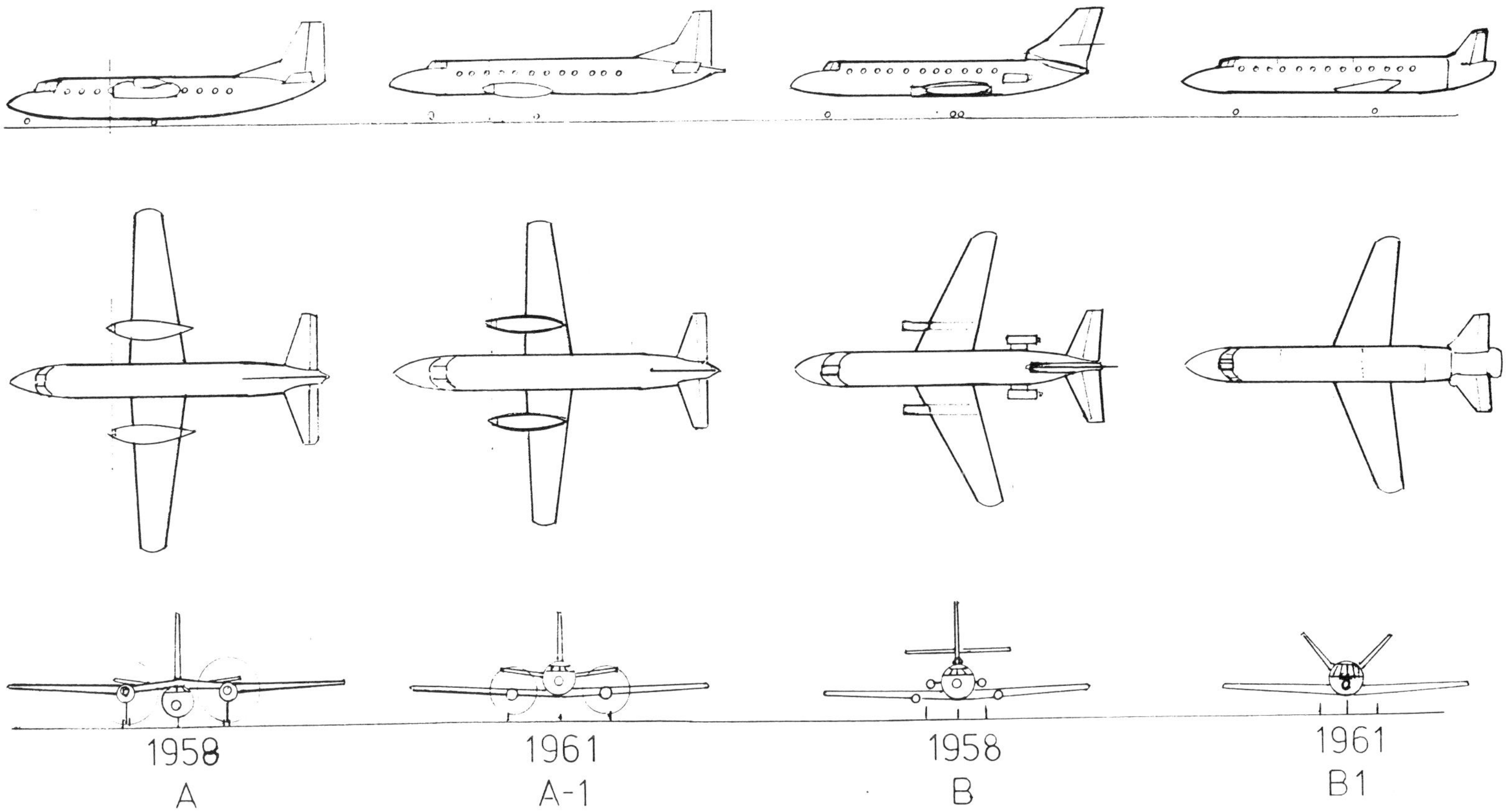

Die vier Varianten der He 211

dichter Bestuhlung bis zu 32 Passagiere aufnehmen können.

Die HE 211 A wurde von der Lufthansa positiv beurteilt. Doch die Hoffnungen auf Zuschüsse waren trügerisch, sie blieben aus. Heinkel arbeitete noch an der HE 211 B weiter, sie kam jedoch nicht über das Projektstadium hinaus.

HFB 314

In den Jahren 1958–1960 arbeitete man an einem anderen Verkehrsflugzeug: der HFB 314. Bereits 1956 war bei der Hamburger Flugzeugbau ein durch Turbopropeller angetriebenes Flugzeug in Planung, die man jedoch zugunsten der HFB 314 aufgab. Diese Maschine, man nannte das Projekt HFB 209, sollte 60 Passagiere mit etwa 550 km/h befördern können. Doch Turboproptriebwerke waren damals bereits wieder veraltet, es sollten nur noch schnelle Jets geflogen werden. Erst mit immer steigenderen Kraftstoffkosten erinnerte man sich erneut an den kostengünstigeren Turboprop.

Die HFB 314 wurde ursprünglich als Entenflugzeug konzipiert. Dieses hätte den Vorteil eines großen Schwerpunktbereichs gehabt, der für ein Verkehrsflug-

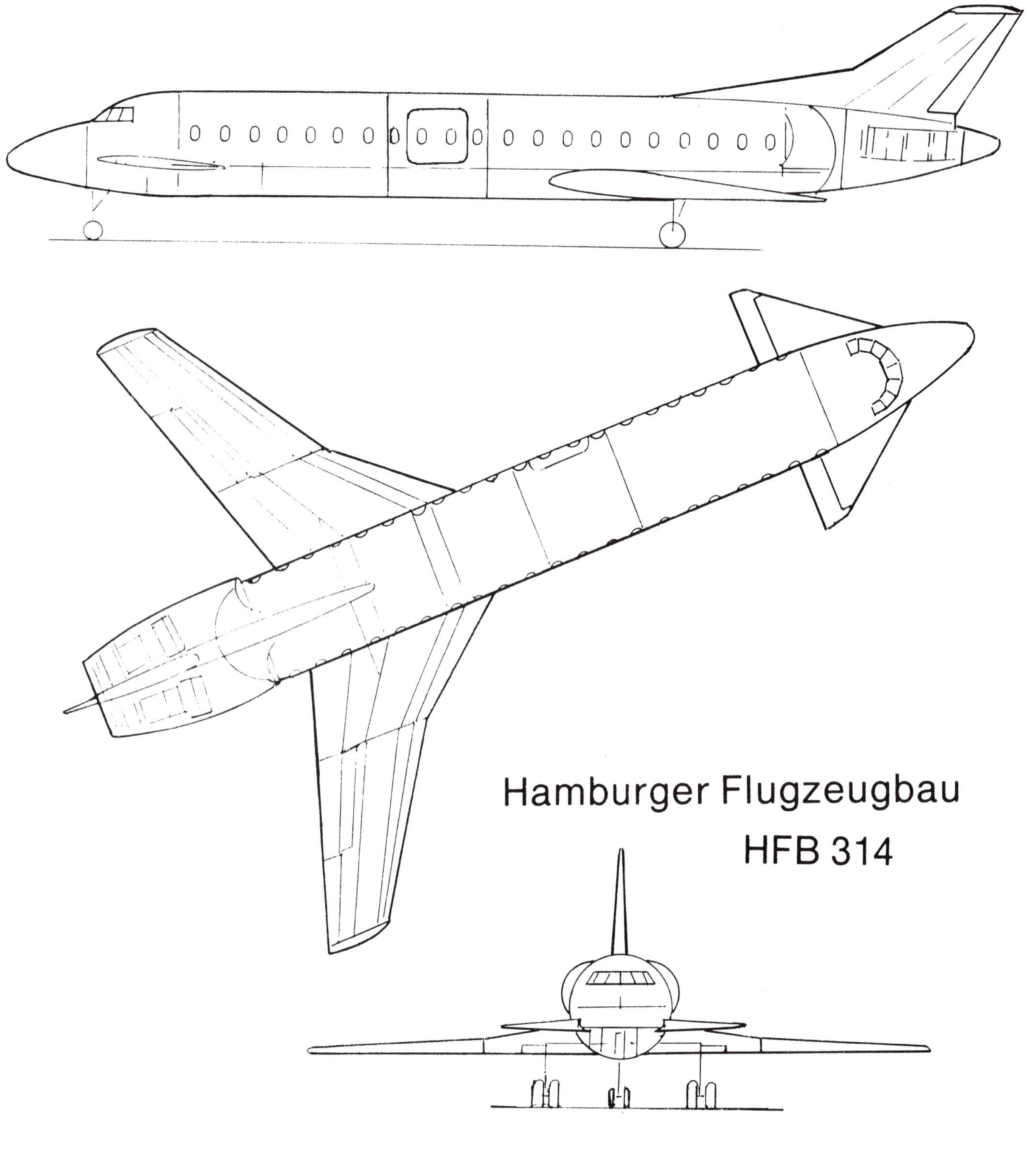

Hamburger Flugzeugbau
HFB 314

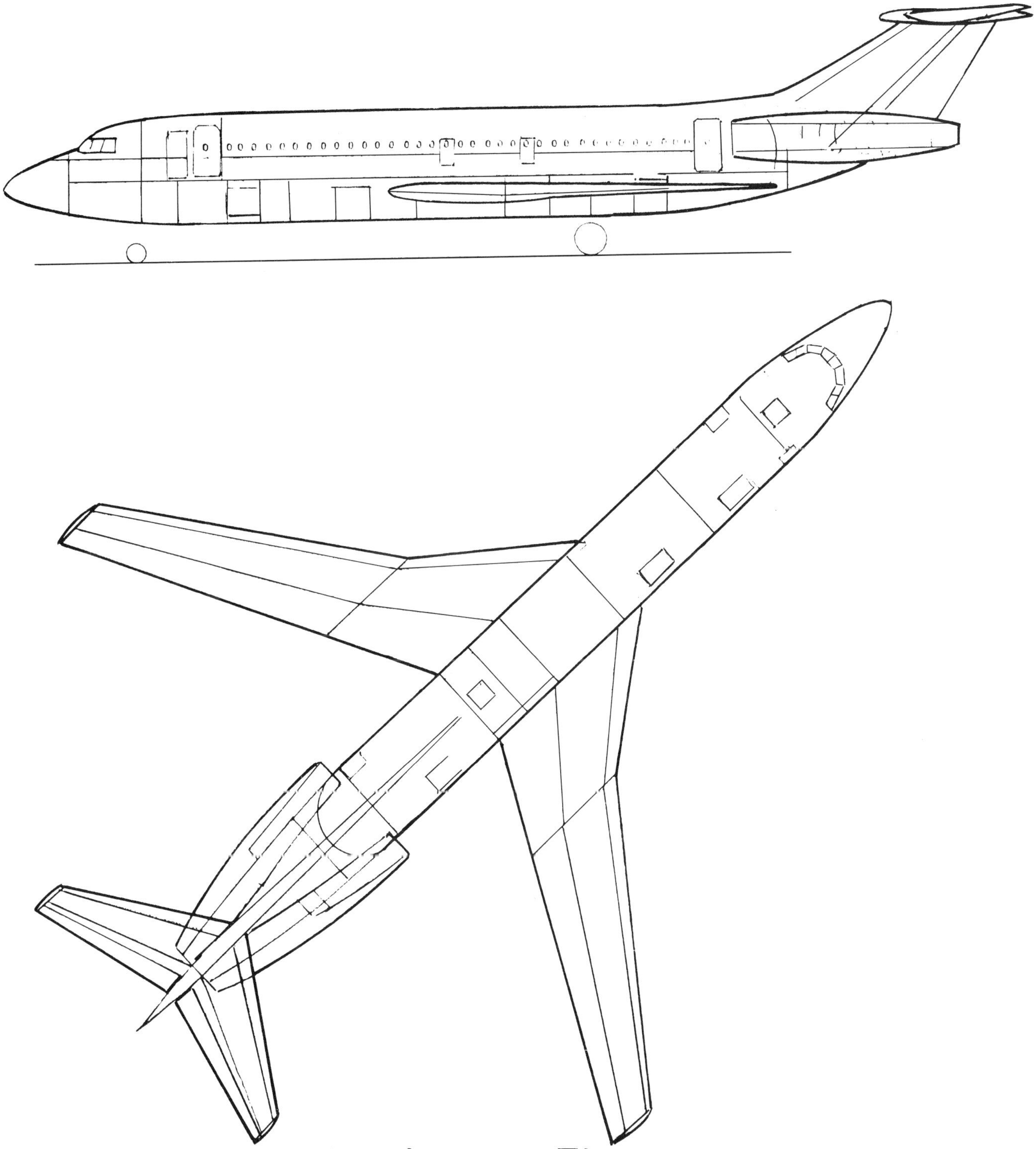

Hamburger Flugzeugbau HFB 314

zeug mit langer Kabine äußerst wichtig ist. Doch diese Ausführung hätte zur Folge gehabt, daß man die Maschine nur mit aerodynamischen Tricks hätte fliegen können, um die Flugsicherheit zu gewährleisten. Die weitere Entwicklung der Maschine führte zu einer Triebwerksanordnung im Heck, die zu jener Zeit noch neu war.

Die Studie kam zum Ergebnis, daß die Maschine (78 Sitze) mit nur 38 % Auslastung auf einer Strecke von 2000 km bereits wirtschaftlich eingesetzt werden könnte. Würden noch 2 Tonnen Fracht mitgenommen, so könnte der Fluggastanteil auf nur 15 % oder 12 Passagiere gesenkt werden.

Die Ingenieure waren sich damals einig, daß eine Maschine mit solch günstigen Flugleistungen (es wurden nur 1600 m Startbahn benötigt) und wirtschaftlichen Vorteilen auch bei den größeren Fluggesellschaften, die viel Kurzstrecke zu bedienen haben, ankommen würde. Für die Mittelstrecke konnte der Jet ebenfalls eingesetzt werden. Die Reichweite der HFB 314 sollte bei etwa 2500 Kilometern liegen. Zu einem Serienbau kam es jedoch nicht.

Technische Daten des Projekts HFB 314

Spannweite	28,40 m
Länge	36,25 m
Triebwerk	Rolls Royce RTB 141/3
Leistung	2 x 6410 kp
Flügelfläche	114,5 m²
Leergewicht	20 900 kg
max. Fluggewicht	40 250 kg
Zuladung	19 350 kg
Flächenbelastung	325 kg/m²
Leistungsbelastung	3,14 kg/kp
Höchstgeschwindigkeit	980 km/h
Reisegeschwindigkeit	950 km/h
Dienstgipfelhöhe	13 000 m
Reichweite	3400 km
Startstrecke	930 m

VFW Fokker VFW 614

Der einzige einigermaßen erfolgreiche kleine deutsche Verkehrsjet, die VFW 614, sollte eines der vielen DC-3-Ersatzflugzeuge werden. Bereits 1962 begann man mit der Entwicklung des zweistrahligen Flugzeugs, das in der 30-bis-40-Passagier-Klasse rangiert. Bis auf die dreistrahlige russische Yak 40 wurde bis dahin noch kein so kleiner Jet für Passagierzwecke hergestellt.

Das Neuartige am VFW-Entwurf war die Anordnung der beiden Triebwerke. Diese sollten erstmals an einem Flugzeug oben auf den Tragflügeln montiert werden. Damit wäre die Maschine in der Lage, auch unbefestigte Flughäfen anzufliegen, weil die Gefahr des Steinschlags in den Triebwerken gebannt war. Noch einen weiteren Vorteil bietet diese Triebwerksanordnung. Bei der Flugerprobung wurde nämlich herausgefunden, daß diese Triebwerksanordnung das Flugzeug extrem leise macht. Die Tragflügel absorbieren die Schallwellen nach unten, der Lärm strahlt nur noch nach oben weg.

Der enorme Nachteil einer solchen Anordnung ist jedoch ein psychologischer Aspekt: Die hinter den Triebwerken sitzenden Passagiere sehen direkt in das Feuer der Abgase.

Die VFW 614 erregte weltweites Aufsehen, und es lagen auch mehrere Verkaufsoptionen vor. Der Prototyp ging jedoch bei der Flugerprobung durch Ruderflattern verloren.

Den Verkäufern der Firma Fokker, die mit dem Vertrieb der VFW 614 beauftragt war, lag jedoch der Absatz ihres eigenen Jets, der Fokker F 28, mehr am Herzen als das »Konkurrenz«-Muster. Fokker löste sich später aus dem VFW-Verbund, und der Bau der VFW 614 mußte nach der Baunummer 16 eingestellt werden.

Die VFW-614-Maschinen der französischen Fluggesellschaften TAT und Air Alsace sowie der dänischen Cimber Air, die schon mit dem deutschen Jet flogen, gingen an den Hersteller VFW zurück. Sie wurden später verschrottet. Lediglich die Flugbereitschaft der Luftwaffe fliegt noch 3 dieser Maschinen als VIP-Transporter.

Ein Exemplar der VFW 614 erhielt die Deutsche Forschungs- und Versuchsanstalt für Luft- und Raumfahrt (DFVLR) zu Versuchzwecken. Diese Maschine baute

VFW Fokker VFW 614 Luftwaffe

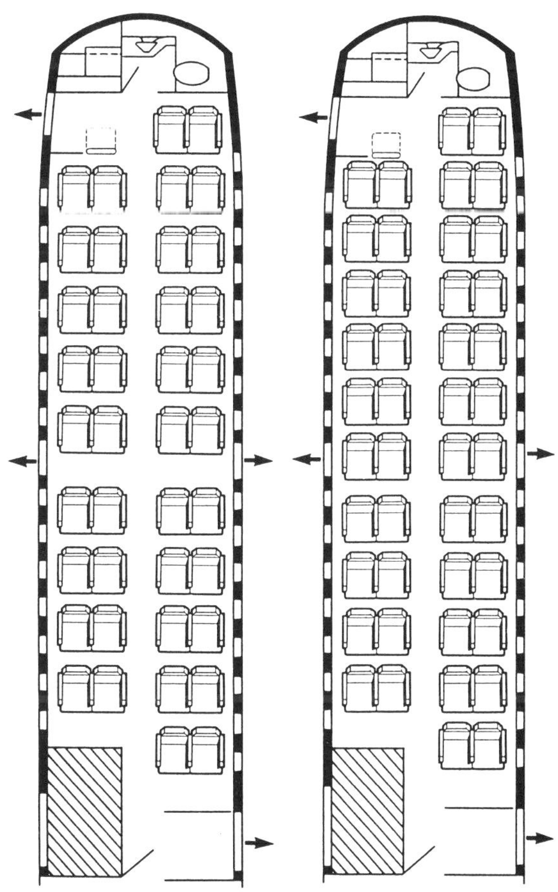

40 Passengers
(standard version)

44 Passengers
(optional)

man hier zu einem ATTAS-Versuchsflugzeug um. Mit dem ATTAS-Programm können moderne Flugführungsprojekte untersucht werden. In der Maschine installiertman ein computergesteuertes Cockpit des wesentlich größeren Airbus; hier wurde die »Fly by wire«-Ausrüstung des Airbus A 320 erprobt. Die rechte Pilotenseite bleibt mit der herkömmlichen Steuerung versehen.

Die VFW 614 ist bis auf die unübliche Anordnung der Triebwerke ein völlig konventionelles Flugzeug: ein Tiefdecker mit der üblichen Leitwerksanordnung und einem einziehbaren Bugradfahrwerk. Das Turbofan-Triebwerk MH 45 H wurde eigens für die Maschine von Rolls-Royce/SNECMA entwickelt.

Technische Daten der VFW/Fokker VFW 614

Spannweite	21,50 m
Länge	20,60 m
Höhe	7,84 m
Triebwerk	Rolls-Royce/SNECMA M 45 H Mk 501
Leistung	3390 kp
Flügelfläche	64,00 m^2
Leergewicht	11 850 kg
max. Fluggewicht	19 950 kg
Zuladung	7 770 kg
Flächenbelastung	312 kg/m^2
Leistungsbelastung	2,70 kp/kg
Höchstgeschwindigkeit	713 km/h
Reisegeschwindigkeit	702 km/h
Steiggeschwindigkeit	15 m/s
Dienstgipfelhöhe	7600 m
Reichweite	2500 km
Startstrecke	760 m
Landestrecke	433 m

Airbus-Serie

Die Geschichte der deutschen Nachkriegs-Flugzeugindustrie zeigt, daß ein erfolgreicher Flugzeugbau nur in Zusammenarbeit mit anderen Nationen möglich ist. Alle, auch technisch noch so raffiniert ausgelegte Konstruktionen scheiterten.

Um den lange gehegten Traum eines eigenen Verkehrsflugzeugs wenigstens im entferntesten noch zu erreichen, trat die deutsche Luftfahrtindustrie dem Airbus-Konsortium bei, das ein fortschrittliches Flugzeug plante. Diese multinationale Vereinigung der Flugzeugbau betreibenden Nationen besteht aus den Ländern Frankreich, Großbritannien, Spanien, Italien und Deutschland. Später beteiligten sich noch die Niederlande daran.

Das 1. Flugzeug, das dieser Airbus-Konzern entwickelte, war die A 300, ein Großraumflugzeug mit bis zu 345 Plätzen. Diese Maschine wies gegenüber der amerikanischen Konkurrenz erhebliche technische Vorteile auf. Die Produkte der US-Industrie gelten zwar noch immer als bahnbrechend im modernen Flugzeugbau, doch der A 300 ist der Prototyp einer völlig neuen Flugzeugklasse.

Die große Maschine wird erstmals nur von 2 Triebwerken angetrieben. Alle Großraumflugzeuge wurden bis dahin mit mindestens 3 Antriebsaggregaten ausgerüstet. Außerdem ist der Airbus A 300 mit aerodynamisch äußerst widerstandsarmen Tragflügeln ausgestattet. Damit kann während des Flugs viel Treibstoff eingespart werden. Der Airbus A 300 wurde durch seine Konstruktion eine ernsthafte Konkurrenz für die marktbeherrschende amerikanische Flugzeugindustrie dieser Klasse.

Die ersten Flugzeuge des Typs flogen bereits 1974 und erfüllten alle hochgesteckten Erwartungen ihrer Konstrukteure. Dennoch war das Flugzeug anfänglich unverkäuflich, die Lobby der US-Luftfahrt machte sich der ernsthaften Konkurrenz gegenüber sehr stark. Nur die französischen Staatsfluglinien Air France und Air Inter, später auch die Lufthansa, mußten einige der modernen Flugzeuge abnehmen.

Der Durchbruch des Airbusses gelang durch einen genialen Schachzug des Konzerns. Der finanziell

Airbus A 300

schwachen Gesellschaft Eastern Airlines, übrigens eine der größten Fluglinie der USA, wurden leihweise 4 Maschinen des Typs zur Probe überlassen. Eastern orderte nach der erfolgreichen Streckenerprobung des Flugzeugs gleich 21 Airbus A 300 und setzte die Maschinen dann in ihrem Streckennetz ein.

Ein Sprichwort sagt: Wenn ein Flugzeug in den USA verkauft werden kann, ist es auch gut. Aufträge von Fluggesellschaften in der ganzen Welt gingen daraufhin ein. Vor allem der asiatische Raum wurde eine Domäne des Airbusses, dort führte bislang der Markenriese Boeing.

Um sich auch Nachfolgeaufträge zu sichern, mußte das Typenangebot zu einer großen Flugzeugfamilie erweitert werden. Einzelne Untertypen des A 300 genügen da nicht mehr, denn der Airbus A 300 ist für viele Gesellschaften viel zu groß.

Airbus Industries entwickelte daraufhin die wesentlich kleinere A 310, die voll alle in sie gesteckten Erwartungen übertraf. Daraufhin mußte die amerikanische Konkurrenz ernsthaft ein neues Muster entwickeln. Gleichzeitig mit dem A 310 wurden die Boeing-Flugzeuge 757 und 767 in derselben Klasse fertig.

Im Großraumflugzeugbau reduzierten sich nun die Hersteller. Airbus Industries teilt sich jetzt nur noch mit Boeing den Bedarf der Fluggesellschaften. Die langjährigen Hersteller Mc Donald-Douglas und Lockheed mußten aus dem Anbieterkreis aussteigen.

Doch der A 310 ist nicht nur eine modifizierte Airbusvariante, dieses Flugzeug ist wieder eine echte Neukonstruktion. Sie hat einen kürzeren, jedoch gleich dicken Großraumrumpf wie ihre größere Schwester. Das Erfolgsgeheimnis des Typs sind ihre wieder stark modifizierten Tragflügel. Diese widerstandsarmen Flügel, mit

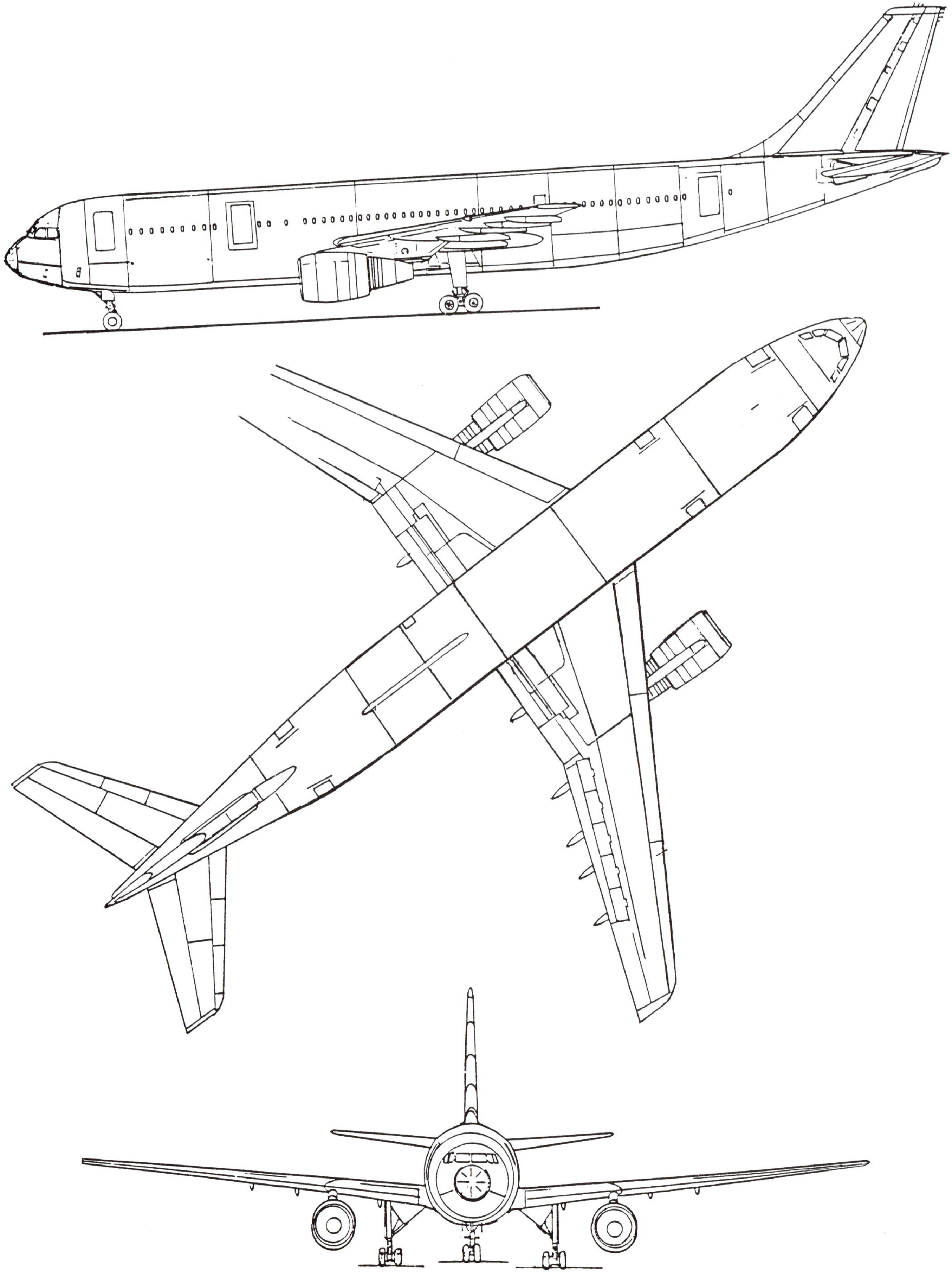

Airbus A 320

noch kraftstoffgeizigeren Triebwerken gepaart, ergeben ein äußerst betriebsgünstiges Flugzeug, das der Konkurrenz weit davonfliegt.

Um die Palette der Airbusfamilie nochmals auszubauen, entstand der Airbus A 320. Diese Maschine ist eine wesentlich kleinere Version als die A 310 und soll noch weiter verfeinert werden. Sie, wie auch die Vorgängermaschine A 310, soll von nur 2 Piloten geflogen werden können, was die Betriebskosten erheblich vermindern wird. Das ergab anfangs eine große Unstimmigkeit in den Pilotenverbänden, die dadurch einen Flugingenieur-Arbeitsplatz einsparen müssen.

Daß die Maschinen der neuen Airbusgeneration ausschließlich über Fly by wire, also computergesteuert, und über EFIS-Bildschirme gelenkt werden, versteht sich fast von selbst. In die neuen Flugzeuginstrumente EFIS werden alle wichtigen Daten elektronisch auf Bildschirme übertragen. Die neue Pilotengeneration wird

Airbus A 320 Cockpit

Airbus Tragflügel wird in Guppy verladen

1 Deutsche Airbus / MBB
2 Aérospatiale
3 British Aerospace
4 CASA
5 Fokker
6 Belairbus
7 Messier / Liebherr Aerotechnik
8 General Electric / Pratt & Whitney

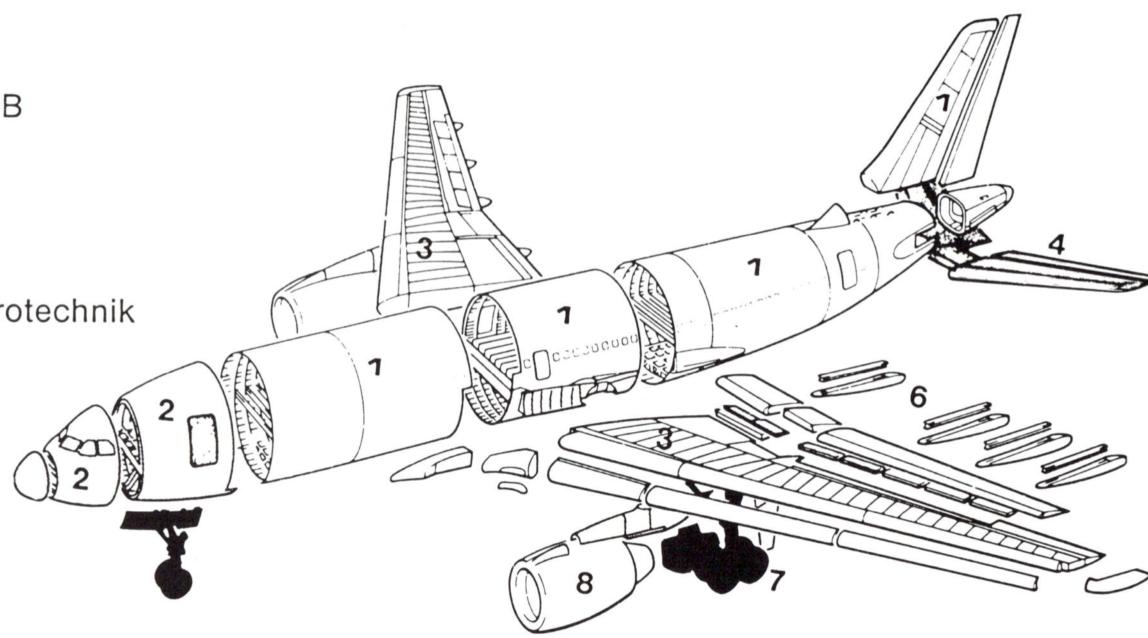

sich deshalb mit den neuen Geräten vertraut machen und Elektronik als eines der Hauptfächer ihrer Ausbildung betrachten müssen.

Der Bau des Airbus ist unter den beteiligten Nationen prozentual aufgeteilt. Die einzelnen Baugruppen werden in den verschiedenen Firmen gefertigt und dann mit Spezialflugzeugen (von Boeing gebaut) zu einer Zentralstelle (Toulouse in Frankreich) geflogen, wo die Maschinen endmontiert und eingeflogen werden.

Airbus A 321

In Deutschland (Hamburg) werden die fertigen Airbusse dann nach Kundenwünschen ausgerüstet und zur Ablieterung an den Kunden bereitgestellt. Die größere Weiterentwicklung des sehr schnell zum Bestsellers aufgestiegenen Airbus A 320 wird A 321 genannt. Mit dem Airbus A 321 schafft es die Deutsche Luftfahrtindustrie unter starkem politischen Druck, die komplette Endmontage eines Airbus Musters nach Ham-

Airbus A 340

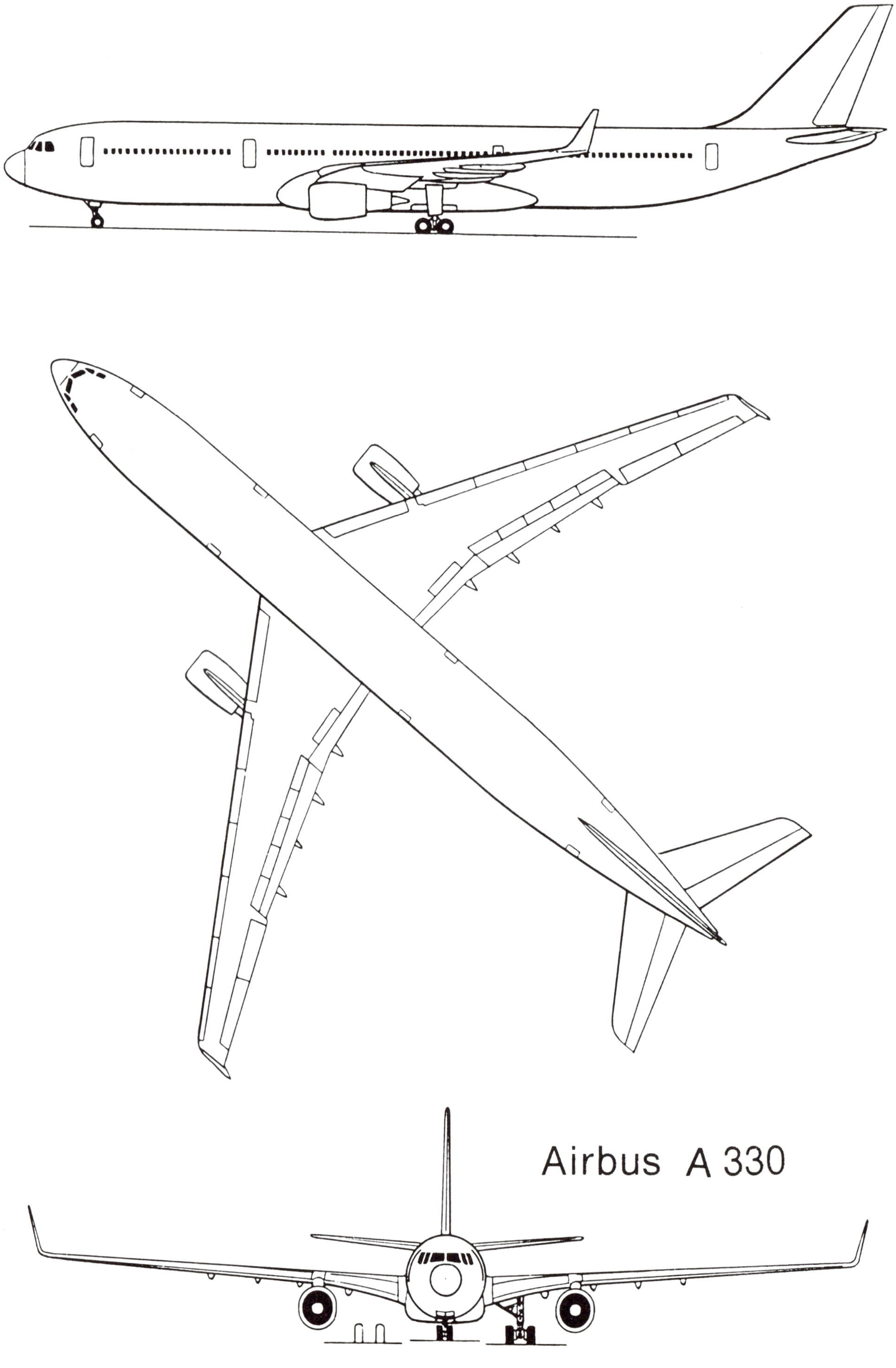

Airbus A 330

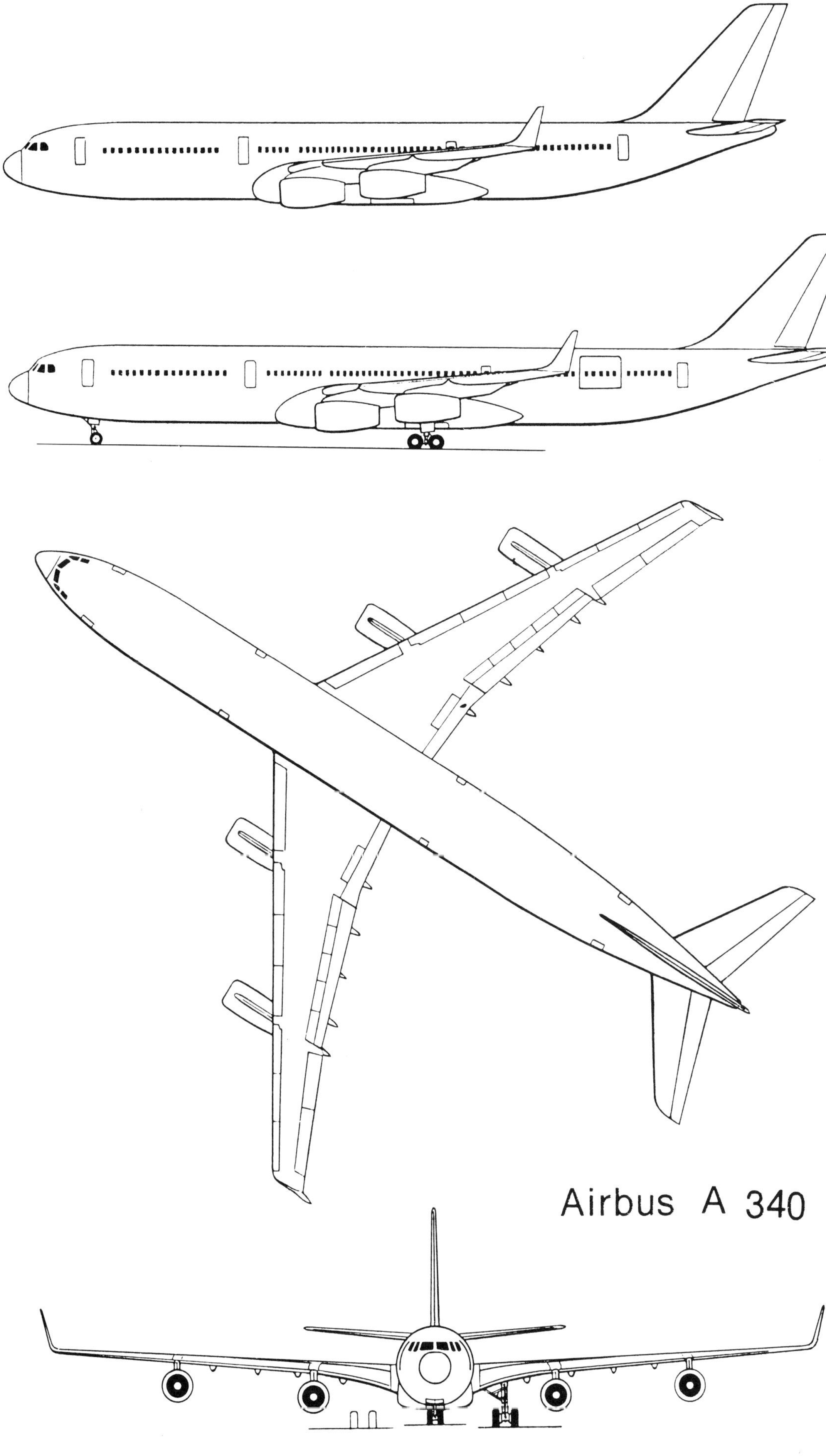

Airbus A 340

Technische Daten der Airbus-Serie

	A 300	*A 300-600*	*A 310*	*A 320*	*A 330*	*A 340*
Spannweite	44,84	44,84	43,90	33,91	58,00	58,00 m
Länge	53,62	54,08	46,66	37,57	62,60	63,60 m
Höhe	16,53	16,53	15,81	11,75	16,70	16,70 m
Triebwerk	verschiedene nach Kundenwunsch					
Flügelfläche	260	260	219	122,4	356	356 m^2
max. Fluggewicht	142	165	138,6	66,0	206	246 t
Passagiere	220-345	235-345	210-280	130-180	328	260-295
Höchstgeschwindigkeit	889	897 km	0,8 M			
Reisegeschwindigkeit	854	840	785 km/h			
Reichweite	B 2 2660-3360 5900 A 310-200 7000 3500 9630 A 340-200 14 250 km					
	B 4 4800-5900 A 310-300 8500 A 340-300 12 700 km					

burg zu bekommen. Der erste Airbus A 321 konnte am 03.03.1993 in Hamburg Finkenwerder seinen Rollout feiern. Damit ist die Airbus A 321 das größte in Deutschland hergestellte Flugzeug der Nachkriegszeit.

Zur Erweiterung der Airbusfamilie sind die Muster TA 9 (Twin Aisle) und TA 11 geplant worden, die bald in A 330 und A 340 umbenannt werden. Die A 330 stellt eine zweimotorige, die A 340 eine viermotorige Airbus Variante mit überdurchnittlich großer Reichweite dar.

MPC 75

Die Fachwelt wurde 1984 auf der ILA Hannover mit dem Projekt MPC 75 bekannt gemacht. Dies ist ein fortschrittliches Regionalverkehrsflugzeug, das für 60–85 Passagiere ausgelegt ist.

Die MPC 75 ist eine deutsch-chinesische Kooperation, die ab Mitte der 90er Jahre verfügbar sein soll.

MPC 75

Partner sind die Firmen MBB (Messerschmitt-Bölkow-Blohm GmbH) und CATIC (China Aero-Technology Import and Export Corporation).

In das neue Flugzeug sollen alle technischen Highlights eingebaut werden, die bereits den Airbus erfolgreich machten. In der Anfangsphase der Entwicklung denkt man auch an einen völlig neuartigen Antrieb: 2 Ultra-High-Bypass-Triebwerke, von denen jedes etwa 10 000 lb Leistung abgeben muß, wirken auf neuartige Propfan-Propeller. Von diesem Antrieb, der von US-Firmen bereits zur Serienreife entwickelt wurde, wird eine besondere Wirtschaftlichkeit erwartet. Geplant ist eine Reisegeschwindigkeit von Mach 0,7, die bisher von keinem Propellerflugzeug erreicht wurde.

Technische Daten der MPC 75

Spannweite	28,00 m
Länge	32,13 m
Höhe	7,42 m
Triebwerke	UBE (Ultra Bypass Engine)
Leistung	2 x 10 000 lb
Flügelfläche	85,00 m^2
Leergewicht	15 700 kg
Startgewicht	28 000 kg
Zuladung	9 000 kg
Reisegeschwindigkeit	0,7 Mach
typische Flughöhe	11 000 m
Reichweite	1800–2500 km

Militärflugzeuge

ARGE F 104 Starfighter Doppelsitzer-Version

Um in einen hochqualifizierten Flugzeugbau einsteigen zu können, nutzen viele Regierungen technisch hochstehender Staaten die Möglichkeit, ihre benötigten Militärflugzeuge selbst in Lizenz zu bauen. Bauweise und neue Technologien werden von den Entwicklern bereits vorgeschrieben, und der technische Entwicklungsstand wird dadurch eingeführt.

Nach dem Wiederbeginn der bundesdeutschen Luftfahrt im Jahr 1955 verfuhr auch die Bonner Regierung so. Die Luftwaffe wurde im Anfangsstadium zunächst mit fremden Flugzeugmustern ausgerüstet, doch man dachte sofort auch an einen Wiederbeginn des eigenen Flugzeugbaus. In der Aufbauphase benutzte man als Jagdmaschinen ausgemusterte Kampfflugzeuge der Vereinigten Staaten, die bereits veraltet waren und an befreundete Staaten abgegeben wurden. So fanden noch einige hundert Exemplare der Republik Thunderstreak F 84 und North American Sabre F 86 als erster Grundstock und für den Anfang auch völlig ausreichend Einzug bei der deutschen Luftwaffe. Die Alliierten bestimmten damals auch noch, welche Waffen angeschafft wurden. Als Trainer benutzte man die Weltkriegs-Havard-Mk-6-Maschine, die mehr unter der Bezeichnung T 6 bekannt wurde, sowie den Doppelsitzer des ersten amerikanischen Lockheed-F-80-Einsatzjets, die T 33.

Bei der Marine verwendete man britische Flugzeuge. Hier flogen die Hawker Sea Hawk und der U-Bootjäger Fairey Gannet. Doch mit diesen Typen war man nicht recht zufrieden; sie wurden später alle an befreundete Staaten, wie Pakistan oder die Türkei, abgegeben.

Der Einstieg in eine eigene Produktion wurde 1956 mit der Aufnahme der Lizenzfertigung von unkomplizierten Transportflugzeugen begonnen. Dafür benutzte man die gerade 3 Jahre alte französische Nord Noratlas 2501. Als erstes Jetflugzeug suchte man sich den kleinen französischen Fouga CM 170 Magister aus, der wie ein besseres Sportflugzeug aufgebaut ist.

Für die Beschaffung eines modernen Anfangstrainers wählte man die italienische Piaggio P 149 aus, die aus dem Zweisitzer P 148 entwickelt worden war.

Mit diesem Programm bekamen die Deutschen erstmals Probierobjekte in die Hand und konnten die jahrelang zwangsschlafende Luftfahrtindustrie wieder ankurbeln. Neue Technologien wurden eingeführt und Fachkräfte ausgebildet.

Diese Flugzeuge der ersten Generation wurden auch bald wieder abgegeben. Die Noratlas flog ganze 10 Jahre, und man konnte sie kaum einem zivilen Kunden andrehen. Sie war ein Militärflugzeug, das man nur unter Schwierigkeiten zivil zulassen konnte. Dafür wäre in hochtechnisierten Ländern eine umfangreiche Mustererprobung notwendig geworden, die Zivilbehörden vorschreiben. Je eine Firma in Lübeck (die Elbe Flug) und in Kassel (die Nora Air Service) erwarben zwar einige Noratlas-Maschinen, konnten sie aber nicht einsetzen. Sie fanden den Weg in die Schrottpresse. Einige Noratlas gelangten zu befreundeten Luftwaffen, wie etwa nach Portugal und Nigeria. Lediglich 3 Maschinen des Typs wurden im Zivilregister von Ecuador bekannt, und 8 Noratlas flogen bei einer französischen Fluggesellschaft in Afrika Kolonialeinsatz.

Als Weiterentwicklung dieses Flugzeugbeschaffungsprojekts wurde 1961 zusammen mit Frankreich eine große Transportmaschine entwickelt. Diese Transall oder auch C 160 genannte Maschine war von der amerikanischen C 130 abgeleitet, sollte aber grundsätzlich nur 2 Triebwerke haben. Bei beiden Staaten wird dieser Typ noch eingesetzt, in Frankreich später noch eine Neuauflage der C 160 gebaut.

Auch mit dem kleinen Fouga-Magister-Jet-Trainer konnte man sich in Deutschland nicht sehr lange befreunden. Diese Einfachmaschine hatte sehr schwache Triebwerke und war demnach in den Flugleistungen stark begrenzt. Sie wurde außer in Deutschland noch in Frankreich, Belgien und Finnland gebaut, aber auch in Österreich, Marokko und Israel geflogen.

Man ersetzte die Magister durch die italienische Fiat G 91, ein modernes Erdkampfflugzeug. Zweisitzig konnte man diese Maschine auch als Trainer benutzen. Die Firmen Dornier und Messerschmitt teilten sich die Aufgabe, das Flugzeug in Lizenz zu bauen. Es wurde später durch den hochmodernen Alpha-Jet abgelöst, wiederum eine deutsch-französiche Konstruktion.

Die süddeutschen Flugzeugwerke teilten sich ebenfalls die Herstellung des hochtechnisierten Lockheed Starfighter F 104, des Standardjägers der 2. Generation. Aus diesen Arbeitsgemeinschaften wurde dann der Großkonzern MBB, der aus den Firmen Messerschmitt, Bölkow, Blohm und den Siebelwerken entstand. Dornier blieb eine eigene Familien-Traditionsfirma.

In Norddeutschland beschäftigten sich die Firmen Weserflug (Noratlas, Transall 160), Focke Wulf (Piaggio 149) und Hamburger Flugzeugbau HFB (Noratlas, Transall) mit dem Flugzeugbau. Während sich Weserflug mit Focke Wulf zur VFW (Vereinigte Flugzeugwerke) zusammenschloß, blieb HFB noch einige Jahre selbständig und wurde dann von MBB übernommen. Die VFW-Werke versuchten, sich mit dem niederländischen Fokker-Konzern zu vereinigen, um ihr geplantes Verkehrsflugzeug VFW 614 verkaufen zu können. Doch diese Ehe wurde bald geschieden, und VFW mußte ebenfalls von MBB übernommen werden.

Die norddeutschen Flugzeugwerke beauftragte man später hauptsächlich mit dem laufenden Zivilprogramm des Airbus, während die süddeutschen an der Entwicklung neuer Kampfflugzeuge arbeiteten. Die Versuchsbauten davon sind aufgeführt, es blieb bei der Entwicklung des Tornado als dem Jagdflugzeug der folgenden Jahre.

Diese ursprünglich als MRCA (Multi Role Combat Aircraft) entwickelte Maschine ist technologisch so weit fortgeschritten, daß sie für alle europäischen Verwendungszwecke benutzt werden kann. Das Flugzeug wird mit einem hohen finanziellen Entwicklungsaufwand von den Regierungen Großbritanniens, Deutschlands und Italiens gebaut. Der Tornado ist nach den modernsten Erkenntnissen gebaut und gilt als das Meisterstück deutschen Flugzeugbaus.

Auch die Firma Rhein-Flugzeugbau geriet in den letzten Jahren in finanzielle Schwierigkeiten und wurde von den VFW-Werken übernommen. Der Firma wurde die Entwicklung eines Piaggio-Nachfolgers übertragen, was zum RFB-Fan-Trainer führte. Doch dieses Flugzeug ist eine revolutionär neu aufgebaute Maschine, daß sie kaum verkäuflich ist. Der Fan-Trainer benutzt einen bislang unbekannten Fanantrieb. Einige dieser Maschinen konnten nach Thailand abgesetzt werden; für die Luftwaffe sind die Würfel für dieses Beschaffungsprojekt noch nicht gefallen.

Nord Noratlas 2501 D

Die Flugzeuge, die man für eine neue deutsche Luftwaffe benötigte, wurden ursprünglich auch zum Aufbau der Luftfahrtindustrie als Lizenzbauten selbst hergestellt. Die Transporteinheiten bekamen die französische Konstruktion Nord Noratlas 2501 D.

Die französische Firma baute bereits während des Kriegs als SNCAN (Société Nationale de Constructions Aeronautiques de Nord) Flugzeuge für die Besatzungstruppen. Sie war somit bestens mit den geforderten Qualitäten der Deutschen vertraut. Eine ähnlich wie die Noratlas aufgebaute Maschine von ARADO gilt als der Vorgänger der NORD 2501.

Von diesen zweimotorigen Transportflugzeugen Nord 2501 D wurden 137 Stück benötigt. Davon wurden 25 fertige Maschinen aus Frankreich angeliefert. Die restlichen 112 hat man dann bei den Flugzeugwerken der Nordgruppe hergestellt: Hamburger Flugzeugbau, Weser Flugzeugbau und Siebel ATG. Später wurden in einem weiteren Kontrakt 32 Exemplare des Typs hergestellt. Die Nord Noratlas wurde bis zur Ausmusterung, Anfang der 70er Jahre, in Deutschland geflogen, die Franzosen fliegen noch 1990 einige Exemplare des alternden Flugzeugs.

Die Nord 2501 »Noratlas« ist eine ungewöhnliche Konstruktion. Der großvolumiger Rumpf mit hinten abklappbarer Heckklappe ermöglicht ein schnelles Beladen des Flugzeugs auch mit Kraftfahrzeugen. Der Hochdecker hat bereits ein Bugradfahrwerk, und das Leitwerk wird durch 2 Leitwerksträgern mit je einer großen Seitenflosse gehalten.

Zum Antrieb dienen 2 englische Bristol-Hercules-758/759-Triebwerke, die 2068 PS Startleistung abgeben. Die Besonderheit dieser Triebwerke besteht in der Anordnung der Ventile, die als Schieberventile konstruiert sind. Die gesamte Zylinderlaufbuchse wird bei dieser Anordnung ständig verstellt, denn nur diese hat einen Auslaß für die Ansaug- oder Abgase.

HFB Nord Noratlas

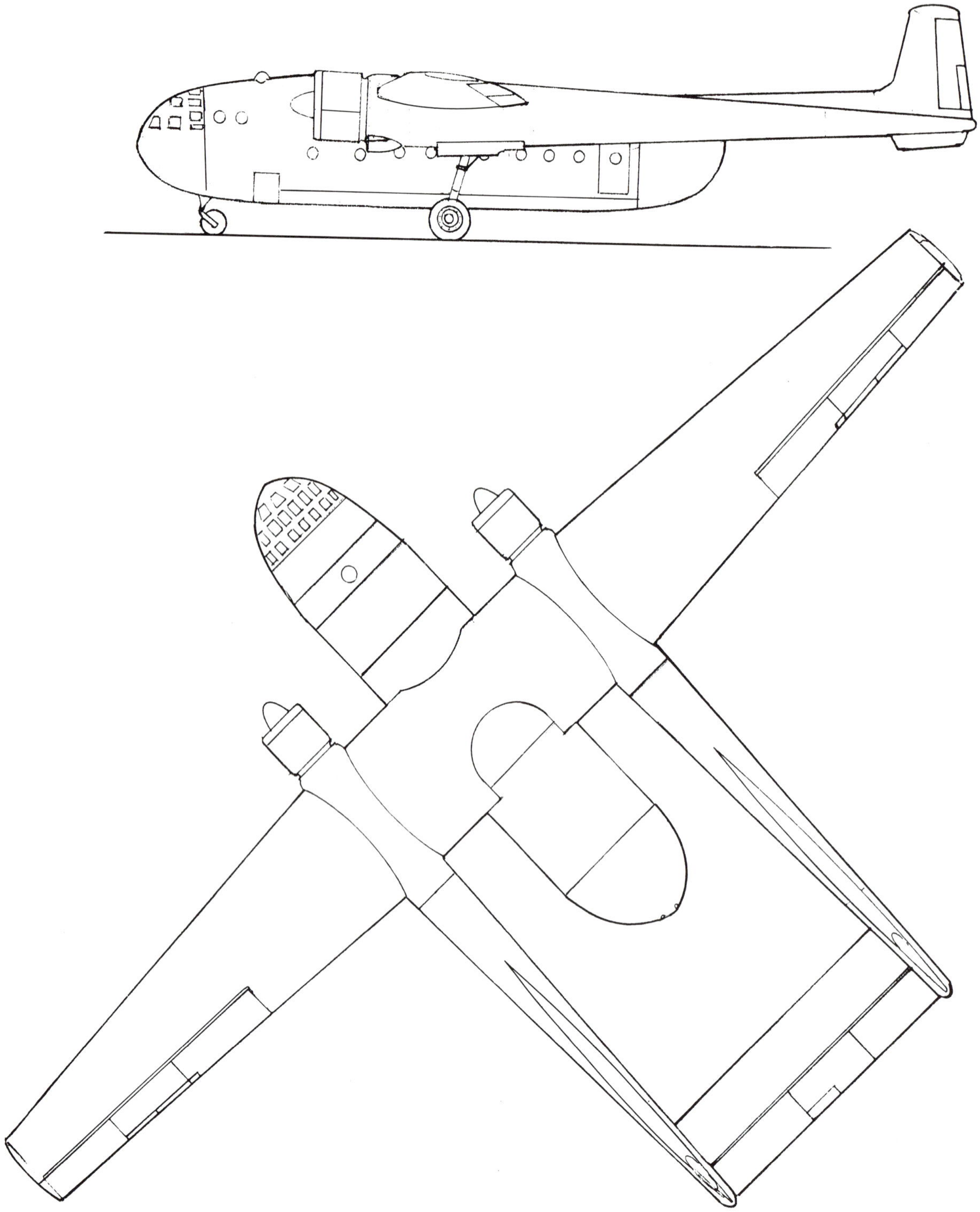

Nord Noratlas 2501 D

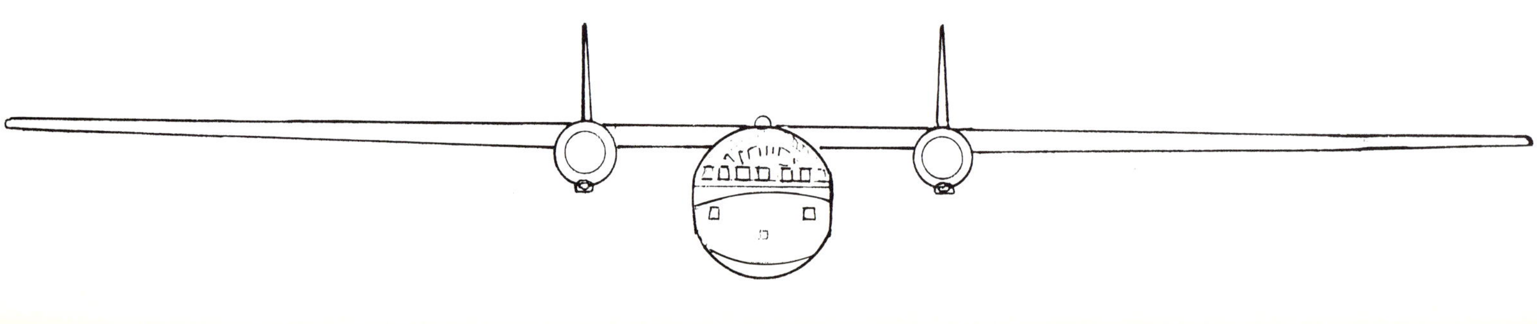

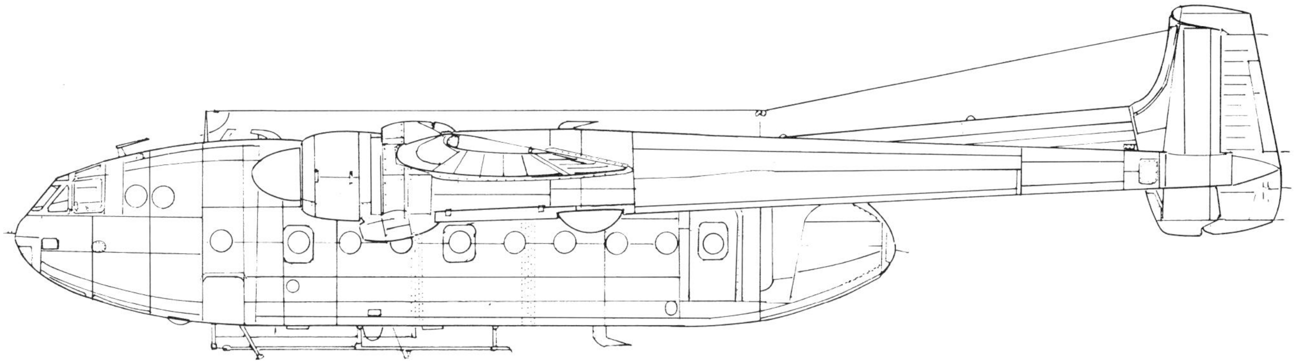

Die Noratlas machte ihren Erstflug im September 1952.

Weiterentwicklungen dieses sehr beliebten Typs waren die Versionen Nord 2502 mit 2 Hilfsstrahlturbinen, die Nord 2503 mit den US-amerikanischen Triebwerken Pratt & Whitney C.B. 17, die Nord 2506 mit 2 Mabore-Jettriebwerken und absenkbaren Fahrwerken und hochwirksamen Landeklappen sowie die Nord 2508, eine Version mit Pratt-&-Whitney-Stern- und 2 Mabore-Triebwerken für den Zivildienst in Indien.

8 Exemplare der Nord-Noratlas-Transportflugzeuge konnten die Verkaufsingenieure der Firma für Flüge in den Kolonien Afrikas verkaufen. Die mit diesen Diensten beauftragte Firma UTA setzte den Typ als Passagier-Verkehrsflugzeug ein.

Technische Daten der Nord Noratlas 2501 D

Spannweite	32,50 m
Länge	21,96 m
Höhe	6,00 m
Triebwerke	Bristol Hercules 758/9
Leistung	2 x 2068 PS
Flügelfläche	101,20 m^2
Leergewicht	13 300 kg
maximales Fluggewicht	20 600 kg
Zuladung	7300 kg
Flächenbelastung	203,55 kg/m^2
Leistungsbelastung	4,98 PS/kg
Höchstgeschwindigkeit	440 km/h
Reisegeschwindigkeit	324 km/h
Steiggeschwindigkeit	6,0 m/min
Dienstgipfelhöhe	7100 m
Reichweite	21 100 km
Startstrecke	940 m
Landestrecke	820 m

Fouga Magister CM 170 R

Das leichte französische Trainingsflugzeug Fouga CM 170 Magister wurde in der Bundesrepublik für die Luftwaffe hergestellt, um zunächst einmal Nachkriegserfahrungen im Jet-Flugzeugbau zu bekommen. Für den Lizenzbau des Zweisitzers hatte man die beiden Firmen Heinkel und Messerschmitt ausgewählt, die 250 Exemplare der benötigten Maschinen bauten. Eingeflogen wurde die Maschine von München aus.

Die Fouga Magister ist ein Mitteldeckerflugzeug mit einem ungewöhnlichem V-Leitwerk. Die Maschine wird durch 2 recht schwache Triebwerke vom französischen Typ Turbomeca Marbore II (2 x 400 kg Schub) angetrieben.

Der Erstflug der CM 170 fand am 23. Juli 1952 statt. Damals war der Typ bereits mehrfach umkonstruiert worden. Ursprünglich war die CM 170 eine konventionelle Maschine gewesen. Noch am 3. Prototyp verwendete man ein Kreuzleitwerk.

Der Magister wurde aus der CM 71, einem Hochleistungssegelflugzeug, abgeleitet. Die Firma Fouga baute 1950 alle ihre Konstruktionen auf V-Leitwerke um und spezialisierte sich auf düsenangetriebene Jet-Segelflugzeuge. Bekannt wurden davon die CM 8 R 13 Sylphe mit einem Turbomeca-Pimene- und die Doppeldeckerversion Fouga Gemeaux I mit 2 Pimene- oder auch einem stärkeren Turbomeca-Aspin-Triebwerk.

Die Fouga-Werke boten die Magister auch als ein leichtes Jagdtrainerflugzeug an. Die Waffen konnten in Unterflügelbehältern mitgeführt werden. Durch ihren Einsatz bei der französischen Kunstflugstaffel Patrouille de France wurde der Typ CM 107 R besonders bekannt.

Bei der deutschen Luftwaffe flog man die Magister nicht sehr lange. Sie wurde in den 60er Jahren von der Fiat G 91 T abgelöst. Noch 1990 fliegt man in Frankreich

Fouga Magister CM 170 im Fluge

vereinzelt diese V-Leitwerks-Maschine, auch in Ländern der dritten Welt kann man den Typ noch antreffen.

1981 versuchte man diese Konstruktion zu modernisieren, um ein paar neue Maschinen als Trainingsflugzeuge abzusetzen. Doch der Versuch der französischen Luftfahrtindustrie scheiterte.

Technische Daten der Heinkel-Fouga Magister CM 170

Spannweite	11,30 m
Länge	9,80 m
Höhe	2,80 m
Triebwerke	Turbomeca Marbore II
Leistung	2 x 400 kp
Flügelfläche	17,30 m^2
Leergewicht	2100 kg
maximales Fluggewicht	2870 kg
Zuladung	770 kg
Flächenbelastung	165,89 kg/m^2
Leistungsbelastung	3,58 kp/kg
Höchstgeschwindigkeit	700 km/h
Steiggeschwindigkeit	1020 m/min
Reichweite	1200 km
Startstrecke	580 m

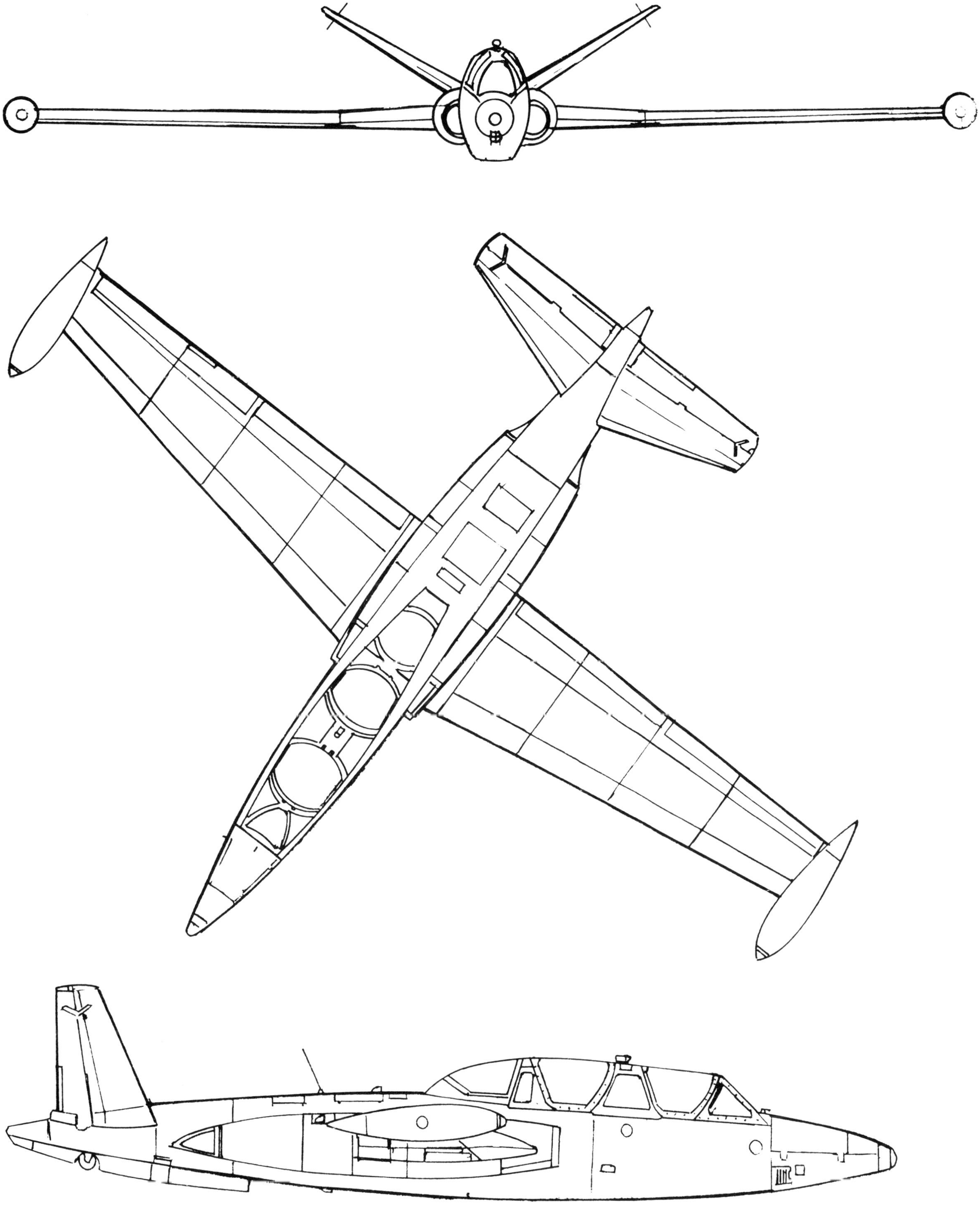

Transall C 160

Zum Nachfolger der zu kleinen und langsam veralteten Nord 2501 D Noratlas entwickelten deutsche und französische Ingenieure die C 160 Transall. Als Vorbild nahm man sich dazu die amerikanische Lockheed Hercules. Grundsätzlich sollte die neue Maschine nur zweimotorig sein, als Kampfzonentransporter aber auch von unbefestigten Flugplätzen abfliegen können und vor allem kurzstartfähig sein. Daß sie wartungsgünstig und bodenunabhängig eingesetzt werden konnte, war nahezu als selbstverständlich anzusehen.

Zur Beladung der Maschine kann die Heckklappe abgesenkt werden, der Frachtraum kann dadurch direkt mit Kraftfahrzeugen befahren werden. Auch während des Flugs kann diese Heckklappe abgesenkt werden, um Fallschirmspringer abzusetzen. Bei der Erprobung achtete man darauf, daß vor allem die strengen Auflagen der Flugplatzbedürfnisse eingehalten wurden. Ein 1 m tiefer Graben durfte der Transall beim Bodenbetrieb nichts anhaben. Mit ihren übergroßen Rädern sollte die schwere Maschine auch problemlos auf aufgeweichten Wiesen landen können, was sie dann universell einsetzbar machte.

Die Arbeitsgemeinschaft ARGE Transall bestand aus den norddeutschen Flugzeugbaufirmen und der französischen Firma Aerospaciale. Die 1. Transall C 160 flog am 25. Februar 1963 zum ersten Mal und wurde dann für die Luftwaffe in 110 und für die französische Armée de l'Air in 50 Exemplaren gebaut. 9 Maschinen konnte man nach Südafrika verkaufen und 4 an den zivilen Kunden Air France, die einen Nachtpostdienst in Frankreich damit betreibt. 1980 wurde der Typ nochmals in Frank-

Transall C 160

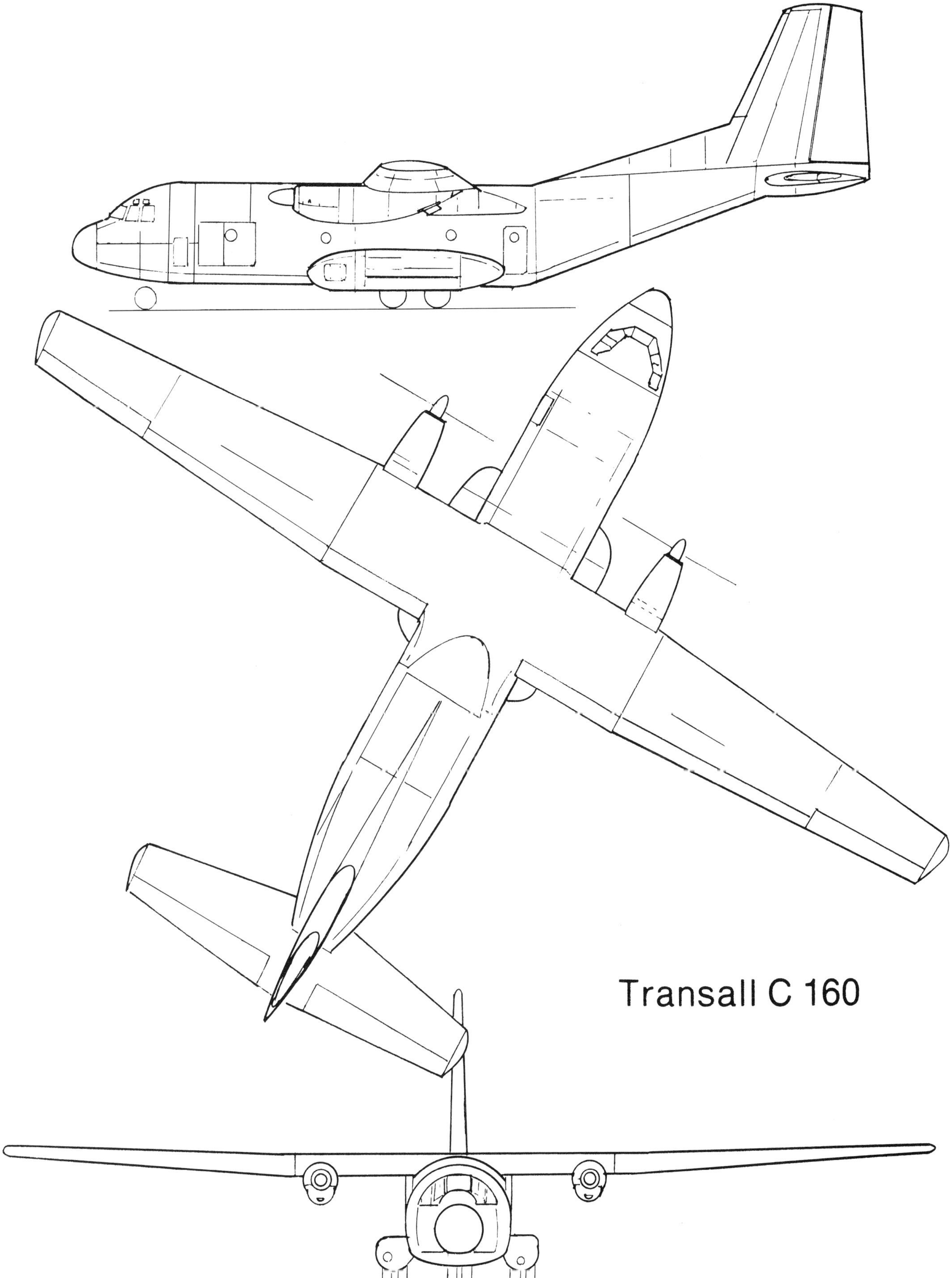

Transall C 160

reich aufgelegt. Die Franzosen hatten zu wenig Transportkapazität, denn auch hier musterte man die alte Nord 2501 Noratlas langsam aus.

Für Langstreckenflüge wurden diese Maschinen zusätzlich mit einem Luftbetankungssystem ausgerüstet, so daß sie auch für Überseeinsätze zu gebrauchen ist. Das wurde vor allem durch den englischen Falklandfeldzug 1981 erkannt.

Technische Daten der Transall C 160

Spannweite	40,00 m
Länge	32,05 m
Höhe	11,65 m
Triebwerke	Rolls-Royce Tyne
Leistung	2 x 5665 shp
Flügelfläche	160,1 m^2
Leergewicht	26 176 kg
maximales Fluggewicht	49 100 kg
Zuladung	22 924 kg
Flächenbelastung	306,6 kg/m^2
Leistungsbelastung	4,33 shp/kg
Höchstgeschwindigkeit	536 km/h
Reisegeschwindigkeit	513 km/h
Steiggeschwindigkeit	420 m/min
Dienstgipfelhöhe	8000 m
Reichweite	4850 km
Startstrecke	550 m
Landestrecke	346 m

Dornier/Fiat G 91 R/3

Die veraltete Erstausrüstung der Bundeswehr bedurfte schon 1957 einer dringenden Erneuerung. Für den Einsatz eines leichten Erdkampfflugzeugs beschaffte die Luftwaffe die italienische Fiat G 91, die aus einer Ausschreibung der NATO als Sieger hervorgegangen war. Bei dieser Ausschreibung wurde verlangt, daß die Maschine alle Erfordernisse der NATO in der Bauausführung, hauptsächlich aber in der Flugleistung erfüllt.

Der Erstflug des Typs fand am 9. 8. 1956 statt, und 1957 wurde die Maschine nach einer Erprobung in Frankreich dann zum Standard-NATO-Flugzeug erklärt. Doch nur zwei Länder beschafften sich zunächst diesen Flugzeugtyp: Italien und Deutschland. Dort wurde die G 91 auch gebaut. In Deutschland wurde die Fiat G 91 von der Arbeitsgemeinschaft ARGE 91 hergestellt, die aus den Firmen Dornier, Heinkel, Messerschmitt und Siebel bestand. Das für die Fiat G 91 benutzte Bristol-Siddeley-Triebwerk wurde ebenfalls in Lizenz bei Fiat und der Klöckner-Humboldt-Deutz AG hergestellt.

Bis in die 80er Jahre war die Fiat G 91 das Standard-Erdkampfflugzeug. Es wurde danach vom Alpha-Jet abgelöst. Einige zweisitzige Maschinen (Fiat G 91 T) wurden ebenfalls hergestellt und zu Ausbildungszwecken verwendet. Ab 1984 wurde die G 91 ausgemustert und an NATO-Partner (z. B. Portugal) abgegeben.

Dornier Fiat G 91

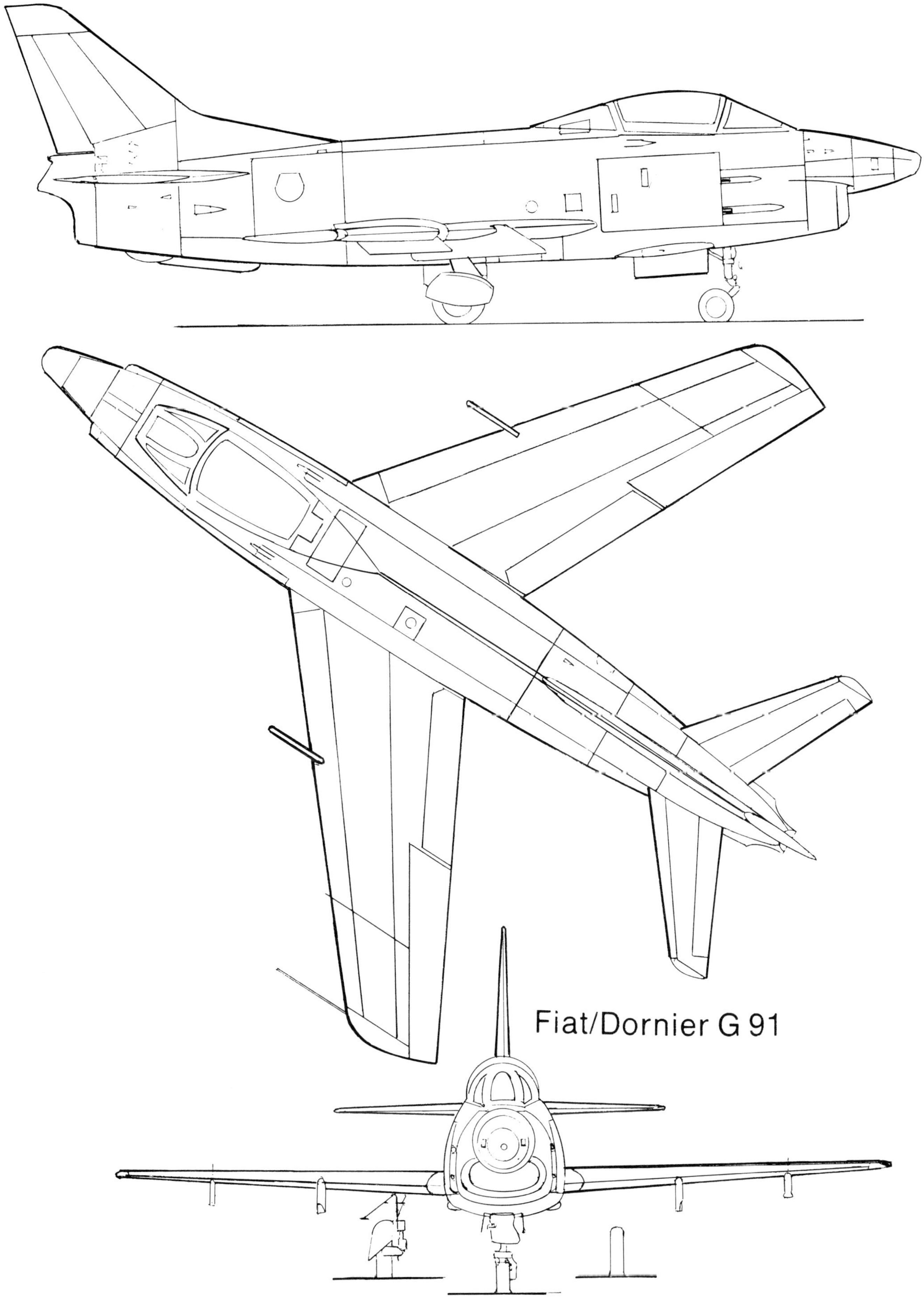

Fiat/Dornier G 91

Technische Daten der Dornier/Fiat G 91 R/3

Spannweite	8,56 m
Länge	10,29 m
Höhe	4,00 m
Triebwerke	Bristol Orpheus 803
Leistung	2270 kp
Flügelfläche	16,42 m²
Leergewicht	3100 kg
maximales Fluggewicht	5200 kg
Zuladung	2100 kg
Flächenbelastung	316,68 kg/m²
Leistungsbelastung	2,29 kp/kg
Höchstgeschwindigkeit	+ 1086 km/h
Steiggeschwindigkeit	1825 m/min
Dienstgipfelhöhe	+ 12 000 m
Reichweite	1500 km

ARGE 104 (Lockheed Starfighter F 104)

Als europäische Luftwaffen einen Nachfolger für die längst veralteten amerikanischen Kampfflugzeuge, die noch im Koreakrieg gedient hatten, suchten, standen 7 Maschinentypen in enger Auswahl.

Die Engländer boten eine Neukonstruktion an, die Saunders Roe SR 73, einen gemischten Jet- und Raketenjäger. Übrigens ihr letztes Projekt, die Traditionsfirma schloß nach dem Scheitern der SR 73 ihr Werk. Von englischer Seite war noch der zweimotorige English Electric Lightning angeboten, die Franzosen hatten ihre Mirage, die Schweden den Draken und die Amerikaner gleich mehrere Typen auf Lager.

Die filigranste Form, der Lockheed-Vorschlag eines Schönwetterjägers, gewann dann diese wichtige Ausschreibung. Gerade diese Jägerbeschaffung galt als das Jahrhundertgeschäft. Nach der Wahl der Deutschen wurden nahezu alle NATO-Luftwaffen mit dem Typ ausgerüstet. Auch die Japaner verließen sich auf das deutsche Urteil und orderten das Flugzeug.

Die Lizenzherstellung des Flugzeugs wurde von Lockheed gekauft, denn die Besteller wollten ihre Flugzeuge selbst herstellen. In Deutschland wurden für den Bau die süddeutschen Flugzeugwerke Messerschmitt, Bölkow und Siebel ausgewählt, die die ARGE 104 bildeten.

Bei diesen Flugzeugbauern wurde der Schönwetterjäger auf europäische Verhältnisse umkonstruiert. Der Maschine wurde ein neues Rettungssystem eingebaut, das nach oben, entgegengesetzt zum Urtyp, ausschoß. Dann wurden Außenlasten unter den Rumpf und die

ARGE F 104 Starfighter

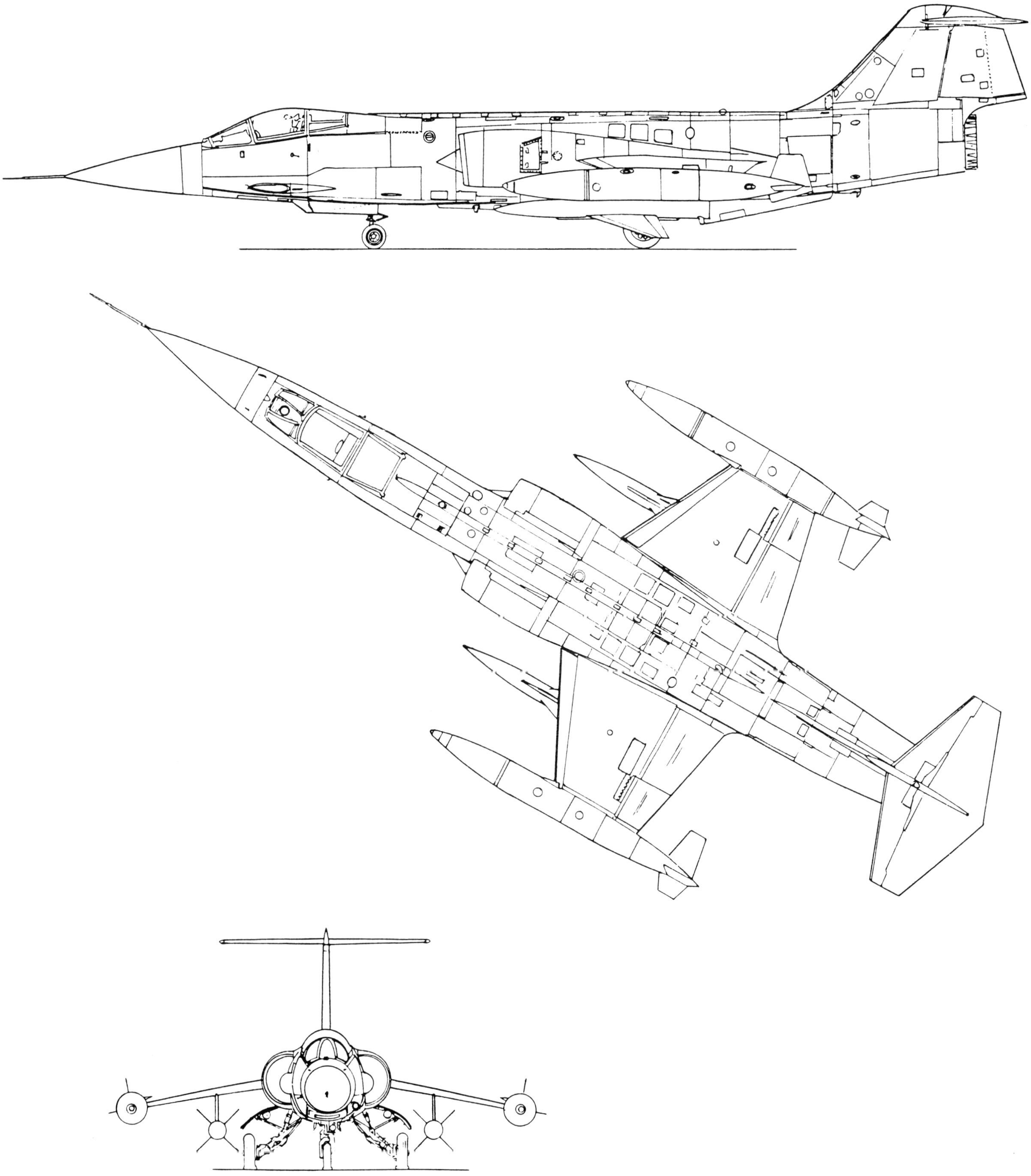

Technische Daten der F 104 Starfighter

Spannweite	6,68 m
Länge	16,69 m
Höhe	4,15 m
Triebwerk	General Electric J 79-911A
Leistung	7167 kp
Flügelfläche	18,22 m^2
Leergewicht	6390 kg
maximales Fluggewicht	13 045 kg
Zuladung	6664 kg
Flächenbelastung	716,5 kg/m^2
Leistungsbelastung	1,82 kp/kg
Höchstgeschwindigkeit	2092 km/h
Dienstgipfelhöhe	16 764 m
Reichweite-Einsatzradius	1110 km

Tragflügel montiert, die die F 104 zum Jagdbomber machten. Auch die Elektronik erhielt eine kosmetische Auffrischung, danach war die Maschine ein allwettertauglicher Jagdbomber.

Im militärischen Bereich gibt es viele Unfälle. Die Superwaffe F 104 wurde in den ersten Jahren von der Presse sehr schlecht gemacht, und dadurch bekam die Maschine einen schlechten Ruf. Nachdem die Wartungsverhältnisse verbessert worden waren, sanken auch die Unfallziffern auf ein vertretbares Maß. Die Luftwaffe hatte auf den Fliegerhorsten neue Flugzeughangars errichtet. Früher mußte die Wartung zum Teil im Freien durchgeführt werden.

Die F 104 ist ein einsitziges, als Trainer doppelsitziges, jedoch einmotoriges Jet-Jagdflugzeug mit einer außergewöhnlich hohen Flächenbelastung. Die superdünnen Tragflächen sind besonders widerstandsarm hergestellt und werden durch Grenzschichtabsaugung flugfähig gehalten. Fällt das Triebwerk aus, so fällt auch diese Grenzschichtbeeinflussung weg, die Maschine wird flugunfähig.

Nachdem verbesserte Flugzeugtypen eingeführt wurden, lobten die Piloten erstmals die guten Flugeigenschaften des langsam alternden F-104-Starfighters.

Auch an diesem F-104-Typ wurde weiter experimentiert. Eine Weiterentwicklung machte aus der normalen F 104 eine Fly-by-wire-Version, bei der die natürlichen Steuerhilfen künstlich vernichtet wurden und die Maschine nur noch über einen Rechner gesteuert wird. Das bringt zwar Geschwindigkeitsvorteile, für den Piloten ist diese Steuerung jedoch ungewohnt. Ein Raketenstartgestell machte einen Versuchstyp zum Senkrechtstarter.

Die F 104 wurde ab Mitte der 80er Jahre durch den Tornado ersetzt.

Panavia Tornado

Als Nachfolger für den veraltenden F-104-Starfighter suchten 3 europäische NATO-Partner ein Kampfflugzeug, das sie selbst entwickeln und auch bauen wollten. Die technologisch fortgeschrittenen Flugzeugbaunationen Deutschland, Großbritannien und Italien entwickelten dann auch ein Flugzeug, das man in allen militärischen Bereichen verwenden kann. Sein ursprünglicher Name, MRCA, deutet schon auf den Aufgabenbereich hin: Multi Role Combat Aircraft, auf deutsch Mehrbereichskampfflugzeug.

Der 1. Prototyp flog bereits am 14. August 1974 vom deutschen Erprobungsflugplatz Ingolstadt-Manching aus. 10 Jahre später war die Einführung der Maschine bei der Truppe nahezu abgeschlossen.

Die Tornado ist ein zweistrahliger Allwetterjäger, der mit hochmoderner Bordelektronik ausgestattet ist. Diese wurde dann auch zum Ziel vieler östlicher Geheimdienste, die ein ganzes Heer von Agenten darauf angesetzt haben.

Als besondere Neuheit ist der Tornado mit schwenkbaren Tragflächen ausgestattet, die eine besondere Flugstabilität im bodennahen Konturenflug und bei einem Landeanflug gewährleisten. Zusätzlich hochmoderne Aerodynamik, wie Auftriebshilfen im Vorflügelprinzip und Doppelspalt-Landeklappen, lassen die 20 Tonnen schwere MRCA-Tornado zu einem Allroundflugzeug werden.

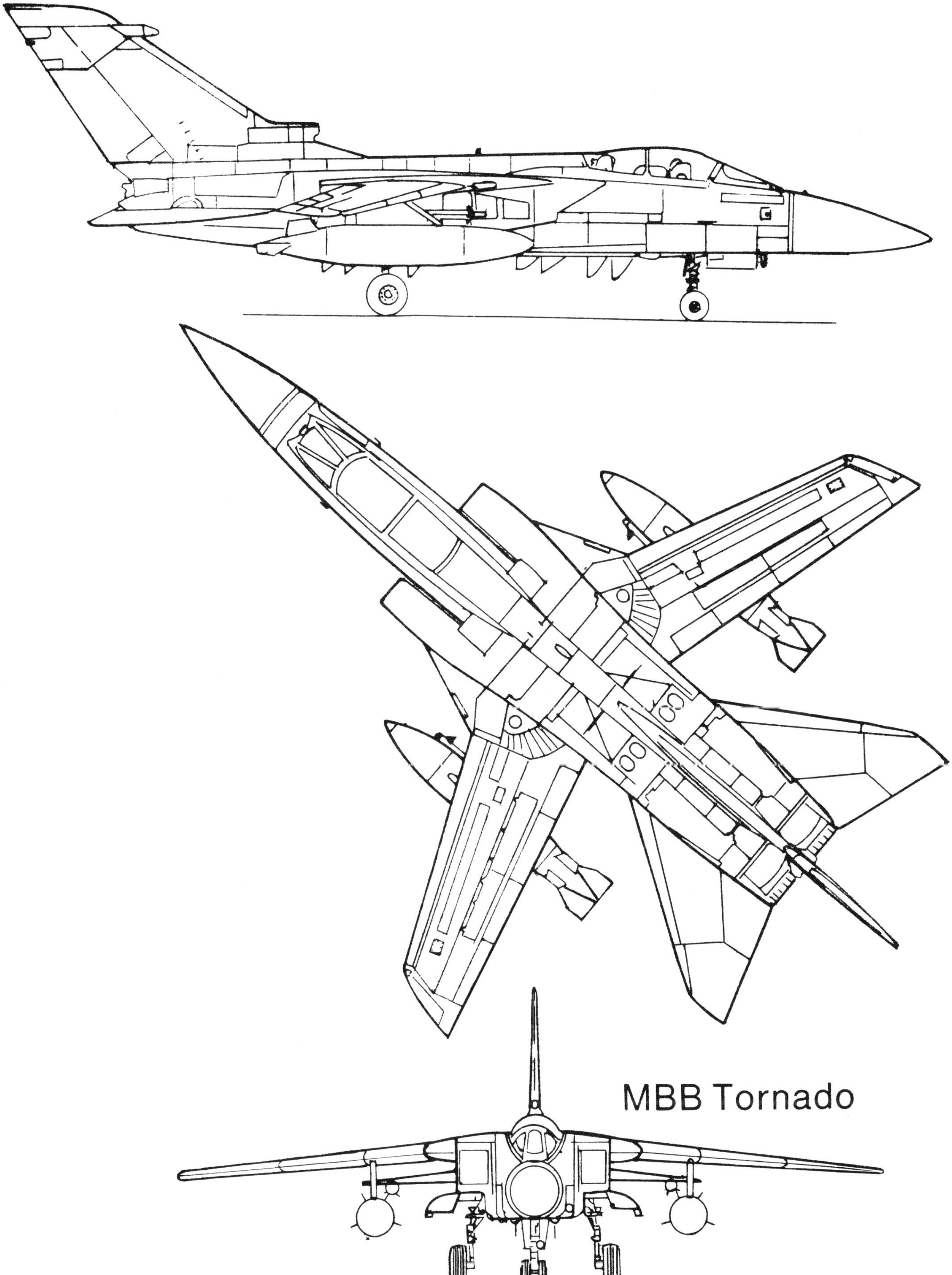

MBB Tornado

MBB Tornado

Die Zuladung des Flugzeugs beträgt über 10 Tonnen an unterschiedlichstem Zubehör. Als Standardbewaffnung verfügt die Tornado über eine 27-mm-BK-Maschinenkanone, zusätzlich können Kampfstoffe unter dem Rumpf oder den Tragflächen mitgeführt werden. Unter den Schwenkflügeln müssen die Bomben oder Tanks jedoch in die Flugrichtung gedreht werden, denn für den Start werden diese ja geschwenkt. Speziell für die Tornado entwickelte die deutsche Industrie einen Splitterbombenwerfer, der unter dem Rumpf als großer Behälter montiert ist.

Die Bundesrepublik Deutschland bestellte 324 Maschinen des 70 Millionen DM teuren Tornado, die 6 Geschwadern zugeteilt wurden. Die Orders aus Großbritannien betrugen 384 Stück sowie 165 Maschinen eines weiterentwickelten Typs, der als F Mk 2 geführt wird. In Italien wurden 110 Stück eingeführt.

Technische Daten der Panavia Tornado

Spannweite	13,90 m
Länge	18,06 m
Höhe	5,70 m
Triebwerke	Turbo Union RB 199-34 R04 Mk 101
Leistung	2 x 3623 kp, 6810 kp Nachbrenner
Leergewicht	10 430 kg
maximales Fluggewicht	20 411 kg
Zuladung	7 257 kg
Höchstgeschwindigkeit	Mach 2,2
Reisegeschwindigkeit	Mach 2 +
Reichweite	3220 km
Startstrecke	760 m
Landestrecke	365 m

Alpha-Jet

Bereits 1967 arbeitete die Firma Dornier an einem Jetangetriebenen Flugzeug, der DO P 375. Diese Maschine sollte den Fiat G 91 ablösen und gleichzeitig als Trainingsmaschine und leichtes Kampfflugzeug einsetzbar sein. Zusammen mit der französischen Firma Breguet Aviation, dieses Werk fusionierte später mit Aviation Dassault, verpflichtete sich Dornier bereits 1969 vertraglich, diesen Jettrainer zu entwickeln und auch zu bauen.

Ein Jahr später konnte man bereits Entwürfe und eine 1:1-Attrappe vorweisen. Das NTF (neues Trainingsflugzeug) wurde 1970 als Alpha-Jet vorgestellt und ging bei einer Ausschreibung als Sieger hervor. 1972 begann man bei Dornier mit der Entwicklung des Prototypen, der im Mai 1973 in Frankreich fertiggestellt wurde. Der Erstflug des französischen Flugzeugs war am 26. 10. 1973 im französischen Erpobungszentrum Istres, der 1. deutsche Alpha-Jet flog am 9. 1. 1974 in Oberpfaffenhofen. In diesem Jahr wurde auch der Vertrag über den Alpha-Jet erweitert. Dabei beschlossen die beiden Flugzeugwerke, daß das Triebwerk Larzarc 04, eine französische Entwicklung, auch in Deutschland hergestellt werden soll.

Somit ist der Alpha-Jet eine Zwei-Staaten-Entwicklung, der in beiden Ländern komplett hergestellt werden kann: die deutschen Maschinen bei Dornier in Oberpfaffenhofen, die französischen bei Dassault/Breguet in Istres.

Ein weiterer Meilenstein in der Alpha-Jet-Produktion war der 30. 5. 1975, an dem der Produktionsvertrag unterzeichnet wurde. Doch erst 1 Jahr später begann man mit der Serienfertigung des Flugzeugs.

Die Vorbereitung der Maschinen war schon so weit

Dornier Alpha Jet

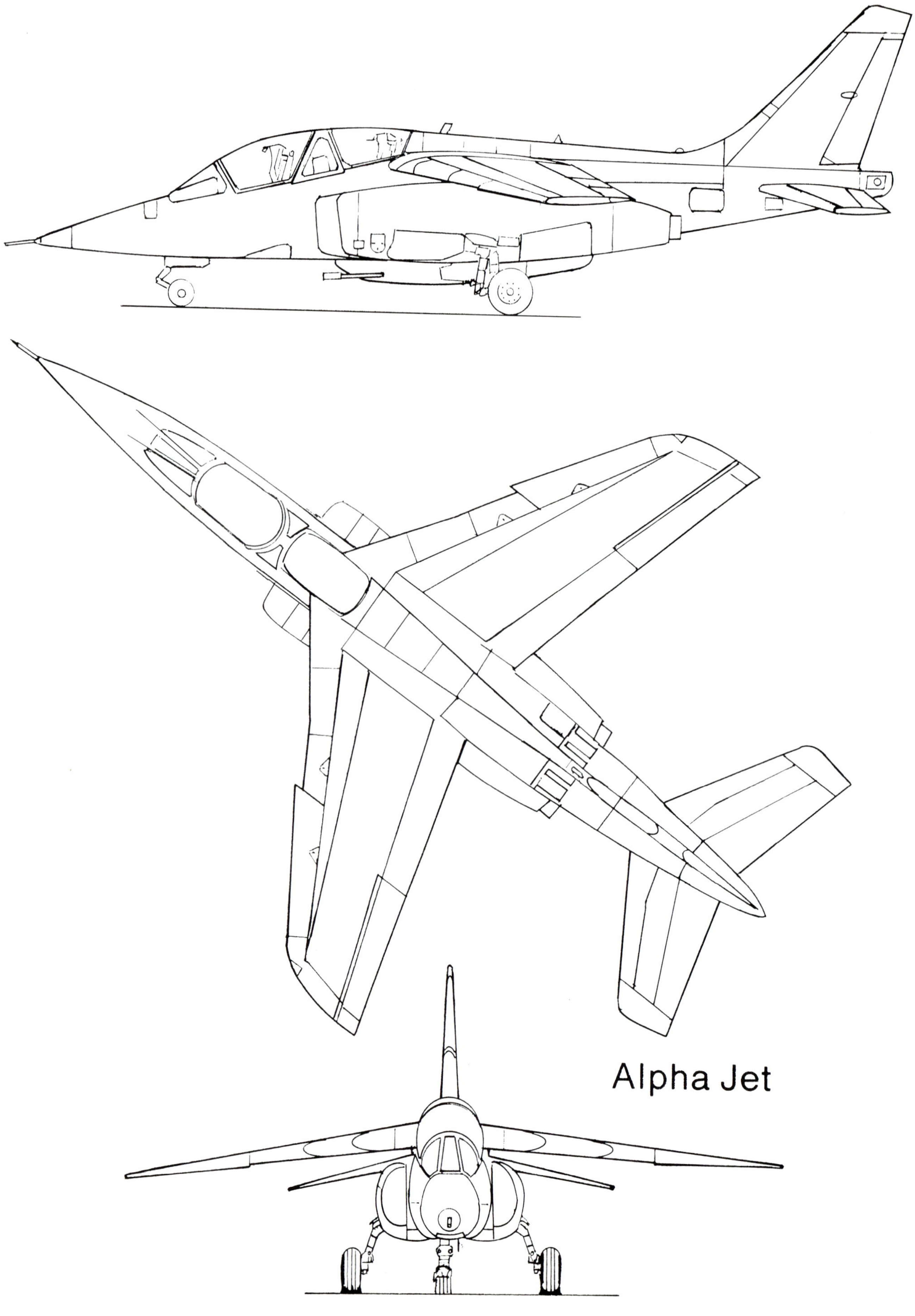

Alpha Jet

fortgeschritten, daß an den ersten Prototypen kaum noch eine wesentliche Änderung durchgeführt werden mußte. Die Orderbücher für den Typ füllten sich danach zusehends. 175 Bestellungen allein aus der Bundesrepublik. Obenan standen die Franzosen, Belgier, und dann waren noch Einzelstücke für insgesammt 11 Luftwaffen auszuliefern. Über 500 Exemplare des Alpha-Jets konnten abgesetzt werden.

Dornier ruhte jedoch nicht auf dem Erfolg aus: Der Alpha-Jet wird auch noch als Entwicklungsplattform benutzt. Der TST-Experimantal-Alpha-Jet hat einen modifizierten Tragflügel, der für Flüge im transonischen Flugbereich (Übergang von Unterschall- zum Überschallbereich) ausgelegt ist. Dieser, auch superkritisches Tragwerk genannte Tragflügel (Erstflug 12. 12. 1980) ermöglicht dem Piloten, auch im Bereich der Schallgrenze, also knapp unter Mach 1, zu fliegen. Mit einem normalen Flügelprofil ist das nicht möglich, es entstehen dabei Grenzschichtablösungen (Schockwelle).

Beim Alpha-Jet ist sehr viel CFK (Carbon-Fiber-Kunststoff) eingesetzt. Dieser sehr teure Werkstoff ist hochfest und etwa 20 % leichter als herkömmliches Metall.

Technische Daten des Alpha-Jet

Spannweite	9,11 m
Länge	12,29 m
Höhe	4,19 m
Triebwerke	SNECMA-Turbomeca Lazarc 04
Leistung	2 x 1350 kg
Flügelfläche	17,50 m^2
Leergewicht	3475 kg
maximales Fluggewicht	7100 kg
Zuladung	3625 kg
Flächenbelastung	405,71 kg/m^2
Leistungsbelastung	2,62 kg/kp
Höchstgeschwindigkeit	1018 km/h
Dienstgipfelhöhe	14 630 m
Reichweite	2700 km
Startstrecke	490 m
Landestrecke	610 m

Versuchsbauten

Dornier DO 29

Ein früher führendes Land im Flugzeugbau wollte natürlich nach der Aufhebung des Flugzeugbauverbots nach dem Kriege sofort den technischen Anschluß und wieder eine Führungsposition erlangen. General Kammhuber, der damalige Inspekteur der Luftwaffe, kannte noch von seinen Kriegserfahrungen her die Bedürfnisse einer modernen Armee. Er forderte, daß alle Flugeinheiten senkrecht starten können.

Nachdem die Luftfahrtindustrie ihren Anschluß an den modernen Flugzeugbau durch einige Lizenzbauten gewonnen hatte, begab man sich in den Konstruktionsbüros an die Entwicklung dieser Forderungen des neuen Hauptabnehmers. Bei Dornier war man schon zu Beginn der Fertigung auf dem richtigen Weg. Die DO-Maschinen jener Zeit benötigten aber noch eine kurze Piste. Um die Startstrecke noch weiter zu verkürzen, baute man in diesem Traditionswerk einen zweimotorigen Versuchstyp, die DO 29, bei dem man viele Teile aus der gerade laufenden Serie der DO 27 verwendete.

Die Do 29 war technisch höchst kompliziert ausgelegt. Es blieb bei 3 Prototypen. Beide Motore waren dabei entgegengesetzt in den Flügel installiert, so daß die Propeller nach hinten abstrahlten. Diese wurden dann auch noch unten abschwenkbar angeordnet. Somit strahlten sie nicht nur nach hinten, sondern auch nach unten. Von den 3 gebauten Prototypen, von denen zwei flogen, war man recht enttäuscht. Sie brachten nicht die erwünschten Werte. Beide Maschinen stehen heute im Dornier-Museum in Oberpfaffenhofen bei München.

Ähnlich erging es den Projekten einiger Düsenjet-Jagdflugzeuge. Hier gab es viele Vorschläge von allen Flugzeugwerken. Heinkel bot 1958 ein vierstrahliges Projekt an, die HE 231. Dieses Flugzeug sollte von schwenkbaren Strahltriebwerken senkrecht gehoben und dann auch vorangetrieben werden. Der technische Aufwand bei dem Typ war jedoch sehr groß, so daß er wirtschaftlich gesehen nicht verwirklicht werden konnte.

Ähnlich im Aufbau war die VJ 101 des Entwicklungsrings Süd, EWS. Dieses Flugzeug hatte Schwenkantriebe als Hauptantrieb, aber auch spezielle Hubtriebwerke, die man nur zum Start benötigte. 2 Maschinen des Projekts flogen bereits, als sich die Anfälligkeit der Triebwerksanordnung immer mehr herausstellte. Vor allem, wenn wärend der Startphase ein Triebwerk ausfiel, war keine Überlebenschance mehr für den Piloten gegeben. Zu der Anfälligkeit des Systems kam auch noch die Kostenfrage, für das Projekt waren 4 teure, nur für den Start zu benutzende Hubtriebwerke zu installieren.

Weitaus günstiger war das VAK-191-System des Entwicklungsrings Nord anzusehen. Bei diesem Flugzeug benutzte man ein fest im Rumpf installiertes Strahltriebwerk, das schwenkbare Abgasauslässe besaß. Dadurch wurde der Antriebsstrahl nach unten gelenkt, und die Maschine konnte senkrecht starten. In England wird das System bereits sehr erfolgreich im Kestrel/Harrier-Flugzeug verwendet. Beide Systeme, das deutsche und das englische, wurden von der US-Marine getestet, man entschied sich dort für das fortgeschrittenere englische Flugzeug.

Eine senkrecht startende Luftwaffe benötigte auch einen Transporter. Hier engagierte sich wieder die Dornier-Entwicklungsabteilung. Die DO 31 wurde in 3 Exemplaren gebaut, von denen 2 ihre Flugerprobung erfolgreich durchführten. Das Projekt sah 2 Hubtriebwerke in Form des VAK 191 und an jeder Tragflächenspitze noch 4 kleinere Hubtriebwerke vor. Auf dem Reißbrett flogen bereits so ausgestattete Verkehrsflugzeuge zu unseren Innenstädten im Stundentakt.

Alle 3 Senkrechtstart-Programme flogen erfolgreich und können jetzt im Deutschen Museum in München besichtigt werden.

Seit dem Wiederbeginn des Flugzeugbaus beschäftigte sich Prof. Claude Dornier mit seinem Sohn Claudius auch mit hochseefähigen Wasserflugzeugen. Tradition war für ihn und seine Nachfahren eine Lebensaufgabe. Der Sohn des Pioniers kaufte sich 1971 aus spanischen Beständen 2 noch flugfähige Wasserflugzeuge des Typs DO 24 zurück. Diese Flugzeuge sollten jedoch nicht in einem Museum verstauben, sie sollten die einstige Dornier-Tradition eines Seeflugzeugs wieder aufleben lassen.

An einer der Maschinen nahm man zunächst auf dem Reißbrett verschiedene Umbauten vor, mit denen sie wieder attraktiv gemacht werden sollte. Doch erst nach erfolgreichem Testen des Tragflügels neuer Technologie (TNT) versah man dieses Flugzeug mit solch einem Flügel. Zusätzlich baute man in die Maschine noch

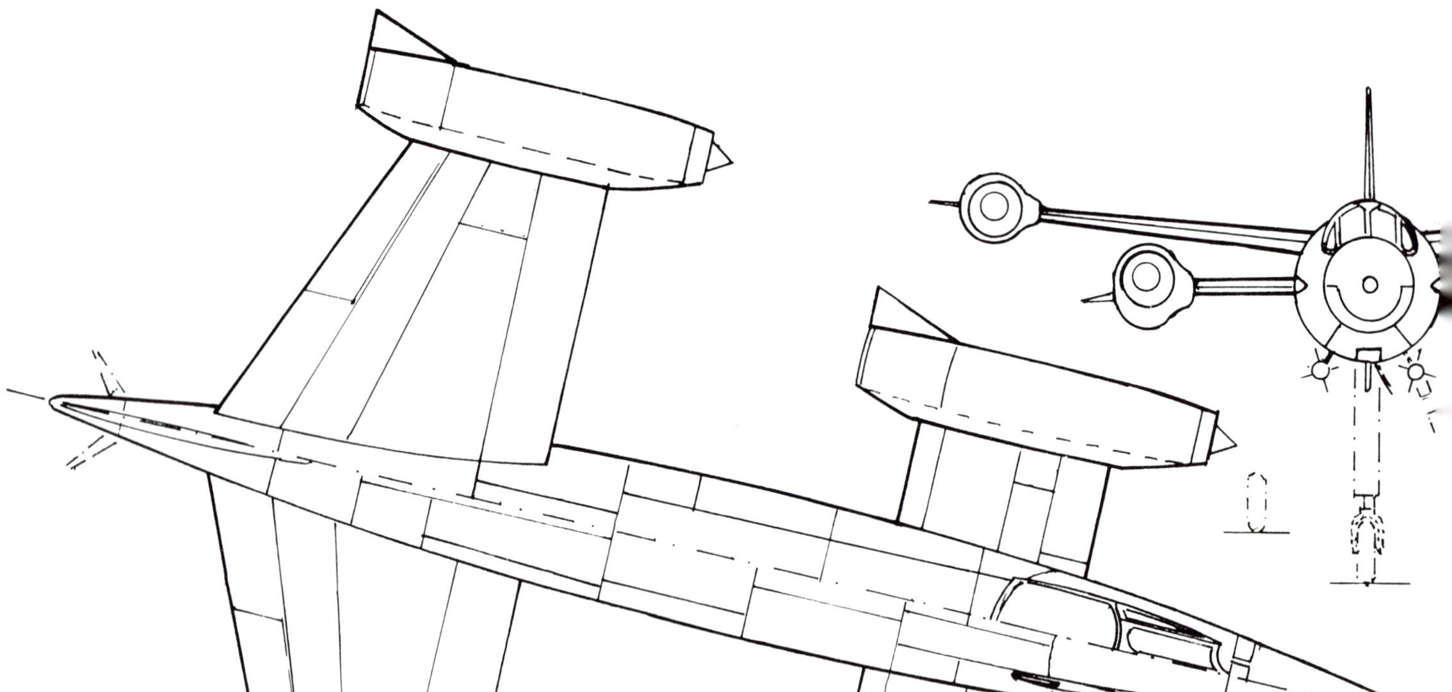

moderne Turboprop-Triebwerke und ein einziehbares Landfahrwerk ein. Sollte eine Verkaufsaussicht bestehen, so steht von vorneherein fest, daß nur eine Amphibienversion Aussicht hat.

Der alte Rumpf der »Museumsmaschine« erwies sich bei der Erprobung der DO ATT genannten Versuchsmaschine als noch besonders robust. 1984 konnte man die Erprobung der modernisierten DO-24-Maschine erfolgreich abschließen.

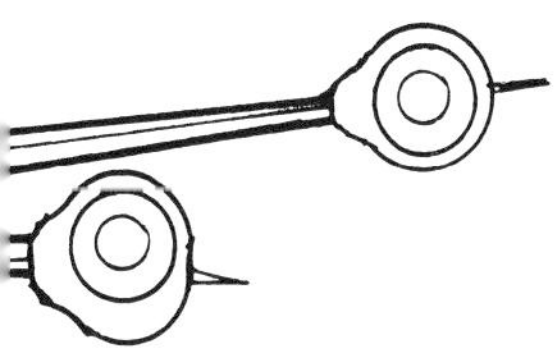

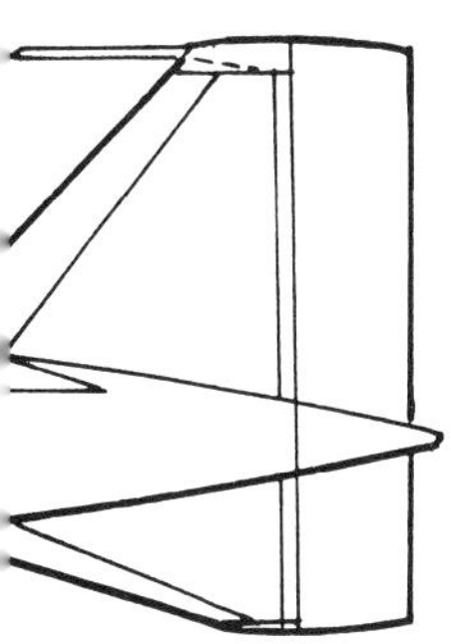

Ein weiteres Projekt der Versuchsbauten fällt nur bedingt unter die Rubrik Flugzeuge. Es ist eine Bodeneffekt-Maschine, die nur in geringer Höhe, im sogenannten Bodeneffekt, fliegen kann. Die X 113/114 genannte Maschine wurde von dem Flugzeugbaupionier Dr. Alexander Lippisch in 2 Versionen entworfen und erfolgreich auf dem Bodensee, später auch an der Ostsee geflogen. Das Projekt der X 113/114 ist eine militärische Studie und sollte die teuren Schnellboote ersetzen. Der Vorteil ist, daß sie erheblich billiger herzustellen ist als das britische Hoovercraft-Schwebefahrzeug. Man kann mit der Maschine aber auch in geringer Höhe große Lasten über unwegsames Gelände, wie seichte Küsten oder Wattenmeer, befördern.

Die X-113/114-Prototypen wurden in GFK-Kunststoff hergestellt. Für einen eventuellen Großserienbau wäre somit eine wirtschaftliche Herstellung gewährleistet gewesen.

VJ 101

Nach den Ideen General Kammhubers sollte einmal die gesamte Luftwaffe senkrecht starten und auch landen können. Bei seinen Forderungen übersah er jedoch den Finanzminister. Das Wunschdenken Kammhubers hätte dem Staat ein Vermögen gekostet.

Lediglich die Engländer entwickelten das Projekt eines senkrecht startenden Jagdflugzeugs weiter: die Kestrel, die die spätere Harrier wurde. Nach den Erfolgen im argentinisch-britischen Falklandkrieg wurde

VJ 101 im Schwebeflug

diese Maschine bekannt, und Bestellungen kamen aus verschiedenen Ländern.

Die deutsche Maschine, die einst diese Rolle übernehmen sollte, wurde vom Entwicklungsring Süd konstruiert. Die EWR VJ 101 war in ihrer Konzeption sogleich ein Superflugzeug. Es sollte senkrecht starten und landen und zudem noch doppelte Schallgeschwindigkeit erreichen können.

Bei der Konstruktion der Maschine wählte man eine neuartige Triebwerksanordnung. Beide Hauptmotoren sind schwenkbar an den Tragflügelenden angeordnet. Ein Hilfstriebwerk im Rumpf dient als Stabilisator. Von

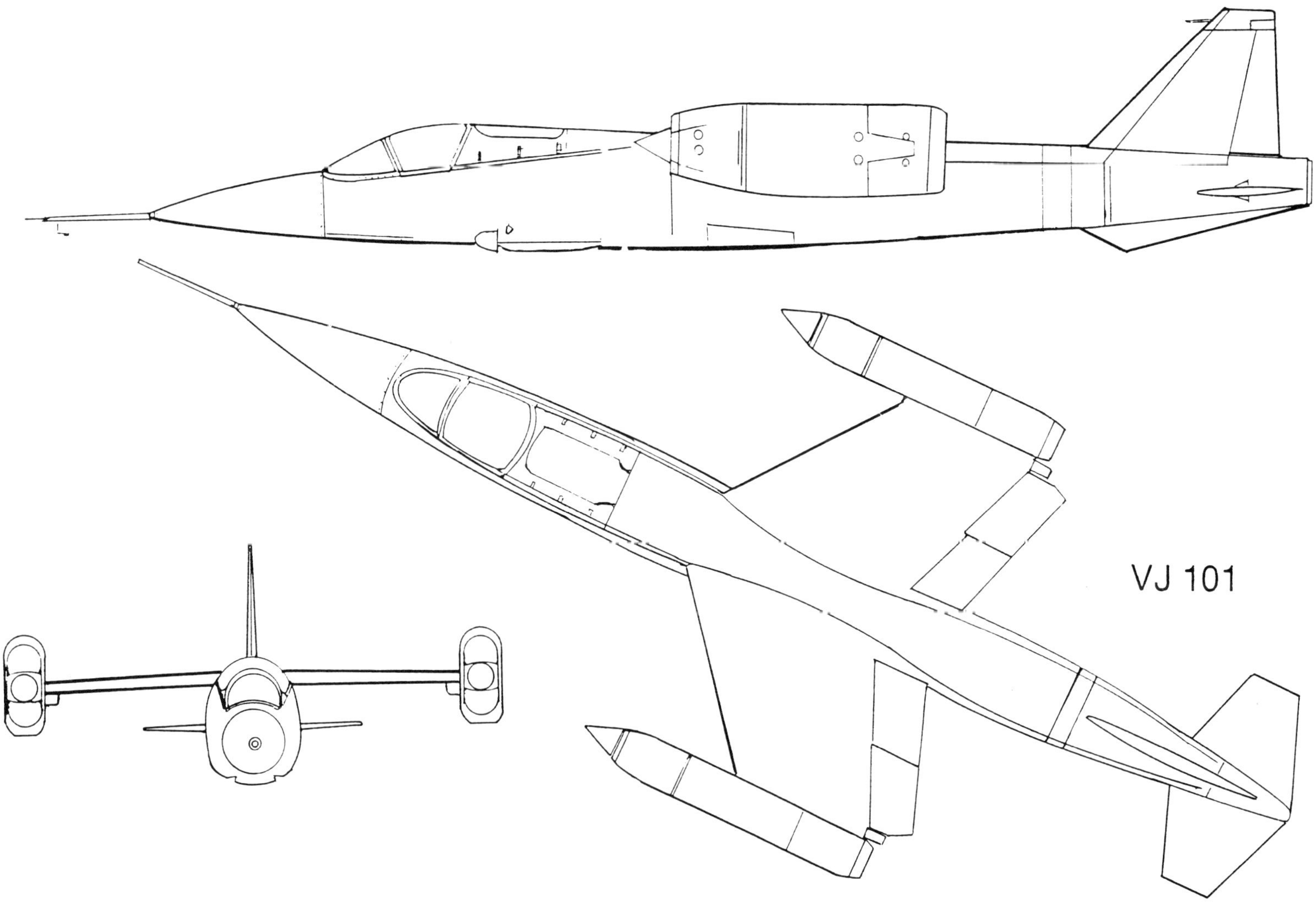

VJ 101

der VJ 101 wurde 1 Prototyp mit und der andere ohne Nachbrenner fertiggestellt.

Um die Flugtauglichkeit dieser Triebwerksanordnung zu testen, wurde sie zunächst auf einem am Boden befestigten »Hoovering«-Gestell erprobt. Im Mai 1963, als der 1. Prototyp zur Verfügung stand, waren bereits 70 »Flüge« damit absolviert.

Mit den beiden Prototypen wurden dann alle Erprobungsflüge durchgeführt. Einer, die VJ 101 C-X1, ging bei einem Unfall am 14. September 1964 verloren. Nach den Erprobungsflügen wurde die Entwicklung dieser technisch zu anspruchsvollen Serie abgebrochen. Der verbliebene Prototyp, die VJ 101 C-X2, kann im Deutschen Museum in München besichtigt werden.

Technische Daten der VJ 101

	X1	*X2*
Spannweite	6,61	6,61 m
Länge	15,70	15,70 m
Höhe	4,13	4,13 m
Triebwerke	6 Rolls-Royce RB 145	4 RB 145 +
Nachbrenner		
Leistung	6 x 1247	1610 kg
max. Startgewicht	für VTOL 6010	7690 kg
Zuladung	1020	2240 kg
Höchstgeschwindigkeit	1.05	1.45 Mach
Startstrecke	VTOL/STOL	VTOL/STOL
Landestrecke	VTOL/STOL	VTOL/STOL

VFW VAK 191

Das Flugzeugmuster VAK 191 ist ähnlich wie der englische Senkrechtstarter BAe Harrier aufgebaut. Es ist das Abschlußmodell der senkrecht startenden Luftwaffe und sollte als Unterschallabfangjäger Ersatz für die Dornier Fiat G 91 werden.

Die VAK 191 hat im Gegensatz zur VJ 101 ihre Triebwerke nur im Rumpf untergebracht. Das Marschtriebwerk Rolls-Royce/ MAN RB 153 und das RB 193 strahlen durch schwenkbare Abgasdüsen nach unten oder hinten ab.

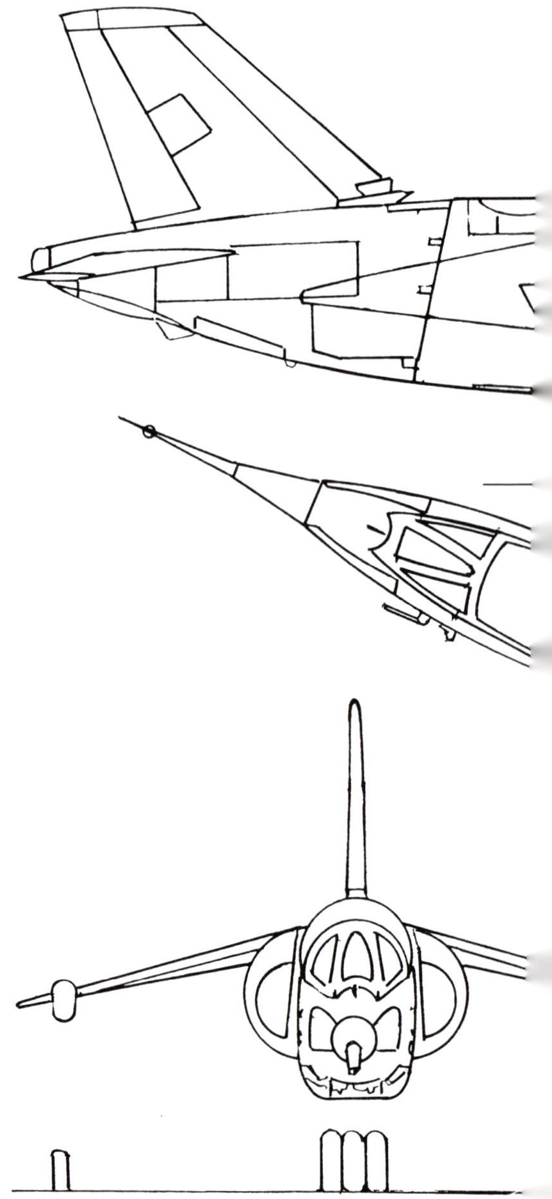

Vorne und hinten sind je 2 Abgasdüsen vom Typ Rolls-Royce RB 162 im Rumpf installiert und dienen zur Stabilisierung der Maschine. Wie bei der VJ 101 wurden erst einmal die Flugeigenschaften an einem Testgestell erprobt, bis die 1. Maschine in der Luft geflogen werden konnte.

Ursprünglich wurden von dem Typ 6 Prototypen geordert, fertiggestellt wurden jedoch nur 3 Stück.

Technische Daten der VFW Fokker VAK 191 B

Spannweite	6,16 m
Länge	16,33 m
Höhe	4,29 m
Triebwerk	2 Rolls-Royce RB 162-81 für Hub RR/MTU RB 193-12 für Vortrieb
Leistung	4603 kg/st Schub
max. Startgewicht	9000 kg
Startstrecke	VTOL
Landestrecke	VTOL

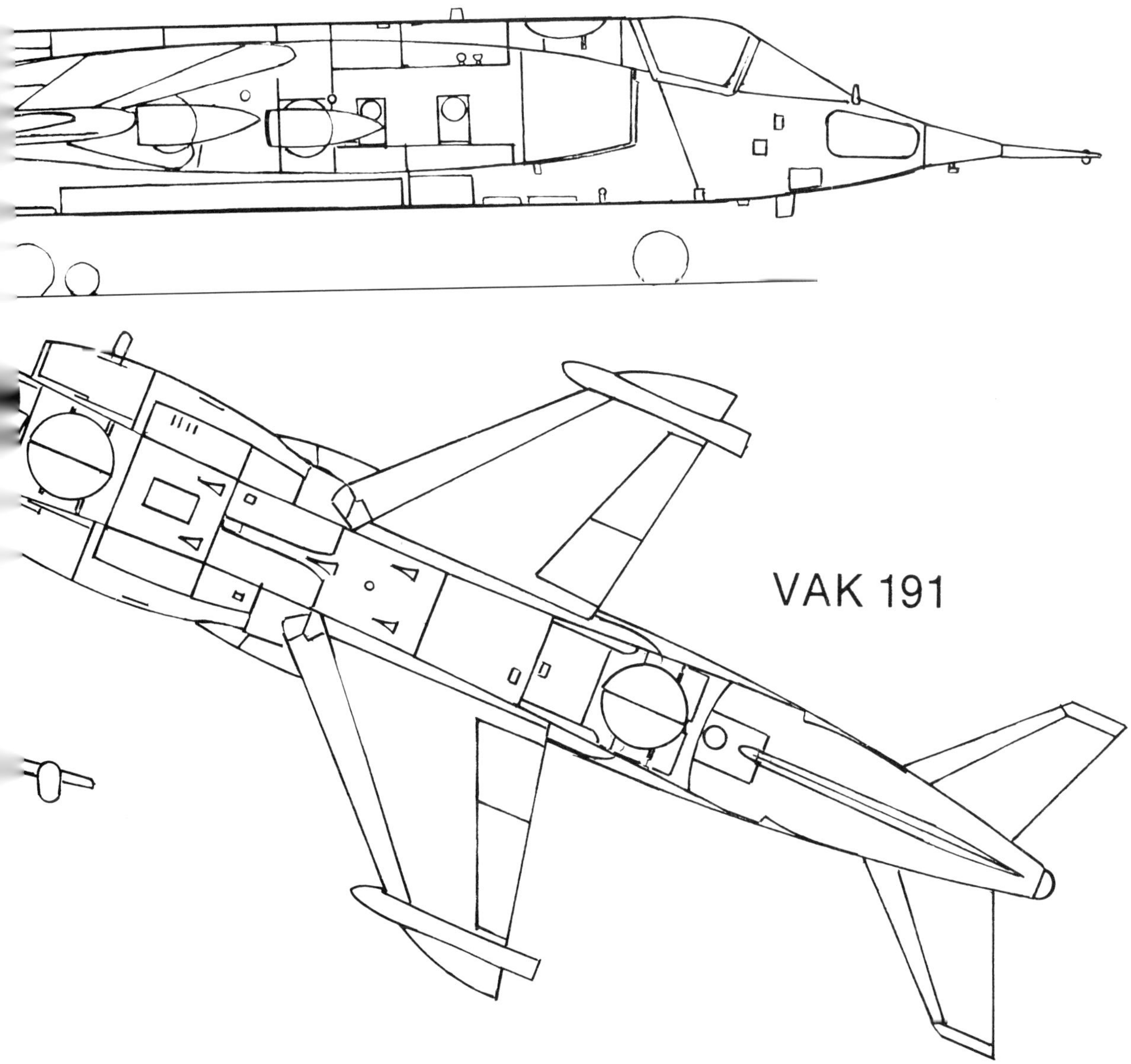

VAK 191

VAK 191 B

Dornier DO 29

In Zusammenarbeit mit der Deutschen Forschungs- und Versuchsanstalt für Luft- und Raumfahrt (DFVLR) entstand 1958 die DO 29. Diese Maschine war ein reiner Versuchsträger für Ultrakurzstarts. Erstmals wurden bei einer zweimotorigen Maschine beide Propeller nach unten gewendet, so daß sie beim Start zum Boden hin abstrahlten. Im Reiseflug werden sie dann wieder nach oben geschwenkt und schieben in Flugzeuglängsrichtung.

Die Maschine wurde aus Kostengründen aus mehreren Baugruppen der damals in Großserie hergestellten DO 27 aufgebaut. Lediglich die Triebwerksanlage, die vordere Kabine und einige geringfügige Änderungen sind bei der DO 29 neu.

Als Antrieb benutzte man zwei von BMW in Lizenz gebaute Lycoming-GO-480-B-1-A-6-Kolbenmotoren, die 270 PS leisten. Diese Motoren galten als die Ein-

Dornier DO 29

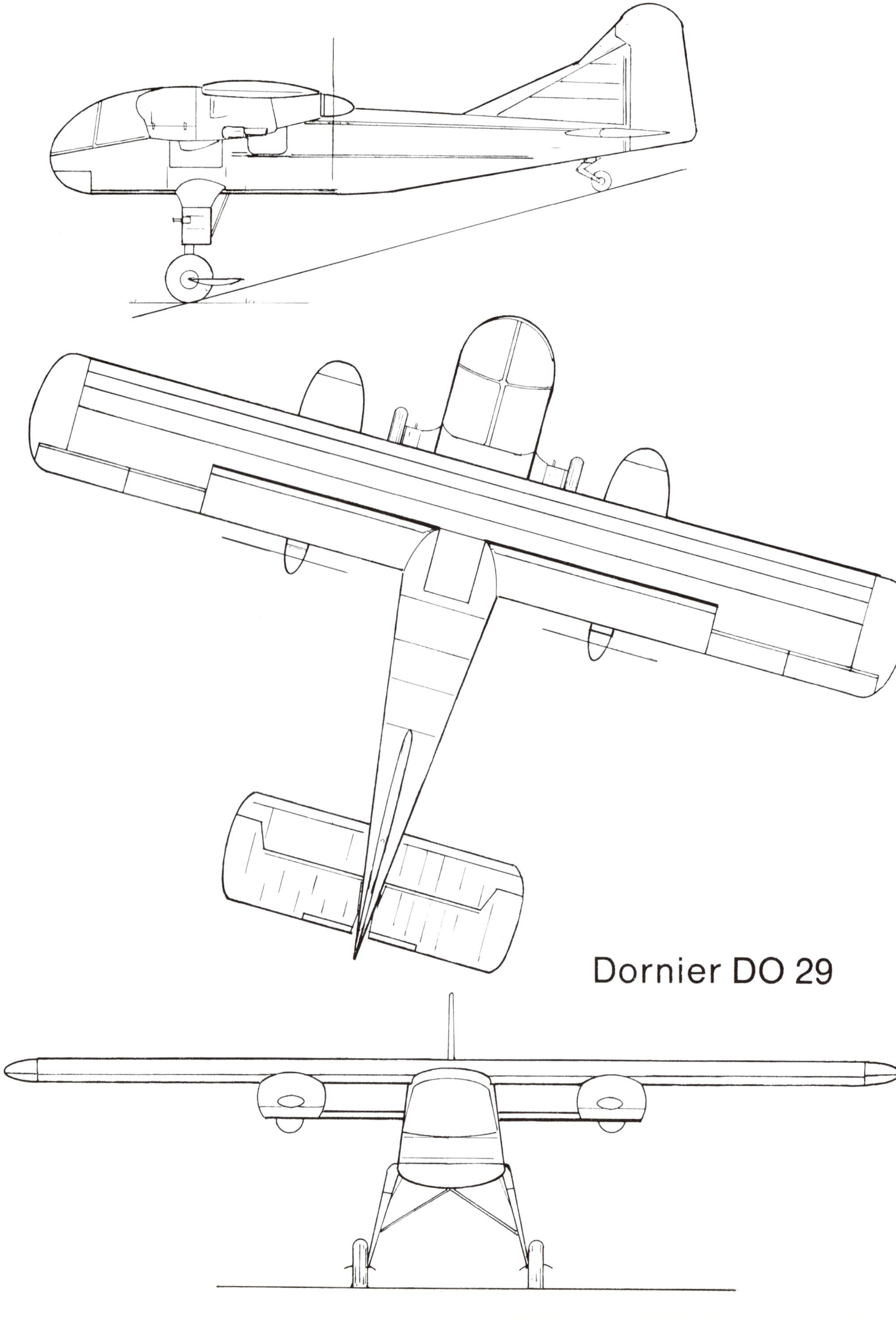

Dornier DO 29

Technische Daten der DO 29

Spannweite		13,20 m
Länge		9,50 m
Höhe		2,70 m
Flügelfläche		21,40 m^2
Triebwerke		Lycoming GO 480 B1A6
Leistung		2 x 270 PS
max. Startgewicht		2400 kg
Flächenbelastung		113 kg/m^2
Leistungsbelastung		4,44 PS/kg
Höchstgeschwindigkeit		330 km/h
Reisegeschwindigkeit		290 km/h
Startstrecke	STOL	25 m !
Landestrecke	STOL	25 m !

heitstriebwerke jener Zeit und wurden auch in den Typen DO 27 und FW P 149 benutzt. Die Einbauart dieser Triebwerke war allerdings nicht völlig neuartig, bei der Vorkriegsversion DO 26 hatte Dornier bereits die Triebwerk-Schwenkanordnung getestet. Seinerzeit wurde jedoch die gesamte Triebwerksanlage als eine Einheit gewendet, während man es bei der DO 29 bei einem Abknicken der Propellerwelle beließ.

Um bei einem einseitigen Triebwerksausfall nicht in Schwierigkeiten zu kommen, waren die beiden Propeller noch durch eine dreiteilige Welle miteinander verbunden. Damit ist gewährleistet, daß bei einem Triebwerksausfall noch etwa 70 % Schub vorhanden sind. Diese Einrichtung hat noch einen weiteren Vorteil: Ein Gleitlauf (Synchronlauf) beider Luftschrauben ist gewährleistet.

Bei Dornier rechnete man sich mit dieser Maschine gute Ergebnisse aus, die in der Flugerprobung jedoch nicht ganz erzielt werden konnten. Während die Techniker noch mit Geschwindigkeiten von 25 km/h fliegen wollten, riß in der Praxis die Strömung schon bei 70 km/h ab, so daß es zu keinen extrem langsamen Flugeigenschaften kam. Die gewünschte hohe Reisegeschwindigkeit von 290 km/h konnte ebenfalls nicht erreicht werden, es blieb bei einer Reisegeschwindigkeit von 230 km/h.

Das Neuland, das man mit der DO 29 betreten hatte, erwies sich jedoch als technischer Erfolg, Dornier konnte viele neue Erkenntnisse aus diesem Projekt ziehen. Alle 3 Prototypen, von denen zwei flogen, wurden 1959 fertiggestellt.

Dornier DO 31

Auch die Versuchsmaschine Dornier DO 31 wurde als senkrecht startendes Transportflugzeug für die Luftwaffe entwickelt und gebaut. Das Verteidigungsministerium forderte damals von der Luftfahrtindustrie 2 Prototypen, die bei Dornier-Flugzeugbau fertiggestellt wurden. Die Rumpfsektionen beider Maschinen wurden allerdings von dem ERNO (Entwicklungsring Nord, VFW und HFB) hergestellt.

Als Antrieb verwendete man in beiden Versuchsträgern das von Hawker Siddeley Aviation entwickelte Schwenkdüsensystem eines damals in Planung stehenden englischen Jagdflugzeugs (Kestrel). Die Kestrel wurde später zum Harrier-Senkrechtstarter weiterentwickelt.

Das Senkrechtstartprogramm dieses Antriebs sieht 4 Schwenkdüsen pro Triebwerk vor, die den Schub gleichmäßig verteilen und nach unten ablenken. Für den Schub sind 2 Heißteile notwendig. Das Pegasus-Triebwerk ist daher ein reines Spezialtriebwerk, das für Senkrechtstart und Vortrieb benutzt werden kann. Nach erfolgtem Senkrechtstart schwenken alle 4 Abgasdüsen gleichmäßig nach hinten und liefern somit einen Vorwärtsantrieb.

In die Dornier DO 31 wurden 2 dieser Spezialtriebwerke als Hub- und Marschantrieb installiert. Um die Stabilität bei einem Senkrechtstarter dieser Größe zu gewährleisten, wurden zusätzlich 4 kleine Hubtriebwerke in die Maschine eingebaut. Diese werden während des Vorwärtsflugs abgestellt und mit Abdeckblechen verkleidet.

Während der Entwicklung der DO 31 plante man bereits eine Zivilversion des Senkrechtstartprojekts für

Dornier DO 31

einen Liniendienst. Dieses Flugzeug sollte allerdings größer und etwas eleganter werden. Als Startplatz schwebte den Ingenieuren die Stadtmitte vor, etwa auf dem Bahnhof.

Naturgemäß benötigen senkrecht startende Flugzeuge immer mehr Kraft als konventionell angetriebene Maschinen. Mehr Kraft ist gleichbedeutend mit mehr Energieverbrauch. Als Argument erklärten die Verkaufsingenieure damals, die Hubtriebwerke könnten entfallen und deren Verkleidungen als Zusatzkraftstoffbehälter umgebaut werden. Dadurch würde die Maschine zwar nicht mehr senkrechtstartfähig (VTOL), aber immerhin noch kurzstartfähig (STOL). Das Flugzeug ist im Betrieb ungewöhnlich teuer, weil es übermäßig viel Kraftstoff und Wartung benötigt. Aus diesem Grund wurde die zivile Weiterentwicklung eingestellt. Spätestens nach der Ölkrise mit ihren sprunghaft gestiegenen Kraftstoffpreisen wäre dieses Projekt gestoppt worden.

Beide Dornier-DO-31-Senkrechtstart-Transporter sind erfolgreich getestet und Museen übergeben worden (Deutsches Museum in München, Dornier-Museum in Oberpfaffenhofen).

Technische Daten der DO 31

Spannweite	19,50 m
Länge	21,53 m
Höhe	7,70 m
Flügelfläche	56,00 m^2
Triebwerke	2 Bristol Siddeley Pegasus 5 4 Rolls-Royce RB 162 Hub
max. Startgewicht	26 500 kg
Zuladung	6000 kg
Flächenbelastung	473,2 kg/m^2
Höchstgeschwindigkeit	750 km/h
Reisegeschwindigkeit	750 km/h
Reichweite	4600 km
Startstrecke	STOL
Landestrecke	STOL

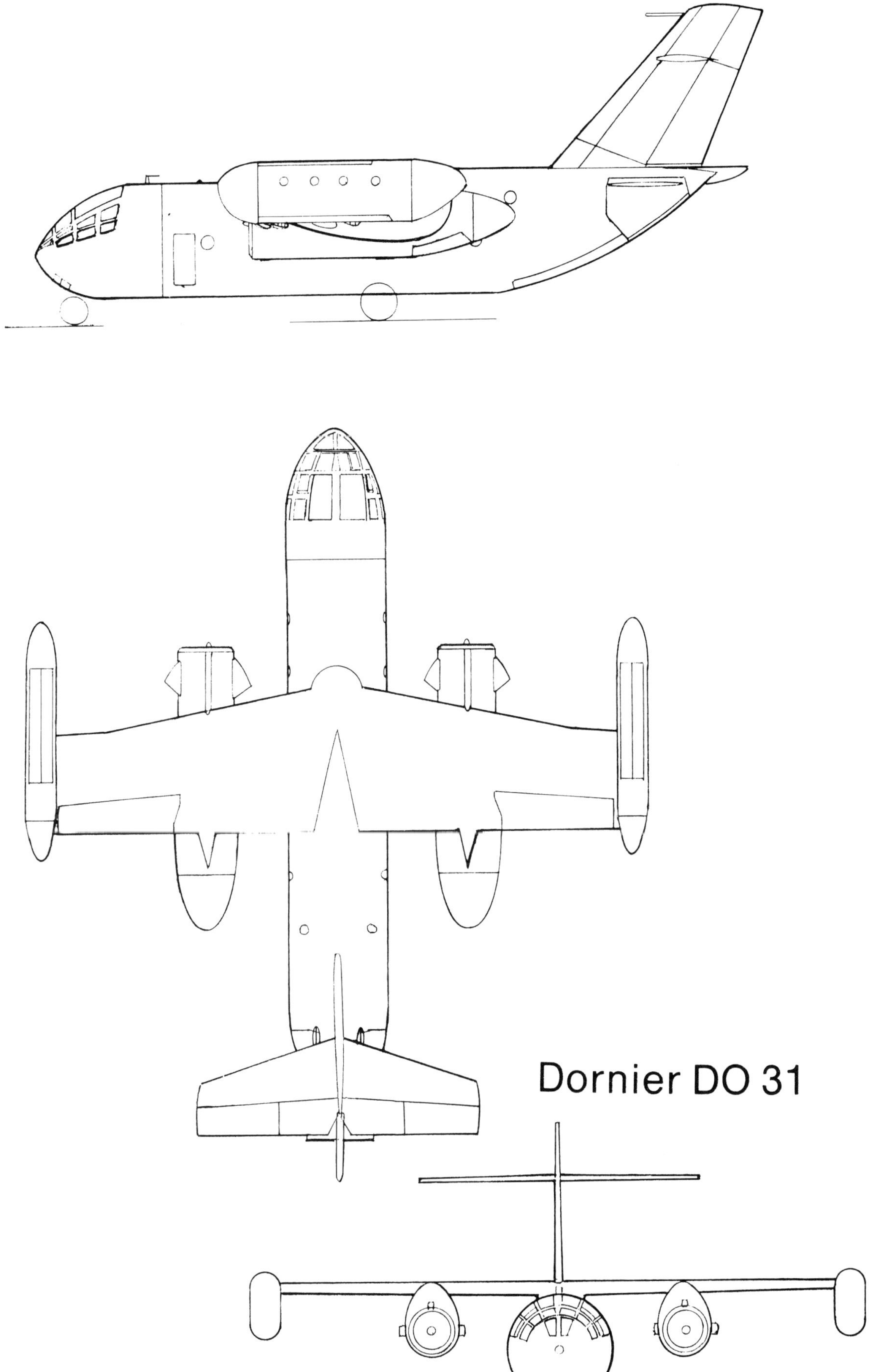

Dornier DO 31

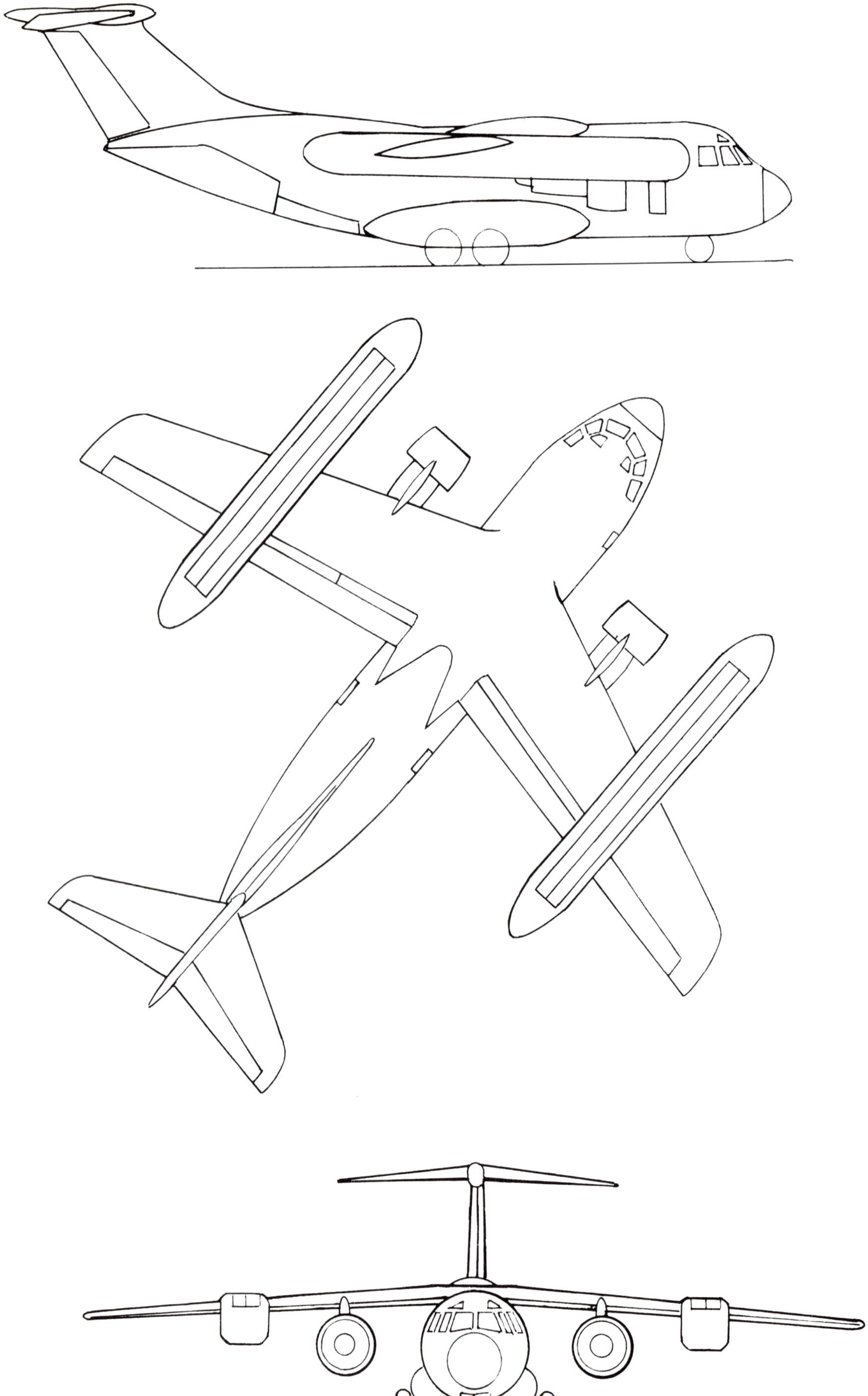

Dornier DO 24 ATT (früher DO 24 TT)

Vor dem Zweiten Weltkrieg war die Firma Dornier unumstrittener Marktführer im Bau von hochseefähigen Flugbooten. Der Dornier Wal, die DO X und die vielen anderen Weiterentwicklungen daraus sind noch immer weltbekannt. Das wohl beste Flugboot aller Zeiten war die Dornier DO 24, die von Dornier im Auftrag der holländischen Marine für ihre indonesischen Besitzungen entwickelt wurde. Die meisten Exemplare des Typs wurden jedoch von den holländischen Firmen Aviolanda und de Schelde sowie SNCAN in Frankreich gebaut. Erst nach der Besetzung der Niederlande wurde dieser Flugzeugbau in deutscher Regie weitergeführt.

Die spanische Luftwaffe hatte noch bis in die späten 60er Jahre einige dieser dreimotorigen Flugboote für Such- und Rettungsdienst im Mittelmeer im Einsatz. Diese DO 24 waren holländischer Herkunft.

Dornier kaufte 1971 zwei Exemplare dieses Oldtimers zurück, um sie zu modernisieren. An ein Museumsflugzeug dachte man damals nur sehr entfernt. Lange stand wenigstens eine der Maschinen im Freigelände des Bodenseewerks in Immenstaad.

Bei der Entwicklung des Tragflügels neuer Technologie (TNT) befaßte man sich 1978 in den Konstruktionsbüros von Dornier wieder mit dem Plan, ein hochseefähiges und landgestütztes Amphibienflugboot zu bauen. Die alten Weltkriegskonstruktionen, die als einzige dieser Flugzeuggattung noch fliegen, werden von Jahr zu Jahr älter, anfälliger und dadurch auch teurer. Zur Überwachung der auf 200 Meilen ausgedehnten Hoheitsgrenze über See, aber auch zur Seenotrettung und Versorgung der Erölbohrinseln fehlt es bald an geeignetem Fluggerät. Alle Flüge müssen derzeit noch mit Landflugzeugen oder dem sehr teuren Hubschrauber durchgeführt werden.

Die Dornier-Ingenieure nahmen einen der alten DO-24-Rümpfe des Weltkriegsflugzeugs und überprüften dessen Bauausführung. Diese Maschine war durch eine Fremdfirma in Holland hergestellt worden. Eine Modernisierung brachte in die Stützstummel eingebaute, einziehbare Fahrwerke. Der Tragflügel wurde komplett durch einen neuen TNT-Flügel ersetzt, in den man 3 moderne Turboprop-Triebwerke installierte, und zwar die weltweit bewährten amerikanischen Pratt-&-Whitney-PT-6-A-Aggregate, die als besonders robust gelten. Diese Triebwerke haben noch einen nicht zu vernachlässigenden Vorteil: Ihr Leistungsgewicht ist um ein Vielfaches geringer als das der klobigen Sternmotore in der Originalmaschine.

Die nun zum Amphibienflugzeug umfunktionierte DO 24 ATT (Amphibischer Technologie-Träger) konnte ihre Erprobungsflüge 1984 aufnehmen. Doch der Sohn des verstorbenen Firmengründers, Claude Dornier, schied

Dornier DO 24 ATT

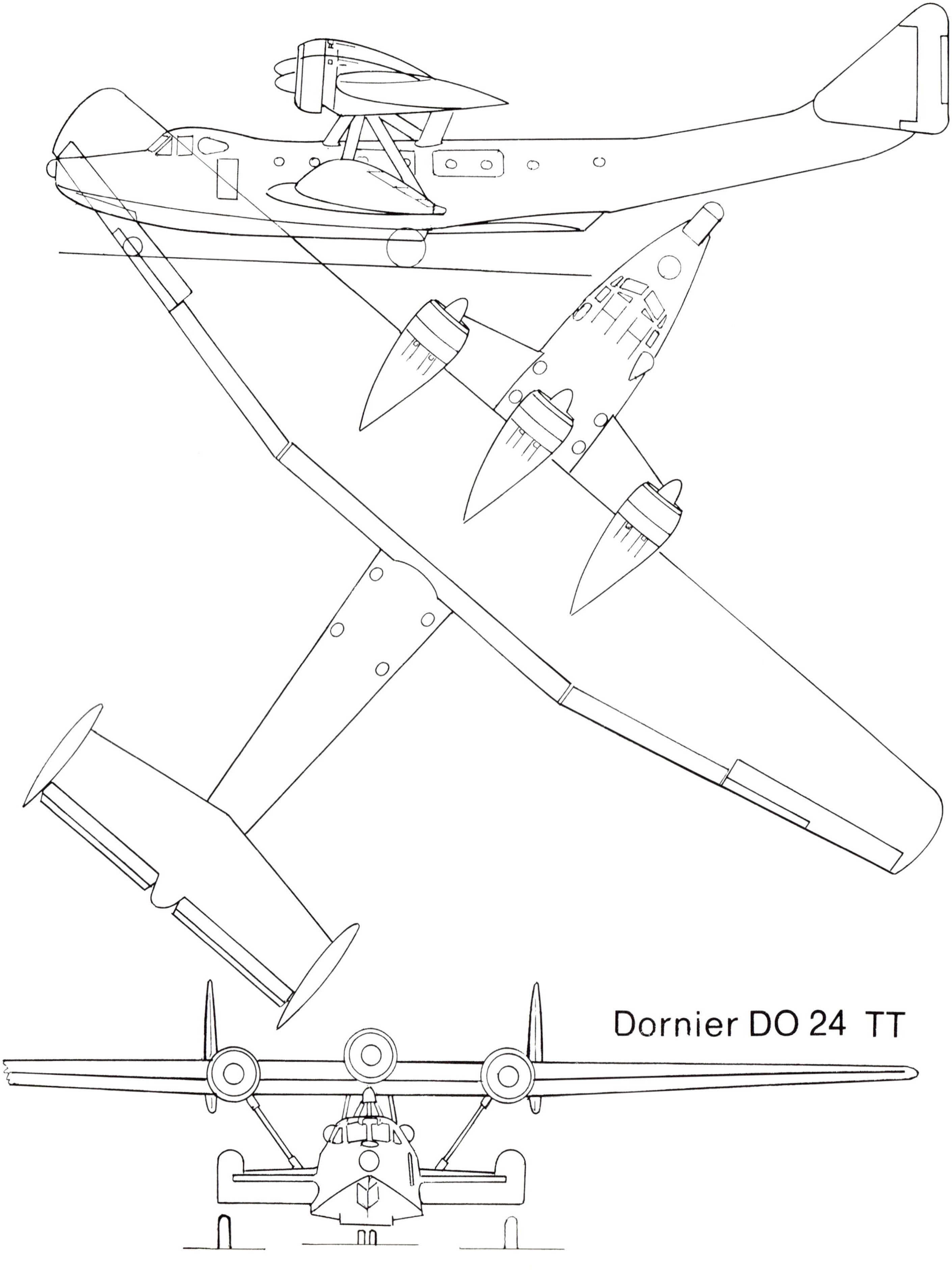

Dornier DO 24 TT

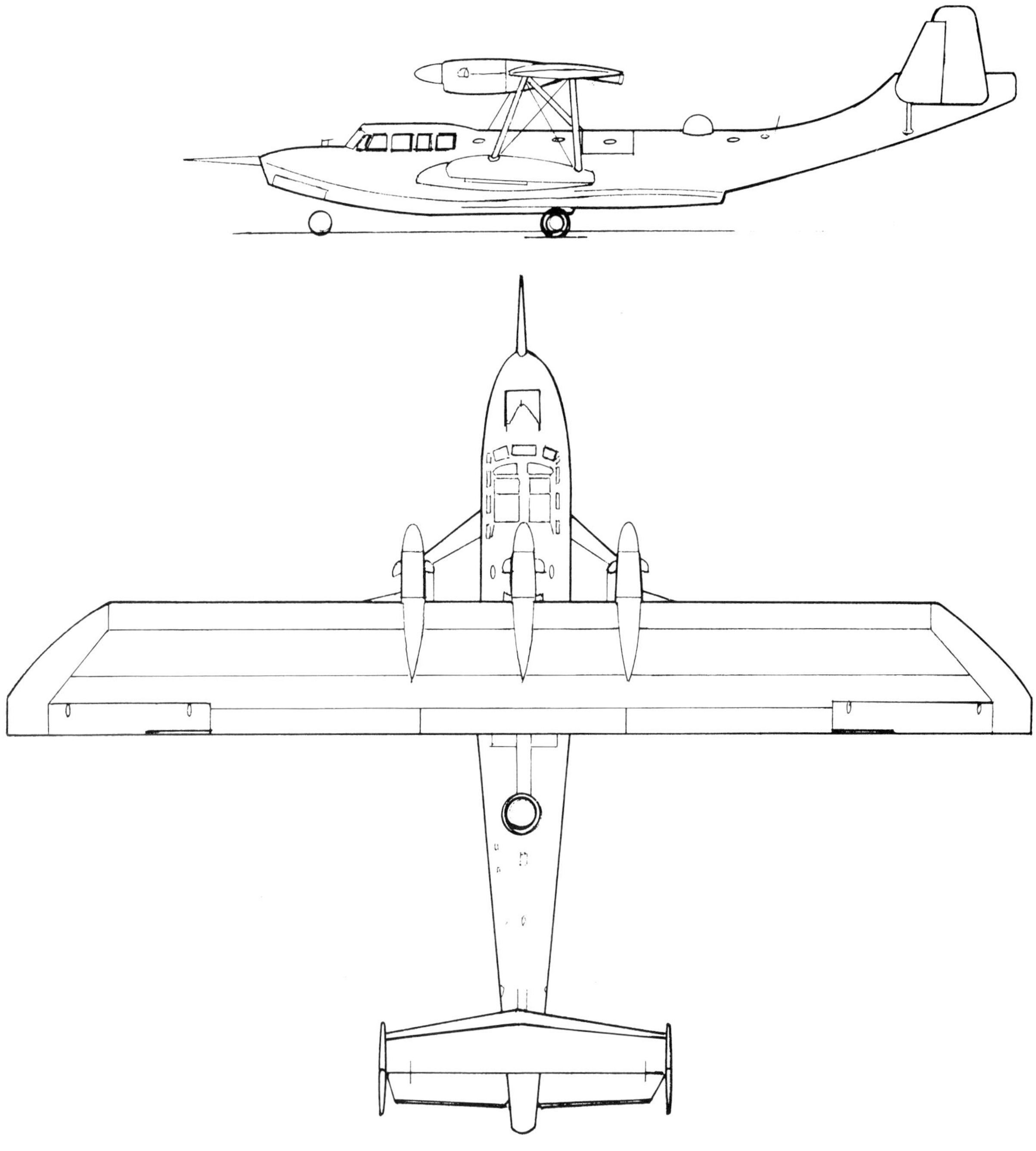

Dornier DO 24 ATT

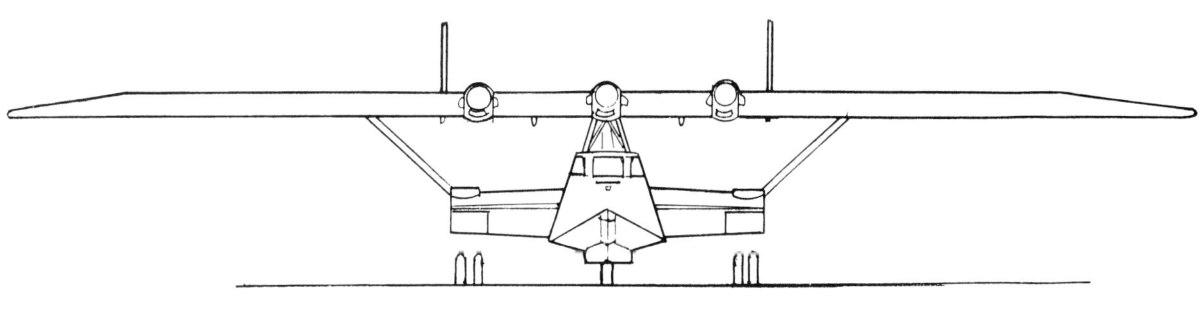

Dornier DO 24 (historische Aufnahme)

aus der Firmengruppe Dornier aus, und mit ihm verlor diese amphibische Wiederentdeckung ihren stärksten Fürsprecher.

Technische Daten der DO 24 ATT

Spannweite	30,00 m
Länge	21,95 m
Höhe	6,68 m
Flügelfläche	100,0 m^2
Triebwerke	Pratt & Whitney PT 6 A-45 B
Leistung	3 x 1125/839 shp/kW
Leergewicht	10 070 kg
max. Startgewicht	14 000 kg
Zuladung	3030 kg
Flächenbelastung	140 kg/m^2
Leistungsbelastung	5,56 hp/kg
Höchstgeschwindigkeit	343 km/h
Reisegeschwindigkeit	343 km/h
Startstrecke Land	
über 15 m	590 m
Wasser	180 m

X 113

Das Bodeneffektgerät X 113 ist ein Zwitter, es ist kein richtiges Flugzeug, aber auch kein Wasserfahrzeug. Dr. Alexander Lippisch, der sich maßgeblich an der Entwicklung des X 113 beteiligte, legte bei der Konstruktion dieses Versuchsträgers besonderen Wert auf die Ausnutzung des Bodeneffekts, der hohe Tragfähigkeit auch bei niedriger Geschwindigkeit gewährt. Somit kann eine schwere Maschine mit schwacher Leistung (Nelson H 63-CP, 48 hp) noch vom Boden abkommen und fliegen. Für größere Höhen ist das Gerät allerdings nicht mehr einsetzbar.

Die Maschine ist vor allem als militärisches Fahrzeug gedacht. Ein Bodeneffektfahr/Flugzeug ist weniger aufwendig gebaut als ein Schwebefahrzeug (Hoovercraft), das von englischen Firmen entwickelt wurde. Mit solch einem Fahrzeug kann man die teureren Schnellboote der Marine ersetzen, die über festem Gelände, wie Sumpf, Watt oder Niedrigwasser, nicht einsetzbar sind.

Bei der Tochterfirma des VFW-Fokker-Konzerns, Rheinflugzeugbau, wurden zwei X 113 im Auftrag des

X 113

Bundesministers für Verteidigung gebaut und geflogen. Zwei weiterentwickelte »Flugzeuge« wurden als X 114 gebaut. Sie unterscheiden sich von der X 113 durch eine größere Kabine und stärkeren Motor (Lycoming O 360, 200 PS).

Die Flugerprobung wurde 1977 über der Ostsee erfolgreich abgeschlossen, das Projekt aber nicht weiterverfolgt.

Technische Daten der X 113

Spannweite ohne »Ohren«	4,68 m
mit »Ohren«	5,89 m
Länge	8,55 m
Höhe	2,40 m
Flügelfläche	13,00 m^2
Mindestgeschwindigekit	70 km/h
Höchstgeschwindigkeit	140 km/h
Fluggewicht	350 kg

DASA/Rockwell Fan Ranger

Der Deutsche Beitrag zu der US Militär JPATS Ausschreibung (Joint Primary Aircraft Training System) ist ein von DASA/Rockwell entwickelter einmotoriger Strahltrainer. Der FanRanger genannte Entwurf (Erstflug 15.01.1993) soll die veraltete Cessna T 37 und Beechcraft T 34 Mentor Trainerflotte der US Air Force und Navy ablösen. Die Cessna T 37 ist bereits 35 Jahre im Einsatz. Ein 1989 von US Air Force und Navy aufgestellter `Trainer Master Plan` gilt als Vorgabe, wie die zukünftige neue Maschine aussehen und was sie leisten soll. Hierbei sind niedrige Beschaffungskosten wichtiger als gute Flugleistungen.

Doch mit der Erfahrung von lukrativen Militäraufträgen gelten die Mindestbestellzahlen von 750 Exemplaren als eine äußerst begehrte Ausschreibung für die Luftfahrtindustrie. Deshalb beteiligen sich sechs US Unternehmen an JPATS.

Die Kosten einer Flugzeug Neuentwicklung sind für jeden einzelnen zu teuer. Aus dem Grunde arbeiten US Hersteller mit ausländischen Partnern zusammen, die bereits Trainingsflugzeuge anbieten. Diese US Hersteller beteiligen sich aber nur noch an der Weiterentwicklung dieser Konstruktion und bieten jetzt ein eigenes Produkt an. Der deutsche FanRanger Beitrag entstand in Verbindung mit dem Rockwell Konzern und der DASA.

FanRanger basiert im Groben auf den glücklosen Fan Trainer der inzwischen DASA Tochter Rhein Flugzeugbau. Bei dem FanRanger geht man die Triebwerksfrage konventionell an. FanRanger wird von einer Pratt&Whitney JT15D Strahlturbine angetrieben. JPATS hat aber nur Chancen, wenn der gewählte Entwurf kostengünstig ist. Die bei FanRanger erzielten Kosteneinsparungen ergeben sich aus Verfügbarkeit von fertigen Teilen aus der Fan Trainer Entwicklung.

DASA errechnet für den FanRanger reele Chancen bei den Ausschreibungen. Für den Hersteller des JPATS winkt die solze Summe von 5 bis 6 Bill. US Dollar, denn Ersatzteile und Simulatoren werden ebenfalls benötigt. Diese Summe steht aber nur für die erste Wahl, denn Bestellungen aus weiteren Ländern sind bei solchen Ausschreibungen durchaus üblich.

Nach dem Motto `haltet das Flugzeug einfach` ist die Bauausführung von FanRanger. Auch die Bedienung und Wartung der Maschine ist äußerst unkompliziert gehalten. Bei der Wahl der Werkstoffe gilt FanRanger als Novum, die Maschine ist in Verbundwerksstoffen hergestellt. Einfach zu verarbeitende Kunststoffe werden Aluminium Metallen vorgezogen.

Ob FanRanger endlich einen reellen Platz auch in der Deutschen Luftfahrtgeschichte einnimmt, wird am Stichtag im Juni 1994 ermittelt.

Technische Daten der DASA/Rockwell FanRanger

Spannweite	10,64 m
Länge	10,95 m
Höhe	3,90 m
Flügelfläche	15,55 m²
Triebwerke	Pratt & Whitney JT 15D-5C
Leistung	14,7 kN (3 300 lb st)
Leergewicht	2 170 kg
max. Startgewicht	3 500 kg
Flächenbelastung	193 kg/m²
Höchstgeschwindigkeit	762 km/h
Reichweite	1790 km
Flugdauer	2:30 h
Startstrecke über 15 m	900 m